ヘイトクライムと修復的司法

被害からの回復にむけた理論と実践

マーク・オースティン・ウォルターズ 著
寺中 誠 監訳　福井昌子 訳
《論考》師岡康子「日本のヘイトクライムの現状」

明石書店

常に愛情と励ましを与えてくれる両親に
また、決して途切れることなく尽くし、支えてくれたパートナーのダニエルに

目次◉ヘイトクライムと修復的司法

謝辞

何よりもまず、多くのヘイトクライム被害者のことに思いを馳せたい。被害を受けた人びとの経験を忘れたことはない。彼らが筆者と話をする時間を割いてくれなければ、本書が完成することはなかった。本書の結論が、将来被害を受けるかもしれない方々の痛みを和らげる役に立つことをせつに願う。本研究のためにとくに協力を惜しまず、筆者がつきまとっても厭わずにいてくれた修復的司法の実践者の方々にも感謝を伝えたい。とくに一年間にわたって、サザーク調停センターでの仕事に同伴させてくれたエレナ・ノエルの協力と支援について記しておきたい。サザーク調停センターで過ごした間、筆者は多くのことを学ぶことができた。だがそれは、人間は誰しもが、それぞれの背景に関係なく平穏にともに生活することができるという、心が動かされるような彼女のゆるぎない信念あってこそだ。また、筆者がインタビュー協力者に接することができるよう尽力してくれたオックスフォード青少年加害者サービスのピート・ウォリス、デヴォン・コーンウォール警察のフィル・スケジェルのお二人にも感謝する。さらに、インタビューを効率よく書き起こしてくれた二人（私の両親である）に触れなければ怠慢ということになろう。二人とも、録音したものの書き起こしに毎晩何時間もかけてくれた。最後に、本書の原稿を読んで貴重なコメントをしてくれたニール・チャクラボルティ博士、丁寧な校正をしてくれたネヴァダ・アン・マクエヴォイ・クークにも感謝の気持ちを伝えたい。筆者の博士号の指導教授であるキャロライン・ホイル教授は常に励ましてくれ、筆者の研究に関心を持ち続けてくれた。すべての方々に謝恩の念をお伝えしたい。

はじめに――ヘイトクライムへの取り組み

一九八〇年代の米国（Maroney 1998）、その後一九九〇年代から二〇〇〇年代のヨーロッパ各地（Witte 1996; Bowling 1998; Garland & Chakraborti 2012）で興った反ヘイトクライムの動きは、偏見に動機づけられた暴力という「社会問題」を世界各国の政府の課題として突きつけている（Jenness & Grattet 2001; ODIHR 2013）。われわれが現在一般的に「ヘイトクライム」と呼んでいる現象に対して、今や政治的な関心が向けられており、その原因と結果にどう対処すべきかに注目する新たな公共政策領域が登場した（Jenness & Grattet 2001）[1]。とくに各国政府は、憎悪を動機とする加害行為を明示的に禁じる新法の制定に熱心である（Hare 1997; Jacobs & Potter 1998; Lawrence 1999; Malik 1999; Jenness & Grattet 2001）。実際、近年では多数の国においてヘイトクライム規制法が成立している（ODIHR 2012）。さまざまな「ヘイトクライム」や「ヘイトスピーチ」が世界中の複数の法域で犯罪とされることになり、それぞれに異なる「被害者集団」が網羅されるようになった（Garland & Chakraborti 2012）。

ほとんどのヘイトクライム規制法は、現実あるいは思い込みによるアイデンティティの特徴に基づいて被害者に対して敵意を「示す」、あるいはそうした敵意を（部分的な）動機とする加害者に対して、刑罰を加重することを中心としている。[2] ヘイトクライムに立法で対応しようとする動きを受けて、主に応報論に注目する学術的理論が活発になり、ヘイトクライムの害悪のレベルと侵害行為の重大性に関する議論が広まった（Jacobs & Potter 1998; Iganski 1999, 2001, 2002, 2008; Lawrence 1999; Stanton-Ife 2013）。ヘイトクライムについての刑事司法制度上の議論は多くの点で論争を呼んでいる。従来の犯罪類型を維持したいという主張（Morsch 1991; Jacobs & Potter 1998）に対し、新法を導入して刑罰を拡大（Iganski 1999; Lawrence 1999）しようとする議論に偏る傾向が見られる。本書の目的はヘイトクライム規制法の有効性を検討しようとするものではない。事実、そうした法律の賛否は既存の文献の中で十分繰り返されている（Jacobs & Potter 1998; Lawrence 1999; 全体的議論についてはStanton-Ife 2013 参照）。しかし、本書の目的や目標からしても、まずは「ヘイト」の犯罪化[3]についての賛成論、反対論それぞれを検討することから始めることが重要であろう。

ヘイト犯罪者に対する重罰化を正当化するにあたり、ヘイト規制推進論者は罪刑均衡という応報原理に言及することが多い（Lawrence 1999）。要約すると、法学者は、法制度における重罰化は「憎悪を動機とする」場合の有責性を重視するものだと考える。すなわち、ヘイト加害者の意図／目的にはより大きな道徳上の可罰性があるとし、他方で、そうした犯罪が被害者やマイノリティ・コミュニティ、より広くいえば社会にもたらす被害も増大させることを認識する（Lawrence 1999; Stanton-Ife 2013 も参照）。英国貴族院でヘイトクライム規制法が満場一致で採択されたことを伝える際、バロネス・ヘイルはR対ロジャーズ事件[4]（*R v Rogers* 2007）の論拠を要約してこう述べた。

こうした犯罪のより悪質な形態によって生じる害悪が人種差別であり外国人嫌悪である。その本質は、ある意味「他者」とみなされた人びとに対して平等な尊重と尊厳を否定することである。これは単純な形態のこれらの犯罪以上に被害者をいっそう深く傷つけ、害し、軽んじるものである。また、ある集団に属する人びとを、その人自身のせいではなく、本人にはどうしようもできないことを理由に受け入れないのは、コミュニティ全体をいっそう深刻に害することになる。

ヘイトクライムがより重大なレベルの被害を惹き起こすという主張は、ヘイトクライムの被害者が経験するより大きな心理的トラウマを記録した実証研究によって裏づけられている（Iganski 2008; Home Office et al. 2013 などを参照）。たとえばいくつかの定量研究は、憎悪を動機とするものではないが、同様の犯罪にあった被害者と比較した場合、ヘイトクライムの被害者が不安や恐怖、ショック、鬱といった感情面での被害をより長期にわたって経験する傾向があることを示している（Herek et al. 1997, 1999; McDevitt et al. 2001; Iganski 2008; Smith et al. 2012; Home Office et al. 2013 など参照）。事件によって、被害者集団に属する人びとが自分たちも標的とされるかもしれないと感じ、大きな恐怖を感じることも示されている（Perry & Alvi 2012; Noelle 2002）。ヘイトクライムに対する応報的な対応を支持するかどうかはともかく、「ヘイトクライムはより大きな痛みを惹き起こす」という前提は否定し難い（Iganski 2001）。

しかしながら、ヘイトクライム規制法は、単に被害者やマイノリティ・コミュニティにもたらされた被害を認知するにとどまるものではない。犯罪化していく過程自体に象徴的な意味があり、一般化した偏見をなくしていくうえでとくに重要なのである（Iganski 1999, 2001）[5]。とりわけヘイトクライムに取り組むための法律の有効性を推す人びとが強調するのは、犯罪を非難する役割である（Iganski 2008: Ch 4; Walters 2013a）。これは国家が加害者の行為を非難することで、特定の行為が道徳的に容認されないものであることを公に宣言するものである（Simester & von Hirsch 2011 参照）。ヘイトクライム規制法が包含する公による否定的なメッセージは、アイデンティティに基づいた偏見に対する国家の象徴的非難の根幹であり、将来的なヘイト動機による犯罪撲滅のための基礎となる（Iganski 1999, 2008; Lawrence 1999）。ヘイトクライム規制法に明示された非難をもってしても個人の行為を抑止する直接的な効果があるとは言い難いが、そのような法律には、人種主義や外国人嫌悪、その他の有害な偏見に立ち向かう社会の姿勢を形成するうえで、長期的に見て重要な役割がある（Walters 2013a; Stanton-Ife 2013も参照）。言い換えれば、ヘイトクライム規制法は（他の法律と同様に）、アイデンティティに基づく偏見を公に表現することを許さない社会的雰囲気を作り出し、将来的に憎悪を動機とする事件を減少させる可能性を見ているのである（Iganski 2008）。

ヘイト加害者を非難する過程には、歴史的に被害を受け、苦痛を被ってきたマイノリティ集団に対する支持を宣言するという二次的な意義もある。憎悪を動機とする加害行為を規制することで、かつて国家自身が行なった行為も含めて悪行として拒否し、そうした悪行がもはや許容されないことを、国家自身の手で宣言するのである（Iganski 2008: Ch 4）。したがってこの規制法は、偏見を公に示そうとする者に対する警告であると同時に、マイノリティ集団を狙い撃ちする危害行為から国家が被害者を積極的に擁護するというメッセージでもある。実際、こうした特定の法律がなければ、ヘイトクライム対策に警察や他の国家機関が現在割いている以上の時間と資源を割くと考える理由はない（Iganski 1999, 2001）。

このように、ヘイトクライム規制法の維持・強化に、説得的根拠はあるものの（Stanton-Ife 2013）、現在の法的アプローチに対しては二つの根本的な批判をあげることができる。本書をまとめるきっかけとなったのは、これらの批判である。

1　ヘイト動機を持つ加害者の処罰強化と処罰対象の拡大は、ヘイト事象（訳注：具体的に刑事事件となった場合にはヘイトクライムと呼ばれるが、警察による認知や記録などにとどまるそれ以前の段階のものまで含めたものをここではヘイト事象と呼んでいる〕がもたらす被害の修復にほとんど効果がない（Hudson 1998; Whitlock 2001; Dixon & Gadd 2006）。

2　加害者の処罰強化は、少なくとも個人レベルにおいては、偏見の根本原因に働きかける効果はないと思われる（Jacobs & Potter 1998; Moran et al. 2004a）。

こうした批判は、英国内務省の報告書『機会を増やす、社会を強化する（*Improving Opportunity, Strengthening Society*）』で示された政府の主張とは真っ向から対立する。政府は、人種差別を動機とする犯罪を「厳しく訴追」すれば、ヘイトクライムの根本原因に効果的に対処しうると主張している（Home Office 2005a: 50）。この姿勢が明記されていたのは、「異なるコミュニティの若者の帰属意識醸成を目指す成長支援」（Home Office 2005a: 43）という章においてであり、ヘイトクライム規制法はマイノリティ集団の社会福祉を向上させ、「一体感のあるコミュニティ」の創設に寄与しうる、ということを伝えたかったようである（Dixon & Gadd 2006）。

これに対し、ヘイトクライム規制法に反対する人びとは、法律がヘイトクライムの被害者とマイノリティ・コミュニティが置かれている弱い立場を変えるのに役立つことは、少なくとも短期的には、ほとんどないと主張する。たとえばモランらは、加重刑罰は、被害者の「憎悪、怒り、悪意、復讐心」といった感情への執着を継続させるだけであり、どれも感情的あるいは身体的なトラウマの軽減にはつながらないと指摘する（Les Moran et al. 2004a: 42）。より大きな懸念事項は、複数の調査結果として、一部のヘイトクライム規制法についてマイノリティの個々人の訴追割合の比率が人口比を上回っていることである（Burney & Rose 2002; Dixon & Gadd 2006）。これは、ヘイトクライム規制法がマイノリティ・コミュニティに属する人びとを迫害から守り、「コミュニティの一体感」を強めるものというよりは、不利な社会的地位に置かれてきた人びとを犯罪者とするために利用されうるということである（Burney & Rose 2002; Dixon & Gadd 2006）。

ヘイトクライム規制法の促進を喧伝する応報的なイデオロギーを受け、現行法は一種の「制度的な報復」に基づいて加害者を罰しているとの主張が見られるようになった（Moran et al. 2004a: 32）。いわゆる「制度化された残虐性（institutionalised cruelty）」〔訳注：米国の倫理学者フィリップ・ハリー（Philip Hallie）の議論。マイノリティ差別やホロコーストなどの「制度化された残虐性」は、比較的長期にわたって実施されるため、実施側と受働側の双方に差別を容認する意識が生まれる（"*From Cruelty to Goodness*" -- *Vice and Virtue in Everyday Life*. 2001 所収）〕によく似たやり方である（Moran et al. 2004a: 32; Hudson 1998; Whitlock 2001 も参照）。これは、ヘイトクライムにより強硬な対応を国に求めてきた利益団体が報復を求めてきた声に煽られている側面もある（populist punitiveness）〔訳注：ニュージーランドの犯罪学者ジョン・プラット（John Pratt）らが指摘した傾向。刑罰ポピュリズム。浜井浩一は「『法と秩序』の強化を求める市民グループ、犯罪被害者の権利を主張する活動家やメディアが一般市民の代弁者となり、政府の刑事政策に強い影響力を持つようになる一方で、司法官僚や刑事司法研究者の意見が尊重されなくなる現象でもある」（『犯罪社会学研究』三三号、二〇〇八年、四ページ）としている〕（Bottoms 1995; Jacobs & Potter 1998; Moran et al. 2004a）。政府は刑事司法制度がヘイトクライムの防止やマイノリティ・コミュニティの擁護にはほとんど無益であることを認識するがゆえに、マイノリティ・コミュニティの味方であるという象徴的なメッセージを発する手段として刑罰的な手段を利用している（Moran et al. 2004a; Dixon & Gadd 2006）。ジェームズ・ヤコブスとキンバリー・ポッターは、ヘイトクライム規制法はマイノリティのアイデンティティ集団に被害者意識を持たせるだけであり、社会に対する不公正感を強めさせ、社会の分断を推し進めるだけだ、とさえ主張する（Jacobs & Potter 1998）。こうした傾向は必然的に、マイノリティ集団が「法的擁護」を求めて競い合う事態をもたらす（Jacobs & Potter 1998）。ヘイトクライム規制法の実用性をこのように解釈するならば、刑事司法制度が被害者のニーズを適切に支援し、または社会的および文化的な「違い」に対する寛容性を発展させうるような方法を見出すことは困難である。

憎悪の害を修復させる

ヘイトクライム規制法の活用に賛成か反対かは別にして、現在の加害者重視の対策が被害者ニーズの直接的な支援にどれほど寄与しているのかは疑問である。ヘイト動機による嫌がらせが標的とされる人びとにどれほどのダメージを与えるのかを考えると、被害者支援はとくに重要である。ヘイトクライムがもたらす深刻な感情的トラウマは、被害者としてターゲットにされたことが被害者の「自己」の核心部分に関わっているという事実と密接につながっている。つまり、こうした事件は、被害者が何者であるかというその本質をずたずたにしてしまう（Herek & Berrill 1992）。その結果、被害者は外出に不安を覚え、再び被害を受けるのではないかという恐怖から特定の場所を避けるようになる（Moran et al. 2004b; Iganski 2008: 78-79）。複数の研究から、社会に「溶け込む」ために、被害者は自分の外観やふるまいを変えることがよくあることがわかっている（Attorney General's Department 2003: Moran et al. 2004b; Dick 2008）。

こうした実証研究のみでも、国が被害者の回復をよりよく支えるには、新規または追加的なヘイトクライム対策の必要性は明らかである（Whitlock 2001; Perry 2003: 44）。この点で、ヘイトクライム対策としての修復的司法の可能性について、規範的に問いかける学者が、小規模ではあるものの、徐々に増えつつある（Shenk 2001; Gavrielides 2007; Walters & Hoyle 2010 参照）。これは、性犯罪（Daly 2006; McGlynn et al. 2012）や家庭内暴力（Strang & Braithwaite 2002; Stubbs 2007; Hayden 2013）といったいわゆる「困難な」事件への修復的司法の適用を論じる膨大な研究の一部をなしている。修復的司法を支持する人びとは、刑事司法は、国の主導かつ加害者重視の介入から、被害者のニーズに注目した包括的なコミュニティ重視のプロセスへと方向転換するべきだと主張する（Christie 1977; Braithwaite 1989; Zehr 1990）。修復的司法の実践の要は、被害からの回復である（Zehr 1990）。これをもっともよく実現するには、当該加害行為をめぐる「利害関係者」[6]が一堂に会し、何が起きたのか、なぜ起きたのか、どのように回復させることができるのかを両当事者が模索できるような対話プロセスを経ることである（Braithwaite 1989; Zehr 1990）。

ヘイトが動機となる犯罪に関して、アリッサ・シェンクはこう主張する。「被害者と加害者の調停によって、ヘイトクライム規制法に存在する多くの隙間を埋めることができる。被害者のニーズに注目して被害者・加害者間の調停を行なうと、将来ヘイトクライムの被害を受けた場合に被害者が進んで通報するようになる」（Shenk 2001: 215）。修復的司法がさまざまなヘイトクライム対策として活用される中、注目されるケーススタディも増えてきた（Umbreit et al. 2002; Gavrielides 2007, 2012; Walters & Hoyle 2010）。これらの事例によって、ヘイト被害を回復させる修復的アプローチの潜在的メリットが確認されつつある。さらに修復的介入の典型である対話プロセスは、被害者と加害者のアイデンティティの特徴が差異や文化的規範の対立を乗り越え、瓦解させる場合があることもわかった（Umbreit et al. 2002; Gavrielides 2007; Walters & Hoyle 2010）。修復的司法の将来性とは、ヘイトがもたらす被害の軽減に比較的適している一方で、憎悪を動機とする行為を招くような根本原因への取り組みにも適していることである（Walters & Hoyle 2010）。

ヘイトクライムに修復的司法を活用することについての研究は数少ないが歓迎されるべきものだ。その一方で、この観点からの広範囲に及ぶ実証的または理論的探究はこれからである。本書は次の事項につき、刑事司法機関や第三者組織による修復的司法の実践の可能性について実証的に検証し、この溝を埋めることを目的とする。

1　ヘイトクライムによる感情的トラウマの修復への寄与。
2　犯罪／事件の原因となる当事者間のアイデンティティ／文化的な違いに関わる問題への有効な取り組み。
3　対人的な対立に巻き込まれた利害関係者間でのヘイト事象の再発防止。

この実証研究には二年以上をかけた。本研究では、被害者の感情面での健康状態に修復的司法が果たす効果に注目した。しかし修復的会合の場では加害者も観察対象とし、当該ケースの結論を分析するにあたっては修復的介入の際に加害者が果たした役割も考慮した。ヘイト事象に活用された修復的実践については詳細に調査し、その後、サセックス警察ブライトン・ホーブ地域、デヴォン・コーンウォール警察、オックスフォード青少年加害者サービス、サウスロンドンにあるサザーク調停センターの四カ所をデータの提供元とした。しかし、このうちの二カ所においては事件数が少なかったため、今回の研究ではサウスロンドン・サザーク調停センターのヘイトクライム・プロジェクト（HCP）とデヴォン・コーンウォール警察における修復的介入の二つに絞った。オックスフォード青少年加害者サービスでは間接的な修復的会合を三件観察し、被害者一人にインタビューを行なった。修復的介入に参加した合計三八人の被害者にインタビューを行ない、直接的なものと間接的なものを合わせて一八件の修復的会合を観察した。

調査に厚みを持たせるため、ヘイトクライムの事件を直接担当した経験のある修復的実践者を全国から募った。

研究については諮問委員連合[7]の月刊誌などの修復的司法のネットワークを通じて周知され、全国で行なわれたカンファレンスでも実践者に声をかけた。この結果、対面あるいは電話を用いた詳細なインタビューを二、三人の実践者に行なうことができた。

インタビューの内容と観察中に記録したメモはすべて文字化し、主題分析の手法を用いてデータをコードづけした。被害者の説明に共通する主題を特定し、被害を受けた経験とその後の回復に影響した共通要因を見極めることができた。この間、新たに文字化された主題は必ず取り上げるようにした（Noakes & Wincup 2004: 131）。回答選択式およびリッカートタイプの質問票で得られたデータ（どちらにも通常尺度と間隔尺度の両方を用いた）は、修復的司法のプロセスの開始前と終了直後の感情的な被害の程度（指標）を確定するために用いた（別表A参照）。次に、記述から得た統計をインタビュー回答者一人ひとりが自分の関わる事件について記入した量的情報に結びつけ、さらに筆者が個別のケースのミーティングで記録した観察結果にも紐付けした。複数の手法を組み合わせることで、プロセスに関わる変数（謝罪など）とプロセスの結果（不安レベルの減少など）とを結びつけることができた（同様のことはHoyle et al. 2002; Wilcox et al. 2005を参照）。たとえば、（本書の中心的テーマである）害悪の概念を用いることで、何人の被害者が感情的なトラウマを経験したのか（自由記述式および選択回答式の質問票で収集した質的および量的データを活用）、何人の被害者が修復的プロセス（変数）によってヘイトクライムの経験から立ち直れたと考えているかを検証した（実践の類型ごとに検証した）。複合的な調査手法の詳細は図０－１を参照してほしい。

実証研究では、ヘイトクライムの定義を広げ、「ヘイト事象」も含めた。英国警察庁協会の定義によればヘイト事象とは「刑事犯罪を構成するか否かに関係なく、被害者あるいは第三者によって偏見または憎悪を動機とすると受け止められたあらゆる事件」（ACPO 2005: 2.2.1）を指す[8]。本書で検証するヘイト事象は犯罪に加え、「被

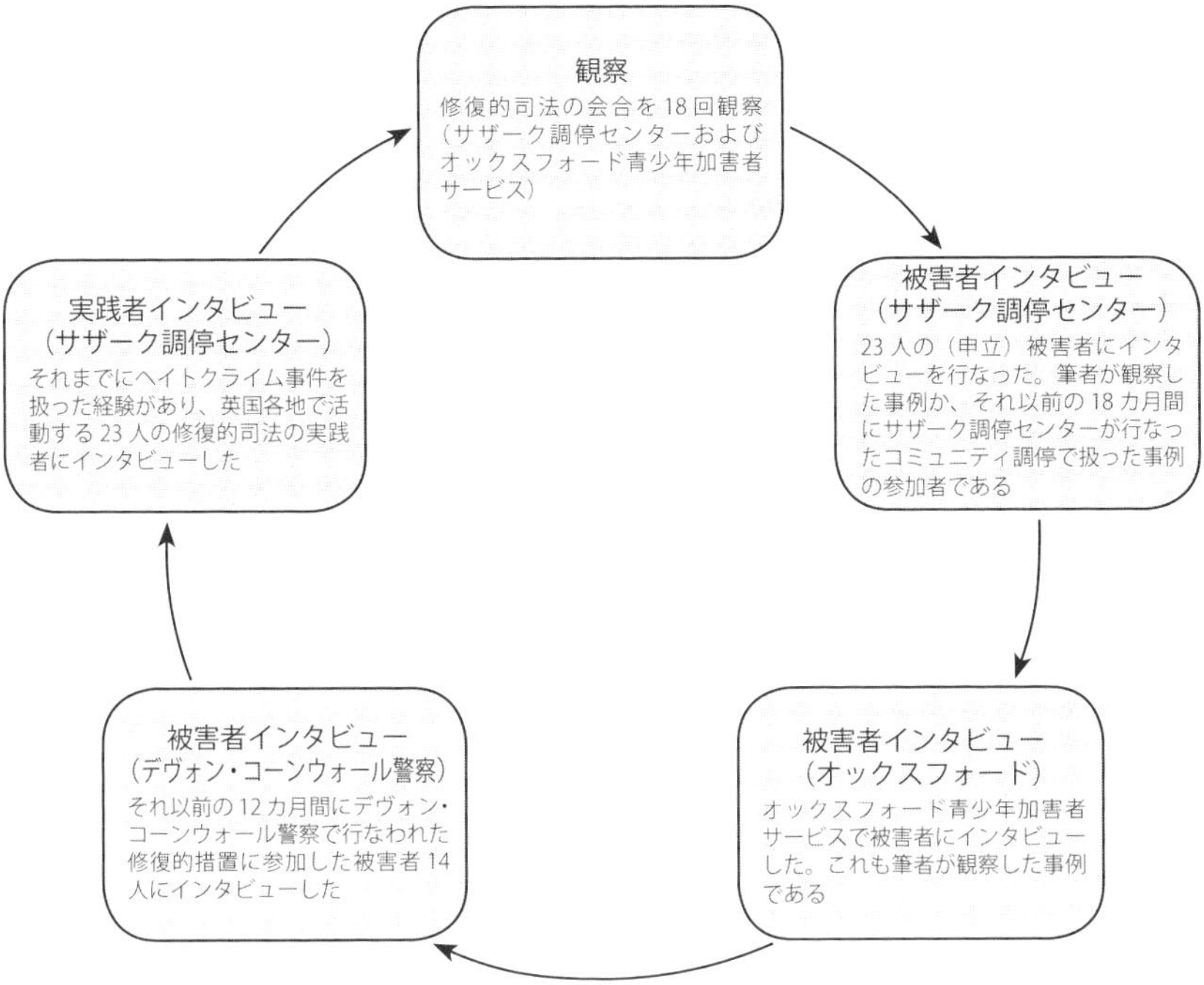

図０－１　研究で用いた複合的アプローチ

害者」が地元の国家機関[9]に申し立てをするに至った反社会的行動など、その他の悪事も含む。事件には、重大な身体的暴力、脅迫、暴言、つばを吐きかける、「威嚇するように睨む」といった強迫行為、恣意的な騒音や妨害行為なども含む。ヘイトクライムの概念を拡大し、「軽微（low-level）」なヘイト事象を含めることは、本書が行なった試みにとって重要であった。本研究の初期段階から、犯罪に至らない、あるいは「軽微」なヘイト事象が関わるような事例に応報的に対応するのは困難なことのように思われた――申し立ての多くについて、警察は従来の警察業務の対象外だとみなすからである。警察官がそうした事件の解決には何もできないと自覚するだけではなく、第一章などで見ていくとおり、被害者がひどく落ち込み、疲労困憊するようになるのは、いわゆる「軽微」なヘイト事象を日常的に経験するからだ。この点から、もし将来的にそうした事件を防ぐことができ、被害者が被害の経験を乗り越えていけるのであれば、継続的で「日常的な」ヘイト事象の被害に対する追加的あるいは代替的な対策が必要だということができるだろう。

本書では、（実際あるいは思い込みによる）被害者の人種、信仰、性的指向あるいは障害が動機となったと思われる事件も含め、ヘイトを四つに分類して検討した。その他の形態のヘイトクライム（性同一性障害やトランスジェンダーといった性的な転換を嫌悪するトランスフォビアなど）は本研究では扱わなかった。本書が行なった調査としては残念なことではある。ヘイトによる被害をもたらす行為の調査分野としてトランスフォビアに対するヘイトクライムはほとんど扱われていないことを考えるとなおさらであり、刑事法学者はこの分野にもっと注目するべきだろう（Chakraborti & Garland 2009: Ch 5）。しかし、トランスフォビアに関わる事象は他のヘイトクライムに比べて通報されない。とくに人種差別主義者や同性愛嫌悪の事象と比べると、それが明らかである（Home Office 2013）。一つには、トランスフォビアに対するヘイトクライムの被害者が通報したがらないこともあるだろう（Dick 2008）。また、黒人やその他の民族的マイノリティ、ゲイやレズビアンなどは社会において比較的目に見える存在であり、そうした集団に対するヘイト事象が多くなることは当然のことといえる。通報例が少ないこと、被害を受けるトランスジェンダーの人数が比較的少ないことから、トランスフォビアに対する事象に修復的司法実践者の関心がなおさら向かないことになるのである[10]。少なくとも、修復的実践が惹き起こされた被害から回復させることに寄与するのか否かについて信頼性の高い主張を行なうに十分な件数には達していないということである。さらに、実証研究を行なった時点において、イングランドおよびウェールズのヘイトクライム規制法に規定される被害者集団として、「トランスジェンダー」は含まれていなかった。すなわちこれは、刑事司法制度あるいは第三者セクター[11]の実践者たちがこの「類型」にあたる被害者を「ヘイトクライム」の被害者として認知しにくかったということを意味する。

本書の構成

第一章ではまず、ヘイトクライムについて法律上および犯罪学上の両方の定義を見ていく。この現象につき、これらの二つの異なる捉え方を理解することは、修復的司法を適用するために不可欠である。こうした事件は従来の刑事司法によるふるい分けが行なわれるために、修復的司法の実践者が対応する事件は、概して法律上の定義によって選別されているといえる。そのため、犯罪学的なヘイトクライム概念が、修復的司法が憎悪を動機とする事件の原因と結果にどのように実効的に対応できるかを検討する際に重要なものとなる（第四章から第八章で扱う）。

第二章は、修復的司法の理論と実践を紹介する。この章では、修復的実践を一種の賠償の概念として捉えつつ、犯罪に対する対話型や参加型の対応が被害の修復にどの程度有効であるかを検討する。修復的司法が回復をもたらす利点について、規範的前提と実証結果とを検証し、他方で既存の研究手法の限界を概観する。また、本章のまとめでは、ヘイトクライムに修復的司法を活用する際の潜在的なメリットとデメリットを要約する。とくに、アイデンティティや文化的差異の破壊が惹き起こす恐怖や不安、怒りを、修復的プロセスがどのようにして軽減しようとしているかに注目する。さらに、弱い立場に置かれ周縁化された被害者と、覇権的で攻撃的な加害者とを対面させる場合の課題も取り上げる。

第三章は、先行研究と今回の新たな研究に依拠して、ヘイトクライム／事象がもたらす被害を包括的に分析する。ヘイト事象は社会構造的な不平等に根を下ろした一連の継続的な偏見を構成する要素であると指摘されている。この章では、一見して異なるアイデンティティであることがわかる人びとが、バーバラ・ペリーが名づけたところの個々のマイノリティを「差異化」させる「差異の支配力（Dominance over Difference）」（Perry 2001）という過程を経て、どのように従属させられていくのかを検討する。これらの人びとはさまざまな構造的、組織的な差別を経験し、そうした差別は生活のほぼすべての側面に影響が及ぶ。アイデンティティを理由として個々の人びとを標的とすることは、それ以前から存在する構造的な不利益に加えて、さらに不利益をいっそう強化することになる。さらに、自らのアイデンティティのせいで標的とされるために、社会における安全性を脅かされることになり、恐怖、怒り、不安がいっそう増幅する。本章では、第四章、第五章、第六章で紹介される研究結果に関わる理論的および実証的根拠を示す。

第四章では、サウスロンドンにあるＨＣＰで初めて行なわれた実証研究の結果を示す。ここでは、多文化コミュニティに拡散するさまざまなヘイト事象の「類型」を詳細に分析し、ヘイトに基づく対立のきっかけとなる状況的な根拠に焦点を当てる。さらに、コミュニティ調停の会合がヘイトクライムの被害からの回復に寄与したのかどうかを検証する。インタビューを通じて、修復的プロセスの前後に被害者が直に経験した感情的な被害の程度を、暫定的な数値的データとともに、質的な主題としても引き出している。この章では、加害者の積極的な参加と被害をもたらす行為をやめるとの約束、調停者による継続的な支援が、癒しを得る過程の実効性確保にとりわけ重要であることを指摘する。

第五章は、二つ目の主要データを検証する。このデータは、デヴォン・コーンウォール警察で行なわれた修復的対応に参加した被害者のインタビューから得られたものである。第四章と同じ様式を用い、この地域で起きたヘイト事象の類型と、被害を受けた一人ひとりがその経験から回復するのにこの修復的実践が役に立ったかどうかを検証する。得られた結果をコミュニティ調停の結果と比較したが、ほとんどの事例で肯定的な結果は得られなかった。この章では、適切なトレーニングを受けていない修復的司法のファシリテーターに関する問題に注目し、さらに警察官に修復的司法をまかせることについての批判も大まかに提示する。

第六章では、複数の機関による協働関係を活用した修復的司法について検証する。これまでの研究ではこうした協働関係はしばしば看過されてきた。被害者インタビューで得られたデータを用い、まずはヘイトクライムの通報に最初に対応する地元当局による二次被害に焦点を当てる。次に「コミュニティ」の概念を詳細に分析し、利害関係者たちの「ケアを提供するコミュニティ」の一部として、地元機関が修復的司法の枠組みにおいて果たしうる役割を概念化する。「コミュニティ」には被害をもたらす側面と被害を癒す側面とがあるが、修復的司法がその両方を正しく評価するためには、「コミュニティ」についてより深みのあるイメージを持つ必要があることを指摘する。コミュニティの調停者がどのようにしてさまざまな機関を対話の枠組みに関わらせるのかをケーススタディを用いて示す。被害者に気持ちのこもった社会的支援を提供する調停者がいれば、組織が被害者に与えた二次被害を修復するために尽力する調停者もいる。この章では、第三章で検証したように一部の修復的実践が、ヘイト被害者のトラウマだけでなく、国家機関がもたらした組織的な被害をも修復する力となることに注目する。

第七章では、害悪の修復からようやく離れ、文化的および社会的差異が修復的プロセスにもたらす影響の分析を取り上げる。ここでは再び、修復的理論と実践におけるコミュニティの概念に焦点を当てる。本書のこの段階に至って初めて筆者は、アイデンティティに基づく偏見を支え、醸成するようなコミュニティが突きつけるリスクを詳細に検討する。「コミュニティ」が抱える主な問題は、そこに属する人びとがヘイトを動機とする行為に対して適切な社会的非難を与える代わりに、被害者の経験を矮小化し、再び被害を加えるということだ。したがって本章では、実際に被害者が会合中に蔑視されたり、あるいは再び被害を受けたりしたかどうかを評価した実証データを分析する。対話は尊敬や平等、対等という価値を基礎とすることから、修復目的で対面することによって再び被害を受けるという結果になることはほとんどないことがわかる。蔑視や被害の繰り返しを避ける鍵は、参加者すべてが準備を行なうことと、会合のたびにその冒頭で議論に関する全体的なルールを確認することである。

第八章では、被害者と修復的司法の実践者のインタビューから得た観察データと質的情報を用いて、文化的およびアイデンティティに関わる差異（言語能力やアクセントも含めて）が対話プロセスを妨げるのかどうか、また、ファシリテーターが効果的に偏見に対応し、利害関係者間の相互理解を深めるのかどうかを検証する。さらに本章では、修復的対話が文化的相違を埋め、偏見を動機とする加害者の行為に働きかけ、効果的であることを示す。とくに、広く「道徳学習」を学ぶ機会を修復的合意書に盛り込んだプログラムがそうだ。データから、修復目的で対面することによって、大半のヘイトクライムの類型で被害が繰り返される可能性が減少することを示す。しかし、加害者が根深い憎悪を抱いている場合は、より細心に注意を払ったアプローチを行なうべきである。インタビューに応じた実践者の多くは、間接的な対話アプローチが望ましいとする。

結論では本研究をあらためて振り返り、ヘイトクライムという社会問題を扱うために代替的あるいは追加的なアプローチが必要であるか否かに再び目を向ける。本書は実証研究から得られた課題をまとめ、ヘイトクライムに対する修復的司法のメリットと限界を要約するものだ。本書を締めくくるにあたっては、修復的司法に関する調査からヘイトクライムの本質について何が明らかになったのか、また、ヘイトクライムの本質から修復的司法の理論と実践について何がわかったのかを検討する。それによって、この不当な加害行為に対する理解がいっそう深まり、よりうまく適切に対応することができるようになるはずである。

1――米国では、「ヘイトクライム」は「偏見犯罪」(Lawrence 1999) と呼ばれることも多いが、「属性ターゲットへの暴力」(Stanko 2001)、「民族的暴力」(Ehrlich 2009) という用語が使われることもある。だが、学術文献や政治論、国家機関の間では「ヘイトクライム」という言葉がもっとも普及している (Hall 2013)。

2――英国の一九九八年犯罪および秩序違反法第二八項参照。第一章ではさまざまな立法例を論じている。

3――ヘイトの犯罪化についてのさらなる詳細は第一章を参照。

4――*R v Rogers* [2007] UKHL 8, [12]-[13].

5――R対ロジャーズ事件についての演説でバロネス・ヘイルが暗にそう述べている (n 4)。

6――通常は被害者、加害者、それぞれの支援者、およびその他の影響を被ったコミュニティに属する人びとである。

7――諮問委員は青少年加害者委員の委員である。第一章参照。

8――この定義はＨＣＰおよびデヴォン・コーンウォール警察が採用している。オックスフォード青少年加害者センターは法の定義に従ってヘイトクライムを特定している。第一章参照。

9――一般的には警察署と住宅局である。ヘイトクライムについて被害者重視の進歩的な定義を用いた含意については第一章で論じる。

10――修復的会合において他の形態の偏見が強調されることもあるだろうが、現時点では筆者がその過程を調査対象とするのは遅きに失する。

11――たとえば、慈善団体などの地域に定着した団体などである。そうした団体は国家の助成を受けていることが多いが、権限上は独立した組織である。

第一章　修復的司法から見たヘイトクライムの概念

はじめに

「ヘイトクライム」の本質を理解し、立法府や行政機関が偏見に動機づけられた犯罪をどのように定義してきたかを検討することは、「ヘイトクライム」によってもたらされた害悪の修復に、修復的司法が寄与しうるかを考えるうえで根本的な問題である。「ヘイト（憎悪）」の性質が複雑であり、犯罪との因果関係を調べることがいかに困難であるかは、法学的な研究で十二分に検証されている（Jacobs & Potter 1998; Lawrence 1999など）。本書の目的からいえば、修復的司法によって対処すべき事例を見極めるために、ヘイトクライムを概念化する際の複雑性を再検討しておくことは重要である。だからこそ、本書の実証研究の中ではそうした事例が調査された。しかし、概念の複雑性の検討は、修復的司法をヘイトクライムに適用するリスクと機会の双方を検討するための端緒にすぎない。中心的な課題は、修復的司法の理論的基礎を理解し、修復的な価値を実践に移すにはどうすればよいかを知ることにより、甚大な被害を与えるこの種の犯罪に対して、修復的な実践が適しているか否かを検討することにある（第二章）。さらに、修復的司法がヘイトクライム被害からの回復に有益なのかを検討する前に、まず、被害者、マイノリティのコミュニティ、社会全般に対して、事件がどれほどのインパクトを及ぼすのかを検討しておく必要がある（第三章）。

本章では、まず「ヘイトクライム」という用語が意味するところを検討する。そのため、この用語が法的枠組みの中で、さらに広く犯罪学の分野で、どのように概念化されてきたのかを分析する。本章では、この種の犯罪に修復的プロセスを実際に適用するうえで、ヘイトクライムを法的、また犯罪学的に概念化することの必要性を示す。とりわけ、刑法上の犯罪の故意（メンズ・レア）の要素にヘイト（憎悪）という動機を加える際の問題など、「憎悪」を定義する際のいくつかの難点を検討する。ヘイトクライム規制法が加害者、被害者、またより広く社会に及ぼす影響や、偏見のレッテルを貼る、烙印（スティグマ）を押すといった作用への懸念についても詳述する。本章での分析は、ヘイトクライムの複雑な本質に関する理論的な根拠を示し、修復的司法のより広範囲な実践についての情報を提供する。以降の章では、修復的司法の過程によりヘイトクライム被害の害悪を修復されるものであるならば検討すべき、いくつかの社会的・文化的要因についてさらに明らかにする。

「ヘイトクライム」とは何か？

研究者や政府機関は、とりわけこの三〇～四〇年間、犯罪全般に関する調査の実施や、犯罪被害のさまざまな側面に関わる研究に膨大な資源を投じてきた（Hoyle 2012）。犯罪被害の研究が、「ヘイトクライム」のように、特殊でそれまで可視化されてこなかった分野に焦点を当て始めたのは、まさにこの二〇～二五年のことにすぎない（Home Office 1981; Sibbit 1997 など）。これは、ヘイトクライムが現代的な現象であるという意味では決してない。実際、英国や米国などは、特定のマイノリティ集団（いわゆる「他者（Others）」）を迫害してきた長い歴史がある（Levin & McDevitt 1993; Bowling 1998; Perry 2001; Iganski 2008）。むしろ、この十数年で「ヘイト（憎悪）」や「偏見」を動機とする犯罪が、深刻な「社会問題」として受け止められるように変化したと見るべきである（Bowling 1998; Jenness & Grattet 2001）。ユダヤ人墓地や礼拝堂（シナゴーグ）の冒瀆（Iganski 1999, 2008）、人種や民族を理由とする暴力（Home Office 1981; Sibbitt 1997; Witte 1996; Bowling 1998）、「同性愛者バッシング」（Moran et al. 2004b; Dick 2008）などは、ヘイトクライムの中でも、英国やその他の国の政府が注目してきた数少ない例である（米国の状況に関しては、Levin & McDevitt 1993, 2002, Perry 2001 参照）。

「ヘイトクライム」という用語が登場し、一般的にも学術的にも広く議論される対象となったきっかけは、米国、続いて英国およびヨーロッパでのヘイトクライム撲滅を目指した運動の展開である（Witte 1996 and Bowling 1998; Jenness & Gratte 2001; Garland & Chakraborti 2012）。米国では、一九七〇年代に黒人の市民権運動、女性解放運動、ゲイ・レズビアン運動、被害者救済運動といったさまざまな社会運動が集まり、一緒くたとなって現代的な「反ヘイトクライム運動」が出来上がった（Jenness 2002: 19）。「ヘイトクライム」が、偏見を動機とするさまざまな犯罪を含む包括的な用語として使えることから反ヘイトクライム活動家の間で好まれ、この運動は一九八〇年代や九〇年代に急成長し、大きな政治的影響力を持った（Jenness 2002; Jacobs & Potter 1998）。活動家らの目的は、弱い立場に置かれたマイノリティ・コミュニティを暴力から守る法律を新たに制定するよう立法府を動かすことだった（Maroney 1998; Jenness & Grattet 2001）。さまざまなロビー団体が協働した結果、全米の議会において、とりわけ憎悪を動機とする犯罪者の処罰を加重する新たなヘイトクライム防止法が制定されるに至った（いろいろな州法を十分に分析したものとして、Lawrence 1999 を参照）。実際、一九九〇年代末までには、米国各州の大半が、多数の異なる被害者集団を対象とするいくつかの類型のヘイトクライム防止法を立法している。[1]

ロビイストの努力もあってそのような法律が広がるにつれ、ヘイトクライムとは、それまで存在していた犯罪に、単に新たな用語を割り当てたにすぎないのではないかと疑問視する人びとも出てくるようになった。たとえば、ジェームズ・ヤコブスとキンバリー・ポッターは大きな反響を呼んだ著書『ヘイトクライム（*Hate Crimes*）』において、ヘイトクライムという新たな政策領域は、「ヘイトクライムの蔓延という現象を社会的に構築したもの」（Jacobs & Kimberly 1998: 45）であり、ヘイトクライムが深刻な「社会問題」となったのは、そうした現実があるというよりは、むしろそのように信じられた結果であると主張している。

多くの刑事司法政策と同じく、「ヘイトクライム」という用語と、ヘイトを動機とする犯罪を違法とする新法が、英国の公共政策に取り入れられるまでに、たいした時間はかからなかった。イングランドとウェールズでヘイトを犯罪化する動きは、主として人種差別的暴力に関わる問題が中心だった（Bowling 1998）。国民戦線〔訳注：英国の極右政党。一九七〇年代から一九八〇年代にかけて急伸した〕といわゆる「スキンヘッズ」が頻繁に行動した結果、一九七〇年代、明らかな人種差別的暴力が一般の人びとに認識されるようになった（Witte 1996; Bowling 1998）。ベンジャミン・ボウリングは、人種差別的暴力が「モラル・パニック」を惹き起こし、徐々に世論がヘイトクライム撲滅政策に賛成するようになったのが、この時期であったと指摘する（Bowling 1998）[2]。これに応じ、政府はこの問題を調査するため、一九八一年、反人種主義合同委員会を設置した。この委員会が提出した報告書を受け、政府は人種差別的な暴力と嫌がらせに関する最初の研究を委託した（Home Office 1981）。報告書は人種差別的な攻撃が広範囲で起きていることを強調し、とりわけ黒人および民族的マイノリティの市民が過度に攻撃を受けていることに焦点を当てた（Home Office 1981）。人種差別的暴力が英国の「社会問題」であるという、ロビー団体が断続的に声を上げてきた懸念がようやく正当なものとして認識されたのである（Bowling 1993）。政府は、人種差別的な犯罪への取り組みを目的とする政策を新たに施行することでこれに応じ、人種差別的暴力についての報告書が数多く作成され、その後の法規制につながった（Bowling 1993: footnote 6 参照）。

そうはいっても、英国が人種差別的な暴力を明確に禁止するヘイトクライム規制法を導入するまで、ほぼ二〇年を要したのである――米国で初めてのヘイトクライムを禁止する州法が制定されてから二〇年ほど後のことだった（Lawrence 1999）。一九九三年にロンドン南部で起きたスティーブン・ローレンス殺害事件は後々影響を及ぼす端緒となった。人種差別的暴力の問題が長期的に全国メディアの注目を集めることになったのである。[3] ローレンス殺害事件の捜査に対しては継続調査が行なわれ、ウィリアム・マクファーソン卿による非常に批判的な報告書（Macpherson 1999）が発表されたことを受け、英国政府と警察は憎悪を動機とする犯罪への取り組みに関する方針と実務を抜本的に変更するに至った（Chakraborti & Garland 2009: Ch 2）。一九九七年、トニー・ブレア率いる「新」労働党政権は人種差別的暴力に対する社会的な不安の高まりに対し、これを明確に違法とし、犯罪行為の際に人種差別的な「敵意」を見せた者を加重処罰する法律を制定した（一九九八年犯罪および秩序違反法§28～32）。犯罪および秩序違反法案の二度目の趣旨説明の際、ウィリアム・モスティン卿は、英国が人種差別的行為を新たに加重処罰する必要性をこう説明している。「これらの（人種差別的）犯罪はとりわけ卑劣であり、実際にそうであるように、被害者のみならず、われわれが生活の場としている多民族社会という構成そのものにダメージを与えるからである」（HL Deb 16 December 1997, col 534: これらおよび他の法律をさらに分析したものは以下を参照）。国家が人種差別的暴力という問題をもはや無視していられなくなったことは明らかであり、これから見ていくように、偏見に煽られたその他の類型の犯罪の広がりに目をつぶることもできなくなったのである。

制定から三年後、同法が改定され、「宗教的に」および「人種的に」深刻化した犯罪が含められることとなった（二〇〇一年反テロリズム・犯罪および安全保障法、第三九条による改定）。ここで、英国法が、被害者の性的指向、障害あるいはトランスジェンダーの性自認に対して敵意が示された場合の犯罪行為を明確に禁じていないことは指摘しておくべきであろう。[4] その代わり、英国の二〇〇三年刑事司法法には、加害者が、被害者の障害、性的指向またはトランスジェンダーを理由とする敵意を示した証拠がある場合、判事が刑を加重することができるとする条項がある（第一四六条）。[5] これらの被害者への保護がなぜ量刑の加重のみなのかは明らかでない。そのため、人種差別的および宗教的に深刻化した犯罪行為は独立の刑法規定による保護に値するとされる一方で、これ以外の憎悪に基づく行為には量刑の加重しか適用されないのはなぜかという疑問が生じる。

一九八八年および二〇〇三年に法律が制定されるまでは、人種差別的憎悪の拡散は一九六五年および一九七六年人種関係法で禁じられていた（誹謗禁止法と呼ばれることが多い）。その後、これは一九八六年公共秩序法第一七条によって改定された。この条項は、「恐怖を感じさせ、罵倒し、侮辱的」で、「人種差別的なヘイトを惹き起こす」目的であるか、「あらゆる事情を勘案して、それにより人種差別的憎悪が惹き起こされる可能性がある」言葉の使用や行為を禁じている。近年では、さまざまな形態の憎悪扇動を違法とする法律が導入されている。宗教団体が長期にわたってロビー活動をした結果、二〇〇六年人種および宗教的憎悪法が制定され、「宗教的憎悪を惹き起こす」条項が一九八六年公共秩序法に取り入れられた（Idriss 2002; Hall 2005: 124）。これに続き、二〇〇八年刑事司法および入国管理法によって一九八六年公共秩序法が改定され、憎悪を惹き起こす理由として性的指向が含まれた。これもまた、ストーンウォール（英国有数のＬＧＢＴのロビー団体）がゲイ、レズビアン、バイセクシュアルの人びとを一般の誹謗から守るための扇動規制法の実施を求めて訴えたからである。[6]

「ヘイトクライム」における「ヘイト」を定義する

西欧諸国においては、ヘイトを動機とする犯罪に対して、主として立法措置がとられてきた。これはつまり、ヘイトがおおむね法的な枠組みで定義づけられてきたということを意味する。たとえば、フィリス・ガーステンフェルドは、ヘイトクライムとは「少なくとも部分的に、被害者が属する集団が動機となって行なわれる犯罪」と定義する（Gerstenfeld 2004: 9）。一方、ケリーナ・クレイグは、「被害者の実際あるいは認識上の地位に対する加害者の偏見に基づき、被害者を意図的に選択することで行なわれる違法行為」とする（Craig 2002: 86）。米国および英国で一九八〇～九〇年代にヘイトクライムが犯罪化されると、法学者らはこの現象の法概念化を批判するようになった（Jacobs & Potter 1998; Lawrence 1999; Iganski 2008; Stanton-Ife 2013）。とりわけ、「ヘイト」という言葉を使用したことで、どのようにすればこの語を法律用語集に取り入れうるか（Lawrence 1999）、あるいは、はたして取り入れるべきなのかどうか（Morsch 1991; Hurd 2001）について、学術的な大論争が起きたのである。

明らかになったのは、「ヘイト」という言葉は、実は正確な表現ではないということだ。「ヘイトクライム」が成立するためには、加害者が実際に被害者を憎んでいる必要はない。実際には当該被害者に対して、個人的な憎悪をまったく感じていなくても、ヘイトクライムが成立する余地がある。むしろ、「ヘイトクライム」という用語は、被害者が属しているとみなされる集団に対する先入観や偏見の表明であることを意味している（Lawrence 1999）。したがって、「ヘイト」という言葉は、おおかた、個々人のアイデンティティに付随するものに向けられる偏見、偏屈、反感、害意あるいは敵意を動機とする行為をより広く含めるように概念化されている（Lawrence 1999; Jacobs & Potter 1998）。そのため、フレデリック・ローレンスはヘイトクライムを「偏見犯罪」と名づけ直し、「偏見が犯罪となって表れたもの」と再定義した（Lawrence 2002: 37）。

しかしヘイトを、偏見を意味するものとして概念化することは、さまざまな形態の違法行為にどのように付随させることができるかという点で、いっそうの混乱を招く。ヤコブスとポッターは、「ヘイトクライム」の定義に際しては二つの重要な問いがあるとする（Jacobs & Potter 1998）。一つ目は犯罪が行なわれた背景において偏見をどのように定義するかであり、二つ目はどのような偏見について刑事上、注目すべきかである。偏見の定義は困難極まりない。反ファシズムあるいは反人種差別などのように、肯定的だとみなされうる偏見もある。緑色を嫌うというように害のない偏見もある（Jacobs & Potter 1998）。一方で、まったく受け入れられない、世の中の結束を社会的に損なうとみなされる偏見もある。人種主義、同性愛嫌悪、反宗教的その他さまざまな偏見がこうした例として含まれうる（Jacobs & Potter 1998: 12）。これらの一つひとつの偏見を法的に定義できるか否かは定かではない。事実、これから見ていくように、ヘイトクライム規制法の多くは「偏見」（あるいはその同義語）をまったく定義していない。実際には、違法行為を行なっている最中に偏見が表れていたか否かを、「害意」あるいは「敵意」のように法律上用いられている言葉の辞書上の意味に基づいて決定するのは陪審員（あるいは判事）に委ねられている（Walters 2013a）。結局、ヘイトクライムに与えられる意味は、立法者らによって用いられるキーワードを判事および陪審員がどのように解釈するかによって変わってしまうということなのだ（法律についてのこれ以上の議論は以下を参照）。

この点に関して、ヘイトクライムを理解し、対応しなければならない弁護士らにとっては、司法あるいは立法的な指針が有益であろう。立法に関わる者であれば、ゴードン・オルポートによる影響力のある著作『偏見の本質（*The Nature of Prejudice*）』をあげるのではないだろうか。たとえば、同書においてオルポートは、「民族的偏見」を「欠陥があり、柔軟性のない一般化に基づく反感。感覚的なものである場合も、外部に表明される場合もある。集団全体に向けられる場合も、その集団に属していることを理由に個々人に向けられる場合もある」と定義する（Allport 1954: 10）。偏見についてのこの定義に従えば、明らかに、人は、ある集団についての一般化に基づいてその集団全体に対して確かに悪意を感じるか、露わにするものである。そうした一般化はステレオタイプ化の結果であることが多い。特定のアイデンティティを持つ集団に対して付されるネガティブなステレオタイプは、もっとも典型的には、家族や友人といったネットワークにおけるコミュニケーションを通して半永久的に生きながらえるし（Byers et al. 1999）、ニュースやテレビなどの媒体によってもまたしかりである（Green et al. 2001 参照）。

オルポートの定義する偏見概念は、どのような違法行為が偏見に動機づけられた犯罪であるのかを決定するにあたっては有益だが、「ヘイトクライム」を定義するには限界があると思われる。たとえば、ドナルド・グリーンらは、ヘイトクライムは個人の集団についての誤った一般化というよりは、むしろ経済競争やアイデンティティを持つ集団同士の反感に影響されると指摘する（Green et al. 2001）。他でも言及したことがあるのだが、経済的緊張を経験すると、あるマイノリティ集団に属する個人が地域社会の一員としてふさわしくないだとか、たとえば公的な社会保障を移民などの「他者」が優先的に受給しているようだとして、経済的な利益を得ているらしい、という誤った一般化がなされる場合がある（Walters 2011; Ray & Smith 2002 も参照；Gadd et al. 2005）。いうまでもなく、ネガティブなステレオタイプから生じる偏見がなくても、ある加害者が特定の個人に敵意を持つ状況はありうる。たとえば、男性同士のアナルセックスを罪深い、あるいは不自然だと受け止める人はいるだろう。アナルセックスに対するこの加害者の考えは、どのような性的指向も平等であると考える人からすれば異議を唱えたくなるかもしれないが、その考えがゲイ男性についての誤った一般化に基づいているといえるわけではない（もちろん、そのような偏見はゲイ男性の道徳性についての誤った一般化の結果であることが多いかもしれない）。そうではなく、この加害者の考えはその人自身の厳格な宗教観ゆえであろう。それが強烈な善悪の観念と、おそらくは、宗教的に定められた性に関する道徳規範に反している人びとに対する恐怖とを感じさせるのである。

偏見の意味についてここで簡単に検討したことからわかるのは、偏見を定義することは憎悪を動機とする違法行為を説明するにあたっては確かに有効なのだが、それ自体が「ヘイトクライム」の包括的な定義を示すわけではないということである。以下で見るように、これは、法律において、立法者らが「害意」（スコットランド）や「敵意」（イングランドおよびウェールズ）といったより中立的な用語を好む理由、米国のいくつかの州においては憎悪という要素がまったく含まれていない理由であるといえよう。むしろ、被害者が集団に属する「から」、あるいはそのことを「理由として」犯罪が行なわれた場合、ヘイトクライムとなりうるのである（本章後半の「『ヘイト』を法律化する」を参照）。

「ヘイト」を「クライム」に結びつける

偏見の定義は複雑な問題だが、これを犯罪行為のメンズ・レア（例：故意・過失など主観的な要素）に結びつけることも難しい（Gadd 2009; Hall 2010: 153-154）。もっとも複雑な点は、偏見の程度が著しく異なりうるということだ。偏見を分布図にすると、一端では、あるアイデンティティを持つ集団に対する偏見の中には、その集団に属する人をあまり好きではないとか、胡散くさいと感じているにすぎないようなものも含まれる。たいがいは、そうした人びとについて無知であるか、人としての価値についてのステレオタイプにとらわれていることが根本にある（Levin & McDevitt 1993）。そうした偏見を持つ人びとはそのネガティブな感情について近しい友人や家族に話すことがある。それを聞かされた側の人びとは、自分ではほとんど何も知らない人びとについてのネガティブな感情をほぼ無意識のうちに拡散してしまう（Levin & McDevitt 1993; Sibbitt 1997）。こうした人びとは、自分たちが「黒人」や「ゲイ」である誰かを「知っている」のだと主張して、自分が「人種差別主義者」や「同性愛嫌悪者」であることは否定しがちである（Burney & Rose 2002）。これらは「表面的」な偏見であるとしておこう。

分布図のもう一端には、意識が偏見によって占められ、ある特定のアイデンティティを持つ人びとに対する根深い憎悪を生み出している場合がある。そうした人びとは、そのようなアイデンティティを持つすべての人を根絶させることを生涯の「使命」とすることもある（Levin & McDevitt 1993, 2002; 第八章「偏見に立ち向かう」を参照）。憎悪を自分のものとしてから年月を経て、あるアイデンティティを持つ集団の不道徳性に関するマクロあるいはミクロレベルのメッセージにさらされると、根深い反感がむくむくと姿を見せることもある（Levin & McDevitt 1993）。

偏見が違法行為となる閾値が決まると、裁判所は、犯罪者の反感と犯罪行為の実行との間の「因果関係」を証明する必要に迫られる（Jacobs & Potter 1998: 23）。その閾値が非常に低い場合は、偏見と違法行為との関係性が（わずかでも）示されれば、相当数の犯罪が「ヘイトクライム」として分類されることになり、スタンリー・コーエンが「社会統制網の拡大（ネット・ワイドニング）」と呼んだ状況に至る恐れが生じる（Cohen 1985）。よく知られているヤコブスとポッターの表は、こうした概念化から生じる大きな違いを、偏見の強弱の程度とそれと違法行為とのつながりとの関係として示している（図１－１参照）。

図１－１を見ると、偏見と因果関係をどれだけ狭義あるいは広義に捉えるかに応じて、いかにさまざまな犯罪が「ヘイトクライム」として構築されうるかがわかる。因果関係および偏見が弱い場合も含めれば、幅広い行為に「ヘイトクライム」の網がかぶせられることになる。すると、個人間のささいな諍いという被害者のアイデンティティに無関係な出来事であっても、その場が激化した瞬間、当事者の一方が人種差別的あるいは同性愛嫌悪的な発言を吐いたという例までもが含まれてしまうことになる（第四章および第五章の事例を参照）。この場合の「犯罪行為」は必ずしも偏見の直接的な結果ではなく、むしろ、そもそも加害者が自分のフラストレーションを被害者に向けて発散する際に人種差別あるいは同性愛嫌悪の言葉を用いたという一要素を含むにすぎない（Gadd 2009 参照）。

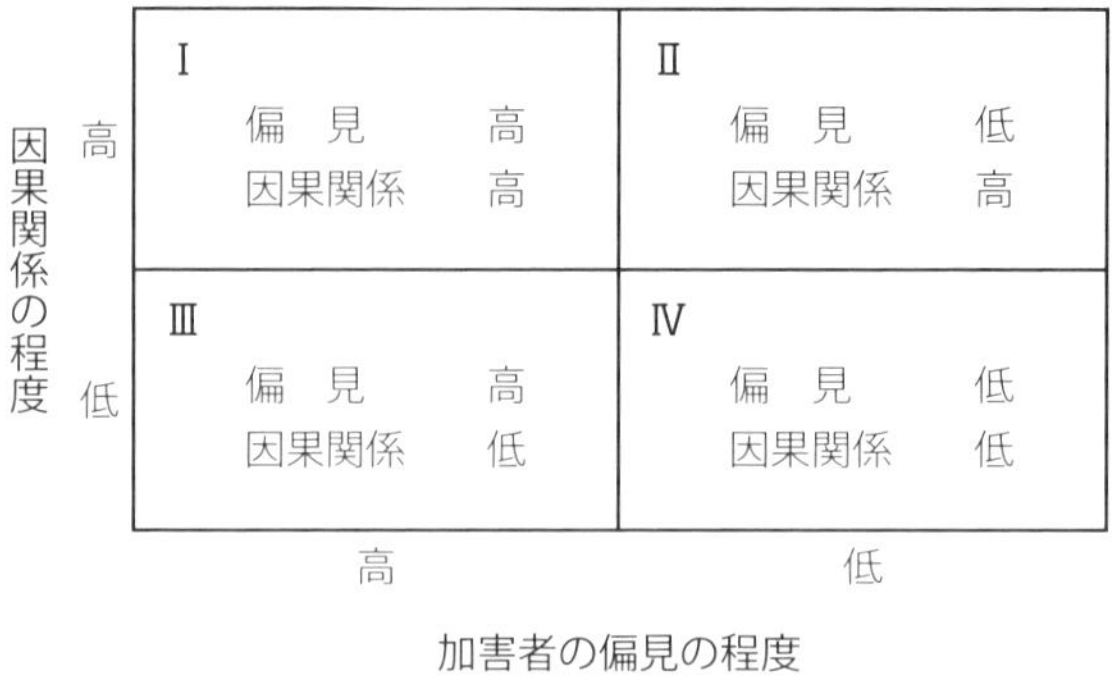

Ⅰ
偏見　高
因果関係　高
Ⅱ
偏見　低
因果関係　高
Ⅲ
偏見　高
因果関係　低
Ⅳ
偏見　低
因果関係　低
因果関係の程度
高
低
高
低
加害者の偏見の程度

出典：Jacobs & Potter 1998: 23.f

図１－１　ヘイトクライムのラベリング――偏見と因果関係の構成要素

憎悪を示す分布図の一端では、偏見が犯罪行為の実行の唯一あるいは主要な原因となる（第四章の例を参照）。これらの犯罪類型が、報道機関によって一般的に「ヘイトクライム」とされるものであり、ジャック・レヴィンとジャック・マクデヴィットが「ミッション犯罪者」（訳注：ミッション（使命）犯罪については、次のように説明される。「ある特定のカテゴリーに属する人びとを、文化、経済、人種的伝統の純血を破壊する悪魔だと敵視し、彼らへの激しい憎悪から、世界から彼らを排除することが使命（ミッション）であると信じて惹き起こされる犯罪」（新恵里「アメリカ合衆国におけるヘイトクライムの規制法（Hate Crime Law）の動向と、日本の課題」『産大法学』四八巻一・二号〈二〇一五年一月〉二七ページ））（Levin & McDevitt 1993）と分類した者による極端な行為を含むことが多い。この犯罪類型の一例としては、一九九九年にロンドンで、さまざまなマイノリティ集団を狙い、釘入りの爆発物を多数爆発させたデーヴィッド・コープランドの事件がある（McLagan & Lowles 2000）。

　多くの犯罪者の動機にはさまざまな要素が混在しているのが事実であり、偏見に動機づけられた犯罪行為を禁止するのはいっそう複雑になる（Lawrence 1999）。犯罪行為を行なう理由には、さまざまな偏見が要素として含まれうるうえに、挑発するという動機や、財物の獲得といった他の動機もありうるからだ（Chakraborti & Garland 2012）。そうした場合、その犯罪行為が「ヘイトクライム」であるか、そうではない動機による犯罪であるのかをどのように決めるのだろうか？　ローレンスは、加害者の当該行為が「偏見なくして行為なし」であるのかどうかを問うべきだと主張する（Lawrence 1999: 10）。言い換えると、被害者の（属性であるとみなされた）アイデンティティがなくともその犯罪行為が行なわれたかどうか、が問われるべきだというのである。もし被害者の（属性であるとみなされた）アイデンティティがなかったのであれば（その他の動機となる要素の有無にかかわらず）、その犯罪行為が行なわれることはなかったと結論づけられる場合、その犯罪はまさにヘイトクライムの一つであるとみなすことができる。この場合、複数の動機があり、複数の偏見が混在しているとしても、ある犯罪行為をヘイトクライムとして起訴することができる（Walters 2013b 参照）。

しかしながら、この一見単純なテストであっても、ある犯罪行為を「ヘイトクライム」として起訴するか否かを決めかねることもあるだろう。例として、近隣に住む二人の間で諍いが起きたとしよう。この諍いはもともと、住民Aが深夜に大音量で音楽をかけていたために起きたものである。騒音が絶えないために住民Bが苛立ち、我慢の限界に達して甲の家に出向いた。双方がそれぞれの言い分を主張し、お互いに罵り合い、結局どちらも憤慨した。その後の数週間でお互いの関係はますます悪化し、それぞれの苛立ちが激化し、怒りを強めていったのである。Aの騒音が続いたため、Bが激怒し、再び隣家に出向いて玄関をガンガンたたくことになった。BはAがゲイであることを知っており、音楽をやめないのであれば暴力に訴えると脅しつける一方で、同性愛嫌悪的な発言をするようになった。

この諍いは、騒音をめぐる個人的な衝突の一つであったものが、「犯罪者」が「被害者」の性的指向（法律上の定義については下記参照）に対して敵意を示したことによって公共秩序違反行為になってしまった。そもそも、このヘイト事象は騒音の結果として起きたものだったが、最初の口論の後でぎすぎすした状況になったことには双方に責があるといってよさそうだ。同性愛嫌悪的な暴言と暴力のほのめかしは、当面、近所づきあいをしていかねばならない近隣同士の諍いが高じた結末である。だが、被害者の性的指向がこの諍い全体に対してどのような影響を及ぼしたのかについては、確信を持ちきれない。たとえば、被害者がゲイではなかったとしたら、Bの対応は違っていたのだろうか。Bが同性愛を嫌悪していたためAに暴力を振るうと脅すことになったのか、あるいはAの性的指向がどうであれ、Bは同じことをしたのだろうか。さらに、Aの騒音とBの苦情への対応は、Aが被害者となる一因だったのだろうか。これらの疑問は、当事者主義的な対審構造のもと、合理的な疑いの余地がない有罪の証明を要求される場合には、いっそう複雑になりうる（Gadd 2009）。第四章、第五章、第六章で見ていくとおり、応報的司法に基づく手段で応じても、必ずしも、こうしたヘイト事象が関わる諍いに共通する特徴を効果的に処理できるわけではない。これらの事件の大半において、警察は両当事者に警告を与える（あるいは、事件を「ヘイト事象」として記録に残す——定義については次節参照）以上のことはできない。刑事事件として立件することはおろか、事件を英国検察庁（CPS）に送ることもできないのである（Burney & Rose 2002; Gadd 2009）。

「ヘイト」を法律化する

以上ではっきりしたのは、ヘイトクライムがどれだけ存在するか、また、それにどう対応するかは、ヘイトクライムがどのように概念化され、定義されたかによるということである（Hall 2013: Ch 1 参照）。ヘイトクライムを定義するにあたり、ヤコブスとポッターは、法律上「ヘイト」とは何を意味するのか、また、それを犯罪をどのように実行する行為者の動機に関連づけるかについて、選択をしなければならないと述べている（Jacobs & Potter 1998: 27）。一般的にいえば、偏見に動機づけられた行為を禁じるにあたり、米国および英国政府が実施しているヘイトクライム規制法には二つのモデルがある（Lawrence 1999）。一つ目は「憎悪の動機」モデル（通常、人種差別的悪意モデルと呼ばれている）であり、行為者が被害者集団のアイデンティティを理由とする憎悪あるいは偏見のせいで実行した行為を違法とするものである（Lawrence 1999）。二つ目は「集団選択」モデル（差別的選択モデルと呼ばれている）に基礎を置く行為類型である。この種の行為の場合は、行為者が保護されている特定の集団から被害者を「選択する」だけで十分であり、偏見、敵意、憎悪の裏づけはなくてもよい。ヘイトクライムをこう解釈すると、オルポートが提起したような偏見の定義（Allport 1954）は（少なくとも法律上は）意味を失ってしまう。被害者が特定の集団に属すると見られることを理由に被害者を選択したという行為者の意図のみが要件となる。

各立法府はヘイトクライム規制法の実施について、まったく一貫していない。そのため、各法域が「憎悪動機」モデルあるいは「集団選択」モデルのどちらを採用しているかを明確にするのは困難である。米国では「意図的に選択した（intentionally selected）」という言葉を使う州がある（ヴァージニア州など）。それよりも一般的に使われているのは、「～のゆえに（because of）」あるいは「～を理由として（by reasons of）」である。これらの表現のもとでは、同じような行為を行なった場合でも、被害者の所属する集団のアイデンティティ「のゆえに」、あるいはそれを「理由として」行なわれた場合に刑罰が加重される。たとえば、以下はメイン州の刑法である。

> 一七－A MRSA § 一一五一　被告人による犯罪の対象となった人物もしくは犯罪によって損害またはその他の影響を受けた資産の選択が、対象となった人物もしくは資産の所有者または占有者の人種、皮膚の色、宗教、性別、家系、出自国、身体的もしくは精神的な障害、性的指向もしくはホームレス状態のゆえになされた場合

この法律では、被害者の特徴がここに規定されたものの一つであることを理由としてなされた行為で行為者が有罪判決を受けた場合、刑罰が加重される。この法律の文言から、被害者に対する「憎悪」（あるいは偏見）は犯罪の要件でないことは明らかだ。

集団選択モデルは、憎悪モデルを取り入れた制定法よりも範囲が広い場合も狭い場合もある。広くなるのは、規定によって、具体的な偏見が行為者によって示されていない行為が対象とされる場合である。たとえば、強盗が、ユダヤ人は大金を持ち歩いていると誤信していたためにユダヤ人を襲撃したという場合、この類型のヘイトクライム規制法の対象となる。この行為者はユダヤ人に対して何の害意も持っておらず、ただ単に、ユダヤ人だと見られる人びとを狙えば、より多くの金銭が手に入るだろうと考えただけなのである。米国の「〜を理由として」型の他の立法も同じように機能するが、「害意」のような主観的な要素を含めている場合がある（Lawrence 1999 参照）。この類型の立法では、被告人が被害者のアイデンティティに基づいてその人への「害意」を露わにしたことを、検察官は合理的な疑いの余地がない程度まで証明しなければならないため、立証責任の負担はより重くなる[7]。

英国がヘイトクライムを禁じる法律を制定したのは米国よりも遅い。前に述べたように、ヘイトクライムを網羅する新たな犯罪を導入したのは一九九八年犯罪および秩序違反法（英国）である。多くの法律と同様、同法は「ヘイトクライム」という用語を使用せず、従来の刑法上の文言を用いて「人種的または宗教的に加重される」暴行、器物損壊、ハラスメント、ストーカー行為、公共秩序違反と犯罪を具体的に規定している（§28〜32）。同法第二八条は次のように規定している。

（1）第二九条から第三二条の適用において、次の行為は人種的または宗教的観点から加重されるものとする。

（a）犯罪遂行時、またはその直前もしくは直後において、その被害者がある人種的または宗教的集団に属する（または属していると思い込んだ）ことに基づき、加害者が被害者に対して敵意を表明した場合、あるいは、

（b）その行為が、人種的または宗教的集団に属する人びとに対する、その集団に属することに基づいた敵意によって（その一部または全部が）動機づけられている場合。

この立法は、加重刑罰を取り入れている米国の法律の多くに似ている。憎悪モデルの制定法として、犯罪および秩序違反法は犯罪の要件である故意（メンズ・レア）の一部に「敵意」を取り入れている。この条文には二つの項があり、程度の異なる偏見と、そうした偏見と犯罪との因果関係にわたって効力を及ぼしている。(b)項は「動機づけられた」あるいは「部分的に動機づけられた」という文言を使い、被害者のアイデンティティに対する敵意のために（あるいは部分的にはそのために）加害者が犯罪を遂行したという証拠がある状況を適用範囲とする。この項の場合は立証の閾値が比較的高く、検察は、加害者が被害者の集団的アイデンティティに対して明確な敵意を感じていたことについて合理的な疑いがない程度まで証明しなければならない。

(a)項の立証責任はそれよりは低い。同項は、加害者による行為時、またはその直前もしくは直後における敵意の「表明」を要件とする。検察官は、加害者の動機が被害者のアイデンティティに対する偏見にあったことを証明する必要はなく、単に、当該加害者が、被害者のアイデンティティへの敵意を犯行時に示したことを証明すればよい。法律上、「敵意を表明する」が実際に何を意味するのかはまったく明確ではないが、この言葉の辞書的な意味に従って事件ごとに判断するのは陪審員の役割である。裁判所においては、しばしば、敵意の表明とは、

行為時に加害者が偏見に彩られた言葉を使ったことを証明することである（Burney & Rose 2002）。これは裁判所でも研究者の間でも少なからぬ論争となっている（これについての議論はWalters 2013a参照）。たとえば、バーニーとローズが行なった調査から、裁判官の多くは「法律は、『普通の労働者階級の間で起きた傷害事件』などで日常的な語彙の一部である言葉を口にする人びとに対して、どちらかといえば過酷である」と感じていることがわかった（Burney & Rose 2002: 20; *DPP v Woods* [2002] EWHC Admin 85も参照）。

法律実務家の中にはよりリベラルなアプローチをし、たとえば、被害者の人種的あるいは宗教的アイデンティティについてなんらかの言及がなされた場合のように、人種的な要素を見出そうとする人びともいる（Burney & Rose 2002; *Rogers* [2007] UKHL8参照。英国貴族院は、「いまいましい外人」という文言はある人種集団を指すものであり、これが被害者に向けて使われた場合は人種的敵意に相当するとした）。

論者によっては、敵意の「表明」については、敵意に基づく動機づけとは異なるものであり、「ヘイトクライム」とするべきではない、とする。これらは、怒りやフラストレーションが他の感情的な要素と結びついて「その場の勢い」で口走ってしまったものとして理解されるべきとするのである（Gadd 2009; Chakraborti & Garland 2012: 503も参照）。そのような事件は、上記の隣人甲と乙の事例で述べたように、端緒となる出来事への典型的な反応にすぎず、「ヘイトクライム」ではなく「ヘイトスピーチ」に位置づけられるべきである（*Woods* [2002] EWHC Admin 85も参照）。すなわち、加害行為そのものは憎悪を動機とするものではなく、そうした行為が行なわれた最中にヘイトスピーチが起きたという単なる事実のみをもって、全体を「ヘイトクライム」としてまとめてしまうべきではない。

筆者は、これらの懸念に対し、主に二つの論拠に基づいて反論を述べてみようと思う（Walters 2013a）。一つ目は、その場の勢いでなされたものであろうとなかろうと、反感を露わにすることは被害者のアイデンティティを虐げようと意図して、あるいはそれを目的としてあえて表現したものだというものである（ヘイトクライムの定義については後出 Perry 2001 参照）。それにもかかわらず、憎悪事件を起こした後、加害者らはたいがい、自分たちは「人種差別主義者」でも「同性愛嫌悪者」でもないと主張するだろう（Gadd 2009）。「それは酒のうえの話であって、本心ではない」というようなものだ（Burney & Rose 2002 参照）。だが、加害者がそうした行為をしている最中、その偏見を口にすることが被害者や他の同じような人びとに対して象徴的なメッセージを送っていることに気がつかないとは理解し難い。たいがいは、公の場で偏見を露わにすることは攻撃的な行為であるということに幼い時期に気がつくものだ。加害者の家族や友人が敵対感情を改めようとしないとしても、である。ならば、加害者が、自らの敵対感情の表現が道徳的に非難されるべきこと、また社会的害悪を含んでいることを認識していないということは考えにくい。もちろん、彼は自分が害悪をもたらすか否かを気にかけないかもしれないが、それは別の問題だ。犯罪の成否については、彼の行為が偏見の表現であるとみなされることを彼が意図ないし意識しており、彼の行為が被害者に害悪をもたらすか否か、という点だけが問題である。偏見の表現行為が加害行為と一時的に結びついているならば、その行為を別個のものとして区分することはできない。その表現行為は当該加害行為の本質部分となり、被害者を傷つけたいという加害者の意図の根拠となる（Walters 2013a）。そう解釈すると、加害行為の最中に偏見を口にした場合に、当該行為を「ヘイトクライム」との推定に達しない事例を想定することは難しい。おそらく、そのような場面は、加害者が、自身の口にした言葉がアイデンティティに基づく悪口とみなされることを認識していないような場合くらいだろう。[8]

英国法のヘイトクライム定義に関する、こうしたリベラルなアプローチの論拠を適切に評価しておくことは、本書にとって重要である。とくに、修復的司法を実践する人びとが最終的に扱うのは、それが刑事司法制度の内であれ外であれ、ヘイトクライム規制法で定義されるヘイト行為類型である。[9] 量刑時にのみ同性愛嫌悪や障害が指摘されるような事件において、修復的司法の実践者らがヘイト動機を認識できるかどうかはいまだはっきりしない[10]。加害者の敵対感情が行為の本質的な原因であっても、刑事司法上の措置では加害者の偏見を証明できないような場合はとくにそうである。事例によっては、ヘイト動機の存在を合理的な疑いを超える程度まで証明できず、また加害者がなんらかの修復的プロセスに入るころには、そうした証拠が失われてしまうこともあるだろう。あるいは、修復的司法が起訴に代わるものとして利用され、その結果、憎悪の動機の認定は、修復的司法を実践する人びとと警察官らとの情報交換、もしくは準備会合などの手続参加者の直接的な情報交換次第になるということもある。本書の分析の中心は、修復的司法の手続の最中に、偏見および個々のアイデンティティに関わる問題が提起され、議論されるかどうかである。そうした問題が修復的会合でどのように扱われたのかを調査するために、インタビューと観察記録（実証研究の一環として行なわれたもの）から照合されたデータを用いる（第四、第五、第六、第七、第八の各章を参照）。

被害者化のプロセスとしてヘイトクライムを理解する

法学的研究とは異なり、ヘイトクライムの原因についての犯罪学的言説が登場したことで、偏見に動機づけられた犯罪に社会学的および文化的な性質があることを考慮するような考え方が出来上がった。こうした研究はヘイトクライムの社会病理的な決定要因と、それが被害者とマイノリティ・コミュニティにもたらす害悪を理解するのに大いに役立った（第三章参照）。本書にとって重要な点は、犯罪学的な分析がヘイトクライムの社会文化的な基礎に光を当てることで、修復的実践がヘイトクライムに巻き込まれた人びとにどのように影響を及ぼすかについて、重要な背景情報を得られることにある（Hall 2013: Ch 6 参照）。

一九九四年、ルイス・ウォルフとレスリー・コープランドはヘイトクライムを「社会の多数派に一般的に評価されず、さまざまな分野で差別を受け、社会的・政治的・経済的正義を回復する手段を十分に利用できない人びとの集団に向けられた暴力」と定義した（Wolfe & Copeland 1994: 201）。この定義により、これまでコミュニティ内の特定の人びとが経験してきた社会的害悪が対象に含まれるようになった。これらの人びとは、偏見に基づく暴力にさらされやすい地位に置かれており、その結果、より深刻な影響を受ける人びとである（第三章も参照）。キャロル・シェフィールドもまた、ヘイトクライムについて次のように同様の見解を述べている（Sheffield 1995: 438）。

> ヘイトによる暴力の動機となるものは社会的および政治的要因であり、そうした暴力を正当化（しようと）する思考体系によって強化される……ここから、個人に関わることは政治的な問題であることがわかる。すなわち、そうした暴力は他から切り離された一連の事件ではなく、生物学的および社会的要因に応じて権利や恩恵、特権を与えるような政治文化の結果なのである。

ネイサン・ホールは、このような定義によって、原因と効果についての理解が深まり、それらのつながりがわかるようになるとする（Hall 2005: 2013）。これは他の法的な定義からは得られない。バーバラ・ペリーは反響を読んだ著書『ヘイトの名のもとに――ヘイトクライムを理解する（*In the Name of Hate: Understanding Hate Crime*）』で、これら広範囲に及ぶ定義はより大きな意味があるとも主張する（Perry 2001）。それは、これらがヘイト暴力が培養されるような政治的および社会的背景を強調するだけでなく、ヘイト暴力を支える集合的アイデンティティの持つ階層的性質にも注意を向けさせるからだ。だが、ペリーは、シェフィールドの定義は参考になるものの、ヘイトクライムが及ぼす影響を考慮していないという点で不完全だと指摘する（Perry 2001）。その代わりに、ペリー（Perry 2001）は、シェフィールドの定義（Sheffield 1995）に加え、ヘイトクライムの定義にはウォルフとコープランドの定義（Wolfe & Copeland 1994）が含む要素を取り入れるべきだと主張する。そこで、ペリーはヘイトクライムを次のように定義する（Perry 2001: 10）。

……暴力と脅迫の行為であり、通常は、すでに烙印を押され、周縁化された集団に対して向けられる。そのように、これは力と抑圧のメカニズムであり、既存の社会秩序を特徴づける不安定な階層型構造を再確認するものとなる。同時に、加害者の属する集団の（現実のものであれ、虚構のものであれ）ヘゲモニー（支配力）と、被害者の属する集団の「適度に」従属的なアイデンティティを再び作り上げようとする。

この定義は、被害者の置かれた社会的立場と、暴力を通じて表現された社会が持つ抑圧的な力のダイナミクスの両方を含んだものとなっている。この定義により、ヘイトクライムは憎悪に満ちた個人による単なる個別の行為ではなく、ペリーが「差異化」と名づけた過程の一部であることが理解できる。差異化された人を標的とする暴力行為は、そうした人びとが経験する差別および周縁化を示す全体状況の一部である。ペリーは続けて、ヘイトクライムとは何かしら「差異化」された個人を分離や差別、周縁化する文化から発生した差別の極端な形式であるとすれば、より適切に理解されると指摘する（Perry 2001）。

第三章では、憎悪が持つ構造的かつ社会的害悪について検討する。しかし、ヘイトクライムが単なる個人的な偏見の表れ以上のものであることをここで指摘しておくことは重要だ。ヘイトクライムの原因を説明する多様な犯罪学的理論（Perry 2001: Ch 2; Walters 2011; Hall 2013: C 6を参照）を分析することはこの章の範囲を越える。

それでも、本書のこの段階で、ヘイトクライムが社会文化的な現象であり、社会の周辺で起きる単なる個別の事件ではなく、マイノリティ集団を周縁化する幅広い日常的プロセスの一環であるという理解をさらに発展させておくことは重要であろう（Iganski 2008）。

ヘイトの過程

ヘイト暴力の極端な形態が報道機関の関心を捉えることは多々あった。とりわけ野蛮な事件が報道されると、ヘイトクライムは強硬なまでに偏見を持つ人びとによる一度きりの暴力行為であるというイメージが広まっていくことになった（「通り魔」というラベルを貼られることが多い。Mason 2005 参照）。しかし、ヘイトクライムをそのように解釈してしまうと、嫌がらせや言葉の暴力といった「軽微」な行為が拡散し、継続性を持つということを考慮できなくなる。たとえば、イングランドおよびウェールズにおける犯罪調査から得られた最近のデータで見ると、この調査が対象とする犯罪全体に比して、ヘイトクライムの被害者となる人は反復性が高いことがわかる（Home Office et al. 2013）[11]（Smith et al. 2012: 19-20 も参照）。

幾人かの犯罪学者は、たびたび繰り返されるものの明らかに重要性が低いと思われている偏見に満ちた行為が、いかに広範囲に被害者に対する社会的害悪を生み出すかを検討し始めた（Sibbit 1997; Bowling 1998; Chahal & Julienne 1999; Garland & Chakraborti 2006; Iganski 2008）。「軽微」なヘイト事象には、言葉の暴力、唾を吐きかける、「ガンをつける」などの威嚇ジェスチャー、家や車などに石や卵を投げつけるといったことが含まれる（Garland & Chakraborti 2006）。ジョン・ガーランドとニール・チャクラボルティは地方での人種主義についての研究において、サフォーク州やノーサンプトンシャー州、ウォーウィックシャー州で調査した民族的マイノリティの人びとの多くにとって、言葉の暴力を受ける、石や卵を投げつけられるといった「軽微」な人種的な嫌がらせを受けるのは、よくあることだということを明らかにした。こうした行為の中には刑事法に触れるものもある（もっとも多いのは公共秩序違反行為である）。しかし、一つひとつの事件そのものは、そうした行為は警察に通報するまでもないような反社会的な行為にすぎないとみなされることが多いか、通報されたとしても、警察は加害者側にそうした行為をしないよう警告する以上のことはしないだろう（Sibbit 1997）。

ポール・イガンスキは著書『ヘイトと都市（*Hate and the City*）』（Iganski 2008）の中で、ヘイトクライムの影響をより正確に理解するためには、その「日常性」を真剣に捉えなければならないと指摘している。そうして、ヘイトクライムの影響力を検討することは、「加害者とその被害者の人生に偏見がどのように表れているかという日々の現実」を包含するものでなければならない（Iganski 2008: 20）。ヘイト事象は、なんらかの機会があったり、挑発を受けたりしたことから起きることが非常に多い。少なくともそのようにみなされている。イガンスキは、水面下でくすぶっている偏見は、日常行動で面と向かったときに沸騰することが多いと説明する（Iganski 2008）。隣人の音楽やバスで押してくる人に苛立ちを感じた結果、瞬間的に（部分的に）憎悪を動機とする反応をしてしまうことがあるからだ。

ボウリングの有名な著書『暴力的な人種主義（*Violent Racism*）』（Bowling 1998）は同様に、人種主義者による嫌がらせに反復性があることを説明する。彼は、一九八七年から八八年にかけてロンドンのノース・プレイストーにある二つの通りに住んでいた複数の家族に対する五三件の人種差別的事件の警察記録を参照している。事件は、言葉による暴力や嫌がらせ、卵を投げつける、器物損壊、ドアをたたくなどの行為だった（Bowling 1998: Ch 7; Bowling 1993, 1994も参照）。ボウリングは、これらの事件のほとんどは警察から「取るに足らない」ものとみなされていたことを記している（Bowling 1998: 189）。だが、「取るに足らない」事件が長期にわたって何度も繰り返されることに気がついてようやく、その破壊的な影響力を正しく評価できるようになるのである。ボウリングは、自分の存在に誰かが憤慨し、反感を持っていることに気がつかされるような曖昧なふるまいが、被害を受けているという被害者の経験を悪化させるという事実にも言及する（Bowling 1998: 230）。多数の事件は時間が経つにつれて激しい暴力行為へとエスカレートする（Bowling 1998: 189）。したがってボウリングは、人種主義的なヘイトクライムを受けた経験を「単発の事象として、あるいは多数の事象の積み重ねとしてでさえ、矮小化することはできない」と指摘する（Bowling 1998: 230）。そうではなく、人種主義的なヘイトクライム（他の形態のヘイトクライムにも類推可能）をより正しく理解しようとするならば、社会的害悪の蓄積という結果を伴う一連の被害者化のプロセスである、とされる（Bowling 1993, 1994, 1998; Netto & Abazie 2012）。すなわち、狙い撃ちで行なわれる侵害行為の被害者は、構造的に不利な立場に置かれ続ける中で何度も被害者化されるのである。この不利な立場は、あるマイノリティ集団に対する反感という一般的な空気を全体として支えるような文化的プロセスの一つである（Sibbitt 1997; Garland & Chakraborti 2006）。

偏見と憎悪による行為が多数の人びとの生活に深く浸透していくにつれて、憎悪による被害プロセスという彼らの経験は常態化していく。しかし、だからといってその有害な影響が消えてなくなるわけではない。むしろ、数々のヘイト事象の発生が、ある個人の生活において予想される一部分となっていく、といった意味において、常態化がもたらされるといえる（Dick 2008）。長期にわたって、憎悪とは人生において避けることができない事実だと受け入れてしまうと、被害者の健全な精神を混乱させるだけでなく、非常に大きなダメージを与えることにもなる（Herek & Berrill 1992）。身体障害者を差別する人びとによる「軽微」な侵害行為が続いた一例は、継続的に被害者化されることによって起きうる悲惨な結果を伝えてくれる。二〇〇七年、フィオナ・ピルキントン（三八歳）と娘であるフランチェッカ・ハードウィック（一八歳）の焼死体がレスターシャー州の路肩で見つかった。二人の死亡についての審問で判事は、ピルキントンは娘と車に乗っていたとき、後部座席に一〇リットルのガソリンをまき、その後火をつけたようだとした。この一家は一〇年以上も近所の子どもたちの嫌がらせに耐えていたことがわかった。その子どもたちは、彼女たちの家に石を投げたり、彼女たちやその親戚に罵声を浴びせたりといった嫌がらせを繰り返していた。あるときは、一〇代の子どもたちのグループがピルキントンの息子にナイフを突きつけて納屋に閉じ込めたこともあった。一家は、レスターシャー州警察に七年以上で合計三三回も電話をかけて助けを求めていた。審問は、委員会〔訳注：住宅局を指す。第六章注2参照〕と警官らが、一家が置かれた弱い立場を認識しながら、一家が障害を抱えているからとして彼らに虐待を加え続けた人びとに対し何の策も講じなかったことが、一家の死に「貢献した」との結論を出した（「審問で明らかになった『いじめ』による死亡事件に警察のミス」『ガーディアン』紙、二〇〇九年九月一八日、また、二〇一〇年一〇月二〇日にBBC1で放送されたドキュメンタリー『苦しめられた人生（*Tormented Lives*）』、第四章の事例も参照）。

ピルキントン事件は、反復性のある憎悪による侵害行為が、多くのマイノリティに属する個人が置かれている不利な社会経済的立場と相まって、悲惨な結果を招く場合もあることを示している（第四章参照）。ピルキントンがもっと恵まれた社会経済的立場にあったら、そのような反社会的行為がなされるような環境に身を置くことはなかったかもしれない[12]といった仮定も可能である。あるいは、もし恵まれた立場にあったら、そうした状況によりうまく対応できるような手段と資源を持っていたかもしれない（『苦しめられた人生（*Tormented Lives*）』二〇一〇年一〇月二〇日、BBC1放送も参照）。社会経済的に不利な立場を一晩で変えることはできないことを考えると、ピルキントンが耐えねばならなかったような憎悪による侵害行為を受ける側の人びとに対しては、国がより充実した保護を提供することを期待するしかない。この事件の場合は明らかに、地域当局がピルキントン一家を見捨てたのである。もし委員会と警察が重度身体障害者の支援により時間をかけていたら、被害者らは転居していたか、少なくとも、彼女たちが受けていた嫌がらせに対してより手厚い保護を受けていたであろう。これはもちろん仮定の域を出るものではないが、被害者が地域の機関からより手厚い支援と保護を受けていれば、実際に起きたほどの嫌がらせが続くことはなかったであろうと考えざるをえない（複数の関係機関による連携アプローチがいかに憎悪による侵害行為の再発を防ぎうるかについては第六章を参照）。

被害者―加害者の関係

ヘイトクライムの「日常性」には、ヘイトクライムの被害者と加害者の多くが近所の住民同士や同僚である、あるいは商売を通してお互いに知り合いであるといった事実が関連している（Sibbit 1997; Ray & Smith 2002; Mason 2005）[13]。かつてヘイトクライムは、そうした犯罪は被害者との知り合いでない人びとによって行き当たりばったりに行なわれていると考えられていた（Perry 2001; Mason 2005）。たとえば、レヴィンとマクデヴィットによるヘイトクライムの加害者の類型は、加害者の多くは、被害者のことを知らない「スリルを求める」若者であるとしていた（Levin & McDevitt 1993; Craig 2002も参照）。なかには、自分が住むコミュニティから離れた遠くのコミュニティに出かけて、ターゲットを探す場合もある。ペリーの研究は「これらの残虐な暴力行為は一般的に、見知らぬ人――加害者とはほとんどあるいはまったく接点のないような人びと――に対してなされていた」（Perry 2001: 29）と指摘し、反響を呼んだ。確かに通り魔的事件の例には事欠かない。一九九三年のスティーブン・ローレンスの人種差別的殺害事件や、二〇〇五年にジョディ・ドブロウスキーが同性愛嫌悪者によって惨殺された事件など、被害者の知り合いではない人びとが行き当たりばったりに憎悪による暴力行為を行なう事件が数多く起きていることは確かだ（Chakraborti & Garland 2009の例を参照）。

しかし最近では、ヘイトクライムを「通り魔」の形態として概念化することからは離れつつある（Mason 2005）。ヘイトクライム研究から範囲が広がり、「軽微」な嫌がらせや侵害行為を含むようになり、被害者と加害者との個人的な関係に注目が集まるようになっている（Sibbitt 1997; Mason 2005）。ロンドン警視庁が記録した同性愛嫌悪的な嫌がらせに関する申し立てについてゲイル・メイソンが行なった調査から、事件の九〇％が被害者の自宅か、自宅近くで起きていたことが明らかになった（Mason 2005）。そのほとんどは近所の住民が起こしたものだ（八二％）が、それ以外の七％の加害者はその地域で働く人物だった。その他の調査でも同様の結果が報告されている。たとえば、モランらの調査によると、同性愛嫌悪的なヘイトクライム事件の被害者の三分の二が加害者を知っており、そのほとんどは近所の住民であったという（Moran et al. 2004b: 42-44）。一方、ラリー・レイらの調査によると、人種差別的な攻撃を行なった六四人のうち六〇人が被害者のことを知っていた（Larry Ray et al. 2004）。大半は、店やレストラン、テイクアウト専門店、タクシーといった商売を通したやりとりがあり、お互いのことを知るようになっていた（さらに Chakraborti & Garland 2009: 129-32 参照）。本書では加害者と被害者との間に多く見られる近しい関係に注目する（第四章、第五章、終章を参照）。現時点では、ヘイトクライムに関わった人びとは個人的な知り合いであったことが、この現象の浸透性を支えていると強調することは重要であろう（Iganski 2008）。

ヘイトクライム政策に「ヘイト事象」を取り入れる

議員や政府が「ヘイトクライム」に――より日常的な「軽微」な部類のヘイト事象と区別して――注目するということは、「軽微」な憎悪を動機として継続的に起きる侵害行為と、それがコミュニティにもたらす破壊的な害悪が、国からはほぼ無視され、そして一定範囲において犯罪学からさえも無視されていることを意味する（Bowling 1998; たとえば前述ピルキントン事件を参照）。したがって、ヘイトクライムをめぐる言説や研究の議論を広げて「軽微」な憎悪による暴力行為を含めることは、偏見を動機とするより多様な事件が個人や社会にもたらす影響について調査するために強く必要とされていた場を犯罪学の研究の中に確保するということだ。本書に関していえば、ヘイトクライムの研究が広がり、「ヘイト事象」が含まれることによって、イングランドの多様なコミュニティのあちらこちらで起きている偏見を動機とする多様な行為による害悪を修復するために活用されてきた修復的アプローチをつぶさに調査することができるようになった。

とくに、本書のために行なわれた実証に向けた取り組みには、英国警察幹部学校による「ヘイトクライム」と「ヘイト事象」の定義が大いに役立った。英国警察幹部学校の『グッド・プラクティスとガイダンス二〇〇五年版（*2005 Good Practice and Guidance*）』には、「ヘイトクライム」と「ヘイト事象」の定義が掲載されている。ヘイト事象は、「刑法上の犯罪を構成する場合も構成しない場合もあるあらゆる暴力行為であって、偏見あるいは憎悪に動機づけられたと被害者あるいは他者が受け止めるもの」と定義されている。ヘイトクライムは、「刑法上の犯罪を構成するあらゆるヘイト事象であって、偏見あるいは憎悪に動機づけられたと被害者あるいは他者が受け止めるもの」と定義されている。[14]

これらの定義は、ヘイトクライム／事象についてのリベラルかつ被害者を主眼に置いた定義である。ヘイトクライムの社会文化的な性質あるいは「偏見」という言葉が何を意味するのかについて、これらの定義がそれ以上の情報を提供するわけではないのだが、これによって偏見を動機とする幅広い事件がこの範疇に含まれるようになる。英国警察幹部学校は、被害者の人種（民族あるいは国籍を含む）、信仰、性的指向、障害、トランスジェンダーであることという五つの被害者集団をヘイトクライム／事象の定義に含めている。[15]

英国警察幹部学校のヘイトクライム／事象の定義が応報的な枠組みで適用されれば、弊害がもたらされる結果になる可能性があるが（以降の議論を参照）、定義の範囲が広いために、国家機関は偏見に基づく行為を広範囲に及んで確実に把握し、報告された事件には対応しなければならなくなる。たとえば、英国警察幹部学校のガイドライン（二〇〇五年）には「対立的でない状況において不適切に肌の色に言及した場合、人種差別的な事件とみなされる可能性がある。しかし、それを人種差別的な犯罪とするだけの十分な証拠があるとは限らない」と記されている（Association of Police Chief Officers 2005）。それでも、そのような場合、警察は被害者に接し、その事件を「ヘイト事象」として記録するべきである。

実証研究に用いたデータが英国警察幹部学校の定義を採用した組織によるものであることは、ここに記しておくべきであろう（第四章および第五章を参照）。英国警察幹部学校の定義をヘイトクライム／事象の実用的な定義として本書で用いたのはそれが理由である。だが、この定義を用いたのは、本書が注目する修復的司法に委ねられるヘイトクライム／事象を研究するという目的のためであることを指摘しておきたい。その他の犯罪学および法的な定義も、ヘイトを動機とする行動を理解し、その本質を評価するために、また、最終的には修復的司法の実践者がそうした事件の解決を促すためにも依然として非常に重要である。

ヘイトクライムが、相互に交わり合う偏見を動機（あるいは部分的な動機）としてさまざまな形で起こりうることを正しく評価することによってのみ、さまざまな偏見の類型の微妙な違いを詳細に研究することが可能になる（Garland et al. 2006）。本書のために行なわれた実証研究からわかるように、ヘイトクライムは、偏見の度合いが異なるだけではなく、被害者に向けられる偏見が人種や民族、国籍、性的指向、障害、年齢、社会階級といったさまざまな特徴に結びつけられることも特徴とする（第四章参照）。

繰り返される「ヘイト事象」への対応としての応報的アプローチの限界

広義のヘイトクライムの定義には、ヘイト事象を含む。これは、犯罪学的調査（修復的司法の活用を含む）やヘイトクライムに関する論考の範囲を広げることになった。しかしその一方で、かなりの社会活動が「ヘイト」に動機づけられたものとしてラベルづけされるか記録されることになり、スタンリー・コーエンが「社会統制網の拡大（ネット・ワイドニング）」と呼ぶ事態に至っている（Cohen 1985; またJacobs & Potter 1998も参照）。たとえば、英国警察幹部学校がヘイトクライムを広く解釈すると、他のヨーロッパ諸国（ODIHR 2013 参照）および「ヘイトクライム」を定義するにあたってより抑制的な姿勢を取っている米国と比較した場合、イングランドとウェールズでは人種主義的および宗教的に加重された犯罪記録が激増する（Hall 2005: 10-14）。「ヘイトクライム」として記録される事件が多くなることを、そうした事件への取り組みとして積極的な一歩であると捉える人びともいるだろうが、アイデンティティに基づく憎悪と接点があるにすぎない行為に対しては強引すぎる対応だと受け止める人びともいる（Jacobs & Potter 1998）。たとえば、ヤコブスとポッターは、偏見の度合いの低い攻撃（起きてしまった犯罪行為の原因となったもの）を「ヘイトクライム」と分類することは、国家が幅広く加害者を「ヘイト加害者」として不公平にラベルづけし、罰することになると主張する（Jacobs & Potter 1998）。すると最終的には、個人の表現の自由に対する権利を踏みにじる行為を、国家が威圧的な権力を用いて「規制する」ことが可能になる。したがって、われわれは、被害者が動機として認識したものを、自動的に加害者の「実際の」意図であると結びつけてしまう危険性に敏感であり続ける必要がある。[16] 筆者は、偏見を「動機」とする犯罪行為ではない場合でも、さまざまなヘイトの「表明」をヘイトクライムとして追及するべきであると、これまでも、また他の機会にも述べてきた（Walters 2013a）。ある行為を「ヘイトクライム」として分類する際に重要なのは、加害者が憎悪あるいは偏見を動機としているかどうかではなく、その行為に被害者のアイデンティティを服属させる効果があることを加害者が意図ないし予測しているかどうかである。加害者に重い責任を課す根拠となるのは、犯罪を遂行中に敵意を口にすることが悪いことであり、社会的な被害を及ぼしていることを加害者が意識していたかどうかに基づく。一方、行為の重大性は、そのような表現行為が被害者と被害者が属するコミュニティの双方に対して大きな害悪を生じさせる可能性が高いという事実も加えて判断される。

しかしながら、「ヘイトクライム」をそのように広義に解釈するからといって、被害者や他の誰かが偏見に基づいた事件だとみなした行為をすべて「ヘイトクライム」に分類して、罰すべきだということになるわけではない。そのように思い込まれている事件の中には、不可避的に、実際には加害者が偏見に基づいてそうした行為をしたわけでも、それが客観的に表明されたわけでもないようなものもある。誤解した結果、警察が加害者に対して、たとえば「人種差別者」とか「同性愛嫌悪者」というラベルを貼ってしまうのは不公正であろう。人種差別者あるいは同性愛嫌悪者というようなラベルが烙印となってしまうことを考えると（Burney & Rose 2002 参照）、このようなヘイトクライム／事象の記録方法は、いささか公正さを欠くように思われる。もしヘイトクライムに科される刑罰が加重されるべきなのであれば、裁判所が加害者を「ヘイト犯罪者」としてラベルづけし、加重刑を科す前に、その加害者の偏見もしくは被害者のアイデンティティに対する敵意を表明したという証拠を、合理的な疑いを超えて証明することが必須となる。実際、過剰な処罰政策に傾いた地域では、意図に反して、膨大な人数の加害者が「ヘイト犯罪者」という烙印を押されてしまっていることもある。たとえば、憎悪に駆られた加害行為が誘発されることに関連して、カイ・グッダルは次のように述べている。「（社会は）何かの有罪事件があると、そこに先入観にとらわれた印をつけたがる。もし加害者たちは極端な形態の人種主義を広める人びとだという印象がつけられると、本来のメッセージはどこかに行ってしまう。有罪となった人びとに烙印が押されるのは、あくまでも客観的に確認できる加害行為を行なったからであって、憎悪に駆られた行為をしたと想像されたからであってはならない」(Goodall 2007: 102)。「ラベリング」が加害者のその後の行動にネガティブな効果を及ぼしうる (Becker 1963) ことから、裁判所が加害者にそうしたラベルを貼るのは、人種的、宗教的、同性愛嫌悪的、または障害者に対する敵意があるという明確な証拠がある場合に限るべきだろう。

一部の学者は、ヘイトクライム規制法には加害者 (および加害者予備群) に対する敵対的な効果がありうる点を強調する。ヘイトクライム規制法は、社会の多数派に属する人びとに対するもの以上の特恵的な扱いをマイノリティ集団に提供するような、「国家保護」の一種だと認識されてしまう可能性があるというのである (Jacobs & Potter 1998; Whitlock 2001)。ヘイト加害者に加重刑を科すことは、「他者」のニーズに次第に迎合していく社会によって自分たちが犠牲者にさせられているという加害者認識を再確認させるだけである (Hudson 1998; Whitlock 2001: 8)。これはより大きな不満、すなわち、マイノリティ集団が英国や米国の社会の社会規範に対してかつてないほどの大規模な脅威を突きつけていると強調するような不満が盛り上がる事態へとつながっていく (Perry 2001; Ray & Smith 2002 を参照)。

犯罪学者としては、ヘイトクライムを過剰に取り締まることによる悪影響の可能性を警戒するのは重要なことだろうが、現実を客観的に見ると、ヘイト犯罪の嫌疑をかけられた人のうち、実際に「ヘイト犯罪者」として有罪になり刑を科せられた人はきわめて少ない (Burney & Rose 2002; Gadd 2009)。たとえば、二〇一二年に発表された英国犯罪調査によると、被害者集団として認められている五つ (人種、宗教、性的指向、障害、トランスジェンダー) に及んだヘイトクライムは毎年推定二六万件起きているという[17]。同じ年に英国警察幹部学校が発表したデータによると、警察が記録したヘイトは合計四万四五一九件になるという。このうち、一万五五六一件が英国公訴局に照会され、一万五二八四件が起訴された。これら起訴された事件のうち、一万二六五一件が有罪となり、率としては八二・八％である。しかし、英国犯罪調査によってまとめられたヘイトクライム全体の割合として比較すると、この有罪率は四・九％にまで下がる[18]。被害者集団によっては、この率はさらに低くなる。たとえば、身体障害者差別者によるヘイトクライムは毎年推定六万五〇〇〇件起きているが、二〇一一年から二〇一二年にかけて障害に対するヘイト行為で刑が加重されたのは五七九件だけだ。有罪率としては〇・九％である（Gadd 2009: 757も参照）。つまり、障害に対するヘイト行為一〇〇件のうち、有罪となるのは一件に満たないということである（さらにCriminal Justice Joint Inspection 2013を参照[19]）。

ヘイト加害者を起訴し有罪にできないのは、現実として、偏見の動機や敵意の表明を合理的な疑いがない程度に証明することが、あまりに複雑で難しいということも理由の一つだろう（Hall 2010）。とくに、加害者に動機が多数あるような場合（Burney & Rose 2002）、あるいは、人種差別だとする被害者の認識が実は誤りだというような場合がある。しかし、ヘイトクライムがよく起きるような雑然とした社会状況では、手続からの脱落率は大きくなりがちである。以降の各章で見ていくように、顔見知り同士の間で日常的に起きる「軽微」な事件の場合の多くは、警察が嫌疑をかけられた加害者になんらかの直接的な行動を取るほどの深刻さを感じさせない。前にあげたような近所の住民同士の甲と乙が関わる例は、個人的な対立の多くがその本質において複雑であり、ヘイトクライム／事象という非難につながりやすいことを示している。警察がそうした紛争の一方の当事者を人種的／宗教的に深刻な事件として起訴し、解決に至ることは稀である。これはつまり、加害者の偏見に多かれ少なかれ因果関係があるかどうかにかかわらず、人種的／宗教的敵意が関係するような事件のほとんどは、刑罰を科される対象ではないということだ。その結果、警察は被害者を念頭に置いて「ヘイトクライム／事象」を寛容に定義することになり、それによって事件として立件される率が高くなったとしても、起訴／有罪率は比較的低いままにとどまってしまうのである（Burney & Rose 2002; Gadd 2009）。

イングランドとウェールズが、ヘイトクライムの加害者を他の国以上に記録し、起訴しているのは事実である。しかし、ヘイトクライム規制法によって不公正なラベルが貼られ、処罰される加害者が結果的に増えすぎてしまうという懸念にはあまり根拠がないようである。逆に、その事実はより大きな懸念を生んでいる――すなわち、ヘイト加害者の大半は刑事司法制度によって裁かれることも、罰せられることも、更生の機会を与えられることもまったくないのである。加害者がヘイトクライムで有罪となった比較的数少ない事件においても、その加害者が刑務所あるいは保護観察所において、その加害行為にひそむヘイトの要素に直接働きかけるようななんらかの介入措置を受けているわけではなさそうである（Gadd 2009）。すなわち、ヘイト加害者による偏見を動機とする行為や、敵対感情を意図的に表明する行為のほとんどに対して、なんら効果的な取り組みもなされてはいないのである。

直接的な結果としては、ヘイトクライムの被害者のほとんどは「正義」が満たされたと感じることなく放置されている。実際、ヘイト事象の被害者に、自身のヘイト被害を解決していくにあたって何も役割を与えないのでは、被害者の多くは無視されたと感じ、それどころか、一番頼りにした当局から二の次の扱いを受けたと感じさせてしまうことすらある（Dunn 2009）。これは、今度は別の被害者化のプロセスともなりうるものであり、最終的には、社会文化的に周縁化されたという思いを強くすることになる（第四章、第五章、第六章を参照）。ヘイトクライムに取り組む別の、または、追加的な手段がない限り、ヘイト加害者も被害者たちも国家に無視されたままである。

本章で概説した概念的な複雑性ゆえに、偏見に動機づけられた犯罪に取り組むに際して、刑法、より広くいえば刑事司法制度の有用性を妨げうるさまざまな課題が生まれる。ヘイトを犯罪化する重要性を軽視しようとするための指摘ではない。法的禁止を求める主張はさまざまな理由から説得力がある。とくに、法律は、依然として本質的なメカニズムであり、アイデンティティに基づく偏見を許さないという規範が支持され、害をもたらすような行動に対しては公的非難が及ぶことになる。ヘイトクライム規制法が推し進める象徴的メッセージを支えようと、ヘイト事象に取り組むための国家資源が割り当てられる。これは、制定法上に規定されたことによる直接的な効果だ（詳細は本書の「はじめに」を参照のこと）。もっとも、法律がヘイトクライムとの闘いにおいて重要な役割を果たしているからといって、国のヘイトクライム対応をこれだけに頼ってしまってはいけない。本章で見てきたように、もし国が複雑な「ヘイトの過程」に効果的に取り組もうとするのであれば、ヘイトクライムの原因と結果の両方を見据えた追加的ないし代替的な介入措置が必要となる。

したがって、本書の目的は、応報的司法に代替的なものであり、付加的なものでもある修復的司法の実践が、ヘイトクライムへの対応という課題を引き受けるにあたり、十分な準備ができているかどうかを検討することである。修復的司法の理論あるいはその実践についての目的と目標を検討することは本章の範疇ではない——こうしたことは次の章で取り扱うのだが、この時点において修復的介入が直面しうる概念的および実践的課題をまとめておくことは役に立つだろう。

1 「ヘイトクライム」の法的定義は、修復的に扱われるべき事件の類型にどう影響するのだろうか？　たとえば、加害者がヘイト行為で有罪となった事件に修復的介入は有効だろうか？　あるいは、修復的実践は起訴に代わるものとして用いるべきなのだろうか？

2 「ヘイト事象」を含むように「ヘイトクライム」を幅広く定義してしまうと、「社会統制網の拡大（ネット・ワイドニング）」と同様の脅威を突きつけ、修復的枠組みの中で余計なラベリングをすることになってしまわないだろうか？

3　加害者の差別的偏見が、加害行為の原因としてはきわめて部分的でしかないような場合でも、その加害者に対する処罰を不当に拡大してしまうという懸念は、修復的プロセスの際に署名される賠償合意書にも当てはまるのだろうか？

4　修復的実践は、偏見の程度や偏見と加害行為との多様な因果関係に対処するに際して、伝統的な警察活動の手段と刑事起訴に比べ、受け入れられやすいだろうか？

これらの質問に対する回答は次章で明らかにしていく。次章では、修復的司法の理論的目標と、被害者が犯罪から回復するのに及ぼす影響を示す実証研究について詳細に検討する。以降の章では次のようなことについて詳細な分析を述べていく。第三章では、加害者が修復するよう求められる害悪の種類について、第四章および第五章では、修復的実践が現在扱っているヘイトクライム／事象の種類と、修復的プロセスの際に被害者と加害者が担う役割について、第四章、第五章および第八章では、修復的会合の際に加害者が行なう約束について、第四章、第五章および第六章では、修復的司法が持つ癒しの性質について、第七章では、修復的司法が被害者に突きつけるリスクについて、第八章では、ヘイト事象を惹き起こしたさまざまな程度の偏見に対して修復的司法が効果的に対応できるか否かについてである。

まとめ

ヘイトクライムを概念化することは複雑な作業である。法律上の定義と犯罪学上の定義とを併記すると、最初は理解しやすい現象のように見えたはずのものが泥沼状態になってしまうことがある。現在、多様な偏見のタイプが存在しているということからすれば、加害者が表明する偏見の程度と相まって、すべてに当てはまるたった一つの定義を見つけることは難しいかもしれない。たとえば、人種的あるいは宗教的な理由で加重されるような犯罪行為を禁止することは、犯罪行為の「故意（メンズ・レア）」の要素に「敵意」を付け加えなければならないことになるが、これは刑事法がこれまで退けてきたことなのである（Morsch 1991）。意図と並んでヘイトという動機（あるいは敵意の表明）を合理的な疑いがない程度に証明するということは、複雑な作業となり、多くの検察官が難渋することになる（Burney & Rose 2002）。

ヘイトクライムの法的定義への理解は、刑事司法制度の内外で修復的司法の実践に従事する人びと、たとえば青少年犯罪委員会あるいは修復的介入を提供する警察業務などで働く人びとが直面しがちな犯罪行為の中の異なる類型の理解へとつながる（第四章および第五章を参照）。一方で、ヘイトクライムをより広く犯罪学的な概念として理解することも、本書の重要な狙いである。「深刻」なヘイト事象と「軽微」なヘイト事象との違いを理解することは、修復的実践がさまざまな類型のヘイトクライムの原因と結果の両方に取り組むことができるかどうかを模索するうえで、欠かすことができない。

1――二〇一三年六月現在、四五の州とコロンビア特別区で憎悪犯罪を違法とする法律が制定されている。一九六八年公民権法は合衆国法典第一八編第二四五条(b)(2)に収録されており、求職や州立裁判所陪審員、投票などの行為に関して人種を理由とする憎悪犯罪を初めて連邦法上の犯罪とした。最近では、マシュー・シェパード&ジェームズ・バード・ジュニア二〇〇九年憎悪犯罪予防法により対象が拡大され、実際の、あるいは認識上のジェンダー、性的指向、性自認あるいは障害があることを「理由として」標的とされた被害者も含まれるようになった。被害者が連邦政府による保護に値する行為をしていたことという前提要件も削除された。

2――英国政府はすでに一九六五年人種関係法（二〇一七年現在、一九八六年公共秩序法に移行している）で人種的憎悪扇動を犯罪としていたことは指摘しておかねばならない。

3――同様に、一九九九年、ロンドンのブリクストン地区、ブリック・レーン、ソーホーのオールド・コンプトン・ストリートにあるゲイバー、アドミラル・ダンカンを釘入りの爆発物で襲撃した犯人、デーヴィッド・コープランドも世間の注目を集めた。

4――性的指向、障害およびトランスジェンダーを含めるか否かは二〇一七年現在、イングランドおよびウェールズ法律委員会において検討されているところである。

5――これらの条項は、人種差別的および宗教的に犯罪行為が深刻化した場合についても定めている。

6――扇動規制法は、いまだに米国のヘイトクライムの法的枠組みに含まれていない。その理由を検討することは本書の範疇ではない。言論の自由に関する米国憲法修正第一条により、「ヘイトスピーチ」法が近いうちに米国法令集に含まれることはなさそうであるとだけ記しておく。*R. A. V. v City of St. Paul*, 505 U.S. 377（1992）参照。

7――その他の立法府では既存の刑事犯罪に結びつけられていない実体法を新たに制定している。これらの法律がそれほど一般的でないのは、とりわけ、まったく新しい犯罪行為を再構築することが関わるからである（California Cal. Penal Code s 422.6 (a) and (b) 参照）。

8――さらにいえば、偏見の「表明」を「ヘイトクライム」とみなさないことは、そうした表現がたびたび惹き起こす甚大な害悪を認めないことである（Iganski 1999; 2008; Levin 1999）。

9――とくに、少年司法制度に関わる人びとに関しては第三章を参照。

10――これについては第四章で詳述している。

11――個人的なヘイトクライムを受けた被害者のうち二七％は、それ以前にも被害を受けていた。全体としては個人的な被害を受けた被害者のうちそれ以前にも被害を受けていたのは二一％である。

12――ガーランドとチャクラボルティを参照のこと。彼らは、地方に住む人びとが受けた人種主義的行為の経験を調査した

（Garland & Chakraborti 2006）。

13――しかし、その関係は親密なものではない。

14――英国警察幹部学校はこれらのガイドラインの改定版をまだ公表していない。本書入稿の時点で、このガイドラインは英国警察幹部学校のウェブサイトから削除されており、その代わりとなる新たな定義は掲載されていなかった。だが、ヘイトクライムの新たな定義としては、英国警察庁協会と英国公訴局との間で合意に達した共通のものがある。その定義とは、「人種あるいはその人物が属すると認識された人種、宗教あるいはその人物が信仰していると認識された宗教、性的指向あるいはその人物の性的指向であると認識された性的指向、障害あるいはその人物が障害を持っていると認識された障害に基づいた敵意あるいは偏見を動機とすると、被害者または他者が認識したあらゆる刑法上の犯罪行為、およびトランスジェンダーであるかトランスジェンダーであると認識された人に対する敵意あるいは偏見を動機とするあらゆる犯罪行為」である（Crown Prosecution Service 2012）。

15――本書では人種、信仰、性的指向、障害という四つの被害者集団のみを取り上げている。その他の類型の事件についてはほとんど情報が得られなかったためだ。トランスジェンダーに基づくヘイトクライムが取り上げられていない理由については「はじめに」を参照していただきたい。

16――英国警察幹部学校が提起するような被害者中心のヘイトクライムの定義が登場するかもしれないという懸念である。

17――このデータには、イングランドとウェールズの回答者による回答のみが含まれている。回答者らには、彼らが被害を受けた事件がその特徴的なアイデンティティが動機となったと考えるかどうかが質問された（Smith et al. 2012）。これは、実務上のヘイトクライムの定義と似ているが、被害者が、その加害行為が自分たちのアイデンティティに対する「敵意」あるいは「偏見」が動機となったと受け止めるかどうかについては問われていないという点が異なっている。これは、自分たちが対象として選び出されたのはアイデンティティ（たとえば障害など）ゆえであって、その特徴に対するヘイトという動機が原因ではないと考える可能性があるという意味であり、このデータがカバーする範囲が広すぎるといえる。範囲が広すぎる一方、警察の記録ではすべての年齢を網羅しているにもかかわらず、このデータでは、一六歳以上の被害者

について の情報を聞いているのみという点では狭すぎるともいえる。ここで行なっている比較はそうした点を念頭に置いて理解すべきである（Home Office et al. 2013 も参照のこと）。

18——敵意による加重犯罪として法廷で争うべきかどうかを決定する際に英国公訴局が用いる法的定義の範囲はより狭いということに留意されたい。したがって、これらの統計を比較する場合は、その比較の信頼性に注意するべきである。

19——他の研究でも、ヘイトクライムの有罪率が低いことを同じような証拠で示している。たとえば、同性愛嫌悪的なヘイトクライムについてのサム・ディックの研究では、ヘイトクライム／事象で有罪となったと述べたのは被害者のわずか一％にすぎない（Dick 2008: 25）。

第二章　ヘイトクライムのための修復的司法の概念整理

はじめに

修復的司法は、刑事司法における理論および実践の用語として、二〇世紀後半に登場した（Barnett 1977; Christie 1977; Eglash 1977; Braithwaite 1989; Zehr 1990）。以来、この用語は西洋において、犯罪学でもっとも議論される分野の一つとなっている（Cunneen & Hoyle 2010）。修復的司法を支持する人びとは一般的に、刑事司法での従来の手法が被害者、加害者、および両者の属するコミュニティのニーズに適切に対応できていないと主張してきた（Braithwaite 1989; Zehr 1990）。一方、刑事司法制度では犯罪を国家に対する違反行為と捉える傾向があり、国家は社会の代表者として加害者を違法行為で処罰する。被害者や被害を受けたコミュニティのその他の人びとは司法の外枠に置かれ、通常は、刑事訴訟における証人とされるのみだ。

一方、修復的司法が提案するのはより包括的な司法のあり方であり、犯罪を個人間の侵害行為として捉え、その犯罪が起きたコミュニティで解決するのが最適だとする（Christie 1977）。修復的司法の実践の要は、犯罪あるいはその他の不正によって惹き起こされた被害を修復することである[1]（Zehr & Mika 1998: 52; Strang 2002）。また、修復的司法は、加害者を処罰して烙印づけをすることよりも、感情面、物質面あるいは関係性を修復するための対話プロセスに、侵害行為に巻き込まれた人びとを関与させることに焦点を当てる。

修復的司法に関するさまざまな文献を検討することは本章の目的ではない。その代わり、ヘイトクライムがもたらす被害を修復するという本書の目的に沿い、本章では回復の作用としての修復的司法という捉え方に焦点を当てる[2]。まず、修復的司法の理論の中心的教義を紹介し、次にその価値を取り込んだ現代の司法による取り組みをいくつか概観する。本章のこの部分では、修復能力の核として、修復的司法への被害者参加の重要性を検討する。第二節では、修復過程の利点とされることの多い規範的前提を検討し、修復的司法が感情を癒す効果について調査した実証研究と比較する。第三節では、現行の調査のほとんどが抱える手法上の限界をいくつか検討し、修復的司法の「理想」が意味するものについて論じる。ここでは、修復的司法の目的と、修復的司法を経ることによって生活の場である複雑な社会で現実的に実現しうるものとを混同するべきではないことを指摘する。最後に第四節では、ヘイトクライムに修復的司法を用いる理論上の主な利点と弱点を要約する。

第一節　修復的司法とは何か

修復的司法には多様な形態がありうる（Braithwaite 1999）[3]。このため、学者らによる概念化もさまざまだ。一例として、単なる一連の実践（「衝突概念（encounter conception）」、Ashworth 2002: 578 参照）とするものから、修復的司法を司法の包括的理論（Dzur 2003）だとするものまである。研究者の中には修復的司法は生き方の変容をもたらす、つまり刑事司法という生き方から社会秩序という生き方へと変わるものとみなす者も多い（「変容概念（transformative conception）」、Sullivan & Tifft 2001 参照）。異なる分類をする文献も登場している。修復的司法はプロセスなのか、結果なのか（Marshall 1999; Daly 2002a）、修復的要素のみならず応報的要素も取り入れたものなのか（Ashworth 2002; Daly 2002a）、どのような実践が「修復的司法」として公的に位置づけられるべきなのか（McCold 2000）、修復的実践は再犯を減らすことと、犯罪被害から回復させることのどちらに焦点を当てるべきなのか（Braithwaite 1989; Zehr 1990）、最後に、修復的司法は司法制度とは別物なのか、あるいは現行の刑事司法制度に取り入れうる一つの実践なのか（Fattah 2004; Walgrave 2007）といったものだ。このようにさまざまな見解があるということは、修復的司法の単一の定義には到達しがたいということである。ゆえにテオ・ガヴリエリデスは、修復的司法の概念化について唯一成立する合意は、何を意味するかについて厳密な合意が成立していないことだとする（Gavrielides 2007）。

修復主義者が修復的司法の一般的な定義を定められなかったということは、異なる国（州）の法域のほとんどで政治的に通用するには至らなかったということだ（Cunneen & Hoyle 2010）。しかしながら、概念上の混乱はともあれ、いくつかの修復的司法の価値については、さまざまな文献において一貫して明快に論じられている。たとえば、ゲリー・ジョンストンとダニエル・ヴァン・ネスは、修復的司法が実践、理論、あるいはイデオロギーとしてみなされるべきかどうかに関係なく、「衝突（encounter）」「修復（repair）」「変革（transformation）」については、すべてとはいわないまでも、その多くが共通の概念として修復主義者によって理解されていると指摘する（Johnstone & Van Ness 2007a: 16）。その意味で、修復的司法は対立する主体で分類する理論とするよりも、価値、信念、過程、結果という一連の概念が交差する理論とするべきであろう（Daly 2002a）。

修復的司法の目的

ハワード・ゼアは反響を呼んだ著書『修復的司法とは何か――応報から関係修復へ』（ハワード・ゼア著、西村春夫・細井洋子・高橋則夫監訳、新泉社、二〇〇三年）において、犯罪とは回復に時間を要する「人間関係の負傷」であるとした（Zehr 1990: 181）。加害者らには、自分たちが起こした人間関係の傷を「原状復帰させ、治癒する」義務がある。これは、その行為の「利害関係者」、一般的には被害者、加害者、およびその他の影響を受けた地域住民とされる人びとを一堂に会させて行なうのがもっとも望ましい（Daly & Immarigeon 1998）。彼らが、もたらされた被害とそれを修復するための最善策について議論するのである（Zehr 1990; Considine 1995; Zehr & Mika 1998）。

修復をはかる過程においては、すべての人の意見に耳が傾けられ、数の力によって沈黙を強いられる利害関係者がいないようにすることがもっとも肝心である（Braithwaite 2003: 157）。最終的な目的は、修復に関する合意に従ってすべての当事者が話し合いに参加し、修復を見出すことだ（Zehr & Mika 1998）。多くの場合、加害者（地域における調停のための会合であれば両「当事者」）が犯した過ちを正すことが必要となる。利害関係者に修復が強制されてはならないが、その状況を解決するためにはどういった方法が最善なのか、すべての当事者が集まって決める必要がある（Marshall 1999）。これには、口頭あるいは文書による謝罪、損害を受けた財物の回復、賠償金の支払い、同じ行為を繰り返さないという約束など、積極的な修復策が含まれることが多い。

この対話プロセスの第一歩は通常、加害者が行なった犯罪行為あるいは不正行為に対する責任に注目することだ（Braithwaite 1989）。加害者が当該行為に従事した動機の説明を求められるのは、加害行為を行なったことをすでに認めているからだ。[4] ジョン・ブレイスウェイトは、修復的司法におけるコミュニケーションには加害者に恥づけする（shaming）側面があると指摘する。

> 恥づけ（shaming）とは、専門職による公的処分と比べ、市民参加型の社会統制であるといえる。すなわち、社会統制を担う主体になると同時にその対象ともなりうる市民を通して良心を培うことである。他者の犯罪行為を嫌悪するということは、われわれ自身がその犯罪行為を嫌悪すべきものと決めることにほかならない。
> （Braithwaite 1989: 80）

何はさておき修復的介入に主体的に参加すれば、社会的非難が伝わる（Braithwaite & Braithwaite 2001）。被害を修復するためのプロセスに加害者が参加を求められるというまさしくその事実によって、加害者自身が自らの行為がいかに不正であったかを認識することになる。さらに、主だった当事者らの地域における支援者も含めて、違法行為の影響を受ける当事者らは、被害者が受けた被害や苦しみを加害者が理解できるように努力する。ガブリエル・マクスウェルとアリソン・モリスは、そうした過程を経て「被害者側の影響を自分のこととして受け止め、あるいは理解」するからこそ、悔悟の念を抱くのではないかと説明する（Maxwell & Morris 2002: 280-1）。被害者の痛みに対峙させられた加害者は、たいてい被害者らに深い思いを抱くようになる（Harris et al. 2004）。苦しんでいる人びとに共感できるという点では、彼らも他の人びととなんら変わらない（第八章参照）。この結果、加害者は、自らの行為の非道徳性を正しく認識するだけの余裕を持つ。また、加害者らは自らが起こした被害を見て深く後悔し、その結果、被害者に対してなんらかの賠償を行なう意思を示す傾向がある（Harris et al. 2004: 201）。

恥づけプロセス（Shaming process）や同情を感じて相手と感情的につながることが、修復のために集まった場で態度と行動が変わるきっかけとなることがある。最終的な狙いは、同じ犯罪行為を繰り返す可能性が低くなった加害者が地域に受け入れられることだ（Braithwaite 1989）。これが可能となれば、被害者と加害者が和解に関わり、関係者全員が回復する道筋が確保されることは地域全体のメリットとなる（Dzur & Olson 2004; 自分の問題として受け止め、態度を変化させる点についてのより詳細な分析は第八章参照）。

「修復的」実践とはどのようなものか

ジョンストンとヴァン・ネスは、信頼され「修復的」とみなされる司法過程はいくつかの特徴を備えていることが必要だとする（Johnstone & Van Ness 2007a: 7）。第一に、この過程が比較的非公式なものであり、被害者、加害者（ら）、当事者（あるいは事件）に関係の深い人びとが参加して、何が起きたのか、なぜ起きたのか、その結果どのような被害がもたらされたのか、そうした被害を修復するためには何がなされるべきなのかなどを議論する場でなければならない。第二に、これが、その犯罪によって被害を受けた人びとをエンパワメントすることに重点が置かれたものとなることだ。第三に、すべての修復的司法のファシリテーターが、加害者をラベリングし、罰し、烙印を押すことにではなく、誰が責任を負うべきなのか、どのように修正するべきなのかに焦点を当てて犯罪に向き合わせることである。第四に、決定事項は平等、尊重、包摂といった価値に基づいて下し、一方の利害関係者を優位な立場に立たせないようにすることだ。第五に、被害や被害者のニーズ、被害者がその経験から立ち直るには何が必要なのかを話し合う時間を取ることである。最後に、関係性を強化し、対立を解決することを重視するべきだ（修復的司法の「手がかり」については、Zehr & Mika 1998 および Braithwaite 2003 も参照のこと）。

刑事司法過程のさまざまな段階でこれらの価値を取り入れるべく、世界中の議員たちが国内法および国際法のいずれについても新たな法律を成立させた（たとえば、ＥＵ指令二〇一二／二九・犯罪被害者の権利、支援、保護に関する最低基準の確立、国連決議二〇〇二／一二・刑事事案における修復的司法プログラムの活用に関する基本原則を参照）。刑事司法制度として確立した新たな介入方法の一部には上記のすべての修復的原則を含めようとしたものもあるが、一部の価値を権限として取り入れたにすぎないものもある。懸念の一つは、「修復的」と謳いながらも実際のところは、修復的司法の価値を実効的に取り入れたとはいえない司法的実践が増えつつあることだ――修復的司法に関わる学者らが考えたものではあるのだが（一例として第五章を参照）。本章では、本書の経験的研究の一環として調査された実践のうち、主要なものについて概要を述べる。当然のことだが、その他にも世界のさまざまな法域で発展した修復的実践が多数存在する（概要は McCold 2008 参照）。

被害者と加害者との調停

過去四〇年間に発展した修復的実践としてもっともよく知られているものは、被害者・加害者間の調停（VOM）であろう。発祥の地として引用されることが多いのはカナダである（Raye & Roberts 2007: 212; McCold 2008: 26）。最初に行なわれたのは、オンタリオ州エルミラで一〇代の少年二人が暴虐行為を繰り返した事件に対してだった（Raye & Robers 2007: 212）。この事件を担当した保護観察官（マーク・ヤンツィ）はボランティア、判事とともに、加害者二人が償うには、被害者と直接対面することが効果的だと考えた（「キッチナーの実験」）（McCold 2008: 26）。この一つの事件はVOMプログラムがカナダ全土で展開するきっかけとなり、その後、同様の取り組みが英米両国で急速に広がっていった（Liebmann 2000）[6]。

ほとんどのVOMは、当事者同士の直接対話を公正に進める調停者一人にまかせられる。だがなかには、当事者同士を直接に対話させないように進める調停者もいる（シャトル調停）。この場合、調停者は、当事者双方に相手方の情報を伝える前に、それぞれ個別に面会する。VOMにおいて面会を行なう第一の目的は、加害者が自らの行為の責任を直接引き受け、被害者にもたらした被害を修復する機会を与えることだ。このように対立的紛争への双方向的アプローチは、被害者および加害者が同時に加害行為の原因と結果について議論する機会を与え、両当事者が納得する解決策を見出すことである。

ＶＯＭのファシリテーターはまず、これから何をするのかを加害者に説明する。すべての当事者が、その事件によって自分たちの生活がどのような影響を受けたのかについて話すよう促される。そうした面会は、静かな雰囲気の中で不正行為について話し合うためのものだ。調停は、起きた被害を加害者がどのように修復するかをまとめたなんらかの合意を当事者同士で作成して終了することが多い（修復合意書あるいは調停合意書。Johnstone & Van Ness 2007a）。ＶＯＭプログラムが発展するに伴い、家族や地域の代表などその他の当事者もそうした面会に参加が求められるようになりつつある。また、複数の調停者で面会を行なうこともある（McCold 2008）。より包含的な調停アプローチになったため、ＶＯＭプログラムの一部は近年展開されるようになったファミリー・グループ・カンファレンス（ＦＧＣ）とほとんど区別がつかなくなった。

ファミリー・グループ・カンファレンス（ＦＧＣ）

すでに述べたように、修復的司法の主要原則を完全に取り入れた最初の実践はＦＧＣであるといってよい。刑事司法制度の一部としてＦＧＣを英語圏で確立させた最初の法律は、一九八九年子どもと青少年とその家族法（ニュージーランド）だ（Maxwell & Morris 1993, 2006）。同法の目的は、被害者のニーズにより実効的に応え、家族と子どもたちによりよい支援を提供することにある（Maxwell & Morris 1993; 2006）。マクスウェルとモリスは、ＦＧＣは先住民および西洋的なアプローチを司法に取り入れる方法としてできたものだと指摘する。彼らは、マオリの習慣と法律の根本には不正行為に対する責任は共有すべきという考え方があるとする。賠償は、被害者のみならず被害者家族に対してもなされるべきものとされる（*tikanga o nga hara*）。責任も同じく、個人の行為と、彼ら、彼女らの行動と社会的環境および家庭環境との関係に基づくものであり、共有されるべきものとされている。加害者家族と被害者家族の間の不均衡は元どおりにする必要があるため、家族同士の会合（*Whanau*）は起きてしまった不正を正すためにある（Maxwell & Morris 2006）。一九八九年法の目的は、家族（*Whanau*）間会合の主要な議題と西洋的な司法プロセスを一体化させることにあった。この結果、この法律により、起訴されるべき犯罪で起訴された加害少年は直系家族および近親者とカンファレンスに参加することが要請される。当事者らは協働して、加害者がもたらした被害を修復する方法を模索する。同法に基づいて、青少年司法裁判所も新設された。この裁判所は、青少年が犯した重大犯罪（殺人罪を除く）すべてをＦＧＣとともに扱うことになっている（Maxwell & Morris 1993）。

ニュージーランドで誕生して以来、ＦＧＣは、司法制度における実践（青少年および成人の加害者を対象とする）として世界中で広く利用されるようになった。とくに、オーストラリア、カナダ、米国、英国で普及している（Raye & Roberts 2007 参照）。類型としてはさまざまだが、カンファレンスでは通常、事件や事件によって起こされた被害、それらをどのように修復するべきかといったことを話し合うために被害者、加害者、その家族らが参加する対面式の会合が安全な環境で行なわれる（Zehr & Mika 1998）。警察官やソーシャルワーカー、住宅局職員といった国家公務員が関わるカンファレンスもある。こうしたより広い人びとを関わらせるような修復的対話アプローチの目的は、加害行為によって起こされた問題をどのように解決するべきかを参加者全員で決めることだ。[7]

コミュニティ修復委員会

コミュニティ修復委員会は、カナダにおいてはコミュニティ司法委員会、英国においては非行少年委員会としても知られており、地域のボランティアと法律専門家によって構成され、加害者、被害者、その家族の支援者らと会合を持つ。非行少年委員会は刑事司法制度の中で運用されることが多く、加害者に対する判決の一部である。たとえば英国では、一九九九年少年司法および刑事証拠法に付託命令があるが、これは拘禁刑が下されうる犯罪で有罪となった少年加害者（一〇～一七歳）に科される強制力を有する判決だ。[8] 非行少年委員会がこれらの判決の実務を担い、少年非行対策チームが監督する。非行少年委員会は訓練を受けたボランティア二人で構成され、少年非行対策チームの助言を受ける。被害者は非行少年委員会の議論に招かれることが多く、両親または支えとなるような家族を同伴してもよい。一方、加害者とその保護者の参加は必須である。少年加害者は、非行少年委員会での結果を要約した法的拘束力のある合意文書に署名しなければならない。契約文書に含まれるべき核となる要素は二つある。

a　被害者あるいはより広範囲な地域に対する償い。

b　非行少年委員会が遂行または運営する介入プログラム。これは再犯に関係するような要因を扱う（Ministry of Justice 2012）。

付託命令を「修復的司法」の一つとする狙いはあるものの、実際には、その原則を完全に活用しているかどうかについては懸念が残る。たとえば、被害者が非行少年委員会会合にほぼ参加せず、たとえ参加しているとしてもほとんど、あるいはまったく準備をしないまま参加していることが多いと指摘する学者もいる（一例として Newburn et al. 2002 参照）。第八章で見ていくように、別の修復的司法の実践者がファシリテーターを担う司法プロセスでは、被害者がより多く発言できるように、非行少年委員会が予備的な修復的司法を目的とする会合（F

ＧＣなど）を設けることは多い（第八章、ケーススタディ2参照）[9]。

修復を目的とする警察活動

刑事司法制度における修復的司法の実践は立法に基づく手段によるものだけではない。ＦＧＣモデルは、さまざまな国で地域を基盤とした取り締まりの取り組みに活かされている。最初の取り組みは、オーストラリアのニューサウスウェールズ州ワガワガで一九九一年にテリー・オコネルが発展させたものだった（Hoyle 2007）。警察は軽微の加害行為に対して頻繁に警告を発してはいたが、効果はほとんどなく、ご都合主義的な対策だとみなされていた。ワガワガ版カンファレンスは地域および第一線の警官から幅広く支持され、すぐに世界中の賛同を得ることになった（Moore & O'Connell 1994）。実際、一九九〇年代になると、これをまねた修復を目的とする警察活動という新たな取り組みが北米および英国に広まったほど成功したのである（McCold & Wachtel 1998）。

英国では、一九九四年にテリー・オコネルが警察主導の修復的カンファレンスを導入した。テムズ川警察庁は「特定の事案における試行」を数度行なってから、チャールズ・ポラード署長の指揮のもと、一九九八年にワガワガ版をもとにした修復的司法に依拠した警告プログラムを立ち上げた（Hoyle 2002: 293。このプログラムの分析についてはHoyle et al. 2002 参照）。これは、「説明、質問、取り組みの組み合わせ」というスクリプトを用いた体系的な対話をもとにしている（Hoyle 2002: 101）。加害者が起こした被害を加害者自身が修復するための方法について、被害者と加害者が直接話し合う。非行少年委員会での合意とは異なり、賠償がなされなかったとしても、修復目的の警告プログラムは被害者が賠償を得られるような対策は講じていない。

それでも、修復目的の警告プログラムは好評を得るようになり、起訴できないような事件を中心とした少年犯罪を扱う新たな方法として警察がこれを活用するようになると、同様のプログラムが英国全土で行なわれるようになった（Hoyle 2002; CJJI 2012; 第五章参照）[10]。二〇一〇年に英国警察幹部学校が行なった調査によると、イングランドに四三カ所ある警察署のうち、三三カ所で修復的司法をなんらかの形で活用していることがわかった（CJJI 2012）。英国の警察は現在、三つの段階で修復的介入を活用している。第一段階は、路上で修復的司法を活用するというものだ。これは、警官と地域支援警察官が「軽」犯罪および反社会的行為に対して行なうもので、それ以上の応報的手段は用いない。第二段階は、警官が修復的カンファレンス（テムズ川プログラムのようなもの）を促す。第三段階は、判決後に行なわれるもので、加害者が受けた判決あるいは罰則に加え、加害者と被害者が面会することが含まれる。警察が行ない、促す修復的介入が適切なのかどうかを批判的に検証することは本章の範囲ではない。警察主導の修復的司法が修復目的にどのような意義を与えるかについては第五章で部分的に検討する。

地域調停

修復的司法が刑事司法に法的基盤を見出してから二五年が経った（英国では一五年）。それまでは、「第三セクター」、すなわちボランティアベースの地域調停センターが中心となって修復的司法が展開されていた。個人間の対立を地域内で解決するために、一九七〇年代、八〇年代にはオーストラリアやカナダ、ヨーロッパ、米国、英国で数百もの調停センターが取り組みを開始した（そうした発展の流れを簡潔にまとめたものとしては、McCold 2008: 24-5参照）[11]。これらの団体は、修復的司法に関する理論が登場するずっと前から修復を基礎とする手順を確立していた（Barnett 1977; Christie 1977）。調停センターは、従来的な犯罪抑止の代替あるいはそれらに追加するものとして、従来の司法手順に並行して現在もその活動を続けている（Gavrielides 2007）[12]。

ＶＯＭのような地域調停の取り組みでは、壊れた関係性を修復するために、犯罪の利害関係者と反社会的行為に巻き込まれた人びととが直接的および間接的に接する会合を活用している。地域調停の中心にあるのは、「向き合う」「修復する」「変化する」という概念だ（Johnstone & Van Ness 2007a）。一方の当事者が非難されるような対立においては、何が起きたのか、なぜ起きたのかを探ること、対象事件が関係者の生活にどのような影響を及ぼしたのかを考えること、原因に関わる問題を検討すること、最後に、すべてあるいはほとんどの人が受け入れられるような解決策を見出すことが目的である。調停のための会合は通常、両当事者が合意した約束事をまとめた合意文書を作成して終了する。[13]これに謝罪が含まれることもあるが、[14]ほとんどの場合は、ある種の行為をやめるという約束、今後同様のことが起きた場合には攻撃的な言い方をしないといった約束が含まれることになる。

この種の調停は一般的に修復的価値に基づいてはいるが、一部の特徴を欠くために修復主義者の中にはこれを「完全に修復的」なものとはしない者もいる（McCold 2000）。原則として、地域調停に関わる「当事者ら」は、従来からある「加害者」「被害者」といった呼び名のもとで関わるわけではない。参加者らは通常、警官や住宅局職員らが犯罪や反社会的行為の訴えや反論などを解決するために努力した後で、警察や住宅局といった他の組織から調停センターへと紹介されてやってくる（第四章参照）。すなわち、当事者らの立場は被害者と不正によって有罪宣告を受けた者ではなく、「中立人」と「加害者として訴えられた者」のまま変わらない。そのため、加害行為を行なった側はその不正の直接の責任を取る意思や、他方の側に賠償を行なう意思に欠けているかもしれない。

とはいえ、以降で見ていくように、地域調停に見られる烙印づけを回避するような手続が、当事者らが自らの行為に対する責任を取ったり、賠償を行なうことを妨げるということでもない。実際、調停に秘められた潜在力を引き出す源泉は、こうした当事者をラベリングしないアプローチにこそある（第四章参照）。こうした会合では、解決策を見出し、当事者双方によってもたらされた被害に対する賠償を決める前にその背景と責任の有無を検証することが可能になる（第四章、第五章、第九章参照）。

被害者参加の重要性

本章では、被害に対する賠償は修復的司法の実践に参加する被害者次第であることを明らかにした（Strang & Sherman 2003）。英国その他で行なわれたいくつかの研究が示したように、顔を合わせて行なう修復のための会合に被害者が参加しないことは懸念事項である（Hoyle et al. 2002; Newburn et al. 2002; Crawford & Newburn 2003; Sherman & Strang 2007）[15]。被害者が参加をためらうのは、少なくとも部分的には、加害者に対する怒りと恐れの感情があるからだ（Sherman & Strang 2007: 62）。加害者と直接向き合うことに対する不安と、また被害を受けるかもしれないという恐れが被害者を躊躇させるのである（Hoyle 2002: 105; Green 2007: 180）。

だが、参加率がかなり高いとする研究もある。ヘザー・ストラングらがキャンベラ（再統合的恥づけ実験[16]）で行なった研究では、被害者参加率は最大九〇%だった（Heather Strang et al. 2006: 288）。著者らは、キャンベラが「市民の義務」感が強いという「つながりの深い街」だからではないかと推測する（Strang et al. 2006: 288; Wundersitz and Hetzel 1996; Strang 2002も参照）。会合に参加するよう被害者に依頼する方法が結果に貢献している可能性もある。会合に参加したいかどうかを考えてほしいと被害者に尋ねるのではなく、「いつ」なら参加できるかと聞くのだ（Strang et al. 2006）。会合は、参加したいかどうかではなく、参加しなければならないものだとほのめかすわけだ[17]。最近では、英国ノーフォーク州で英国警察幹部学校による青少年修復的司法を行なっているピーター・メリーが、警察が行なった修復的司法カンファレンスにその地域に住む被害者の八四%が参加したことを報告している（Merry 2009）。メリーは、参加率がこのように高くなったのは、修復的司法の目的と、期待できる成果についての情報を被害者にきちんと伝えたからではないかと推測する。修復的司法の会合には二つのチームが関わる。一つは被害者に接してプロセスについての情報を提供し、準備する。もう一つは会合のファシリテーターを務める。このように二つのチームが協働することで参加率が飛躍的に高まったとメリーは説明する。

被害者の参加率が低いままであれば、被害に対する償いは限定的なままだ。これが修復的司法についての情報を広く伝えられるかどうかに左右されることは間違いない。同様に、資源が限られるといった組織的な制約にも関わる（Maxwell & Morris 1993; Crawford & Newburn 2003: 187）。ジェームズ・ディナンは、刑事司法制度の枠外あるいは末端で行なわれているような修復的司法プログラムの場合、付託を得るのが難しい、プログラムマネージャーと刑事司法を担う主流機関との対立があるなど、プログラムの普及には障害があると指摘する（James Dignan 2005）。長期的には、修復的司法の何たるかが広く知られるようになれば、被害者も参加しようという気持ちになるだろう。刑事司法制度の中で修復的司法が広く実践されるようになれば、これも正当な司法制度の一つとして、他の専門機関にも受け入れられていくだろう。実際、修復的司法の実践が青少年および成人を対象とするいずれの刑事司法制度にも取り入れられなければ、一般的に、「正義」とは応報的刑罰であるとされ続けるだろう[18]。

間接的な参加

被害者と加害者が直接向き合う会合に参加すれば、どちらの当事者にも効果的であることはわかっているが、被害者がそうした会合に参加しないからといって、修復的司法に関わらないことと同じだとみなされるべきではない。むしろ、被害者参加は、修復的プロセスのある時点における積極的な関与として言及されるべきである（Hoyle 2002）。もちろん、修復的司法にこのようにアプローチするだけでは対面式のやりとりから得られる寄り添い感は得られず、被害者が受けた苦しみを間近で見なければ加害者側が自ら起こした被害を評価することも難しくなる（Hoyle 2002）。とはいえ、調停者が間に入ってやりとりするだけでは被害者が回復しないということでもない（Hoyle 2002; Hoyle et al. 2002; Shapland et al. 2006: 64）。第四章で見ていくが、修復的実践への参加が間接的であっても被害者が大きく癒されることはある（第四章、第二節参照）。調停者との会合を別に行なうことによっても、被害者はその犯罪が自分にどのような影響を及ぼしたのかについて気持ちを伝える機会を持つことになる。これによって被害者は、司法あるいは紛争解決のプロセスに積極的に関わっていることを実感する。その不正行為がなぜ起きたのか、加害者が後悔しているかどうかといった情報も手紙やファシリテーターを介して伝えることができる（Hoyle 2002）。したがって、修復的司法という償いの概念の要は、必ずしも加害者と被害者が直接対面してやりとりすることではない（やりとりによって、このプロセスが広がりを持ちうることはよくある）。大事なのは、被害者が関わることによって、彼ら自身が気持ちを表現し、償いを受ける機会を得ることなのだ。

第二節　害悪の修復――規範的前提と経験的結果

従来の司法プロセスが動揺した被害者の感情を悪化させるという批判は多い。警察や検察、被告側弁護士が被害者を尋問し、被害者が語る事件の顛末について質問をするといったことがその原因である（Zehr 1990; Strang & Sherman 2003; 第六章参照）。修復的司法を支持する人びとは、修復的実践はこのような形式的な司法手続を回避し、さまざまな方法で被害者が癒しを得られるようサポートすることだと主張する（Considine 1995; Zehr & Mika 1998）。グウェン・ロビンソンとジョアンナ・シャプランドは、修復的司法の支持者の多くは、刑事司法制度が癒しの効果を提供するべき、あるいは提供しうると考えず、そうした考えからは距離をおこうとしていると述べる（Robinson & Shapland 2008: 339）。修復的司法に犯罪減少効果があるかどうかについての研究結果はほとんどまとまっていないが、癒しの効果があるという有力な証拠を示す研究は数多い。こうした研究の多くで、修復的司法の会合に参加した人びとの満足度と裁判手続を経た人びとの満足度を準実験的な手法によって比較している（たとえばStrang 2002参照）。とりわけ、カンファレンスを検証した複数の研究は、観察、インタビュー、自己記入式の質問票といった綿密な調査を長期にわたって行ない（たとえばDaly 2001参照）、その結果得られたデータを統計的に分析しており、研究者らは、被害に対する償いに関わる手続的な要素を特定することができた。

満足度と手続上の公正性——意見を言えることの重要性

ローレンス・シャーマンとヘザー・ストラングは修復的司法を研究する国際機関を検証し、その研究は「ほぼ必ず、この手続が十分に満足のいくものであることを示している」と指摘する（Sharman & Storng 2007: 62; Braithwaite 1999; Latimer et al. 2005も参照）。これらの研究は、被害者が満足を得る基本的な二つの要件として、「情報」の拡散と包括的な「参加」を強調する（Strang and Sherman 2003; Miers et al. 2001: 33も参照のこと）。加害者に関する正しい情報と加害行為がなされた理由を被害者に伝えると、被害者はその司法手続により大きな満足感を得る。さらに重要な点は、事件に関する情報をＦＧＣ参加者に適切なタイミングで提供する方が裁判手続の参加者に提供する場合よりも割合として高かったことだ（たとえばStrang 2002: 119参照）。だがその情報は、参加者が修復的司法の結果からではなく、プロセスから得られる成果をまとめたものでなくてはならない。利害関係者がプロセスから得られる成果に過剰な期待を抱かなければ、参加することによって参加者は自尊心を得るのではないだろうか（Strang 2002; Van Camp & Wemmers 2013）。

被害者を司法（あるいは紛争解決）手続に参加させるということは、その事件が被害者らにどのような影響をもたらしたのかを認識することにもなる。研究は、事件によってどのような影響を受けたのかについて話す機会をほとんどの被害者が与えられ、話すことによって被害者らは励ましを感じ、自分たちの事件をどう解決するかに主体的に関わることができたことを示している（McCold 6 Wachtel 1998: 55; Miers et al. 2001: 31; Triggs 2005: 5.7; Shapland et al. 2007: 24）。[19]

情報が与えられ、参加が容易であれば、司法手続における「手続上の公正さ」をいっそう認識することになる。ティネケ・ヴァンキャンプとジョー・アン・ウェマースは、手続上の公正さは、主として、信頼できる、尊重できる、中立であると参加者が感じ、自分の意見を言えるかどうかによって大きく変わるとする（Van Camp & Wemmers 2012: 124）。したがって、修復的司法プログラムに参加する利害関係者にとって、ファシリテーターが客観的かつ公正にふるまうとして信頼でき、自分たちが受けた被害についての対話に加わる機会があることが重要だ。被害者と加害者がそうした対面の場に安心して参加することができ、対話する機会を確保するために、ファシリテーターが担う役割はきわめて重要になる。修復的司法におけるファシリテーターの役割に関する研究から、ほとんどの参加者が、ファシリテーターが対面の場を差配していると感じていることがわかっている（たとえばShapland et al. 1007: 26参照）。修復的プロセスの各段階が公正であると受け止められれば、被害者は心底癒されたと感じる傾向がある（Van Camp & Wemmers 2013）。

修復的司法に関する研究の多くで一貫して高い満足感が報告されているように、全般的に見ると、被害者は修復的プロセスが非常に前向きな経験だったと受け止めている。被害者の満足度は、彼らが修復的司法全般に関わったという経験への評価だ。被害者が修復的司法のプロセスに満足したのであれば、たいていは、このプロセスが被害者のニーズに有効に応えていることを示す一つの指標となるといえるだろう。とはいうものの、満足度や手続上の公正さそのものを修復的司法の有効性を評価する基準とすることはできない（Braithwaite 1999; Green

2007）。たとえば、修復的司法が実際に犯罪の被害を修復したのか、あるいは、本当に再犯率を減らしたのかを満足度から結論づけることはできない。したがって、修復的司法に癒し効果があるのかどうかをさらに評価するには、それ以外のプロセスを検証する必要がある。

物損に対する賠償

財物の損傷あるいは窃盗といった物質的な損害があった場合、修復的会合の最後に作成される賠償についての合意文書には物損に対する賠償がなんらかの形で含まれることが多い（金銭賠償あるいは財物の返却命令など）（Sharpe 2007）。こうした形態の賠償は、破壊されたフェンスの修復やいたずら書きの消去といった修復作業として行なわれることもある。こうした作業によって、事件の際に持ち去られたり、壊されたりした財物が回復され、その意味で（少なくとも物質的には）損害が事件以前の状態に戻ることになる。

物質的な回復は感情的な癒しにもなる（Strang 2002）。加害者が被害の修復作業をするという事実そのものが、自らの行為の責任を取っていることを意味する。このようにして責任を取るということは、その行為について非難されるべきは加害者であることを示し、被害者は自分を責める気持ちから解放されうる。「修復」作業は、加害者の行為が間違っていたこと、被害者が苦しめられたことを地域に改めて伝えることになる。このことから、被害者が「正義」が果たされたことを改めて感じる場合もある（Strang 2002）。

ストーリーテリング

被害者の回復を支援するもっとも効果的な方法の一つは、それぞれに話をさせることだ。あらゆる修復的対話に共通する原則は、被害を受けた経験を被害者が詳細に語る場を持つことだ。重要なのは、他者がその話に耳を傾けることである（Zehr 1990; Morris & Young 2000）。カイ・プラニスはこのプロセスを「ストーリーテリング」と名づけ、こう記している。

ストーリーテリングは健全な社会関係の基盤となる。つながっている、尊重されていると感じるためには、私たちは自分の話を話し、誰かに聞いてもらうことが必要だ。尊重されている、自分たちとつながっていると誰かが感じるためには、彼らが自らのストーリーを語り、われわれが耳を傾けることが必要だ。われわれの文化においては、誰かに自分の話を聞いてもらうことは権力が持つ機能の一つである。権力が大きければ大きいほど、多くの人びとが敬意をもって話を聞いてくれる。結果として、誰かの話を聞くことは、彼らをエンパワメントする方法であり、彼らが本来持っている人間としての価値を認めるということに他ならない。（Pranis 2001: 7）

加害行為の影響について話すことで、被害者らは自分自身の個人的な物語を作り出すことができる。ジュディス・カイは、対話過程のこの側面こそが「修復的司法の核心」だとする（Kay 2008: 231）。語ることによって、被害者らは自分のアイデンティティを作り出し、再形成する。この過程を経ることによって、被害者らはより安全な空間へと移動することになり、「沈黙、孤独、絶望」の影から逃れることができる（Kay 2008: 231）。ストーリーテリングは被害者らを元気づけ、被害者らは自分たちの話を聞いてくれる人びとと新たなつながりを持つことになる。実際、安全で安心できる環境でつらい経験について話すことができた被害者の多くは、それによって気持ちが浄化される。同時に、彼らの話に関心を持ってくれる人びとに支えられていることをより強く感じるようにもなる（Kay 2008; 第四章「当事者を支援する調停者の役割」も参照）。

ローレンス・シャーマンらは認知行動療法の研究を用い、被害を受けた経験を話すことで被害者らがどれほど救われうるかを説明した。それまでに受けた心的外傷について安全で安心できる環境で議論する被害者は、「身体調節機能異常」と呼ばれる状態を経験する。これは、どのように恐怖を感じ、その後消去されるかを説明する「条件づけ理論」と関係がある。恐怖感情を修復的司法カンファレンスのような安全な状況に結びつけることによって、心的外傷の記憶が消去され、消滅させることができるといわれている。この過程で、被害者は「刺激をもたらす不安に長時間」さらされることになる（Sherman et al. 1005: 369）が、これが逆に、恐怖に結びつけられた認識を消去することになる。これを行なうのに最適なのは、被害者が自分の恐怖に向き合い、心的外傷を与えることになった事件に巻き込まれた人びとと会うことによってその経験を再経験するという場である。被害者が自らの心的外傷に立ち向かい、恐怖に打ち勝とうとすることで、事件に結びつく記憶と感情が変わり始めるのである。修復的司法は「条件づけ消去（deconditioning）」の手法として、被害者が被害者化されることによって失った力を取り戻す一助となる。事件解決のために被害者に主体的な役割を担わせようとしない国家による従来の実践で、このプロセスが起きることはまずない（Christie 1977; Zehr 1990）。

なぜそうなったかを理解する――共感が持つ力

修復的対話は、なぜそうした犯罪を起こしたのかを加害者に尋ねる機会を被害者に提供し（Sherman et al. 2005）、加害者が自らの行為がもたらした結果を認識する機会でもある（Van Camp & Wemmers 2013）。この場合、加害者のストーリーテリングは被害者が感情的な落ち着きを取り戻すのに役立つ。被害者は、自分が被害者とされたことを責める必要などないことを理解し、自分を責め立てるという問題を解決する手立てを手に入れる（Sherman et al. 2005: 369; Van Camp & Wemmers 2013）[20]。加害者自身の話を聞いた被害者は、加害者の動機や、攻撃的な行為につながるような社会経済的な背景、個人的な事情を理解するようになり、当事者同士の感情的な距離が縮まる可能性がある（第四章、第八章参照）。

修復的司法の会合の場は、被害者が何の恐怖を感じることもなく加害者に問うことができる機会ともなりうる。恐怖を感じないという可能性は、ヘイトクライムの被害者にとって重要な意味を持つ。とはいえ、被害者が参加者から何の嫌がらせも受けないことまでファシリテーターが保証できるわけではない（第三章、第七章参照）。一方、被害者は、同じ攻撃はもう起きないと何度も約束されているために、繰り返し被害を受けるかもしれないという恐怖が軽減する（Sherman et al. 2005: 369; 第四章参照）。被害者と加害者双方を巻き込んだこのような対話こそが、両者が共感し合い、ステレオタイプのイメージを改め、個人的および地域的な関係性を再構築する道を開くことになるのである（Zehr 1990; Maxwell & Morris 2002; Harris et al. 2004）。

実証研究を受け、修復的司法が共感を促す側面が注目されるようになった。ジョアンナ・シャプランドらの研究は、カンファレンスによって被害者の六九％が、自分たちが攻撃された理由を理解するようになったことを示している（Shapland et al. 2007: 37）。同様に、ポール・マッコールドとテッド・ワクテルは、被害者の六二％が、加害行為が起きた理由をより理解できるようになったことを示した（McCold & Wachtel 1998）。これらの結果と同じく、キャロライン・ホイルらは、カンファレンスを経た後、加害者に対する被害者の見方が変わったことを示した（Hoyle et al. 2002: 36）。これは、修復的司法を経験したことで、それまで両者を分断していたステレオタイプを乗り越えたということだ（さらにMcCold & Wachtel 1998: 56; Miers et al. 2001: 34; Umbreit et al. 2001: 18; Shapland et al. 2006: 63も参照）。

謝罪を受ける

被害者のストーリーテリングに対して、加害者の多くは後悔と悔恨を示すとする研究がある（Harris et al. 2004）。そうした感情は通常、加害者から口頭あるいは書面で伝えられる。握手や笑顔、身振り手振りの変化といったその他のジェスチャーで、過ちへの反省が示される場合もある（第四章参照）。被害者が加害者は真摯だと受け止められるかどうかは、身体的なジェスチャーにかかっている場合もある。身振り手振りが好ましいものに変化すれば、加害者が後悔していることの表れともなりうる。心からの謝罪は加害者が本当に悔いていることを示す（Strang 2002: 56; Sherman et al. 2005: 388）。これは、受容による新たな関係づくりのきっかけとなる。また、心からの謝罪が示されることで、被害者は恨みや苛立ちといったこだわりを手放すきっかけを得て、平穏な生活を続けることができる（Strang et al. 2006）。多くの研究が、被害者が前向きに生活しようという気持ちになり、事件を過去のものと受け止められるような「区切り」――研究は進んでいないが、一般的には被害者が癒しを実感したという意味だと解されている――を見出したとするのはこのためであろう（Hoyle et al. 2002; Maxwell et al. 2004; Shapland et al. 2007）。

加害者の誠実さは、被害者が犯罪の対象になった経験を乗り越える力を得られるかどうかにとってもっとも重要である（Strang et al. 2006: 286）。心からの謝罪ではないと受け止められれば、被害者は悪いことをされたという感情を強くしてしまい、逆効果になる（Daly 2001; Hoyle et al. 2002: 35）。被害者は、加害者が自分の不正行為を真剣に受け止めていないことに怒りを感じ、刑罰を軽くしようとするために謝罪手続を利用しているのだと受け止めることもある（Daly 2001）。このプロセスで深い反省を引き出すことができなければ、個人間の傷を修復するどころか悪化させる恐れもある（第五章参照）[21]。

感情的なトラウマを軽くする――恐怖、怒り、不安

第三章では、ヘイトクライムが被害者にもたらす悪影響について検討する。こうした事件は大きな感情的トラウマをもたらすことが多く、被害者の恐怖、悩み、怒り、不安などは強くなる。こうしたトラウマがあると、人は自分が暮らすコミュニティ内を自由に移動することができなくなる。したがって、感情的なトラウマを軽減することが、ヘイトクライムがもたらす害悪を修復的司法によって払拭する要となる。ヘイトクライムに取り組む修復的司法が持つ害悪を修復する力に注目した研究はほとんどないが（本章第四節参照）、修復的司法の会合に参加する前後で被害者が持つ恐怖の程度を測定した調査は多数ある。キャンベラ（再統合的恥づけ実験）、ロンドン、ノーサンブリア、テムズ川の四カ所で調査を行なったストラングらの研究は、カンファレンス後では被害者が恐怖を感じる程度が大きく減少したことを示している（Strang et al. 2006）。とくに、ロンドンでの調査――この対象には暴力事件の被害者も含まれる――では、カンファレンス前に被害者が感じる恐怖の程度は三〇％であったが、カンファレンス後では〇％になった（Strang et al. 2006: 293）。これ以前にストラングが行なった別の調査からも同様の結果が得られている（Strang 2002: 98）。カンファレンス前では、暴力事件の被害者の三八％が加害者に恐怖心を抱いていたが、カンファレンス後ではこの割合は一四％にまで減少した（財産犯の場合はそれぞれ二〇％、九％）。さらに暴力犯罪の被害者のうち、加害者が自分たちに再び同じ犯罪をすると考えた人の割合は、裁判を起こした被害者の場合は一八％だったが、カンファレンスを選択した人の場合では二％だった（修復的司法を経た後に恐怖感情が軽減したことは以下でも報告されている。Umbreit & Coates 1993: 574; Sherman et al. 2000; Umbreit et al. 2000: 224; Daly 2001: 78; Hoyle et al. 2002）。こうした結果は、修復的司法には恐怖を軽減する効果があり、被害者は押しつぶされそうな感情から解放されることを示している。これから見ていくが、これは、「差異がある」

がために標的にされる人びとにとってとくに重要な点である（第三章、第四章、第五章参照）。

被害者が加害者に対して苛立ちと憤りを感じるようになると、恐怖と怒りの感覚がないまぜになっていく。怒りは危険な感情である。複数のアイデンティティ集団の間で暴力の応酬が起きる重大な要因となる（第三章参照）。恐怖に関するのと同様、修復的司法によって怒りが減少する場合もあることが研究から明らかになった。たとえば、ストラングらはカンファレンスの前は若年の加害者に対して、被害者の八七％が怒りを感じていたが、カンファレンス後は一七％にまで減ったことを示した（Strang et al. 2006: 295）。再統合的恥づけ実験も、カンファレンスに怒りを鎮める効果があることを示しており、カンファレンス前に怒りを感じていたのが六七％、カンファレンス後は二九％になっている（Sherman et al. 2000）。

恐怖と怒りの度合いが増していくと、被害者は、コミュニティにおいて自身の身の安全にますます不安を感じるようになる。被害者が他者を再び信頼するようになるためには、まずは日常的な用事で出かけるときでも安心だと感じられるようになることが必要だ。研究結果から、身の安全への安心感を損なっていた被害者のかなりの割合が、修復的司法を経て再び安心感を取り戻すことがわかった。暴力事件の被害者の場合はなおさらだ（Sherman et al. 2000; Hoyle 2002; Strang 2002）。ヘイト事象の場合、安全だと思わなくなることがとくに顕著になるのは、また狙われるかもしれないという恐怖を被害者が常に感じているからだ（Herek et al. 1997）。したがって、ヘイトクライムの被害者が癒しを得る過程においては、一人ひとりが安全だと感じるようになることが不可欠となる。

もちろん、修復的司法が提供しうるそれぞれの過程が完全にうまくいかなければ、癒しの効果は期待どおりの成果を得られない。ほとんどの場合、被害者が関わるのはその一部でしかないし、ごく少数ではあるが、修復的会合を終えるころには被害者感情が強まっている事例もある（Maxwell & Morris 1993: 120; Strang 2002: 56）。とはいうものの、現在は裁判よりも修復的実践を用いる方が、より多くの被害者が物質的にも感情的にも回復することが多数の研究から明らかになっている。

第三節　修復的司法の限界——方法上の問題

本章で再検討した調査研究の多くは、修復的司法と裁判などの従来の司法手続とを比較する量的かつ質的手法を多数取り入れた綿密な調査デザインを用いている。これらの研究結果から、修復的実践は犯罪による害悪を回復させるうえでしばしば大きな助けとなるという確かな証拠があるとしても過言ではないだろう。とはいうものの、修復的司法が持つ回復効果について現在行なわれている研究は、説得力があるが、決定的とまではいえない。手法に限界があることは指摘しておくべきだろう。第一に、いくつかの研究（とくにＶＯＭの検証研究）には対照群が設定されていない。研究が高く信頼されるには、参加者を調停か裁判（ないし修復的司法以外の対処法）に無作為に割り当てるべきだ。他のＶＯＭ研究には、調停に参加する群に割り当てられたものの参加できなかった関係者との比較を行なっているものがある。対照群を用いる利点は研究結果を比較、対比することで、群ごとの結果の違いを明確に示すことだ。ディグナンは、調停参加者のみを用いた研究結果は、参加を熱望した利害関係者による修復的司法の実践結果を示しているにすぎず、参加を希望しない人びとによる実践結果と比べてずれがあるのではないかと指摘する（Dignan 2005）（Latimer et al. 2005も参照）。さらに、修復的司法の実際の会合を観察せず、インタビューや質問票しか用いていない研究結果は、被害者が真摯な謝罪を受けたかどうかといった、結果と相関する「プロセスの変数」を含んでいない可能性がある（Dignan 2005）。この点で、研究者らは、修復的司法が参加者にどのような影響を及ぼしているのかを説明するような重要なデータを集めていない。

そうした手法に限界があるとしても、インタビューや質問票に価値がないということにはならない。そのような定性的手法を用いた研究からは、修復的司法の実践に参加した参加者の認識や感想といった貴重な情報が得られるからだ。本書は、さまざまな修復的介入を経験した被害者の経験を詳細に分析しており、修復的司法の活用に関する定性的研究の一つとなる。筆者の研究結果も他の研究者による研究結果も従来の司法手続と直接比較できるものではないが、現在示されているような、被害者が修復的司法に関わった経験についての知見を得ることはできる。そうしたデータは、単に有効だというだけではなく[22]、修復的プロセスがどのように、またどういった理由で有効なのかをも示す。さらに、実効性のある司法的介入という有効性あるいは妥当性を示すために、このプロセスの真価を調査するにあたっては代替となりうるプロセスと直接比較しなければならないというわけでもない（Wilcox et al. 2005）。もっとも重要な点は、経験的研究が、もっぱらデータの限界について十分な考慮をし、その点を慎重に扱う研究者らによって実施されるという点だ（Wilcox et al. 2005）。

修復的司法は「理想的」なのか？

修復的司法が被害者の回復を促すとする研究は多々あるが、キャシー・ダリーは修復的司法の実践がもたらす回復効果の評価については慎重であるべきだと主張する（Daly 2002a, 2002b）。彼女は修復的司法の「理想」と実践から得られる結果には差があると指摘している。南オーストラリア州青少年司法研究プロジェクトの調査結果を見ると、参加者の大半は「十分な賠償」を得ているわけではない（Daly 2001a, 2002b）。これは一つには、被害者が巻き込まれる事件が多様だからである。不安や恐怖にそれほど影響されない被害者がいる一方で、ひどく動揺する人もいる（Daly 2008）。また、ジェンダーや犯罪の類型、加害者との人間関係に関わる苦痛の程度もさまざまだ（Daly 2008）。犯罪を苦痛に思う人ほど修復的司法の有用性を受け入れず、加害者に対して怒りと恐怖を持ち続けると、彼女は主張する（Daly 2008）。たとえば、彼女が二〇〇一年に行なった研究では、大きな苦痛を感じるとした被害者の四三％がカンファレンスを経た後も加害者に対して否定的な感情を抱いていた。また、被害者の「三八％だけ」（強調は筆者による）が加害者のストーリーテリングに影響されたと答え、「五三％だけ」（強調は筆者による）がその加害行為が行なわれた理由をより理解することができたとも示している（Daly 2001: 77）。こうしたことからダリーは、「（被害者の）反応を慎重に解釈すると、カンファレンスによって被害者がより回復するとはいえるが、回復は被害者の個人的な資質や他者からの支援次第でもある」と説明し、修復的司法に慎重である。修復的司法の前提は、人は共感し、謝罪し、赦し、平穏な気持ちで人生を歩んでいくという「極楽物語」であり、それが「理想」である（Daly 2002a）。こうしたことは「ほとんどの場合」に見られると考えられがちだが、南オーストラリア州青少年司法研究プロジェクトの研究によれば「稀」にしか起きない（Daly 2002a: 18）。

こうした懸念に触れると、いったん立ち止まり、修復的司法の目的と目標について再考しようという気持ちになる。こうした慎重な姿勢に気がついた修復主義者らは、修復的司法が当初に期待あるいは喧伝されていたような万能策ではないことを理解するだろう。だが同時に、ダリーが慎重であれと記しているからといって、それを修復的司法を活用しない理由とするべきではない。すべての被害者およびすべての加害行為を修復するような刑事司法制度、あるいは社会的正義達成手段は存在しない。修復的司法の目的と、それが加害行為を修復するという期待とを混同してはならない。正義を実現するには、徹底した応報であれ、抑止や回復、あるいは修復（あるいはこれらすべての目的が一体化したものであれ）といった理想的な最終目的を達成するために努力し続ける必要がある。バーバラ・ハドソンは、正義とは「強い願望である。これ以上ないほどに重要で、絶えずかつ辛抱強く、追求する価値がある」と指摘する（Hudson 2003: 192）。だが、「正義」の究極的な目的と、正義を完全に実現できるという期待とは分けて考えるべきだ。つまり、われわれは、（たとえば）すべての犯罪について完璧な償いを達成するために努力しなければならないとしても、すべての人についてそうした目的を達成できると期待することはできない。司法措置が掲げるもっとも望ましい到達地点に達することができないとしても、驚くことではない。社会学的、文化的、個人的、そして法的な制約がある以上、どのような司法的過程であってもその実効性が制約されるのは不可避である。この点で、その他の司法的実践と同じく修復的司法もまた社会の社会構造的限界の枠内で実践するしかなく、究極的には、「完全な償い」を実現することができない。

修復的司法があらゆる犯罪による被害を修復するという研究結果がないとしても、だからといって、刑事司法の合法的な実践として修復的司法を活用するべきではないということにはならない。むしろ、修復的司法の効果を評価する際の基本は次の二点を見極めることだ。

1　修復的過程が相当に多くの被害者[23]を回復させたかどうか。すなわち、感情的に良好な状態になるとか物的に賠償されるとか、人間関係が回復する一助となるのか否か。

2　有意な数の参加者[24]にとって修復的過程が癒しではなく、有害となるのか否か。

これまで見てきたように、現在のところ、いくつもの実証研究から、修復的司法を実践することによって参加者の多数は感情的な落ち着きを取り戻すことがわかっている。ただし、ごく一部ではあるが、参加者の中にはより深く傷つく人びともいる。

第四節　ヘイトクライムを扱う修復的司法の課題とチャンスについての予備的検討

第三章では本書のために整理した実証研究の成果を示し、ヘイトクライムの被害者が恐怖、不安、怒りといった感情的なトラウマを強めるのはどのようにしてなのか、またその理由について検討する。被害者は継続的かつ定期的に嫌がらせを受けることがしばしばある。そうした嫌がらせはすでに周縁化されたアイデンティティを持つ集団に属する人びとに向けられる（Perry 2001; Iganski 2008）。本章では、修復的司法によって、犯罪被害者が力を奪われる立場から司法過程の中心に置かれる立場にどのように変わるのかを検証してきた。これには、自分が受けた経験を話すよう被害者に促し、加害者には自らが起こした損害を賠償させることがもっとも効果的である。

本章での修復的司法の実証研究の検証は、相当数の被害者にとって、犯罪による感情的なトラウマが軽減し、恐怖や怒りが収まると同時に安心感が増すことを示す。修復的司法の回復作用こそがヘイトクライムの被害者にもっとも大きな可能性をもたらす（McConnell & Swain 2000; Shenk 2001）。さらに、対話を経ると、加害者は共感を抱く可能性が出てくる。彼らは、自分たちが起こした感情的なトラウマを直接目にすると、しばしばその行為に対する償いをするようになる。このように、修復的司法は犯罪の被害を修復するだけでなく、加害者の行動に変化をもたらす効果もある。

しかし、理論上の目的と、ヘイト動機以外の犯罪の被害者に感情面での効果が見られるという実証的研究の結果から、修復的司法には犯罪から回復させる力があると推測するのは単純にすぎる。とりわけ、修復的司法がアイデンティティと社会的背景が異なる利害関係者らにもたらす影響に注意を払い続ける必要がある（Smith 2006）。

力の差、社会的な不平等、文化の違いに付随する問題は、修復的過程を妨げる弱点となりうる。社会的な不平等と文化の違いという点から修復的司法を批判する人びとがいるが（Hudson 1998; Busch 2002; Coker 2002; Daly 2002c; Strang & Braithwaite 2002; Stubbs 2007）、修復的司法はヘイト憎悪による被害を修復できるのか否かなど、これらの問題を実証的に研究した人はほとんどいない。

ガヴリエライデスは著書『修復的司法の理論と実践——相違に取り組む（*Restorative Justice Theory and Practice: Addressing the Discrepancy*）』（2007）の中で、修復的司法がヘイトクライムを扱う利点を示す事例を多数まとめている（Gavrielides 2012も参照）。武装したアラブ人男性二人がイスラエル人女性宅に強盗に入った事例では、女性はその強盗が人種的動機によるものだと受け止めた。その後、この女性はアラブ人に対して身構えるようになった。FGCの修復的司法で、被害者は自分の経験を改めて話し、加害者らは自分たちが関わったことと後悔していることについて語り、責任があることを完全に認めた。この過程は、被害者が抱いていた感情や怒りを解放させる機会となり、癒しをもたらした。この結果、彼女は再び、その地域にいても安心だと思うようになった。加害者らは赦しを請い、人びとの信頼を再び得て、地域に改めて受け入れられた。この過程を経て、すべての当事者が満足し、安心したと語った（Gavrielides 2007: 203; 自身ヘイトクライムの被害者となり、修復的司法を経験したRice 2003も参照）。

この事例およびその他の類似したケーススタディから、われわれも修復的司法が争いごとをどのように解消し、無知と偏見を批判的に解明するのか理解しつつある（Umbreit et al. 2002; Walters & Hoyle 2010; Coates et al. 2013も参照）。安全な環境で偏見について多角的に調べるのであれば、有効な働きかけの余地を見出し、その結果、展望が開ける可能性もある。すなわち、修復的司法がヘイトクライムの被害者の経験する不安や怒り、恐怖、苛立ちを軽減することが期待できる。単に被害者らを司法過程の中心に位置づけるだけでよい。最終的にヘイトクライムの被害者らは、償いを得ることによって、なんらかの気持ちの区切りを見出すことができる。ここにいう償いには、ヘイト動機による行為がそれ以降繰り返されないという保証も含まれる。

小規模に行なわれた研究から引用された、ばらばらのケーススタディでは、修復的司法がヘイトクライムに適している可能性を暗に示すことくらいしかできない。憎悪に基づいた危害行為が関わる事件に修復的司法を活用することについて、より確実な仮定が示されるに先立ち、より綿密で大規模かつ長期的な研究を行なうことが必要である。本書がそうした実証的分析を行なうに先立ち、修復的司法の主だった理論上の可能性と盲点とを整理しておくことは有用であろう。これらの点の検証を以降で行なっていく。

ヘイトクライムに対する修復的司法の理論上の利点

- 修復的司法は、ヘイトクライムの被害者らが偏見に動機づけられた事件がもたらす苦痛について話せる場を提供することによって、彼らをエンパワメントするだろう。苦痛には、被害者の多くが経験するような大きな恐怖や不安、怒りも含まれる。この結果、被害者らはそうした否定的な感情を鎮めることができる。
- ヘイトクライムの被害者が「経験を話す」意義は、それまでは声を上げることができなかったというまさにその事実によっていっそう大きなものとなる。マイノリティの集団は、ヘゲモニー的な観念や文化的価値による抑圧があるような社会の周縁では声を上げることができない（第三章参照）。経験を話すことによって、被害者らはヘイトクライムの被害を受ける過程で奪われた力を取り戻すことができる。
- 加害者らが行なう償いによって、被害者（およびその他の被害を受けた利害関係者）らが自分を責めることはなくなる。自分を責めるのはヘイトクライムの被害者に共通した傾向である（Herek et al. 1997）。
- 加害者らが加害行為（あるいは反社会的行動）を繰り返さないと約束することで、ヘイトクライムの被害者らが感じる大きな恐怖は軽減するだろう。そのため、被害者らは自分たちの住む地域は安全であるという気持ちを強くする（第三章、第四章参照）。

- ヘイトクライムの被害者らが加害者らに動機を尋ねる機会がある。加害者自身のストーリーテリングは、被害者と加害者とが共感し、相手を尊重し、相手も同じであるという気持ちに基づいた新たな関係を築く一助となる。これによって再度の攻撃を受ける可能性は低くなる。
- 全員で対話する結果、ヘイトクライムの加害者らがそれまで拒絶していたもの――共感――が彼らに芽生える。偏見に基づく犯罪がもたらした感情的なトラウマについて語られると、加害者らは自然な後悔の念を抱くこともある（第八章参照）。
- 被害者とその地域の支援者たちにより、反感と偏見に対して適切な社会的非難が加えられ（第四章、第五章参照）、加害者らの不当な行為が繰り返される可能性が低くなる。
- 加害者らは、自分たちの行為が、標的とした被害者らだけでなく同様のアイデンティティを持つ他の人びとにも悪影響をもたらしていることに気がつき、さらに広い範囲にわたる集団間の関係が改善される。
- 加害者らは、文化およびアイデンティティの「差異」をより深く理解することによって道徳的な学びを得る。これがきっかけとなって、加害者自身の内面、ひいてはその地域コミュニティ全体の姿勢が大きく変わってくる。

ヘイトクライムに対する修復的司法の理論上の盲点

- 加害者らと被害者らとに社会的な距離があるために、どちらの側も相手の文化あるいはアイデンティティの背景を認識できない場合がある。このため、異文化間対話に参加する人びとは、傷ついた関係を修復する際の核となる共感というつながりを得るために葛藤することになる。

- 地域によっては、家族や友人関係、近隣住民によって偏見の土壌が醸成され、強化されている。こうして、被害者が心情を吐露することで挑発され、加害者およびその支持者らに後悔を促すよりもむしろ、敵対感情を引き出すことがある。
- 自分の行為の正当化で凝り固まった加害者らが公式の手続でないがために非公式な修復的過程を操り、自らの罪悪感を隠し、偏見を矮小化し、可能であれば「他者」に責任をなすりつけようとする。
- ヘイトクライムの多数の被害者らが弱い立場に置かれ、加害者らと対等ではない関係を築いているために、修復的司法がうまく進まず、被害者らは再び被害を受けやすくなる。
- 修復的過程が社会における多数派支配集団のバックグラウンドを持つファシリテーターによって進められる場合、ヘゲモニー的な文化的規範と価値観をマイノリティ集団に属する個々人に押しつけることになり、ほとんどのヘイトクライムが内包している力関係の不平等を固定化させる。
- 修復的プロセスによっても、地域住民による加害者らの悪意に満ちた行為に対する社会的非難が得られなかった場合、被害者らがなんらかの真摯な償いを得る可能性は低くなる。一方、加害者らは彼らの悪意ある行為を容認する地域に再び受け入れられることになる。

まとめ

本章では、修復的司法の主な目的と目標を紹介した。理論的研究および実証的研究を分析することによって、修復的実践には被害を修復する性質があることが十分に示された。修復的司法がヘイトクライムに対して行なわれるのは、「差異」があるとみなされた人びとを参加させ、エンパワメントすることによって被害者らの感情面が回復することが期待できるからだ。ヘイトクライムの被害者の多くが感情を大きく傷つけられ、気力を失い、権利を奪われるというまさにその事実によって、理論上、修復的司法はこの種の犯罪に対応するには最適だといえる。さらに、修復的対話に加害者を関わらせることには矯正の効果もあるかもしれない。この効果は、ヘイトクライムへの応報的アプローチで得られるものよりもはるかに大きい。「ストーリーテリング」への着目も含めて修復的司法が包括的であるからこそ、利害関係者間の共感というつながりが促進され、参加者らが最後には人間らしさを取り戻すことができるのである。

とはいえ、上記および第一章で注目したように、文化およびアイデンティティの違いが突きつける難しさのせいで、修復的プロセスの効果を阻むような打撃に対応することはできないかもしれない。したがって、修復的司法を実践するにあたっての課題は、被害者らが、再び被害者となるかもしれないという恐れを抱くことなく、また、その他の関係者（修復的司法の実践者も含めて）に抑圧されることもなく、自由に気持ちを伝えることができるような安全な環境を作ることだ。修復的司法がヘイトクライムの被害を修復するか、悪質な偏見を打破できるかどうかは、第四、第五、第六、第七、第八の各章で詳細に検討する。その前に、ヘイトを動機とする加害行為が被害者らおよびマイノリティ・コミュニティにもたらす影響を詳しく見ておこう。それを行なってようやく、ヘイトクライムによる被害を修復するだけの機能が修復的司法に備わっているのかどうかを十分に理解することができるだろう。

1——違法行為あるいは「不正」は、被害をもたらすが、必ずしも犯罪となるわけではない行為を指す。第一章ではこれらを

「軽微」な事件として言及したが、反社会的な行為が含まれていることも多い。それらの行為だけを見た場合、特定の憎悪による加害行為には該当しない。

2――第八章では、修復的司法を通した改心の可能性にさらに力点を置いている。

3――とくに、被害者・加害者間の調停、FGC、癒しを目的とした集まり、修復目的の警告など。

4――いくつかの修復的実践（地域における調停など）で見ていくが、加害者が自らの犯罪行為を完全に認めることは決してない。一方、両当事者に反社会的行為の責任がある場合もある。

5――加害者が後悔の念を示せば、往々にして加害者と被害者が気持ちを通じ合わせる転回点となりうる。場合によっては、これが被害者および被害者家族のその後の赦しにつながることもある（Strang & Sherman 2003: 22; Harris et al. 2004）。ストラングとシャーマンは、謝罪があれば被害者が癒されうるとし、被害者らが完全に回復するには赦せることが必要だと主張する（Strang & Sherman 2003: 28）。

6――英国最初のVOMプログラムは一九八五年にコベントリーとリーズで行なわれた。

7――FGCは、修復的司法の実践要素であると認識されるものすべてを含んでいるため、（その他の「部分的修復的」と対比して）「完全修復的」と説明される（上記参照）（McCold 2000）。

8――その犯罪が、施設内処遇が相当であるとするほど重大ではないか、裁判所が免責としない場合。

9――たとえば、謝罪の手紙、被害者のために行なった労働、賠償などだ。政府は、二〇一三年刑事司法法にその他の修復的手段をいくつか取り入れた。同法第二二項は条件付き警告についてで、警官が「（一八歳以上の加害者が）その加害行為に対する賠償を行なうことを確保する」という警告に条件を課すことができるようにした（s 22 (3) (b)）。同法第一四二項は、サブセクション(e)で量刑に新たな目的を取り入れ、修復的司法の活用を刑事司法制度に含めた。サブセクション(e)とは、「加害者は、自らの加害行為によって被害を被った人びとに対し償いをする」というものである。

10――二〇〇八年から二〇〇九年にかけて、未成年による「軽微」な加害行為および反社会的行為に対する処遇手段として、青少年修復的処遇プログラムが英国全国八カ所の警察署で試験的に実施された。その他の修復的司法対応は、被害者との連絡調整官主導のもと、保護観察所が行なう。だが、政府予算の削減により、この取り組みは近年限定的になっている。

11――最近では、いじめや生徒同士のもめごとの解決手段として、修復的アプローチが学校現場でも活用されている（Morrison 2007）。

12――本書では、経験的な取り組みの中心としてそうした団体を取り上げている。第六章参照。

13――これらの文書に法的拘束力はないが、参加者が合意を守らなかった場合には拘束力を持つこともある。たとえば住宅局職員が調停会合に関わっている場合、合意を守らなければ、違反した参加者の住宅借用契約が破棄されることもある（第六章参照）。

14――地域調停では直接の謝罪あるいは物損の賠償につながることはほとんどないが、会合中、参加者が握手する、笑顔を見せるといったジェスチャーで表すことはある。これらは謝罪の気持ちがあることの表れだ（第五章参照）。

15――たとえば、ホイルら（Hoyle et al. 2002）は、修復的注意喚起プログラムに参加する被害者は一四％のみだとし、クロウフォードとニューバーンは紹介先の委員会に参加しているのは一三％にすぎないとしている。

16――再統合的恥づけ実験（The Reintegrative Shaming Experiment in Canberra）。

17――これはもちろん「説明をしたうえで同意してもらう」という考え方に影響を及ぼす。

18――司法省の刑事司法制度における修復的司法行動計画（Restorative Justice Action Plan for the Criminal Justice System 2012）では、刑事司法制度のあらゆる段階において修復的司法を推進するという決意を明言している。

19――一方、マクスウェルらの研究によると、決定プロセスに関わったと感じる被害者は半分にすぎないという（Maxwell et al. 2004）。

20――これから見ていくが、修復的司法のこの側面はヘイトクライムに関しては複雑である。ヘイトクライムでは、被害者は自分たちがどういう人間であるかが標的とされる理由であることに気がつくからだ（第三章）。

21――心からの謝罪を受ければ、被害者が赦すこともある。赦しは修復的司法の目的ではないが、被害者にとって癒しの効果となることがある（Strang et al. 2006; Holter et al. 2007も参照）。とくに、赦すことによって怒りと腹立ちが収まり、被害者はその犯罪に関わる否定的な考えから解放されるため、その後不安と失望が軽くなることが示されている（Holter et al. 2007: 313; Enright & North 1998 も参照）。

22——なぜ有効でないのかを示す事例もある。

23——「相当に多く」がどの程度なのかについてはさらに議論する必要がある。どのような形態の償いが研究されているのかによって大きく異なるだろう。被害者の過半数がなんらかの償い（感情的なものであれ、物質的なものであれ）を得ていれば、被害者の多数が回復したといえるのかもしれない。恐怖感を軽減することについては、有意な数のマイノリティが「多数」となるとしてよい。たとえば、その他の従来の司法で実現される償いの程度はさらに低い。

24——「有意な数」がどの程度なのかについてもさらに議論する必要がある。もし被害者のごく一部が修復的過程は有害だとした場合、修復的司法の活用を制限するほど十分な数とまではいえないだろう。

第三章　ヘイトクライムが残す傷
――構造的不利益から個人のアイデンティティまで

はじめに

　ヘイトクライムは個人の幸福と地域の福祉の両方に広範囲にわたる影響を及ぼす。直に被害を受ける人びとはとくに、心理的に圧迫され、行動が制約され、金銭的、物理的な被害も受けやすい（Garnets et al. 1992）。だが、ヘイトクライムは、ある集団に属する人びとは歓迎されず、社会的に尊重される価値がないという、集団全体に向けた象徴的なメッセージを発する（Weinstein 1992; Ahn Lim 2009; Perry & Alvi 2012）。そのような事象がもたらす悪影響は即座に「拡散」し、アイデンティティ集団相互に大きな恐怖と不信感を抱かせる（Noelle 2002）。こうした不当に差別的な効果が、最終的に地元地域の社会構成を分断し、多文化社会の一体性を損なうことは避けられない（Noelle 2002）。

　本章では、現在このテーマに関して刊行されている文献と本書のために照合した実証研究の結果を検証し、ヘイトクライムが残す傷（以降、「ヘイト被害」）を明らかにする。理論研究および実証研究の両方で、ヘイトクライムの被害者が強い恐怖を抱き、自らの身の安全が脅かされていることを示している。研究からは憎悪を動機としない事件の被害者と比べて、ヘイトクライムの被害者がより大きな不安と抑鬱症状を示すことが知られている（Herek et al. 1997, 1999, 2002; McDevitt et al. 2001; Smith et al. 2012; Home Office et al. 2013）。ヘイトクライムの被害者が抱える感情的なトラウマはそのアイデンティティに深く刻み込まれている（Herek et al. 1997）。つまり、事件はその人の「自分」という核心部分を直撃し、その人が何者であるかという人間としての本質部分を傷つけるのだ。

だが、ヘイト事象が惹き起こす感情的なトラウマを十分理解するためには、事件が起きた社会文化的・社会経済的背景を検証することも必要である（Perry 2001; Ray et al. 2004; 第一章参照）。このため本章では、すでに第一章で概観した、他者化（othering）の過程によってヘイト事象の被害者となる個々の経験に必ず含まれる要素である社会経済的不平等（Perry 2001）がどのように生み出されていくのかを再検証する。「差異がある」とみなされた人びとの多くが置かれる構造的に不利な立場を検証し、ヘイトクライムの被害者が経験するであろう社会的被害の全体像をより深く理解する。このようなプロセス・ベースの分析により、憎悪に基づく行為がどのようにして偏見と差別の連続体の一部を構成し、被害者の生活のあらゆる側面に入り込むのかを明らかにする。

被害者化の過程としての「ヘイトクライム」についての理解が深まると、「憎悪による被害」の全体像が見えてくる（第一章）。これによって、被害者個人だけでなくマイノリティ・コミュニティにおいても、ヘイトクライムの影響が蓄積されていく様子がわかる。また、偏見を原因とする個々の事象だけでなく、憎悪が構造化されていく過程にも対応するべく刑事司法上の措置（その他、地域での取り組み）にもっと注目する必要があることも強調される。こうした分析は本書の研究にとってきわめて重要である。本章では、修復的司法がヘイトクライムの被害を修復しうるか否かの基礎となる重要な理論的かつ実証的根拠を示すこととなるだろう（第四章、第五章、第六章も参照）。

第一節　構造的な不平等――憎悪による被害の始まり

「差異化」をめぐるバーバラ・ペリーの取り組みは、ヘイトクライムに関する文献で大きな反響を呼んだ。「差異」の概念と「他者化（othering）」の過程はヘイトクライムが起きる理由を説明する際にしばしば用いられる（第一章）。本章では、ヘイトクライムが起きる理由ではなく、ヘイトクライムがマイノリティ集団にもたらす潜在的な影響を検討するためにペリーの理論を引く。「差異化」の概略は、ヘイトクライムが他の類型の犯罪「以上に傷つける」のがなぜかを理解する際に役に立つ（Iganski 2001）。社会的階層も、その結果として分配される富と資源も、彼女が「差異の支配力」と呼ぶものによって決まる（Perry 2001: Ch 4）。マイノリティ集団に対する抑圧は、彼らに恐怖感を抱くことから始まる（Walters 2011）。ヘゲモニー的な基準から離れたアイデンティティと文化的特徴を示す人びとは、支配的な文化に脅威を突きつけるものとみなされるからだ。脅威を突きつける存在となると、なんらかのアイデンティティを持つ集団は社会の中でより目につきやすくなる（Perry 2001）。支配的集団に属する市民の大半は、異なる文化的伝統、慣習、生活様式を自分たちの礼節をないがしろにするものだと受け止める。文化的規範に対する脅威や社会の基盤に対する権力と支配を失うかもしれないという恐れを感じると、一人ひとりが持つ存在論的な安定感が失われる（Ray & Smith 2002）。これに対抗するために、支配的な集団に属する個々人は「他者」の社会的流動性を抑制する仕組みを作り上げ、自分たちが確立した社会文化的規範を侵害させないようにするのである（Perry 2001: Spalek 2008 も参照）。

「差異」が大きくなるにつれ、支配的集団はさまざまな形態の暴力的・非暴力的抑圧を強める。憎悪による暴力も含まれる（Levin & McDevitt 2002）。よりあいまいな形で、同じくらいの衝撃を与えるのは、特定のマイノリティ集団に否定的なラベルを貼ることだ。そうしたラベルは、ある特徴を示す集団全体に及び（ステレオタイプ化）、その集団全体に対して烙印が押される（他者化）（Hall 2013: 85-86）。ラベルが悪意に満ち、あるアイデンティティを持つ集団全体を非道徳的あるいは異常なものとして異端視することにつながる場合もある。また、ある集団には尊敬すべき市民としての存在価値があり、仕事につく、国家資源を利用するといった「権利」があるという考えを生じさせる場合もある（Levin & McDevitt 2002）。既成概念の中には無邪気で無害なように見えるものもある。だが、おかしな黒人あるいはゲイといったジョークは偏見を煽るものだ（Levin 2002）。これは通常考えられる以上に有害となりうる。社会のある集団にラベルを貼ることで、支配的な集団は実は、マイノリティに属する個々人の人間性を奪い始めるのだ。時間が経つにつれて、偏見がはびこっていき、修正することは難しくなる（Craig 2002; Levin & McDevitt 2002）。

他者化の過程を経て、偏見の文化が登場し、地域全体に浸透していく（Sibbitt 1997）。地域住民の中には、個人的なものであれ、メディアを通してのものであれ、情報のやりとりを通じて「他者」への敵意を持ち続ける人びともいる（Craig 2002）。必然的に「他者化」された人びとは社会の中で従属を強いられ、周縁に置かれることになる（Perry 2001）。民間組織および公的組織における差別的慣習（偏見に満ちた行為）は慣行となる（たとえば、Macpherson 1999 参照）。これらの慣行こそが「他者」を社会において不平等な立場に押しやるのだ。[1]

「差異がある」ことによる社会的被害――同性愛嫌悪と移民に対する反感

ペリーは「差異の支配力」を示す一つの形態としてヘイトクライムを捉えるが、これは、ある地域住民にあらゆる陰湿な方法で影響を及ぼすという、憎悪がもたらす被害の構造的な側面を理解する際に役立つ。あるアイデンティティを持つ集団を従属的立場に置くことによって、経済的、個人的、あるいは金銭的な不平等を含めたさまざまな「社会的な被害」がもたらされる（一般的概要としてはHillyard et al. 2004; 性的指向に関してはBibbings 2004を参照）。たとえば、主流の文化を通して構築された支配的な基準が、一人ひとりのマイノリティにその当人の「自己」（本質主義）あるいは文化的な生活様式とは相容れないような慣習と行動基準を押しつけ、間接的な被害を生み出してきた。こうして、人種的、民族的、宗教的あるいは性的な一般規範にそぐわない個人は支配下に置かれがちで、早ばやと主流の文化活動から疎外される（Perry 2001）。たとえば、支配的な性的規範から外れる人びとには、逸脱しており、異性愛を正常とする規範を脅かす人びとというレッテルが貼られてしまう（Bibbings 2004）。異性愛を正常とする社会構築は、性的活動や性的指向だけに関わる話ではなく、「存在のあり方」にも関わる（Bibbing 2004）。異性愛の存在論とは、男性らしい男性と女性らしい女性が一人ずついるはずだとするもので、異形的であり階級的でもある。優位なのは男性であり、「他者」を判別する基準となる（ヘゲモニー的男性性）。女性は二番手であり、受け身で従順な存在である。この構図に当てはまらないセクシュアリティは異性愛規範という良識に刃向かうものであり、それゆえに反感を買うのである（Bibbings 2004）。反感は、「他者」に対する恐れから発生するものであり、この恐れは偏見や憎悪に変わる。偏見は、公共の場から積極的に同性愛者を排除する、また当然のことながら、ヘイトクライムを行なうことによって排除するなどの差別行為として表れる（Perry 2001; Tomsen 2009も参照）。

英国やその他多くの国で、これまでも（現在も）同性愛行為が犯罪とされてきた。同性間の性的接触を犯罪とすることは、ゲイ男性は「異常」であるとして違法とされ、異性愛規範に反して性行為を行なったとして罰せられる（総論はTomsen 2009参照）[2]。回りまわって、異性愛を正常であるとし、差異を抑圧する結果、同化を強いる圧力が生じる。このために、同性愛者の男性および女性の多くは、ふるまい方、服装、話し方までをも改め、周りから「異性愛者」とみなされるようにするのである（Moran et al. 2004b; Dick 2008）。宗教的な背景はさまざまだが、同性愛者は独身を強いられ、道徳的な生活様式を続けさせられることが多かった（Johnson et al. 2007; たとえば『ザ・タイムズ』二〇〇五年五月二九日、'Church to let gay clergy "marry" but they must stay celibate' 参照）。その結果、性的衝動を抑え、「不自然」だとみなされたものから距離をおいたのである。それ以上に厄介だったのは、「教育や医療、宗教、メディア、家族などの制度に埋め込まれた同性愛嫌悪、性転換者嫌悪、異性愛主義などの慣行が差別的」であったため、若いゲイ男性の自殺率が異常なほど高かったことだ（Johnson et al. 2007: 57; Chakraborti & Garland 2009: Ch 4; Tomsen 2009 も参照）。

「差異がある」がために社会的被害を受けるのはゲイだけではない。移民や庇護希求者もさまざまな構造的な弊害にさらされることがある。移民を社会に統合しようとする同化と文化変容の過程は、そうした人びとを不利な立場に追いやりかねない難しさを伴っていることがある。カナダに移住した若い女性たちを調査したヤスミン・ジワニは、彼女たちが新しい文化に溶け込む際にはさまざまな問題に突き当たると強調する（Jiwani 2005）。彼女は、移民たちが教育制度を利用しようとすると制限されることが多く、とくに英語を第二言語として話す人びとがそうした目にあうと指摘する。また、住宅や技能が求められる仕事を見つける際にも苦労する。移民たちが、受け入れ国の有能な市民たちと資格や職歴で張り合うことは難しいからだ。

移民たちが社会になじみ、すでに確立されているさまざまな慣習や規範を受け入れるのはプレッシャーがあるからでもある。ジワニは、「地方で生活する移民や難民たちが……経験する孤独や排除は、彼らには文化的背景を同じくする仲間がいないという事実も相まって、いっそう強くなる」（Jiwani 2005: 866; Garland & Chakraborti 2006 も参照）。なじまなければというプレッシャーは、同化しようとするあまりにその個人が持つ文化的および自己認識に関する伝統を否定してしまうために、有害となりうる。ジワニは、他者化の過程による「自己」否定は究極の暴力だと指摘する（Jiwani 2005）。したがって、移民であれ、ゲイであれ、黒人、ムスリムであれ、ヘゲモニー的規範から「差異がある」とみなされるという事実は、彼らが社会の中で周縁化されやすくなるということを意味する。

被害の合法化――イスラム嫌悪の事例

支配的な規範は、あるアイデンティティを持つ集団を周縁化するように間接的に機能するが、それによってもたらされる偏見と社会的な被害が、国家が率先して行なう施策や方針に盛り込まれることも多い（McGhee 2008）。とくに、合法化されると、社会に存在するある特定の集団に直接的にも間接的にも影響を及ぼす。その一例は、二〇〇一年の同時多発攻撃後のテロリズムに対する反応と、世界中で右派が主導した反テロリスト法制定の動きだ。表向きは、この法律によってテロリズムを未然に防ぐことが目的だったが、イスラム・コミュニティに属する人びとを標的とするために過剰に利用されることとなった。マイノリティ・コミュニティをターゲットとし、これが繰り返し報道された結果、米国では九・一一後、英国では七月七日以降、反イスラム感情が煽られた（Fekete 2009; Chakraborti & Zempi 2013）。

テロ活動について報道され、右派のプロパガンダやイスラムと移民についての政治的な議論も加わって、イスラムの特徴がある人びとに対しては恐怖と敵意が持たれるようになった。イスラムの特徴としては、人種的な特徴だけではなく、ブルカやターバンなど服装に関する宗教上の決まりもあった。イスラムの特徴を持つ人びとは西洋文化に対してだけではなく、国家の安全と治安に対しても脅威だとみなされた（McGhee 2008）。多くの人びとにとって、イスラムは原理主義であり、テロリズムと同義だった。一部のフェミニスト運動もブルカの着用禁止を求める運動を繰り広げたために、信仰に基づく慣習を抑圧したとして非難されたほどだ（Fekete 2009）。

フェミニスト活動家らはイスラム社会における女性の待遇は女性の権利をないがしろにするもので、ジェンダーに対する暴力に匹敵するほどの抑圧だと主張した（Fekete 2009; Chakraborti & Zempi 2013）。実際、女性の権利を擁護するための反対運動の一つとして、ニカブやブルカの着用を一律に禁止した国もある。たとえば、フランスでは、公共の場や、学校や病院といった公的組織においては、宗教上の理由による衣装の着用を明確に禁止した。これは、慣習であったり、宗教上の理由からスカーフを頭に巻いたり、その他の衣装を身につけたりするイスラム教徒の女性に大きな影響を及ぼした。イスラム的な衣装に対する反感が強くなったり、一部の法域ではそうした衣装を禁止する法律が制定されたりしたために、イスラム的な慣習を社会的に非難することが容認され、反宗教的なヘイト事象は仕方ないことだとして受け入れられていった（Fekete 2009; McGhee 2008）[3]。

組織的な差別――人種差別の例

これまで見てきたように、構造的不利益とそれがもたらす社会的被害は民間および国家組織の両方を通して表面化する。これらの組織は慣習や施行する政策などを通してある特定の個々人を制度的に差別する（Macpherson 1999; Phillips & Bowling 2007）。刑事司法を踏まえた研究から、国家組織によって特定のマイノリティ集団が不公平な扱いや不平等な扱いを受けていることがわかっている。たとえば、ロンドン警視庁によるスティーブン・ローレンス殺害事件を警察が捜査しなかったことについての報告書の中で、ウィリアム・マクファーソン卿は黒人および民族的マイノリティが不当な扱いを受けていることを示す重要な指標として、「人種的なステレオタイプ化」をあげている（Macpherson 1999）。彼は、警察がローレンスの両親に対し、配慮のない無礼な対応をした事実を指摘している。ローレンスの両親は、捜査中に「尊大な態度を見せられ、はぐらかされ」てばかりだった。遺族らは始終、警察が自分たちに不信感を抱いていることが気になると発言していた。遺族らがアジア系の弁護士の入れ知恵で、警察を人種差別的に見せようと画策したと非難されてからは、とくにそうだった（Macpherson 1999）。報告書では、警察が黒人および民族的マイノリティに属する個々人に行きすぎた職務質問をしたことはロンドン警視庁における「組織的な人種主義」の証拠だと強調している（Bridges 1999; Macpherson 1999）。

逮捕率、判決の軽重、とくに身柄拘束といった刑事司法手続に及ぶ、直接的あるいは間接的な人種差別の影響についての研究はその他にもたくさんある（Hood 1992; Kalunta-Crumpton 1998; Bowling & Philips 2002; Lyons et al. 2013）。黒人および民族的マイノリティの人びとは、拘束されている間、裸にされて所持品検査を受ける割合が非常に高いことを示す研究もある（Newburn et al. 2004）。一方、間接差別があると、再拘禁される割合とその次に受ける判決手続の実施にも大きく影響する（Hood 1992; Spohn & Holleran, 2000; Bowling & Phillips 2002）。たとえば、拘禁された黒人および民族的マイノリティの被疑者が有罪判決を受けた場合、拘置を命じられる可能性が高くなる（Bowling & Phillips 2002）。保釈が認められないもっとも一般的な基準は住まいがないか「住所不定」だ。アフリカ系カリブ地域の出身者やブラック・アメリカンの子孫などは、社会経済的な状況のせいでこの基準に該当する場合が多く、黒人および民族的マイノリティのコミュニティにとっては不利に働く（Home Office 2005a; 2005b）。

このように、一部のマイノリティ・コミュニティに対する不平等は、無意識に持ってしまっている偏見や無知、人種的なステレオタイプ化と社会経済的状況における不平等との相互作用の結果であることが研究からわかっている。これは刑事司法制度において簡易かついくぶん表面的に差別を検証したものにすぎず、刑事司法制度全体がマイノリティ集団に偏見を抱いているという証拠にはならないが、刑事司法過程の多くに差別的な側面が多く存在することがわかる。さらに、刑事司法制度における差別の検証から、マイノリティに属するすべての個人が国家組織から不平等に扱われているわけではないということができる。実際、マイノリティに属する個々人の多くは中流階級である。これは二一世紀の実力社会と平等法のおかげであり、より大きな富を手に入れ、それによってより大きな社会経済的権力を持つに至っているのである。しかし、そうした個々人が一般的だというわけではなく、いまだに例外的存在にすぎず、多くの人びとは社会構造的な要因のせいで周縁化されたままなのである（O'Brien 2000; Home Office 2005b）。とくに、黒人および民族的マイノリティのコミュニティの失業率は、資格や年齢、ジェンダー、地域に関係なく、白人コミュニティの同様な立場の人びとよりも依然としてはるかに多い（Home Office 2005a; 2005b; Ball 2012）。黒人および民族的マイノリティ・コミュニティの平均収入は低く、貧困区域、荒れた住宅に住む傾向がある（O'Brien 2000; Home Office 2005a, 2005b; Kenway & Palmer 2007）。そうした集団は評判のよい学校から不当に排除され、利用できるその他の社会資源も一部に限られる（Bruce et al. 1998; O'Brien 2000; Home Office 2005a, 2005b; Fuller & Davey 2010）。その結果、マイノリティ・コミュニティに属する個々人の多くを「まっとうな」社会の外縁に押しやることになる。[4] たとえばタヒール・アッバスは、イスラム教徒も「貧困区域にある住宅に大勢で住む。そこは切り離され、荒廃する一方のスラム地区で、学業成績は悪く、失業率が高い。卒業しても就職率は低く、健康状態もよくない」と述べる（Abbas 2007: 10）。内務省の「多様性の強み」（*Strength in Diversity*）討議戦略も同様に、「構造的不平等と差別という遺産によって、集団全体が事実上取り残されるという影響が出ており、青年層はすべての人が享受できるはずのチャンスを手にすることができず、その結果として、主流社会からいっそう排除される結果となっている」とする。

民族的マイノリティの多くが突き当たる社会経済的、社会構造的な不利益のせいで、彼らが社会的に著しく弱い立場に追いやられることは間違いない。一人ひとりが直面する社会経済的不利益とさまざまな形態の差別という現実の経験には、ヘイトクライムの被害者になるという直接的な差別が必ず含まれる。警察や裁判所、また多くの場合は住宅供給機構もだが、そうした公的組織を巻き込むことが犯罪被害者の支援には欠かせない（Victim

Support 2006)。雇用主や同僚の支援も、被害者が自分の身の上に起きたことを受け入れるためには有益だ。マクファーソン以降、ヘイト事象への対応を改善するべく新たな刑事司法政策が多々採用されたが(Macpherson 1999)(Hall 2013: Ch 2参照)、被害者の多くは、国家組織はヘイトクライム防止のための対策をほとんど講じていない、あるいは有効に対応していないと考えている(Victim Support 2006; Dunn 2009; 第六章も参照)。国家機関によって状況が悪化する場合もあると感じる人びともいる(たとえばDick 2008参照。第六章も参照)。

もちろん、ここに描いた差別や構造的な不利益の全体像が不変というわけではない。平等法の改定、ある集団に対する姿勢の柔軟化、マイノリティ・コミュニティが全体的に豊かになるといったすべてが、社会の中でそうした集団が果たす役割に影響を及ぼす。ここではマイノリティの抑圧におけるさまざまな過程について論じたが、いうまでもなく、ヘイトクライムの被害者は、社会経済的、社会文化的に恵まれた階層の人びと以上にはるかに大きな社会的被害を受ける傾向がある。したがって、ヘイト事象が発生する理由を理解するには、ヘイト行為が起きる社会構造的背景を広く理解することが欠かせない。ヘイトクライムがもたらす被害を検証する際は、この「社会的被害」という視点を考慮することが重要だ(より一般的な議論としてはHillyard et al. 2004参照)。まずは、マイノリティ集団が偏見および組織的な直接的・間接的差別にいかに影響されるかを考慮すれば、ヘイト事象が被害者をどれほど傷つけるかをより深く理解することができる。またこの視点は、ヘイト事象の被害者がその経験にどれだけ対応できるかを理解する一助ともなる。第二節ではこのアプローチに基づき、ヘイトクライムの直接的な影響を検証する。

第二節　ヘイトクライム被害の直接的な影響

被害を受けるということは、個人やコミュニティのその他の住民にもさまざまな影響が及びうるということだ。一般的に、被害者は恐怖、不安、怒り、身の危険、悪夢、財産の喪失、稼ぎ手の喪失、社会的絆の弱まりといったことを経験する（Garnets et al. 1992; Spalek 2006）。デニス・サリバンとラリー・ティフトは、これらの被害を「社会政治的経験」と呼び、被害者の生活だけでなく、その家族や、ときには巻き込まれたコミュニティの住民にも影響が及ぶとする（Sullivan & Tifft 2008b）。犯罪を経験し、被害者となったことによってもたらされる感情的トラウマはさまざまな原因が関係する。第一は、被害者個人が身の安全を感じられなくなることだ。サリバンとティフトは、これを信念や価値観、「自己」を形成するその人の概念の崩壊だとした（Sullivan & Tifft 2008b: 208）。世界における自分の居場所という被害者の認識が揺らぐということだ。不安定になったと感じる環境に置かれると、自分以外の人びとが突然、悪意があり、信頼できない人びとのように思えてくる（Garnet et al. 1992; Kauffman 2008）。ハワード・ゼアはこう説明する（Zehr 1990: 24）。

犯罪とは……自己を侵害することだ。自分が何者であるか、何を信じているか、私的な空間などを踏みにじることだ。犯罪が破壊的なのは、私たちが生活の基礎とする二つの根本的な前提を覆すからだ。それは、世界は秩序に基づき、意味のある場所だという信念と、一人ひとりの自律である。どちらの前提も自分が自分らしくあるために不可欠なのだ。

犯罪やその他の標的を定めたような反社会的行動は、被害者が取るに足らない存在であり、尊重に値しないというメッセージを被害者に伝える（Harris et al. 2004）。この暴力に立ち向かおうとする際、被害者らは自問することになる。「なぜ私がこのような目にあったのか?」（Garnets et al. 1992）。多くの場合、一人ひとりは自分を責め、そのように踏みにじられることを「受容してしまう」。そして、自己非難は恥や困惑といった感情につながる（Garnets et al. 1992）。

被害者となって感情的に傷つけられると、そのショックは短期間で収まることも、長引くこともある（Garnets et al. 1992; Kaufman 2008）。モートン・バードとドーン・サングレイは、被害者となった直接的な結果として被る感情的なトラウマには三段階あるとする（Bard & Sangrey 1979 は Garnets et al. 1992 に引用されている）。第一段階は「衝撃段階（impact phase）」で、被害者が自分は弱者であると感じ、混乱し始めるときだ。この初期段階においては、被害者らは、ごく簡単な決断を下すにも誰かに頼ってしまうことがある。自分たちは無防備だと感じ、衝撃のあまり不信感にさいなまれる。第二段階は「反動段階（recoil phase）」で、第一段階に続いて起きる。この段階の特徴は、気分の変化や恐れ、怒り、フラストレーション、拒絶、罪悪感、自己非難、恥、見下された感じ、悲しみ、復讐、八つ当たりなどだ（さらに Sharpe 2007; Kaufman 2008: 217 を参照）。第三段階は「復活段階（reorganizing phase）」で、被害者らは自分たちの経験に対処でき、より大きな視点で捉えるようになる。この段階に至ると、被害者らは安心感を新たにし、前向きな生活を送るようになる。

大半の被害者は時間の経過と家族や友人のサポートのおかげで、これらの段階をうまく乗り越える。これらすべての感情を経験する人もいるが、一部しか経験しない人もいる。それぞれの段階を異なるタイミングで経験する場合もあるし、異なる順番の場合もある（Garnets et al. 1992 が Bard and Sangrey 1979 を引用している）。事件を何度も思い出し、長期間にわたって心的外傷後ストレス障害（ＰＴＳＤ）や鬱病に悩む人もいる（Kaufman 2008）。

年齢やジェンダー、社会階層、人生経験、人格などの個人的な特性によって被害者の経験は異なる（Daly 2002a）。頻繁に被害を受けると、その反応にも影響する。たとえば、日常的に被害を受ける人の反応と、初めて被害を受けた人の反応は異なりうる。同様に、男性の被害者と女性の被害者では暴力犯罪の受け止め方が異なりうるし、若年者よりも高齢者の方が被害から立ち直るのが難しい場合もあるだろう。こうした違いを無視することはできない。被害者の感情的トラウマを癒すのに確実で即効性のある方法など存在しないのだ。とはいえ、被害者が犯罪に対して通常は異なる反応をしても、ある種の被害に共通点があることとは矛盾しない。実際、被害に共通点を見出せばなんらかの重要な情報を得ることができ、そこから、異なる類の被害を軽減する方法を探ることもできる。

ヘイト被害の共通点——アイデンティティの攻撃

ヘイトクライムはすべて——過激主義者集団による容赦ない人種差別的な攻撃であれ、近所の住民による同性愛者を嫌悪するとっさに出た侮蔑的な発言であれ——被害者のアイデンティティに対する攻撃である。どちらの場合も、被害者と、被害者と同じような特性のある人びとは、自分たちの外見、考え方、恋愛対象が理由となって標的にされることを理解している。これは、憎悪の類型が異なれば、それがもたらす影響も微妙に異なることを否定しない[5]。だが、標的となる被害者のアイデンティティこそが攻撃理由であることを認識するというその事実こそが、ほとんどの事件が被害者に同様の独特な問題を突きつける（Garnets et al. 1992）。すべてのヘイトクライムに共通するこの点は、事件の深刻度や被害者集団のタイプに関わりなく一貫している。

何よりまず、アイデンティティが攻撃されると、その当人は、自分は攻撃されやすいという思いを強くするという事実がある（Garnets et al. 1992; Herek et al. 1997）。攻撃されやすいという点には、危害行為を構成する二つの要素が関わる。第一は、特定の集団や個人に突きつけられる被害者化されるリスクで、第二は被害者化された直接の結果として被る被害の程度だ（Green 2007）。第一の点では、ヘイトクライムの被害者が特定のアイデンティティを持つ集団に属するために危険にさらされることから、被害を受けるリスクはより強くなる（Herek & Berrill 1992; Herek et al. 1997, 1999）。被害を受ける恐れが大きくなると感じるのは、ヘイトクライムが毎年のように多数かつ繰り返し起きるものであることも一因となっている（Smith et al. 2012 参照）。第一章で見たように、あまりにひどいヘイトクライムの被害を受けるということだけでなく、被害者は長期間にわたって標的とされる（Bowling 1998; Garland & Chakraborti 2006; Smith et al. 2012）。つまり、標的とされる集団は被害を受ける大きなリスクに立ち向かわねばならないだけでなく、繰り返し、ときには毎日のように起きる嫌がらせに対応しなければならないということだ（Smith et al. 2012; Iganski 2008）。

被害経験に対処しようとする被害者は、世界は公正で公平な場所だと思おうとする（Garnets et al. 1992）。自分は安全だと考えようとするために、ヘイトクライム以外の犯罪被害者は、加害者の行為は自分のせいで起きたものではないと思い込もうとする。その場に居合わせたのが運の尽きと考えようとするかもしれない。だが、ヘイトクライムの場合、被害者はそのような考え方で犯罪を受け止めることはできない。事件についてまわるメッセージからは、彼らが彼らであるからこそ、ピンポイントで標的とされたことが明らかに読み取れるからだ。すなわち、ヘイト事象は、他の類型の被害者であれば必ずしも経験しないような抑圧や迫害があるからこそ影響をもたらすのである。

ヘイト事象の経験を受け止めるために、自分が被害を受けたことを責め、「差異がある」ことの報いを受けても仕方がないと感じる被害者もいる。偏見が内在化され、少なからず恥を感じるようになる（Herek 2004; Noelle 2009）。被害者は自分たちのアイデンティティこそが被害を受ける原因だということを意識する（Ahn Lim 2009）。

たとえば、同性愛者に敵対的な環境にいる、両親が同性愛を認めないといった環境で自分が同性愛者であることを受け入れなければならない当事者は、異性愛者の生活スタイルに合わせなければならないという精神的な負担を感じるだろう（Bibbings 2004; Noelle 2009）。そうした状況は、同性愛を嫌悪させ、同性愛者であるという自分は他人と比べるとまともではない、汚らわしい、非道徳的ですらあると感じさせることにつながる（Noelle 2002, 2009）。したがって、同性愛嫌悪のせいで被害を受けた人びとは、「性格的に自らを責める……再びその状況に置かれたら、別の対応をしようと感じる」ようになる（Noelle 2008: 86）。

ストーンウォールで起きた同性愛者に対するヘイトクライムをサム・ディックが調査したところ、回答者の一人は、その過程を「私の身振り手振りや相手に対する目つきが気に入らないから、彼らは私に嫌がらせをするのだと思うと、自分が恥ずかしくなった」と説明した（Dick 2008: 31）。人間としての自分の価値をこのように疑問に思うことは、最終的には当人の「自己」を脅かすことになる。ヘイト事象を経験し、内面化する結果、被害者は世界に「適合」するために自分自身の見せ方を変えようとする（本章後半「マイノリティ・コミュニティへのさらに大きな影響」参照）。

被害を受けるかもしれないという恐怖と内面化された偏見は最終的に、被害を受けたことによる孤独や不安、鬱といった感情を悪化させる（Garnets et al. 1992; Herek et al. 1997; McDevitt et al. 2001）。アイデンティティが攻撃されると、被害者は自らに起きたこととの折り合いをつけようとするため、結果として被害の受けやすさ（被害の程度）の第二の要素がより強くなる。被害の受けやすさという概念は、状況によっては逆効果をもたらすことはこの段階で指摘しておくべきだろう（Quarmby 2008: 33ff）。ある個人が生まれながらに「被害を受けやすい」と受け止められると、そうした当事者らは無能で幼稚だとみなされるようにもなり、自分を守る力もないと考えられてしまうことが懸念される。こうした人びとは他者から無力な子どものように扱われる（幼児化）ため、それ自体が一つの偏見となりうる（Roulstone et al. 2011）。そうした被害の受けやすさの概念は、危険な場所に出かけてはならないという「分別」を持つべきなのに危険を承知で出かけてしまったとして、憎悪による被害を受けた被害者が自分の不注意が一つの原因だと自責することにつながる。

一部の人びとを「被害を受けやすい」とラベリングすることは、ヘイト憎悪という動機と、被害を受けた状況的な理由の境界をあいまいにしうる（Quarmby 2008）。要は、とりわけ裁判という場がそうなのだが、加害者が、はたして被害者に対して持つ敵意（偏見）に動機づけられていたのか、あるいは被害者の社会的な脆弱性をかぎつけてそこに乗じているのか、という見極めが難しいということだ（Mason-Bish 2010: 70-1; Walters 2013b）。これはとくに障害者を被害者にしてしまう事件に関わる点だ。被害者の障害を嫌悪するという動機と、アイデンティティ（たとえば、被害者が攻撃されやすい人びとだと見られてしまっている、もしくは実際に被害を受けやすい人びとであること）ゆえの状況から生じた動機が同じなのかどうかは疑問である。

現在の英国の一連の法律における「敵意」という文言があるために、障害を持つ個人に対する嫌がらせ行為は、当該行為者が憎悪を抱いていたことを示す証拠だと裁判所が解釈する余地が生じる。加害者の行為が障害者に対する直接的な偏見によるものとするか、「差異がある」ことが被害者を生まれつき「被害を受けやすい」人びとであるとみなしているか（それ自体、身体障害者差別である）である（Chakraborti & Garland 2012）。英国の刑事司法機関は徐々にこのような考え方に変わってきているようだ。たとえば、英国公訴局は、被害の受けやすさと敵意は表裏一体の場合があると指導する（CPS 2010）。だが、警察やその他の刑事司法に関わる実践者は、被害の受けやすさと敵意との微妙な違い（類似点）を十分理解するに至っていない（Mason-Bish 2010: 70-1）。その一方で、ヘイトクライムの法律的定義と政策的な定義との違いはほとんど理解されていない（CJJI 2013; 第一章参照）。

ヘイトクライム事件における被害の受けやすさを解釈するのは複雑で、依然として重要な課題ではあるが、この概念そのものが逆効果だということにはならない。ニール・チャクラボルティとジョン・ガーランドは、被害の受けやすさには「ヘイトクライムの加害者の多くが、標的とする人びとを弱く無防備で無力な人びとである、あるいはある程度までしか抵抗できない人びととみなす側面があることを含んでいる」と主張する（Chakuraborti & Garland 2012: 9）。ゆえに、この概念は、ヘイトクライムがマイノリティ・コミュニティに及ぼす影響を説明するにあたって核となる。見てきたように、「差異の支配力」がヘイト事象の被害者を増やす可能性があるだけでなく、被害者の経験を悪化させもする。ヘイトクライムによる被害は差別および社会経済的な周縁化を土台としている。ゆえに、ヘイトクライムの被害者は二重の被害を受けることになる。一つは被害を直接受ける経験を通して、もう一つは社会構造的に周縁化されることを通してである。その結果、被害者は通常、被害に耐えようと苦しみ、「差異がある」ことが世界における自分たちの立ち位置にいかに影響するのかを受け入れるしかない。そうした差異が「自」意識を形成する。これは統一的なエンパワメントのレンズではなく、被害の受けやすさという社会的に作り上げられたレンズを通して得られる自己像ということになる（Chakraborti & Garland 2012）。

ヘイトクライムが感情面に及ぼす影響についての実証結果

ヘイトクライムの被害者が身体面、心理面、感情面で受ける悪影響[6]はいっそう強くなるようだという理屈の実証証拠を示す研究が増えている（Herek & Berrill 1992; Garofalo 1997; Herek et al. 1997, 1999, 2002; Levin 1999; McDevitt et al. 2001; Iganski 2008; Smith et al. 2012; Home Office et al. 2013）。二〇世紀にはさまざまな研究がヘイトクライムは感情面でトラウマとなりうる影響を及ぼすことを強調したが（Barnes & Ephross 1994）、ヘイトクライムによる影響がヘイト以外の事件と大きく違うかどうかを判断できるようになったのは、過去一〇年から一五年の間に比較群が用いられるようになってからだ（たとえば、Herek et al. 1999, 2002; McDevitt et al. 2001 を参照）。

郵便はがき

料金受取人払郵便

神田局
承認

8080

差出有効期間
2020年1月
31日まで

切手を貼らずに
お出し下さい。

101-8796

537

【受　取　人】

東京都千代田区外神田6-9-5

株式会社 **明石書店** 読者通信係 行

お買い上げ、ありがとうございました。
今後の出版物の参考といたしたく、ご記入、ご投函いただければ幸いに存じます。

ふりがな お名前	年齢	性別

ご住所 〒　　-

TEL　(　　)　　FAX　(　　)

メールアドレス	ご職業（または学校名）

＊図書目録のご希望 □ある □ない	＊ジャンル別などのご案内（不定期）のご希望 □ある：ジャンル（ □ない

書籍のタイトル

◆本書を何でお知りになりましたか？
□新聞・雑誌の広告…掲載紙誌名[ ]
□書評・紹介記事……掲載紙誌名[ ]
□店頭で □知人のすすめ □弊社からの案内 □弊社ホームページ
□ネット書店[ ] □その他[ ]

◆本書についてのご意見・ご感想
■定　価 □安い（満足） □ほどほど □高い（不満）
■カバーデザイン □良い □ふつう □悪い・ふさわしくない
■内　容 □良い □ふつう □期待はずれ
■その他お気づきの点、ご質問、ご感想など、ご自由にお書き下さい。

◆本書をお買い上げの書店
[市・区・町・村 書店 店]

◆今後どのような書籍をお望みですか？
今関心をお持ちのテーマ・人・ジャンル、また翻訳希望の本など、何でもお書き下さい。

◆ご購読紙 (1)朝日 (2)読売 (3)毎日 (4)日経 (5)その他[新聞]
◆定期ご購読の雑誌 [ ]

ご協力ありがとうございました。

ご意見などを弊社ホームページなどでご紹介させていただくことがあります。 □諾 □否

◆ご 注 文 書◆ このハガキで弊社刊行物をご注文いただけます。
□ご指定の書店でお受取り……下欄に書店名と所在地域、わかれば電話番号をご記入下さい。
□代金引換郵便にてお受取り…送料+手数料として300円かかります(表記ご住所宛のみ)。

名	冊
名	冊

指定の書店・支店名	書店の所在地域 都・道 府・県 市・区 町・村
	書店の電話番号 ( )

ポール・イガンスキは、二〇〇二年から二〇〇五年までに行なわれた三つの英国犯罪調査から得たデータを分析し、感情面に影響が強く出ることを示した（Iganski 2008）。彼は、人種を動機とする事件に巻き込まれた被害者のうち衝撃や恐れ、鬱、不安、パニック発作、自信喪失、弱さの実感、睡眠困難、号泣といった感情を報告した人が（憎悪を動機とするものではない事件と比較して）統計的に有意に大きかったことを示した（Iganski 2008: 12, 13, 82 and 83）。感情的な反応の中でもっとも大きく差が出たのは恐怖感情だった（Iganski 2008: 81; ヘイトクライムの被害者が強い恐怖を示したことは以下でも報告されている。Herek et al. 1997, 1999, 2002; Bowling 1998; McDevitt et al. 2001; Smith et al. 2012; Home Office et al. 2013）。イガンスキは、暴行、強盗、窃盗[7]、脅迫の被害者のうち、加害者には人種的な動機があったと被害者が考える場合、人種主義的な動機はなかったと考える被害者と比べて、「感情的な反応」が若干多かったことも報告している（Iganski 2008: 12）。たとえば、人種的な動機があって暴行[8]を受けたと考える被害者は、事件の九二・四％で感情的な反応を示している。これと比較すると、その暴行に人種的な動機はなかったと考える被害者で感情的な反応を示したのは八六・八％だった。この数字そのものではそれほど大きな差はないが、すべての犯罪で、加害者には人種的な動機があったと考える被害者の方が感情的な反応を示した割合が高かった（Iganski 2008: 12）[9]。より最近のイングランドおよびウェールズにおける犯罪調査のデータによると、ヘイトクライムの被害者は、事件のせいで感情面で影響を受けたと回答する傾向があるという。「非常に」影響があったと回答したのは、同調査の犯罪全体の被害者では一四％であるのに対して、ヘイトクライムの被害者では三四％であった（Home Office et al. 2013: 46; Smith et al. 2012: 22も参照）。この調査からは以下のような結果も得られている。

イングランドおよびウェールズにおける犯罪調査の犯罪全体（一六％）と比較して、ヘイトクライムの場合は二倍もの被害者（三九％）が、事件後は自信を失ったことに傷つき、自分は弱い立場に置かれていると感じるようになった。また、同調査の犯罪全体の被害者と比較して、ヘイトクライムの被害者では倍以上が恐怖や睡眠困難、不安、パニック発作を経験した。（Home Office et al. 2013: 46）

ヘイトクライムの被害者には心理的なトラウマを経験する傾向が見られるが、そのトラウマは、ヘイトクライム以外の被害者が経験するトラウマと比べて長期間続く。グレゴリー・ヘレックらは、同性愛嫌悪の暴力を受けた被害者は、初めてヘイトクライムを受けてから鬱、ストレス、怒りを感じるのだが、それは五年以上も続く（Herek et al. 1997）（Garofalo 1997; Herek et al. 1999, 2002も参照）。対照的に、ヘイトクライム以外の事件の被害者の場合、二年以内に大幅に回復する（Herek et al. 1997）。これらの結果を裏づけるために、マクデヴィットらは、ヘイトクライム以外の被害者と比べた場合、犯罪被害を受けた経験から立ち直るのに非常に苦労すると報告した被害者が三倍以上もいたことを示した（McDevitt et al. 2001）。

ヘイトクライムの被害者が経験する長期的な感情的トラウマは、今後も被害を受けるかもしれないと強く考えるようになることと関係があるようだ（Herek et al. 1997, 1999; Victim Support 2006も参照）。たとえばイガンスキは、ヘイトクライムの被害者では、将来に被害を受けることを「心配している」あるいは「とても心配している」と答えた割合が高かったことを示した（Iganski 2008: 83）。被害者となる恐れを示す事実として、ヘイトクライムの被害者の多くは、地元が安全だと思わなくなり、事件が起きた場所には二度と行かないことがあげられる（McDevitt et al. 2001: 710; Iganski 2008: 78-79）[10]。

サザーク、デヴォン、コーンウォールでの結果

本書が行なった調査結果と他の研究結果は一致している。研究に参加した被験者は比較的少なかったが（三八人）、彼らが苦しんだ心理的トラウマについては、質問を受けた人びとの間には明確なパターンが確認された。質問を受けた人びとはそれぞれ、事件が自分の感情にどのような影響を及ぼしたのかを説明するよう求められた[11]。次に彼らは感情的な悪影響の一覧を聞かせられ、事件の直接的な結果としてそれぞれを経験したかどうかを聞かれた（表3－1参照。感情的な悪影響一覧については別表A、質問17を参照）[12]。聞き取り調査を受けた被害者のほとんどは、事件の直接的な結果として、不安（三三人）と、再び被害者となるかもしれないという恐怖（三二人）を感じたと答えている[13]。とくに、攻撃や嫌がらせが繰り返されるかもしれないという恐怖を感じた被害者は、自分の身が危険だと心配するようになる（Victim Support 2006; Iganski 2008も参照）。聞き取りを受けた一人は、端的にこう述べている。「共用の出入り口にいるだけでも怖い。昨日、相手は大声で怒鳴りながら、私に唾を吐きかけてきた。今日は私にさわろうとするかもしれない。何かされたらどうすればいい？」。

被害者の平穏を侵害するものとして、その他の感情的なトラウマが記録されている。被害者は高い割合で、鬱（一七％）、自尊心の喪失（二一％）、自信喪失（一九％）をあげている。これらの感情は互いに関連しており、個人のアイデンティティが標的となった場合にダメージを与える影響があることがわかる（Herek et al. 1997, 1999; Garland & Chakraborti 2006も参照）。回答者の一人はこうコメントした。「ときどき気分が落ち込む」。別の回答者は、自分が経験した辛い体験のせいで「悲しく」なり「涙が出てくる」と答えた。被害経験を癒す方法として抗鬱剤を処方してもらったと述べる被害者も複数いた。

行動範囲およびふるまいに対する影響

繰り返し被害を受けるかもしれないという恐怖は、聞き取り調査を受けた人びとの行動範囲にも明確な影響を

表３－１　感情的な被害を受けた被害者数（申立被害者）
——修復的介入の類型別分類

感情面での被害	HCP*	デヴォン・コーンウォール **	オックスフォード ***	合計
	N=23	*N*=14	*N*=1	*N*=38（総数に占める割合）****
不安	19	13	1	33（87）
再び攻撃される／被害を受けるという恐怖	22	9	1	32（84）
怒り	17	13	1	31（82）
鬱	17	10	1	28（74）
自尊心の喪失	14	8	1	23（61）
不眠	11	8	1	20（53）
自信喪失	10	9	1	20（53）
悪夢	5	4	0	9（24）
自責の念	3	0	0	3（8）

*　サザーク調停センターのヘイトクライム・プロジェクト。インタビュー回答者合計 23 人。

**　デヴォン・コーンウォール警察の修復的対応。インタビュー回答者合計 14 人。

***　オックスフォード修復的カンファレンス。インタビュー回答者 1 人。

**** 割合の算出は比較のため。データを一般化して示すためではない。

注：インタビュー回答者に尋ねた質問は「その事件によって感情面での影響はありましたか？」である。別表 A、質問 16、17 参照。

表３－２　ヘイト事象によって社会に関わる行動が影響を受けた被害者数（申立被害者）——修復的介入の類型別

行動に対する影響	HCP*	デヴォン・コーンウォール **	オックスフォード ***	合計
	N=23	*N*=14	*N*=1	*N*=38（総数に占める割合）****
特定の場所に出かけなくなった	17	9	1	27（71）
発言や行動に気をつかうようになった	13	8	0	21（55）
見た目／ふるまい方を変えるようになった	5	6	1	12（32）

*　サザーク調停センターのヘイトクライム・プロジェクト。インタビュー回答者合計 23 人。

**　デヴォン・コーンウォール警察の修復的対応。インタビュー回答者合計 14 人。

***　オックスフォード修復的カンファレンス。インタビュー回答者 1 人。

**** 割合の算出は比較のため。データを一般化して示すためではない。

注：質問に用いた文言は別表 A、質問 18、19 参照。

及ぼしている（表3－2参照）。被害者らには、事件の結果、特定の場所に行かないようになったか、自分の言動により注意するようになったか、見た目を変えるようにしたか、近所に出かけるときはふるまい方を変えるようにしたかを聞いた（別表A、質問18、19参照）。聞き取り調査を受けた三八人のうち、二七人が被害を受けた直接の結果として特定の場所を避けていると回答した。多くの人が、街の特定の地域には行かないようになったとも言い、夜遅くに一人で出かけないようにしていると答えた人もいた。この結果は、ヘイトクライムの被害者が嫌がらせや暴力を避けるために特定の場所を避けることを示した他の研究結果と同じである（Gordon 1994; Garland & Chakraborti 2006; Iganski 2008）。たとえば、人種差別主義者の被害を受けた人びとはこう話している。「恐怖と常に隣り合わせで生活している……夜に出歩くのも怖い。夜に出かける場合は……襲われるのではないか……暴力を受けるのではないかと今も感じてしまう」。被害者が日々の行動を変えるのは、自分の身に事件が起きたことで不安を感じ、再び標的となるかもしれないという恐れに直結している可能性がある（Garland & Chakraborti 2006; Iganski 2008）。その他の人びとも、事件が繰り返されれば余計に感情が乱れ、どこに出かけるか、近所の誰に何を話すかについて自制するようになっていた。聞き取り調査を受けた一人は、近所の人びとの関心を引かないように家中の電気を消して閉じこもっていることがたびたびあると話し、事件には自制を強いるような本質があることを端的に語った。また、細心の注意を払って出かけるために食料品の買い出しは夜半に限っているとも言った（第四章のケーススタディ1参照。また、Garland & Chakraborti 2006: 14 も参照）。

身体的な害悪

研究結果から、憎悪を動機とする身体攻撃は憎悪を動機としないその他の攻撃と比べて激しくなり、入院に至る率が高いことがわかっている（Levin & McDevitt 1993: 11; Levin 1999; Messner et al. 2004; Dunbar 2006 も参照）。

事件報告制度のデータを用い、スティーブン・メスナーらは、ヘイトクライムの被害者は偏見を動機としない攻撃と比べ、重傷を負う率が三倍近いことを示している（Messner et al. 2004: 605）。ウェン・チェンらが近年の米国連邦調査局のデータを分析したところ、ゲイ男性を標的としたヘイトクライムは（財物に対してではなく）当人に対して行なわれる傾向があり、さらに過重暴行のように重大化するという（Wen Cheng 2013: 789; Dunbar 2006も参照）。

サザーク、デヴォン、コーンウォールで聞き取り調査を受けた人びと全員に「事件あるいはもめごとの結果としてなんらかの傷」を負ったかどうかが質問された。「はい」と答えた人びとにはさらに、どのような負傷だったのか、治療を要したかどうかが質問された（別表A、質問14参照）。回答者のうち七人は、なんらかの身体的な暴力を受けたと話した。これが法律上の犯罪に該当した事件は二件あり、一件は被害者が「突き飛ば」され、もう一件は顔を殴られたというものだった。それ以上に深刻な暴力としては、被害者である若者の頭部にレンガが投げつけられたというものがある。被害者は数針縫うほどの重傷を負った。同性愛嫌悪による嫌がらせ行為を受けた被害者は、床につき倒されてあごを負傷し、歯で上唇を切った。また、人種差別的な理由で重傷を負った被害者の若者は手首を骨折した。

長期間にわたって嫌がらせを受けているような被害者のほとんどは、その直接的な結果として身体の不調を訴える（Victim's Support's 2006も、ヘイトクライムの被害者は症状が悪化すると報告している）。たとえば、一〇年以上にわたって続いた事件の被害者はこう述べている。

髪が抜け……あらゆることの結果として高血圧にもなりました……生まれたときから健康にはまったく問題がなかったのですが……突然、ぶち壊されたんです！　一九九八年と一九九九年は、次から次へとあらゆることが起きました。同じことの繰り返しを見ているようなものでした。すべて彼女のせいで……こうした目にあっているんです……人生が台無しにされたとまでは言いませんが、日常生活のかなりの部分が奪われました。[14]

聞き取り調査を受けたその他の人びとにも、「動悸」「高血圧」「悪夢」「睡眠障害」「頭痛」といったストレス症状が見られた（Victim Support 2006 も参照）。

その他の社会的被害

ヘイト事象によってもたらされた感情的なトラウマによって、被害者の生活のその他の部分にも悪影響が出ることがある。たとえば、ヘイトクライムの被害者が失業したと報告する割合はかなり高いことがいくつかの研究からわかっている（McDevitt et al. 2001: 710）。また、日常生活が乱れた、配偶者や友人との関係が悪くなったと報告する人もいる（Chahal & Juhienne 1999）[15]。今回、聞き取り調査を受けた人びとも、事件の直接的な結果としてなんらかの金銭的負担、住宅に関する問題、就職困難があったかどうかが質問された（表3－3および別表A、質問15、18、19参照）。六人の被害者が、被害を受けた直接的な影響として就職するのに苦労したと答え、六人のうち二人が事件のせいで失業したと回答した。[16]被害者六人が被害を受けたことで金銭的な負担を被り、多くの被害者（一七人）が事件の結果、住宅に関して問題が生じたと話している。被害者の多くは、事件にあった場所から離れたいと考えているが、地元の住宅局職員の斡旋で引っ越したとしても十分な「住宅ポイント」〔訳注：英国の公的制度で、住居を必要とする人が地区の登録機関に登録をしておくと、その人の状況に応じてポイントがつく。ポイント総数が高いほど優先的に住居が斡旋されるという仕組みになっている〕がつくわけではない。その他にも、人種的ある

表3－3　金銭的負担、住宅および職場で問題を経験した被害者数（申立被害者）——修復的介入の類型別

社会的な被害	HCP*	デヴォン・コーンウォール **	オックスフォード ***	合計
	N=23	*N*=14	*N*=1	*N*=38（総数に占める割合）****
住宅に関する問題	15	2	0	17（45）
金銭的負担	6	2	0	8（21）
職場での問題	3	3	0	6（16）

*　サザーク調停センターのヘイトクライム・プロジェクト。インタビュー回答者合計 23 人。

**　デヴォン・コーンウォール警察の修復的対応。インタビュー回答者合計 14 人。

***　オックスフォード修復的カンファレンス。インタビュー回答者 1 人。

****割合の算出は比較のため。データを一般化して示すためではない。

注：質問に用いた文言は別表 A、質問 15、18、19 参照。


いは同性愛嫌悪という動機で近所の住民が住宅局に虚偽の申し立てを繰り返していると話す被害者もいる。この結果、被害者の中には、住宅局から立ち退きについての書面を受け取ったり、ほのめかされたりしたという人もいる。聞き取り調査を受けた人びとの中には、地元の国家機関に事件について申し立てをしたために、二次被害を受けたという人が多いことは指摘しておくべきであろう。こうしたインタビュー協力者たちの経験には共通点があることから、複数の組織が調停関与するときの二次被害の問題と、被害回復の取り組みについては別途、第六章で取り上げる。

マイノリティ・コミュニティへのさらに大きな影響

個々の被害者に直接的な影響を及ぼすだけでなく、ヘイトクライムはより広いマイノリティ・コミュニティに悪影響を及ぼす。ヘイト事象は、特定の集団が無価値であるという象徴的なメッセージを社会に伝える。このメッセージは顕著で、疑う余地がないほど明快だ。特定の集団は対等な存在ではなく、歓迎されざる人びとで、社会的に尊重する価値がないとするものだ（Byers et al. 1999; Noelle 2002; Ahn Lim 2009; Perry & Alvi 2012）。このように、ヘイトクライムは被害者一人ひとりだけでなく、あるアイデンティティを持つ集団「内」に属する人びとにもダメー

ジを与える（Weinstein 1992; Iganski 2001）。地域メディアや全国メディアがヘイトによる暴力を報道すると危険だというメッセージが広く伝わることになり、この結果、マイノリティ・コミュニティに恐怖を感じる空気が生まれる（Herek & Berrill 1992: 3; Ogamslo 2001: 630-31; Herek et al. 2002; McGhee 2005: 126）。すなわち、ピンポイントに狙われたたった一度の暴力で、コミュニティ全体（複数のコミュニティの場合もある）が攻撃を受けるかもしれないといっそう強く感じることになる（Perry & Alvi 2012）。

この調査で聞き取りを受けた人びとはみな、恐怖や不安といった感情は、影響を受けたコミュニティに属する他の人びとにまで広がると話す。家族全体が嫌がらせの対象となる事例は多く、若者が被害を受けた場合、その両親は子どもたちが重傷を負うのではないかと不安に駆られることになる。人種差別を動機とした攻撃を受けて手首を骨折した若者の父親は、その事件によって家族全員に影響があったと話す。「息子が学校に行っている間や出かけているときはいつも怖くてたまらず、悪夢を見ているようなものです。……妻は、息子が何かに巻き込まれるのではないかと思っていつも泣きわめいていますし、家族は不安でたまりません」。暴力を受けるかもしれないという恐怖はマイノリティ集団に属する他の人びとにまで広がるため、ヘイト憎悪による脅威は「テロ」形態の一種として特徴づけられる（Weinstein 1992; Lawrence 1999: 43-3; Iganski 2001: 629）。いつでも被害を受ける可能性があるという不安を抱えて生活しているようなマイノリティ・コミュニティに属する人びとの多くは、偏見にさらされたそれまでの経験もあり、被害者となる恐れを常に感じている（とくにDick 2008: 29ff; Smith et al. 2012: 23-4を参照）。彼ら以外の人びとも同情を感じることはあり、助けたいと思ってもいるが、自分たちが狙われることを恐れて、助けることはしない（Lawrence 1999: 43-44）。

同性愛嫌悪による犯罪についてディックが行なった調査から、ヘイトクライムがゲイ・コミュニティの他のメンバーにとってどれほどの重圧になるかがわかる（Dick 2008）。彼は、一八歳から二四歳までのゲイとレズビアンの四分の三が同性愛者であるがために攻撃を受ける恐れが高くなっていると感じており、他方で、レズビアン、ゲイ、バイセクシュアル（ＬＧＢ）の約四割が犯罪の被害者になるのではないかと不安を感じていることを示した（Dick 2008: 30）。最近のイングランドおよびウェールズにおける犯罪調査のデータから、ヘイトクライムがマイノリティの民族集団に対して、被害を受けるかもしれないという不安をいっそう煽っている場合があることがわかっている。調査から、黒人および民族的マイノリティにつながる成人の一六％が、肌の色、民族的出自、宗教などのために攻撃されることを「とても心配している」が、白人の成人でそうした不安を感じている人は三％にすぎない（Home Office et al. 2013: 47）。それより以前の英国犯罪調査のデータでも、黒人および民族的マイノリティにつながる成人で、人種や民族、宗教のために攻撃や嫌がらせを受けたりするために自分たちの居住地域には問題があると感じている人びとは白人成人よりも多い（それぞれ一六％と五％。Smith et al. 2012: 24; Bowling 1998: 195; Perry & Alvi 2012: 62も参照）。

ヘイトクライム事件の被害者調査に回答した人びとの多くは、暴力を振るわれることを恐れ、公共の場での自分たちの行動が制約されていると感じている（Herek & Berrill 1992）。そうした恐怖を感じているということは、マイノリティ集団に属する一人ひとりの多くがヘゲモニー的な文化に同化するように自分たちの行動や見た目を変える必要があると感じているということだ（Chaha & Julienne 1999; Dick 2008）[17]。ディックによれば、レズビアンとゲイの三分の一が犯罪被害者とならないよう、同性愛者ではないようにふるまっているという（Dick 2008）。調査に回答した一人はこう話す。「私たちは自分たちのふるまいを注意深くチェックしています。もし好きなようにふるまったら――人前で手をつなぐとか……、状況は一変してしまうでしょう」（とりわけDick 2008: 32; Gordon 1994: 48; Attorney General's Department 2003: 26も参照）。

ヘイトクライムの直接的な影響と、「差異がある」ことによる広範囲にわたる不利益との関係性が見て取れる。

個人的なやりとりや組織的な施策から感じる憎悪は日常茶飯事であり、被害を受けるかもしれない、弱い立場に置かれているという集団全体の感情をいっそう悪化させる。ヘイト事象は繰り返される傾向があり、偏見の文化が拡散しやすいものであることを考えると、これは驚くようなことではない（第一章）。マイノリティ集団に属する人びとは心の奥底で、憎悪によって被害を受けることを常に恐れており、多くの人は「なじむ」ためにその人らしさをあえて否定しようとしているのだ。

集団間のバックラッシュ

ヘイト事象の本質にひそむ大きな懸念は、マイノリティ集団が「逆襲する」可能性をもたらすということだ（Perry & Alvi 2012）。ブライアン・レヴィンは、独自性のある集団が報復攻撃をし、償いを求めようとすることから、社会秩序が危険にさらされる恐れがあると記す（Levin 1999）（Levin & McDevitt 2002の加害者類型論も参照）。個々の事件は、「集団内」の一人ひとりを守ろうとする標的とされた集団に属する人びとの怒りに拍車をかける。これが解消されなければ、複数の集団がお互いを標的とし合い、暴力が激化する結果を招くことがある。

本書のインタビューを受けた被害者の多く（三一人）は、事件について非常に強い怒りを感じたと語っている。そのうちの一人はこう話す。「気持ちを暴露したいと思ったが、どういう言葉で説明すればいいのかわからなかった」。多くの場合、憎悪と怒りという有害な感情が一つになると、いっそうの暴力行為につながることは避けられない。人種主義者による嫌がらせを受けた被害者は、これを要約してこう述べた。「憎悪は悪しき感情です。憎悪は暴力につながり、暴力は犯罪につながります。憎しみが重なれば……私が攻撃されることになるでしょうね……自分が我慢してしまうかもしれませんが、たいした我慢はできないんですから、結局は反撃してしまうかもしれません」。激化するにまかせた対立は通常、地域住民同士の暴力を悪化させる（第四章参照）。たとえば、聞き取りを受けたある修復的司法実践者は、白人の英国人学生がパキスタン系のクラスメートに人種差別的な言葉を投げつけた事件について語っている。被害を受けた学生は登校するのが怖くなり、自分の従兄弟に守ってくれないかと頼み込んだ。従兄弟が受けた仕打ちの報復として白人学生が恫喝された。最初に加害行為を行なったこの学生は恐くなり、登校できなくなった。学校側はこの事件が白人対アジア系の非行グループ同士の抗争に発展することを恐れ、学校長は事件についての話し合いをするべく、修復的司法実践者を要請した。こうした事件が暴力を悪化させる結果にならないようにするためには、被害者と加害者が新たな信頼関係を構築し、それまでの緊張関係を解消させることが必要であると考えられた（修復的司法が偏見にどう向き合うかについては第八章を参照）。

地域での緊張はすでに頂点に達しており、個々のヘイトクライムが独自のアイデンティティを持つ集団同士の対立に拍車をかけ、さらに拡大するかもしれないことが地域全体の懸念である。ヘイト事象が大規模な暴力に発展した例は数多い。英国では、北部のオールドハム、バーンレー、ブラッドフォードで、二〇〇一年五月から七月まで、毎月、人種的な対立が起きていた。オールドハムでは、白人の年金生活者がアジア系男性に強盗されたことを受け、白人男性の集団がアジア系の多く住むグロディック地区にある住宅を襲撃するという事件が起き、その後、アジア系の若者二〇〇人が暴動を起こしている（McGhee 2005: Ch 2）。パキスタン系と白人の若者たちが衝突したバーンレーでも同様の事件が起きた。その後、ブラッドフォードでも、英国国民党が街でデモを行なうと発表すると、パキスタン系と白人の若者たちが衝突した（McGhee 2005: Ch 2）。最近でいえば、ロンドンのウーリッジ地区で白人兵士が殺害された報復として、イングランド防衛同盟〔訳注：イギリスの極右政治団体〕がイングランド全土でイスラム・コミュニティに反対するデモを行なった。これが反ファシスト集団との衝突を招き、多数のモスクが被害を受けた（焼き討ちされたモスクもある）（Garland 2013; Milmo & Morris 2013）。

ヘイト事象に発展し、後に報復的な暴力の応酬につながってしまったような地域内での対立は、草の根レベルで対応する必要がある。そうした事件は「調和、コミュニティ、包括への期待」を損ね（Perry & Alvi 2012: 63）、そうした価値を構築し直すためにコミュニティに属するさまざまな人びとが一体となった取り組みが必要になる。個別のヘイト事象が大規模な暴動に発展しないようにするためには、集団間の対立について包括的な対話が勧められるべきだ。こうした取り組みがなされなければ、地域に偏見がくすぶり続け、独自のアイデンティティを持つ集団同士を刺激し、暴力的な衝突に発展することが避けられない。本書の要点は、対話や共感、「差異」のある個人同士の理解を促すプロセスを重視していることにある。地元で緊張が高まり、ヘイト事象が頻繁に起きるようになったら、地域住民が集まってヘイト事象について議論することによって、相互に抱いている恐怖や不安を解決する策をその地域において見つけることができるだろう（これについては第四章、第五章、第六章を参照）。

憎悪による被害はさらに悪化するのだろうか？

いうまでもなく、マイノリティ集団が経験するヘイトクライムは、一人ひとりの平穏やマイノリティ・コミュニティに属するその他の人びとのヘイト事象に対する反応にもきわめて広範な影響を及ぼす。ただ、そうであったとしても、ヘイト事象による被害が他の形態の犯罪被害以上に影響が大きいわけではないとする学者もいる。二〇世紀終盤、ジェームズ・ヤコブスとキンバリー・ポッターは、すべての犯罪が、被害者一人ひとりに対する影響以上に大きな影響を及ぼすのだから、ヘイト事象は他の形態の犯罪となんら変わるところがないと主張した（第一章、Sullivan 1999も参照）。彼らは研究が採用した証拠の比較は有効ではないと主張し、「これらの主張は疑わしい経験的仮定をもとにしており、立証されていない」と述べている（Jacobs & Potter 1998: 90）。それから一五年ほどが経ち、統計的に有意な結果を示した無作為標本に基づいた一連の研究は、彼らの主張が誤っていることを示している（McDevitt et al. 2001; Herek et al. 2002; Iganski 2008など）。すなわち、被害者の多様性と彼らが被害を受けた経験にもっと焦点を当てるべきだというのである（Spalek 2006）。これを念頭に置き、ヘイト被害を対象とする研究分野が広がっていくことが重要であろう。

ヘイトクライムの被害者全員が他の形態の犯罪被害者よりも傷ついているわけではないという事実にも留意するべきだ。また、犯罪学者は、ある集団がその全体において、ある特定の類型の犯罪に、不相応に大きな影響を受けると仮定することには慎重であるべきだ。集団内には必ずばらつきがあるからである（Sullivan 1999）。すでに述べたように、個人的および社会的なばらつきがあるように、被害にあう経験も一様ではない（Green 2007）。アイデンティティの異なる集団に属していれば犯罪の経験も異なるというだけでなく、集団内部においても違いはある。ヘイト事象による被害を他の類の被害から区別する懸念の一つは、「特有の苦痛を受けていることを明示するために、ある集団が他の集団と張り合い、いかに被害にあいやすいかという競争、すなわち明確な解決策を持ち得ないような競争」を意図せず作り上げているのではないかということだ（Sullivan 1999: 8）。この点について、アンドリュー・サリヴァンは、ヘイト事象の被害者に異なる対応をすることは、独自のアイデンティティを持つ集団同士の間に存在する社会的区分を映し出しているにすぎないと指摘する（Sullivan 1999）。

異なるアイデンティティを持つ集団がそれぞれ経験した被害を区別する際に起きうる対立に注目することには意義がある。どちらか一方の集団が他の集団よりもより多くの支援を受けるべきだと強調すれば、無意識のうちに、異なる人びとが構成する集団と集団の間に対立を生じさせてしまう。たとえば、一般的に犯罪学者は、あるマイノリティ集団の方が圧倒的多数を占める白人よりも社会的便益および資源を国家からより多く得ているという（誤った）認識がヘイトクライムの原因となるメカニズムだと強調する（Ray & Smith 2002）。多くの場合、そうした認識は根も葉もない噂から生まれる（Levin & McDevitt 2002）。他者よりも多く得ているという目で見られれば、こうした認識を受けて、特定の集団が苛立ちと憤りを感じることになる。この点で、マイノリティ集団のニーズを社会のその他の集団のニーズと比較して、過剰に強調することのないように注意しなければならない。マイノリティ集団同士を互いに張り合わせるようになってしまう可能性があるからだ。また、ヘイトクライムのすべての被害者の経験はよく似ていると単純に仮定しないようにすることも重要だ。ヘイト事象の被害者は常に、大きな被害を受けやすい人びとであると社会的に想定してしまうと――リスクという点でも、被害の大きさという点でも――ヘイト事象による被害を現実にそぐわない形で一般化してしまいかねない（総論としてGreen 2007参照）。

これらの注意点に留意しても、犯罪被害者の中で経験的根拠が示す差異を無視するべきだということにはならない。ヘイトクライムによって生じた被害について調べる際、犯罪学者らは異なるタイプの被害者同士を「競争」させようとはしていない。むしろ、加害行為の本質によってもたらされ、被害者の経験に見出せるような共通点を特定しようとしているのである。これには、独自のアイデンティティを持つ集団の経験と、異なる集団に共通するような経験とがまったく異なることを認識することが肝心である（Garland et al. 2006）。とはいえ、異なる類の犯罪を取り上げ、異なる類型の被害者を支援するために最適で最善の方法を提供するには、どちらの点にも見出せる「差異」を無視しないということを原点とするべきだ。すなわち、ヘイトではない犯罪と比べた場合、一般的にヘイトクライムはより重大な被害をもたらすという点を相容れないものとして退けるのではなく、まったく異なる形態の被害に有効に対応するという任務にとって重要な点として受け止めるべきである。

まとめ

ヘイト事象による被害を検証することによって、ヘイトクライムの被害者を支援し、マイノリティ・コミュニティに及ぶダメージを軽減させる方法を見つける必要があることは明らかだ。ヘイト事象の被害を受けやすいことは、本書が行なった調査や、マイノリティ集団に属する人びとが標的を絞った暴力や嫌がらせを継続的かつ頻繁に受けていることを示すその他の研究から明らかである。毎週あるいは毎日のように頻繁に起きる事件がもたらす被害は、時間を経て積み重なっていき、破滅的な影響を及ぼすこともある（第一章のピルキントン事件を参照）。そうした犯罪が恐怖やパニック、不安、鬱といった強い感情的トラウマをもたらし、ヘイト以外の事件の被害者が受けるものと比べてそうした心理的な被害が長引くことは驚くことではない。ヘイト事象の被害者が標的とされるのは、彼らが彼らであるからこそであり、したがって、感情の奥深くにある平穏が脅かされることは避けられない。また、そうした被害が起きるより広い社会構造的な背景を捉えて、被害を眺めることも重要である。したがって、本章ではまず、周縁化された、独自のアイデンティティを持つ集団が経験する社会的被害の一部を概観した。憎悪を動機とする犯罪をその社会的文脈の中で眺めることで、多くの被害者にとって、ヘイト事象が連続する偏見と被害の一部にすぎないことが理解できた。

ヘイト事象の被害者が一様に経験するような被害は激化するため、——単に加害者処罰の拡大に焦点を当てるのではなく——そうした被害を軽減するための特別対策が必要であることは明らかだ（本書の「はじめに」を参照）。修復的司法は、憎悪による被害に取り組むための一つの方法ではあるが、修復的プロセスがこの過程にどれほど貢献するかについては、過剰な期待は禁物である（第二章参照）。本章で強調したように、ヘイトによる被害は、社会構造的問題がより拡散したことを象徴的に示している。犯罪という悪事を正すための取り組みを通して、司法過程が社会の構造的被害を正すと期待してはならない（Kelly 2002; 第六章参照）[18]。とはいえ以降で見ていくように、修復的プロセスには、ヘイト事象の直接的経験（第四章、第五章）、国家組織によるあらゆる二次被害（第六章）から回復する助けとなるような十分な要素が備わっている。

1――これらの過程のさらなる分析については第一章を参照。
2――他国の例として、イラン、サウジアラビア、イエメン、アラブ首長国連邦、スーダン、ナイジェリア、モーリタニアでは、男性同士の性的行為は死刑となる。
3――世界各地で同性愛が違法化されていることも、大きな社会的被害が法律によって作り出される証拠となっている。ゲイやレズビアンが結婚する、養子縁組をする、軍に入隊するといったことを禁じる法律も、周縁化や抑圧の原因と見ることができる。
4――刑事司法や教育、雇用、医療、住宅に関して、米国の人種的マイノリティが不公正だと考える背景については、Shedd & Hagan の議論を参照（2006）のこと。
5――とくに、身体障害者に対する虐待の原因と結果が異なると、憎悪による被害の分析でも異なる結果が得られる。Hunter et al.（2007）参照。
6――憎悪を動機としない同様の（同時に起きる）犯罪と比べた場合。
7――これらの加害行為の未遂も含む。
8――強盗未遂も含む。
9――調査した六つの加害行為の類型のうち、五つだけが統計的に有意な結果を示したことは指摘しておくべきであろう。
10――アーリックらは、全国電話調査を行ない、二〇七八人の回答を得た。その結果は、ヘイトクライム以外の被害者と比較した場合、ヘイトクライムの被害者の方が外傷後ストレスの症状が強く、行動に変化があったというものだった（Ehrlich et al. 1994）（Herek et al. 1999も参照）。

11――三八人の被験者全員が事件によって感情的な影響を受けたと答えている。

12――ある種の悪影響を経験したと回答した人びとは、続いて、どのような影響を受けたのか、詳細に説明するよう求められた。

13――HCP、デヴォン・コーンウォール警察の結果をまとめたものである。

14――第六章のケーススタディ1を参照。

15――修復的過程を経た被害者がどのような影響を被ったかについては、第五章で報告している。

16――聞き取り調査を受けた合計六人が、被害を受けた直接的な結果として就職するのが難しかったと述べている。

17――これは「コード切り替え」と称されることが多く、状況に応じて一人ひとりがある文化に即したふるまいから別の文化に即したふるまいへと切り替えることを指す（Shedd & Hagan 2006）。

18――社会を正す方法として修復的司法の構想を位置づける学者もいるが（Sullivan & Tifft 2001）、これは司法に尽くすための一つの手段にすぎないと見る学者が多数である（Braithwaite 1989; Zehr 1990）。

第四章　日常的なヘイトクライムの被害を修復する
――コミュニティ調停と修復的司法実践者の視点

はじめに

本章ではまず、修復的司法がヘイトクライムの被害を回復させる助けとなるかどうかを確かめるという調査研究の第一の目的に照らし合わせた実証結果を検証する。最初に、初めて行なわれた修復的介入――ヘイトクライム・プロジェクト（ＨＣＰ）――を紹介する。これを行なったのはロンドンにあるサザーク調停センター（一九八九年設立の独立した慈善団体）である。「修復的」なコミュニティ調停の「修復的」な会合がどのように行なわれたのかを評価し、これが正当な「修復的実践」と呼ぶに値するものかどうかを評価する（第二章参照）。次に、ＨＣＰに紹介された異なる類型のヘイトクライム事件を取り上げる。

第二節では、インタビューした人びとがどの程度調停手続に満足したか、手続的な公平性をどう捉えていたかを分析する。さらに、調停直前と直後に、申立被害者が経験した感情面での被害の程度について、質的（かつ若干量的）なデータを検証する。第二節では、インタビューした人びとが気持ちの回復に役立ったと評価したコミュニティ調停の役割と手続を見極める。

第三節では実践者のインタビューから得られたデータを検証し、修復的手続において、被害者が気持ちの平穏を取り戻すのに役立ったと考える側面を取り上げる。被害者とその家族が、偏見による被害だけでなくアイデンティティが意味するものを深く考える意義に注目する。最後に、被害者がヘイトクライムから立ち直るための支えとなる修復的司法に共通する手続——二つのデータに共通して得られるもの——を明確にし、本章を終えたい。これらには、「ストーリーテリング」、ファシリテーターによる支援、後悔を示すジェスチャー、事件を繰り返さないという加害者の約束などがある。

第一節　コミュニティ調停とヘイトクライム・プロジェクト

ＨＣＰはサザーク調停センターが一〇年以上前に立ち上げたものだ。地域で起きたヘイトあるいは偏見に基づく出来事がサザーク調停センターやその他の地域組織に報告された場合に、特別な対応を行なうために設けられた。ＨＣＰの取り扱い件数には英国警察庁協会が定めるヘイトクライム／事象のすべての類型が含まれ（第一章参照）、第二章で解説したような直接的および間接的なコミュニティ調停の手法を活用する。ＨＣＰには、多様な国家組織から事件が回ってくる。警察、住宅局、反社会的行動部門からが多いが、当事者本人がＨＣＰに連絡してくることもある。

警察に報告されるもめごとでは、警官が加害者とされる人物を直接処分することはほとんどない（申し立てを追及するだけの確かな証拠がない）。中立被害者は、それは内々のもめごとだから、委員会（訳注：住宅局を指す。第六章注2参照）で対応してもらう方がよいと言われることもある（第六章参照。Bowling 1998 も参照）。どちらか一方あるいは両方の当事者がもめごとを住宅局に報告した場合、住宅局職員は通常、両者に入居同意書を送り、違反があれば退去させる場合もあると警告する。調査した事例の中には住宅局職員がその地域の反社会的行動部門に通告していたものもあった。調査事例のすべてに共通していたのは、警察、住宅局、反社会的行動部門のいずれもがヘイトクライム／事象が関わる対立を解決できなかったことだ。これは、口論が通常、数週間、数カ月、ときには数年かけてもつれていったせいだ。そのようにもつれた場合、調停による解決を期待して、ＨＣＰに事例が持ち込まれる。

ＨＣＰの目的と目標を集約すると、包括的対話を活用し、個人間の対立が直接的および間接的に巻き込まれた人びとの生活に及ぼす影響を検証すること、対立の核心となりうる偏見をめぐる論点を追及すること、当事者すべて、あるいはその大半が受け入れられるような解決策を見出すことだ。調停手続は通常、両当事者が合意した約束事を文書にまとめて終了する。一方あるいはそれ以上の当事者による謝罪がこれに含まれることがある。合意文書にある行為（ヘイトスピーチを含む）をやめるという約束を書き込むか、それに署名をするといったことが多い。ときには、将来に同様のことが起きた場合に敵対的な態度を取らないと約束することもある。

調停手続は、対立に関わる当事者らの自宅あるいはサザーク調停センターで別々に面談することから始まる。最初の面談に続いて電話がかかってくるか、二度目の家庭訪問が行なわれ、その後直接的な調停が始まる。事前準備がいかに重要であるかについては第七章で詳細に検討する。こうした事前準備を行なうのは参加者の経験や熱意を確認するためであり、また、自分以外の事件／対立の利害関係者が集まる会合や会議に参加する意思があるかどうかを確認するためでもある。調停者の責務は、参加にあたっての全体的なルールと、最終的には敵対的な議論ではなく解決を目指すことを明確に示すことだ。もし調停だけで対立を解決できない場合は、調停者が住宅局や反社会的行動部門、学校、大学、警察といった他の組織に連絡を取ったり、クライアントにそうした組織を紹介することも多い（第六章参照）。

「修復」はどのようにして調停手続になるのか

リーナ・カーキは、修復的司法の目的を「三者（被害者、加害者、周辺のコミュニティ）が手続に関わることができるように、崩壊した関係性を再構築すること」だと説明する（Kurki 2000）。この定義に納得するのであれば、HCPで行なうコミュニティ調停が修復的司法の一つであることは明らかだ。調停手続は、当事者やその他の地域住民が被害を受けることになった対立（ヘイト事象も含む）を解決するために関係性を作り直すものだ。調停者は通常、すべての関係者が対立を解決することを望んでいるという事実に注目する。謝罪や賠償といった直接的な償いを行なうことは一般的ではないが、握手などの行為や、両当事者が合意した約束事をまとめた調停合意書に署名することによって後悔の気持ちを示すことはある（以降参照）。

他の修復的介入とは違い、参加者らに「被害者」「加害者」「周辺のコミュニティ」との呼び名が付されることはない（Kurki 2000）。代わりに、利害関係者らは単に「当事者」あるいは「当事者甲」「当事者乙」と呼ばれる。こうしたラベリングは中立的であり、調停の強みとも弱みともなる。コミュニティ調停は本質的に修復的であるとされる一方で、被害者・加害者調停や被害者・加害者会合とは異なり、直接対面する場を持つ前に、「加害者」が行なったとされる不正行為の責任を加害者に常に認めさせるわけではないため、批判を受けることがある。修復的司法について論じる人びとは、修復的会合に参加する前に加害者が自らの行為の責任を認めることが、その被害を修復する意思を示すことになり、不可欠だと主張する（Braithwaite 1989, 2002）。コミュニティ調停の会合では、「非難される加害者」（当事者乙）は不正行為を認めようとせず、他方の利害関係者に直接償いをする可能性も低い。結局のところ、この手続は刑事司法制度の枠外で行なわれるものであり、「公的に」参加が求められることはない。すなわち、調停による合意には法的強制力がない[1]。

だが、「当事者」が「被害者」「加害者」といった特定の役割を担わされることはない事実があるからこそ、コミュニティ調停はヘイト事象を解決し、その被害を修復するという大きな力を秘めているのである。その他の修復的司法（とくに被害者・加害者間の調停〈ＶＯＭ〉）の実践は当事者を二つに分類し、巻き込まれた人びとを「被害者」（不正行為を受けた人びと）と「加害者」（不正行為を行なった人びと）に分断する（Dignan 2005）。こうした呼び名は、当該侵害行為に二つの異なる立ち位置があることを示唆し、それゆえに刑事司法では、これら異なる立ち位置に即して正反対の対応が施されることになる（Christie 1986）。だが、本章で明らかになるように、「ヘイト対立」の多くでは、当事者同士の間に非常に複雑で多層的な議論が関係しており、実のところは、その当事者の双方がさまざまな反社会的行為に関与している。調停前にそれぞれに責任が課されるとは限らないが、会合の場で交わされる自由な議論や、参加者が共有する目標に基づいて当事者が作成する合意文書には責任と償いの両方が含まれるようだ。実際、そうした犯罪や反社会的行為が起きるような社会的背景と、当事者の双方が行なった行為の原因と結果について議論して追及することが、解決に向けた最適な機会となる（以降および結論の章も参照）。

言い換えれば、ヘイトクライムだと疑われるような対立の多くで、一方の当事者を「不正行為を行なった者」、他方を「被害者」とラベリングし、たとえどちらか一方が実際にヘイト的な攻撃を行なったとしても、両当事者が巻き込まれた複雑な社会的対立の本質を必ずしも反映するわけではない。確かに、コミュニティ調停を「全面的に修復的」だとすることはできない（McCold 2000）。しかし、ＨＣＰで行なわれているヘイトクライムの解決に向けた包括的なアプローチは――対立を解決するために、対話を経て、参加者を励ますことに注力することと合わせて――そのかなりの部分を修復的司法の原則に依拠するものであることを示している（第二章参照）。

ヘイトクライムの類型

ＨＣＰでの修復的会合を見学し、被害者にインタビューするなどした一八カ月で、多様な類型のヘイトクライム／事象を調査した。インタビューは、ＨＣＰでの調停に参加したことのある中立被害者二三人に行なった。当時は、どのような偏見が各被害者[2]の経験の根本原因なのかを分類することは困難だった。これから見ていくが、特徴的なアイデンティティは複数あり、それらが組み合わさってヘイト事象の原因にも、被害者の反応にも影響を与えうるからだ。多くの事例で、被害者とその他の利害関係者が事件の原因だと捉えるのは、いうまでもなく、偏見の「類型」が明らかなものである。

一五人の被害者が、自分の人種や民族、国籍に対する敵意が事件の動機だと考えていた[3]。ある事例の被害者は、自分の性的指向に対する敵意だけが動機となって事件が起きたと考えていたが、被害者の障害が敵視され、動機となったと考えた人もいた。だが、その他のさまざまな事例では、異なる偏見が組み合わさって動機となったと受け止められた。たとえば、一八カ月も長引いた対立で被害者が標的とされたのは、性的指向のせいだけではなく、ＨＩＶ保有者であり、他にも身体的な障害があったためだった（ケーススタディ1参照）。その他の被害者も、加害者らが自分たちを標的としたのは、人種と障害、あるいは人種と性的指向のせいだと考えていた。ある事例の被害者は、加害者が彼女に嫌がらせをしたのは、彼女の人種、障害さらに性的指向のせいだと話した[4]。

ヘイトクライム／事象は、言葉による嫌がらせや脅迫から重傷を負わせるといったことまで、その深刻さ[5]はさまざまだ。調査を行なった事例のほとんどは、長期にわたって激化し、依然継続中の対立であった。地方当局が管理する大規模住宅区域で起きた騒音をめぐる入居者同士の不平不満で近隣住民の緊張が高まり、それを悪化するままにしておくと、より大規模な口論に発展する。そうした口論が罵り合いになることも多く、そうなると、人種や性的指向、中立被害者の障害なども攻撃される。この結果、そもそも騒音やゴミについての対立だったものが「ヘイト事象」になってしまうのである。[6]

事例の多数（七件）で、被害者の文化的背景あるいはアイデンティティを敵視する人びとが長期にわたり、特定的に標的にしていたことがわかっている（同様に、Bowling 1993, 1998; Garland & Chakraborti 2006 参照）。極端に暴力的な事件もあり（ケーススタディ1、本書の結論参照）、その他にも被害者の所有物が壊された事件もある。その他のすべての事例で、言葉による罵りや嫌がらせといった事件が少なくとも一度は起きている（警察や住宅局に継続的に寄せられたその個人に対する申し立てのうち、被害者が人種的な動機によるものだと受け止めたものを含む）。

第二節　ヘイトクライムの被害を修復する

コミュニティ調停に参加することによる感情面での効果を分析する前に、参加者がその手続にどれくらい満足しているか、手続的に公正だと受け止めているかどうかを検証することには意味がある。サザーク調停センターでインタビューした二三人のうち一一人が他方の当事者と一緒に直接的および間接的な調停会合に参加し、中立被害者一二人は間接的（シャトル）調停のみに参加した。二三人のうち二〇人は調停手続に「非常に満足した」「満足した」と回答し、二人は「満足しなかった」「まったく満足しなかった」と回答した（別表A、セクション3および5参照）。[7]一人を除く全員が、調停者から調停の役割と達成目標の説明を受けたと答え、二〇人が、調停者は手続のはじめから終わりまで公正だったと述べた。インタビュー回答者の一人はこう述べている。「彼女は、自分たちが経験したことを話す時間をどちらにも同じだけ取ってくれたと思う。どちらも話すことができたし、私たち両方が経験した問題を彼女自身が理解できた。それが最初の一歩だった」。全体的に、中立被害者の二一人が調停手続を「有効」「とても有効」な経験だったと答えている。こうした結果を踏まえ、二三人のうち二二人が、同様の事件を経験した人びとにも調停を勧めると答えたことは驚くにあたらない。

第二章で、利害関係者が修復的司法から得られる結果について過剰な期待を抱いていないこと、またその犯罪が彼らにどのような影響を及ぼしたのかについて話す機会を与えられていたことからすれば、参加者は修復的対話に参加することでエンパワメントされ、感情的な癒しを得たはずである（Zehr 1990; Strang 2002）[8]。したがって、聞き取りを受けた圧倒的多数（二一人）が、自分がどのような影響を受けたかについて、調停者が話す機会を与えてくれたと感じていることは重要である[9]。回答者の一人はこう話す。

彼女は、何が起きたのか、今どう感じているのか、彼（加害者）が引っ越してくる前はどう感じていたのかについて詳しく知ろうとしていました。私たち一人ひとりにまったく違う、思いもよらなかったような質問をしてきました。また、何を経験したのかにも関心を持っていました……椅子に座って、彼女にすべてを話しました。彼女は私たちを安心させようとしてくれていましたし、とても気が楽になりました。

こうした気づきは、各種会合における複数の観察で確認されている。そうした会合では、当事者たちは自分たちが感じていることを話し、事件によって感情的にどのような影響を受けたのかを説明する機会を複数回にわたって与えられていた（同様に Strang 2002 参照）。

感情的な傷を癒す——不安、恐怖、怒り

第三章で再検討した調査から、ヘイト事象の被害者は加害者から同じ攻撃や嫌がらせを受けるかもしれない

と考えるため、往々にして恐怖や不安が強まるという事実がはっきり示された（Herek et al. 1997; McDevitt et al. 2001; Iganski 2008）。したがって、コミュニティ調停によってこうした感情的なトラウマが改善されるかどうかを見極めることは重要だ。そこで、自由回答式と回答選択式の二つの質問票を使い、中立被害者に調停手続を受けた経験について尋ねた（別表A参照）。

まずは単に、調停手続が直接的に「感情的な落ち着き」に役立ったかどうかを尋ねた。一七人が役立ったと答え、一人がどちらともいえない、五人が役立ったとは思わないと回答した[10]。役立ったと答えた一人はこう説明する。「それ以上だったと思う……自信を取り戻せたように感じます。仕事を探すようになりましたし……自分も家族も穏やかな気持ちを取り戻せました。自分が自分でいられるんです」。最低を1、最高を10とする10段階評価を用い、インタビュー回答者はさらに、調停手続の直前と直後の怒りと（他の当事者と、事件に対する）不安のレベルを示すよう指示された（別表A、質問37～40参照）。調停直前の不安レベルでもっとも多かったのは10で、九人だった。二人が不安レベルを3以下とした（中程度の不安を意味する）。残りの一〇人のレベルは、5から9だった（その質問が自分には当てはまらないと回答したのは二人だけだった）。不満を申し立てた被害者の大半（二一人のうち一五人）は、調停直後は、不安のレベルが大幅にではないが下がったと答えた。ウィルコクソンの符号順位検定は、不安の中間レベルが調停直後（Mdn＝五、Z＝マイナス三・三一三、p＝〇・〇〇一）より調停直前（Mdn＝九）の方が高かったことを示している。調停直後の不安レベルの方が高かったと答えた調査対象者はいなかった。怒りの程度についても同様の結果が得られた（図4－1参照）[11]。

恐怖レベルの測定には、リッカートタイプの質問形式という若干異なるデータ収集法を用いた（別表A、質問33～35）。これは、調停直前と調停直後で、加害者とされる人びと（あるいはその人がしたとされること）に恐怖を感じたかどうかを聞くものである[12]。調停直前に怖いと感じたかという質問に対しては、一八人が「そう思う」「確

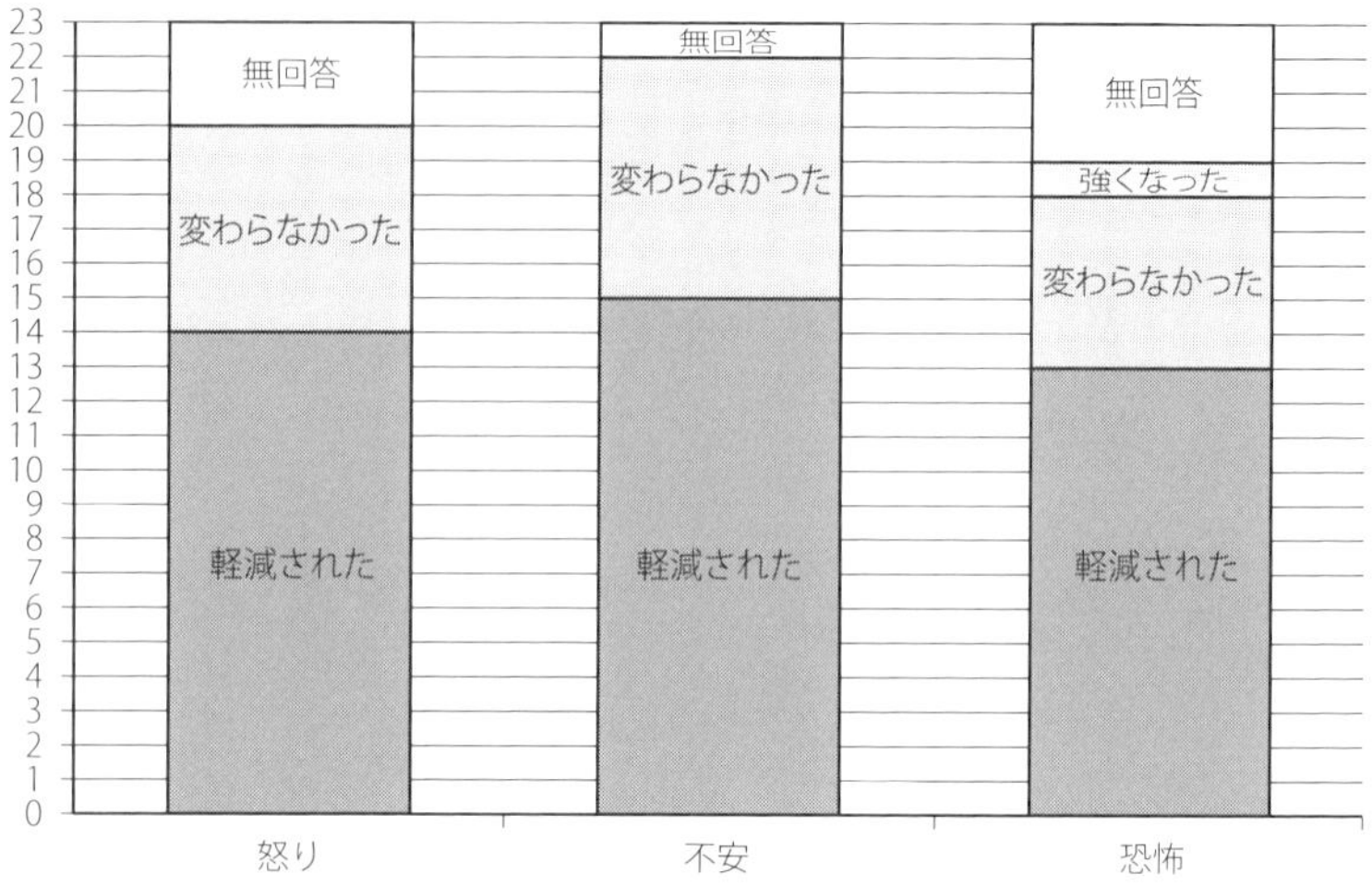

図４－１　コミュニティ調停が申立被害者の怒り、不安、恐怖に与えた影響（総数 *N*=23）

かにそう思う」と答えた（五人は調停直前も調停直後も怖いと感じていなかった）。調停直前に怖いと感じた一八人のうち半分（九人）が、調停直後に他方の当事者を怖いと感じたかどうかについて「そうは思わない」「まったくそう思わない」と答えた。この結果から、調停手続を受けたヘイトクライムの被害者の大半について、恐怖感が和らいだことがわかる。人種的な攻撃を受けたと申し立てたある被害者はこう述べる。「調停を受ける前は、彼らがまたやってくるのではないかと思い、何をするのも怖かった。だから、彼らに対して仕返しするつもりなどなかったし、そもそも近づくのもいやだった。だけど調停直後は、自信を持って他の人びとと一緒にいられるようになりました」。身体障害者差別の嫌がらせを受けて申し立てをしたある人も、同じような発言をしている。「楽になりました。（直接的な調停を受けて）もっと話せるようになりましたし、自信も持てましたし。それまでの自分を取り戻すことができて、仕事も、おしゃべりも楽しめるようになったんです」。全体的にいえば、こうした結果から、調停手続は、ヘイトクライムの被害によってもたらされた否定的な感情の一部を部分的に和らげることがわかる。この結果は、修復的手続には被害者が持つ怒りや不安といった感情を軽くする効果があるとするその他の研究と一致している（例としてDaly 2001; Strang 2002; Strang et al. 2006参照）。

何が被害を修復させるのか

数々のインタビューから、参加者の大半が、調停はヘイトクライムから感情的に立ち直るいい経験だったと捉えていることがわかる（同様にStrang 2002参照）。だが、この結果だけでは、調停がどのようにして、なぜ、感情的なトラウマから回復する助けとなるのかはわからない。よって、この研究では、調停手続が参加者の感情的な落ち着きを促したり、妨げたりする側面にも注目した。参加者に対して、調停手続におけるさまざまな部分・手続（手続の中での変動要素など）の一覧が読み上げられ、参加者は、落ち着きを取り戻すにあたって一つひとつの部分・手続が役に立ったかどうかを「はい」「いいえ」で答えるよう求められた。手続における変動要素としてインタビュー回答者が認めた事項としては、以下のようなものがある。「手続に参加する機会があること」「どのように感じたかを相手方当事者に（直接的あるいは間接的に）説明すること」「事件によって生活にどのような影響があったかを説明すること」「相手方に対面すること」「事件／対立がどのような影響を与えたかについての相手方の理解を聞くこと」「他の当事者から謝罪を受けること」「事件／口論をやめるという言質を得ること」。

被害について話す

インタビュー回答者の大半が、回復に役立ったとしてあげたもののうち、詳細に説明した（かつ相関が見られた）変数の二つは、「他の当事者にどう感じたかを（直接的あるいは間接的に）説明することができた」「事件が自分の生活にどう影響したかについて話す機会があった」である。[13] 直接的および間接的な会合の観察からも同じ結果が得られた。会合では調停者が、両方の当事者に事件からどのような影響を受けたのかを説明し、相手方にそれに対する意見を述べる機会を十分に与えていた。

修復的司法の研究者らは、事件が自分の生活にどのような影響をもたらしたかについて話す機会を得た被害者はエンパワメントされたように感じると指摘する（Braithwaite 2002）。ある参加者はこう説明した。「それが大事なんです。誰かにそのことについて話すということがね。そもそも、聞きたがる人がいるなんて思ってもいませんから」。ジュディス・カイは、これが「ストーリーテリング」に相当し、被害者は沈黙、孤独、絶望から救われ、より深く安心できる居場所に戻れることになると説明する（Kay 2008）。感情的な苦しみについて話せる被害者は、それに耳を傾けてくれる人によって癒され、感情的に支えられていると感じるものだ（第二章参照）。インタビュー回答者の一人はこう説明する。「彼ら（他の当事者）に話すことができて気持ちが楽になったし、彼らも私の話を聞いてくれた。彼女（調停者）の話し方や、彼女が私の出身地を知っていたこと、私が嫌がらせやいじめを受けていたことを知っていたことにも気持ちが安らいだ」。

別のインタビュー回答者は人種的な嫌がらせを継続的に受けており、彼女と夫が対立解決のために重要な役割を担うような手続に参加できたことは意義があったと話す。「扉を開いてくれたようなものです。知人がトラブルに巻き込まれていたら、苦しんだまま閉じこもるのではなく、調停を受けに行って、何かする方がいいとアドバイスしています」。調停によって、多くの人が加害者とされる相手方に、直接的であれ間接的であれ、事件によってどのような影響を受けたのかを説明する機会を得る。実際のところ、中立被害者が事件による影響を説明できるかどうかについて、間接的会合と直接的会合とに質的な違いはない。たとえば、ある事例の間接的な調停手続に参加した中立被害者はこう述べている。「彼ら（加害者とされる側）はそれ（偏見）がもたらす影響に気がついていていません。だから、腰を落ち着けて、その影響について実際に話すのはとてもいいことだと思います」。

当然、間接的な会合の場で被害について話す内容は、調停者と中立被害者との間でどれだけの信頼を築けるかによって異なる。調停者は、これらの被害について加害者とされる側に伝える必要がある。観察中、調停者は双方の発言内容を詳細に記録する。そして参加者に、彼らが会合で発言した内容を他方の当事者に伝えてよいかと尋ねる。情報はほとんどの場合、明瞭かつ正確に伝わっていく。直接的な調停が設定される場合、当事者は、事件が自分たちにどのように影響したかを自分の言葉で説明するよう促される。

直接的な調停を始める前、調停者は中立被害者に、アイデンティティに基づく偏見の問題を取り上げてもかまわないかどうかを尋ねる。もし不快に感じることがあれば、会合中にそう発言するようにとも伝えておく。筆者は、いくつかの直接的な会合で調停者が偏見の問題を取り上げる様子を観察したが、それぞれで、強い敵対感情を持つ参加者を非難することなく、慎重にこの話題の核心に迫っていた。調停者の発言をいくつか書き留めてある。「アイデンティティの問題に対して正直にならないといけません……あなたはXに対して『お前はムカつくやつだ』と言っていましたが、これはどういう意味ですか?」がその一例だ。別の機会では、次のように問いかけていた。「アイデンティティのこと、『差異』があることについて話しませんか?」。これがきっかけとなって、参加者は、偏見がいかに利害関係者の日常生活に影響するかといったことも含めて、アイデンティティに基づく偏見について語り合うことができた。そうした議論の最中、加害者とされた人びとが自分たちは「ヘイトクライム」をしていないと主張するのは当然だ。それでも、調停者がマイノリティのアイデンティティや偏見の影響について議論を組み立てて進めることができるという事実は、これらのテーマが参加者間で自由に議論されることを意味する。この結果、当事者は相互に尊重し合う姿勢を持ち、それ以降はどの利害関係者に対しても敵意を向けないようになる（ケーススタディ2参照。参加者がどのようにして相互理解を深めるかについては第八章参照）。

学習障害が関わる事件の被害について語る

調停者が学習困難、精神障害、言語障害のある子どもや成人に関わることは多い（Talbot 2010: 7）。そうした問題を抱える参加者に「通常の」コミュニケーション規則を守るよう求めても、包括的な対話を進めることにはならない。したがって、修復的司法を実践する者は実践方法を柔軟に活用し、参加者が会合中に気持ちを伝えられるようなまったく新しい手法を見出す。ファシリテーターは、参加者が自分の気持ちを表現できるようなさまざまなコミュニケーション方法を用いる。ボニータ・ホランドは、学習障害、言語障害のある子どもたちがよりスムーズにコミュニケーションを取れるようになる手法を強調する（Holland 2011）。そうした手法には、声に出して言う前に、他者に何を伝えるようにするかを事前にリハーサルする、マインドマップと蛍光ペンを使って修復的手続の手順を追っていく、参加者が自分たちの話を漫画にするといったことがある。

実践者は、被害者に感情的な問題について語ってもらうだけでなく、犯罪による負傷について議論することを目指す場合もある。本書のために行なったインタビューでは、回答者の中には「不安」「鬱」といった言葉を理解できない人もおり、こうした言葉の意味を説明するのに苦労した。一方、インタビューを受けた成人の中には、「胃がむかつくような感じがした」「落ち込んだ」「眠れない」など犯罪を受けて身体に表れた症状について説明することができる人も多かった。そうした身体的な感覚を精査することは、子どもたちが言葉で説明できないようなつらさを吐き出させる役に立つ（Snow & Sanger 2011 も参照）[14]。

償い――言葉以外で後悔を伝える

通常、コミュニティ調停の会合で謝罪の言葉が伝えられることはなく、インタビュー回答者のうち直接謝罪を受けたのは四人だけだった。[15]その代わり、握手をする、相手の腕に触れるなど、参加者が謝罪をうかがわせるあいまいなジェスチャーをする場合の方がずっと多かった。態度の変化も壊れた関係性を作り直そうとする意思の表れだ。たとえば、会合が始まったときは腕を組み、相手側の当事者に向き合わず、目をそらして座る参加者もいる。だが会合が進むうちに、議論でまとまった合意の概要を調停者が何度も繰り返し、参加者が相互の認識を理解するようになると、彼らの姿勢も和らいでいく。障害者嫌悪と人種差別があったという誤解を受けて申し立てられた年配の参加者と住宅局職員が関わった複雑な事例で、筆者は自分のフィールドワークノートにこのようなメモを残している。

> A（中立被害者であり、加害者として申し立てられた当事者でもある）は涙を浮かべながら、震えていた……彼女はほぼずっと、その部屋の中で唯一の白人であった私の目を見つめていた……他方の当事者に対しては頑なで、彼女の目を見ようとはしなかった。……会合が進むにつれ、彼女の姿勢は大きく変わっていった。Aの顔に笑顔が浮かび、B（人種差別だとしてAを訴えた住宅局職員）も笑顔を見せ、AがBの手に触れると、Bはさらに微笑んだ。……議論の終盤にはAもBも声を上げて笑い、握手した。

こうした観察結果は、壊れた関係性を作り直し、言葉に頼らない具体的なコミュニケーションだ（さらに第八章参照）。つまり、対立解消には、謝罪の言葉がないとしても、後悔の気持ちと個人対個人の相互関係を言葉以外で伝えるこうした象徴的なジェスチャーが役に立つのである。

繰り返さないという約束

インタビューに答えた申し立て側被害者の大半にとって、調停手続がさまざまな感情面での効果をもたらしたことは明らかだ。だが多くの被害者にとっては、加害者とされる側が偏見を動機とする行為を繰り返さないと約束しないうちは、気持ちが完全に落ち着くことはない。調停手続によって多くの被害者の恐怖や不安、怒りが和らぐことはあっても、相手側が自分たちを再び標的としないという確証が得られない限り、そうした感情がほぼ消えるということにはならないと話す被害者は多い。たとえば、障害者嫌悪で嫌がらせを受けたある被害者はこう述べる。「彼ら（一〇代の若者たちの集団）はこれからは別の道を通ると言ったんです。最初は彼らがそうする確信は持てませんでしたが、最近は別の道を通っているようです……」。

被害をもたらす行為をやめるという約束は通常、当事者双方が納得した約束事をまとめた調停合意に盛り込まれる。これが具体的に詳しく書き込まれる場合もある。たとえば、人種差別的な言葉を使わない、他者に向かって動物の鳴きまねをしないなどだ[16]。合意によっては、「口汚い言葉を使わない」など、漠然とした文言が使われることもある。合意内容はすべて、当事者を特定しない中立的な言葉で書かれるが、通常は、その特定の約束事項が誰に向けたものであるかははっきりしている。とくに重要なのは、大半の事件で、申し立てられた加害者がそうした内容の調停合意に署名しており、それ以降は嫌がらせ行為をやめていることだ[17]（第八章でさらに検討する）[18]。

署名がなされた合意文書に法的拘束力がないことは指摘しておくべきだろう。それでも、被害者の多くはそれが効果的であることを認識している。さらに、合意を破ると、一方あるいは両方の当事者になんらかの影響が及ぶことがある。住宅局がヘイトによる対立を解決できなかった事例では、一方あるいは両方の当事者に入居同意書の概要と、反社会的行為あるいはヘイト事象を起こした場合は契約違反になることを伝える文書が何度も送付された。これはつまり、一部の当事者にとっては調停合意書が事件を解消に向かわせる最後の手段だということである。調停後も事件が続く場合、調停者は当事者に関わりのある住宅局職員に連絡することがある。その時点で、申し立てをした被害者が転居しているか、申し立てられた加害者が入居同意書に違反したとされ、契約を終了させられていることもある。そうした手段が取られたことも複数の事例であった（第六章参照）。

当事者を支援する調停者の役割

被害者が調停者による「支援」に意義を見出していたことは思いがけない結果だったが、そう感じていたのはインタビュー回答者の半分にのぼる。ここでいう支援とは、被害者とその支援者らを対話に参加させるために実践者が果たす役割に深く関わる。インタビュー回答者は、とくに、調停者が「自分たちの話を聞いてくれる」ことが非常に重要だと詳しく語る（一般的な指摘についてはSawin & Zehr 2007: 53-4参照）。中立被害者の一人はこう説明する。「彼らの支援が必要でした。話し合いに参加できないのは嫌でしたから、これを追及するべきだと思います。彼女（調停者）がそうしてくれたのはとてもありがたかった」。驚くことではないが、インタビュー回答者全員が、調停者が事件によって起きた問題の解決に力を尽くしてくれたと話している。すなわち、中立被害者らは、自分たちが再びエンパワメントされ、確実に立ち直るためには調停者が不可欠な役割を果たすと考えていたということである。

本書後半で、ヘイトクライムに関わる地方当局と国家組織がもたらす悪影響について検討する（第六章参照）。そうした事例の多くでは、異議を申し立てたとしても、住宅局がヘイトクライムに適切に対応できなければ不満が大きくなるだけのはずだった。あるいは、中立被害者への対応に配慮が欠けていれば、彼らの苦痛が増すだけだった。インタビュー回答者の多くは、警察が彼らの申し立てを「内々のもめごと」として委員会〔訳注：住宅局を指す。（第六章注2参照）にまわすことが多く、支援してくれないことを指摘している。これらの経験が現在、「二次被害」として知られているものだ。そうしたことが被害者の初期のトラウマになってしまう。だからこそ、調停者が中立被害者の事件に関わると、その他の地方当局に「がっかり」させられた人びとは大きな安心感を得るのである。調停者はまず、必要な支援を行なわなかったそうした組織に改めて連絡して、進捗を確認することが多い。次に、中立被害者とそうした組織の職員との調停会合が設定され、地方当局が規定上行なうべき支援をもっとも立場の弱い人びとに対して行なうようにさせる（第六章参照）。

調停者が調停後にさらに行なう支援も「助けになる」と受け止められており、被害者ら一人ひとりは彼らがこの問題を重視していることを確信する。典型的には、調停者が定期的に被害者に電話をかけ、新たな問題が起きていないかどうかを確認することだ（ケーススタディ1参照）。こうした修復の手を差し伸べることが、被害者がもっとも心細いときに安心感を持たせる重要な要素であることは明らかだ。この意味で、ヘイトクライムの被害者、とくに自分たちが所属するコミュニティで周縁化されていると感じる個人にとって、彼らに対する調停者の支援は被害者が回復するために不可欠な一部であり、過小評価してはならない。

次のケーススタディは、継続中のヘイトクライムによる重大な被害が修復的対話によって部分的に解決されることを示している。

《ケーススタディ1》 V――変わりようのない同性愛嫌悪、障害者差別的な暴力

Vは四二歳、「アフリカ系カリブ人種とヨーロッパ人種のミックス」というルーツの「ゲイ」男性[19]で、サウスロンドンの集合住宅に住んでいる。HIV陽性で、障害もあった。二〇〇七年、上階の部屋に新たな入

居者（X）が越してきた。当初、彼らの関係は当たり障りのないものだったが、Vがゲイであることがわかると X は彼を嫌うようになり、「ホモ」「AIDSをまきちらすな」といった攻撃的な言葉を浴びせるようになった。Vが帰宅すると、自宅の玄関に「AIDSファッカー」と落書きされていることもあった。Vは委員会〔訳注：住宅局を指す。第六章注2参照〕に消してもらおうと数日そのままにしていたが、結局、自分で溶剤を購入して消した。

同性愛嫌悪の嫌がらせはその後も続き、次第に悪化していった。一八カ月もの間、Vの車が傷つけられたり、上階のベランダからゴミや液体がVの頭にかけられたり、XがVや彼のパートナーの顔に唾を吐きかけたりすることもあった。最悪の事態が起きたのは、Vが松葉杖をついて病院から帰宅し（つま先を骨折したのだが、その原因はこの嫌がらせとは関係がない）、Xとその友人らに鉢合わせしたときだった。その中の一人がVをなじり、地面に突き飛ばしたのである。その際、Vは歯で上唇を切り、差し歯をしなければならなくなり、あごも数針縫わなければならないほどだった。Vはこうしたつらい経験を次のように話している。

三〇代半ばまでキックボクサーをしていました。……突然、病気になって体力が落ち、歩けなくなりました。誰かに襲われて、引き倒され、怪我をする……説明するのはとても難しいんですが、心が破壊されるようなものです。自分が得たものすべて、自分自身が奪われるんです。……真っ暗な中で座り込んでしまうこともありました。何かされるのではないかと恐怖を感じていましたから、自分がここにいるということを誰にも知られたくなかったんです。自分では何もできませんでしたから、本当に怖くて……（Vは気分が落ち込んでしまった）。

調停手続によってVは同性愛嫌悪をぶつけられた経験をつぶさに語る機会を得た。彼は、調停手続に対話が含まれていてとても安心したこと、自分の話を聞いてくれる人がいるということだけでも、自分が受けた被害を真剣に受け止めてくれる人がようやく現れたと感じたと話した。Xが自分の行為について説明し、それがどのような影響をもたらしたのかを考えるよう求められたことで、Vは、ゲイであるというV自身のアイデンティティをXも理解するようになったのは調停のおかげだと考えるようになった（第八章参照）。他の中立被害者と同じく彼も、調停後に調停者から受けた支援が大きな安心につながったと受け止めている。

……これで終わりということにはなりませんでした。……調停が終わってからも（調停者は）二カ月おきに三度か四度ほど定期的に電話をかけてくれ、何事もなく大丈夫かどうか、その他の問題が起きていないかどうか、元気にしているか、状況がよくなっているかどうか、確認してくれました。……何事もなければ、わかりました、対応しておきました、次のステップに移りましょう……とても個人的につきあってくれたと思っています。

調停手続がVの回復に役立ったことは明らかだが、他のインタビュー回答者と同じく彼も、加害者がそうした行為をやめるという約束を守ることの重要性について話している。

調停手続が終わっても、最初は攻撃されるかもしれないとか、唾を吐きかけられるかもしれないとびくびくしていました。一日一日と日が経つにつれ、もう何も起きないという確信を持てるようになりました。調停手続ではしっかり支えてもらっていると感じることができました。[20]

このケーススタディは、申立被害者が長期にわたって標的とされる複数の事例の中でも代表的なものである。この事例から、コミュニティ調停がヘイトクライムの被害の修復にどのように役立ちうるのか、またそれ以上に重要なこととして、標的とされる嫌がらせ行為の再発をどう防ぐのかがよくわかる。

ヘイトが関わる多層的な対立を解決する

サザーク調停センターで調査された一九件の事件のうち七件の特徴は、申立被害者に対する加害者の偏見が（一部またはすべての）動機となり、執拗に標的とするような嫌がらせであることだった。残りの一二件については、ヘイトクライムに関する各種一般文献に見られるような概念にきれいに収まる類のものではなかった（第一章、第三章参照）。こうした高度に複雑な対立の特徴を分解していく作業こそが、もしかするとこの実証的研究のもっとも予期しない部分であったかもしれない。これらのうち、ヘイト事象は近所の住民同士の個人的な対立という大きな文脈で起きることが多かった。なかでも、騒音に対する不満がきっかけとなるものがもっとも多かった。このような相互に応酬し合う対立では、両者が相手側に対してさまざまな反社会的な態度を示すことが少なくない。つまり、事例によっては両者それぞれが巻き込まれた広い意味での対立にはどちらにも多少の責任があるということだ。

当事者は防音設備の十分でない公営住宅地区に住んでいることが多い。大音量で流される音楽[21]に苛立ちや怒りを感じて口論になり、事態が悪化するといったことはよくある。その他の事例でも、泣きわめく子どもやゴミの捨て方などで言い争いとなり、最終的に「ヘイト事象」となる。インタビュー回答者の中には、自分たちが巻き込まれた問題は、相手方が薬物やアルコールのせいで事態が悪化したと感じている人もいた。一人はこう記している。「隣人は猿の鳴き声のような騒音を立てていました……とくに酔っ払っているときがそうでした」。その他の事例では、中立被害者が、そうした行為は申し立てられた加害者の精神状態のせいだと感じた場合もあった。たとえば、あるインタビュー回答者は振り返ってこう述べている。「これも（人種差別的）かもしれないが、のちになって、彼も精神病であることがわかりました……調停のとき、彼は病気のせいで鬱なんだと、彼の兄弟が言っていたので。病気だったのかもしれませんが、だからといって、そういうのを続けていいということにはなりません」。このように対立が多面的であるために、事態は長引き、最終的には人種差別、同性愛嫌悪、障害者差別をするやつらだ、と非難することにつながってしまう。こうした社会的な悪化要因を検討し、理解しなければ、従来の刑事司法手続や、「被害者」「加害者」という固定的な役割に注目するような現在の司法制度が取り入れている部分的な修復的実践も、十分な効果を発揮することができない（本書の結論を参照）。個別の犯罪や事件の原因と結果だけに注目した対応も、社会的背景や当事者間の関係性を検討しなければ、限定的な効果しか得られない。さらに、司法的な介入が原因となるすべての要因と個人間対立の結果を検討しなければ、地域住民間の関係性を修復することは難しい。

一方の当事者が全面的に悪く、他方の当事者がまったく悪くないとしてしまうと、前者に不公正感を持たせるだけである。これは、ヘイトクライム／事象が起きたことを否定するわけでも、誰も責任を取らなくてもいいとすることでもない。実際のところは、そうした行為が社会的に非難され、憎悪を動機とする行為による被害を修復していくことが修復的手続の本質である。これらの過程をきちんと踏まえ、最善の結果を得るためには、不正行為や被害、関係者全員が悪影響を被るような社会的不利益について幅広く議論するしかない。

次に取り上げるケーススタディは、「被害者」「加害者」という二つのラベルや前提を用いることは、ヘイトが関わる対立が複雑だという現実を否定するだけであることを示している。さらに、そうした複雑な事例で調停が効果をあげる可能性を検討する。

《ケーススタディ2》　同性愛嫌悪的な脅迫と人種差別的かつ年齢に関わるステレオタイプ

Jは「ゲイ」で「人種的にもミックス」だという青年で、自分は近所に住む高齢者のM夫妻（「カリブ系の黒人」である夫と「白人の英国人」である妻）から同性愛嫌悪的な嫌がらせを受けた被害者だと思っていた。夫妻はJに「嫌な顔」をし、通りでは彼を指さすこともあった。夫妻の行為に苛立ったJは、M夫妻の自宅を訪ねて直接話し合った。そのとき、夫妻は「おまえみたいな人間（強調は筆者による）は頭がおかしいんだ」と繰り返し大声を上げ、彼は「汚い言葉を浴びせられ」た。夫妻はまた、彼に対して「泥棒、薬物中毒、精神病者め」とも言った。Jはこうした言葉は同性愛嫌悪的だと感じた。彼はM（妻）を「魔女」と呼び、やり返した。この口論はすぐに近所の住民も巻き込むこととなり、複数の側面を持つ複雑な対立に発展した。インタビューでJは、たくさんの人をこの対立に巻き込むことになった経緯について、こう話す。

味方も敵もいますが……、夫妻に味方したのは、彼ら二人とは別の夫婦です……、こういう事態になってから、彼らは基本的に私をここから追い出そうとしました。私の上の階に住む人、隣の住民、同じ通りに住む人、その隣に住む人など……を巻き込んで……一五人くらいになるでしょうか。

この対立について住宅局職員から連絡を受けたとき、M（夫）は、その職員にJが戻ってきたら棍棒で殴ってやると言った。インタビューでJは筆者に対し、「ばかなやつらをやっつけて、こらしめてやる。たたき出してやる」と二人に言ったと話した。

Ｍ（夫）が住宅局職員にそう言ったため、地域の防犯活動団体が介入することになり、その後ＨＣＰに回送された。両者とも、対面式の調停会合に参加する前に間接的な調停会合に参加した。間接会合の場でＪは、この事件のせいで、襲われるのではないかと「とても不安」になり、自分がどう感じているかを誰かに「わかってほし」く、自分に対する嫌がらせを止めてほしかったと話している。調停者がアイデンティティの問題を取り上げたところ、Ｊはこう言った。「みんなゲイを誤解している。とくに高齢のカリブ人はそうだ。ゲイは薬物中毒者で薬物を買うために盗みをすると思い込んでる」。調停者がこれを遮り、「すべてのカリブ人がそう考えているわけではありませんよ」と発言すると、Ｊはこれを受け入れた。別の会合ではＭ夫妻が、Ｊは若いからいつも友人を連れてきていて、「いつもけんか腰だった」と話した。

対面式の調停会合では同性愛嫌悪が取り上げられ、それによってＪがどのような影響を受けたのか細かく話し合われた。Ｍ夫妻は、自分たちが同性愛嫌悪者であることは認めなかった。しかし、彼らは同性愛嫌悪が周りにどのような悪影響を及ぼすのかという議論に参加していく中で、彼らのゲイである甥のことを「決して拒絶するようなことはない」とコメントするに至った。

Ｊは、Ｍ宅に行ってふてぶてしい態度を取ったことを謝罪した。こうしたＪの態度を受け、Ｍはにっこりとし、握手するために椅子から立ち上がった。次に合意書が作成され、両者ともに偏見に満ちた言葉を相手に対して使わないこと、口論について近所の人びとに話さないことが記された。最後に、通りで顔を合わせたときはお互いに挨拶することにも両者が合意した。彼らはもう一度握手をし、会合を終える前に調停者に感謝の意を表した。[22]

このケースの被害者は、自分の受けた嫌がらせと暴力をほのめかす脅迫は同性愛嫌悪が主な動機だと感じていた。だが彼も、親類の青年が加害者を怒らせていたことを認識している。調停者とM夫妻との事前会合を観察したが、彼らは、「若い人たち」は反社会的にふるまってばかりいると非難し、若者についての問題を好き勝手に語っていた。同様に、Jと調停者との準備会合を観察していたところ、Jはカリブ人の同性愛嫌悪的な姿勢について触れ、隣人に対する批判を彼らの民族的出自と年齢のせいにしていた。

このような場合、警察の報告書のように、このケースを単なる同性愛嫌悪のヘイトクライムに分類してしまうことは公正ではない。Jは、この対立にはさまざまな事件が関わっており、その動機は同性愛嫌悪だと受け止めたが、近所の住民たちからは申立被害者の態度は失礼で年齢差別者のようだったと受け止められていた。露骨な脅迫を受けて、Jは出かけたり帰宅したりするときに恐怖や不安を感じたが、Mの自宅では夫妻の前に立ちはだかり、二人に対して年齢差別や性差別的な言葉を吐いており、対立が深くなるだけだった。つまり、この口論では両者がともに、偏見だと思われるような言葉の暴力を振るったのだ。この一つの事件が口論の転換点となり、「指さし」たり「嫌な顔をし」たりといったものから、暴力が振るわれるかもしれないという深刻な脅迫や対抗的な脅迫に変わっていったのである。

このケースの動機を証明するのは難しいが、同性愛嫌悪がこの対立の中心にあったとはいってもよいだろう。だが、それぞれの当事者の認識と態度に一定程度の影響を与えたのは、年齢と人種である。M夫妻は自分たちの行為が同性愛嫌悪であったことは認めなかったが、調停手続は、同性愛嫌悪がJの生活にどのような影響を及ぼしたのかについて詳細に話し合う場になった。Jは夫妻の行為がなぜ同性愛嫌悪であったのか、それに対してどのように感じたのかを説明することができた。対面式の直接調停が終わったとき、Jは「お互いをよく理解することができた」と言い、これに対してM（妻）は「誰でも一人ひとり個性のある個人ですものね……彼も私たちがどう感じているのかわかってくれたし、私たちも彼の気持ちがわかったわ」と答えた。

この調停手続から、修復的原則に従って慎重に進められるのであれば、対話の過程が対立を解消し、無関心と偏見を批判的な検討対象としうることがわかる。裁判のような対立して争う場には、そうした論争によって明らかになる重層的な偏見を根絶する手段がなく、また、刑事手続では、偏見を動機とする対立が起きるような社会的背景を作り出すさまざまな社会経済的要因が適切に考慮されることもない。「被害者」の感情が修復され、すべての「当事者」が争いに対する平和的な解決を見出すことができるのであれば、こうしたより複雑なケースにおいては多様な社会的要因を検討し、対応する必要がある。

コミュニティ調停――万能な解決策になるのか？

調停手続は確かに、多くの中立被害者にとって感情面で助けになる。とはいえ、すべての参加者に感情的な回復をもたらしうるとするのは理想的すぎるだろう。感情面で癒されるために重要な要素はその他にもたくさんある。インタビュー回答者は「事件後に気持ちを落ち着けるために、その他にはどういう要素が役に立ったか」という質問も受けた。その他の要素として示される例は、時間の経過、パートナーや友人、家族の支援、住宅局職員の支援、非政府組織や慈善団体の支援などだ（別表A、質問31、32を参照）。数人が、家族や友人、近所の人などが感情面で支えてくれたおかげで再び安心だと感じるようになったと答えた。慈善団体から追加的な支援が得られたからという事例もあった。たとえば、ある回答者は、虐待に関しては雇用主であるMENCAP（学習障害のある人びとの支援団体）がとても頼りになったと言った。一方、V（ケーススタディ1）は「メトロポリタン・ゲイ・ポリシング・グループが励ましてくれた」と語る。こうした追加的な要素は感情的な落ち着きを取り戻す力になるが、感情面で回復するには調停手続が重要な要素であることは、他の回答者の回答から明らかだ。

調停がほとんどの被害者の感情面での回復に役に立ったことは確かだが、その手続のせいで事態が悪化したと答えた申立被害者は二人いる。あるケースの回答者はこう説明する。「状況は悪くなりました……というのも、私が望んでいた結果にはなりませんでしたし、第一類から第三類に該当すると思っていたのに、今でも第四類のままなんです（第一～四類とは、転居を希望する対象者をその必要性に応じて分類するための分類区分）」このケースでは、調停者が被害者の区分を変えなかったことで被害者が憤慨した。調停サービスは一人ひとりの区分を変える立場にないが、それこそ、調停者が影響力を及ぼせるようにするべきだと回答者が不満に思ったことはインタビューから明らかだ[23]。

少数にとどまるものの（五人）、調停が被害者の感情的な回復に役立たなかったことも記しておくべきだろう。あるケースでは、一〇年間も調停が続き、申立被害者と申し立てられた加害者とで直接的な調停こそ行なわれたが、被害者が受けたトラウマが癒されることはまったくなかった。むしろ、加害者から離れるように転居して初めて、被害者は生活の立て直しに取り組むことができた。彼女はこう話す。「どのようなサービスを受けたとしても、気持ちを上向かせることはできないと思います。感情面に関しては、自分でなんとかしないといけないからです。ですから、彼らが私の気持ちを前向きにさせてくれたとは言いません。ただ、支援するためにいてくれたとは思います」。嫌がらせが何年も続いた場合、被害者の気持ちはコミュニティ調停が「正す」ことができないほど傷つく。本書最後の結論にはこれを反映させている。被害者は全員、事件全体を過去のものとすることができたかどうかを問われるのだが、できたと答えたのは八人にすぎなかった。回答者のうちの七人は「できるともできないとも言えない」と答え、数人は事件から立ち直りつつあるかどうかという点に関して「どちらとも言えない」と答えている。結果的に、インタビュー回答者のうちの八人が、事件そのものを過去のものとすることはできないと答えたことになる。ヘイトを原因とする対立のほとんどが継続的かつ長期的であることを考えれば、そうした結果は驚くものではない。さらに、ほとんどのケースで中立被害者は加害者の隣あるいは近所に住んだままなのである。これのせいで、それまでに受けた被害を常に思い出すこととなる。

第三章で検討したが、調停がヘイトクライムの被害者すべてを回復させることができるわけではないという事実は、マイノリティであることを特徴とする集団が受ける社会構造的な不利益にもつながる。多くのマイノリティ・コミュニティが経験する偏見と差別の「過程」によって、彼らが将来もヘイトという嫌がらせを受ける可能性が高い、すなわち、近所の人からさらに被害を受ける、あるいは地域の他の人びとから攻撃されると考えるのは仕方がない（Ahn Lim 2009）。ヘイトによる嫌がらせは拡散するものだ。そのため、被害者が感情的に立ち直るための明確な道筋を刑事司法制度が常に示すことができるとは限らない。調停を受けて、恐怖や不安、怒りが和らいだと述べた被害者であっても、否定的な感情から完全に解放されたとは感じていない。したがって、修復的司法は、ヘイトクライムの被害者を完全に修復させるものではなく、被害を修復する一助にすぎないと受け止めておく方がよいだろう。ヘイト被害者が受けた被害経験は、社会的・構造的・文化的に不利な立場に置かれ続けていることにつきまとうものだからだ。

結論がこのようなものになるとしても、修復的司法が被害を修復する目的を達成できないわけではまったくない。実際、われわれはここまで、修復的対話は多くのヘイト被害者が回復するように手を差し伸べるという重要な役割を果たしうることを確認してきた。第六章では、コミュニティ調停者はどのようにして、地域の国家組織がもたらす組織的な害悪から部分的に回復させるような調停手続を複数組織アプローチに用いているのかを検討する。第八章では、修復的対話が狙い撃ちによる被害の再発をどのように防止しているのかを検討する。

第三節　修復的実践者の経験

ＨＣＰに一八カ月間通い、中立被害者を観察し、インタビューした。だが、ヘイトクライムに修復的司法を用いることについて、さらに全体的に俯瞰するには、他の修復的実践にも研究の手を広げることが必要だった。次の章では、それほどひどくはないヘイト事象についてデヴォン・コーンウォール警察が行なっているような修復的措置の活用を検討する。だがその前に、ヘイトクライム事件のファシリテーターを担った経験のある英国全土の修復的司法実践者にインタビューして得られたデータを分析することで本章を終えたい。そうした実践者が用いるやり方とサザーク調停センターで採用されている過程には共通点があるため、本章でこれらのデータを評価する[24]。

修復的実務の実践者を対象にしたインタビューは全部で二三回行ない、修復的司法を活用して解決された合計二八件のヘイトクライムについて詳細がまとめられている。ほとんどの実践者は修復的司法のファシリテーターを正規の仕事としており、勤務先としては、コミュニティ調停センター（七人）、デヴォン・コーンウォール警察（五人）[25]、青少年加害者サービス（四人）、ＮＡＣＲＯ[26]の修復的司法センター（二人）、学校（二人）、刑事司法制度で働いた経験のある独立した修復的司法実践者（二人）、保護観察官（一人）であった。実践者が活用する修復的司法の方法はさまざまだが、被害者・加害者調停、ファミリー・グループ・カンファレンス（ＦＧＣ）、修復的原則に基づいたコミュニティ調停会合が多かった[27]。

参照したヘイトクライムの類型はさまざまだったが、ほとんどは人種差別が加味された事件で、同性愛嫌悪および宗教嫌悪が関わる事件がそれに続いた[28]。インタビュー票は体系的ではあったが、被害者へのインタビューとは異なり、自由回答の質問を多くし、実践者がそれぞれの事例を十分に説明できるようにした（別表Ｂ参照）。インタビューでは、修復合意書について、実践者たちが扱った事例の被害者にとって感情面で効果があったのは過程のおかげだと思うかどうか、偏見がからむ問題をどのように扱ったか、会合中に被害が繰り返される危険性にどう対処したかを質問した（第七章参照）。

被害と偏見を検証する

ほとんどの場合、実践者から得た情報はHCPが被害者から得た情報と一致していた。実践者には、自由回答式と選択式の両方の質問票で修復過程について質問した（別表B参照）。感情面での回復について圧倒的に多かった論点は、ヘイトクライムによって自分と家族の生活にどのような影響があったかを被害者が説明できたかどうかだ。この結果については、調停との関わりにおいてすでに検討しているが、憎悪が関わる事例において語ることの重要性を改めて強調するために、その他の修復的司法実践者のコメントをいくつか分析しておくことは有益であろう。とりわけ、実践者が頻繁に指摘するのは、「アイデンティティ」の問題を探っていくことが根本的に重要だということだ。たとえば、ある実践者はインタビューの中でこう発言している。「同性愛嫌悪の問題に取り組んだ事例では、当事者は彼ら（加害者）に……コミュニティの中で同性愛者であるということがどういうことなのか、同性愛に対する偏見にさらされるのがどういったことなのか……を知ってもらいたがっていました。そうすれば、たくさんのことを知ることができますから」。反ユダヤ主義の嫌がらせ事件を担当していた別の実践者は、筆者にこう話した。

彼ら（被害者とその家族）は一族の歴史や、一族の誰がその時代（ホロコースト当時）に亡くなったかについて詳細に話してくれました。また、家に飾っていた思い出の品や絵画、すでに亡くなった親戚が作ったもの、個人の持ち物などを見せてもくれました。自分たちのアイデンティティをとても大事にしていて、ユダヤ人であることが誇りなんだと言っていました。彼らはそのアイデンティティとルーツを持ち続け、失いたくないんです。

筆者は、オックスフォード青少年加害者サービスでこの家族との修復的会合[29]を観察したこともあって、この一家にとって自分たちが文化的に引き継いだものについて話すことや、自分たちのアイデンティティのせいで攻撃されたことがどれほどの影響をもたらしたかを強調することが重要であったことがよくわかった。ユダヤ系であるという一家のルーツとホロコーストの際に殺害された一族に対する思いは、「ストーリーテリング」による修復的過程の中心となるからこそ、嫌がらせが基本的にどれほど大きな影響を及ぼすのか、ユダヤ人であるがために標的とされることがどれほど大きな打撃となるのかを説明することができるのだ（第八章、ケーススタディ2参照）。この意味で、修復的司法は、安全だと感じ、励まされるような環境で、ヘイトクライムの被害者たちが自らのアイデンティティを再確認する方法だとみなすことができる（本質主義の一形態）。被害者らが自らが帰属する集団のアイデンティティについて話せるような安全な空間をもたらすプロセスはきわめて貴重な手段となる。そこでは、彼らがヘイトクライムの被害者となったことによって失った個人の安全を、少なくとも部分的には取り戻すことができるのだ。

償い――謝罪と繰り返さないという約束

コミュニティ調停とは異なり、加害者の謝罪はインタビュー回答者に共通する関心事項である。回答者の多くは、自分たちが進めたヘイトクライムの事例で行なわれた謝罪は心からのものだったと考えている。だが実践者のほとんどは、謝罪を得ることが修復的過程にとっての最終目的ではないと話し、筆者がＨＣＰで得た結論と一致する。ある実践者の言葉もそれを示している。「謝罪は悔いを意味し、成熟していることの証です。それ以上に重要なのは、その場で別の視点を示すことです。その人が謝罪した理屈がわかるからです。この人たちはなぜ謝罪したのか？　なぜ私に謝罪したのか？」。こうした発言は、修復的過程の基本である「ストーリーテリング」が、直接的な謝罪よりも重要であることを改めて示している。

コミュニティ調停と同じく、加害者がそうした行為を繰り返さないと約束することが重要だという点はインタビューに回答した実践者が繰り返し指摘している。たとえば、ある実践者はこう述べる。

私たちは被害者らに、あなたにとって状況をよくするかもしれないものは何だと思うかと（いうようなことを）尋ねます。すると、彼らはこう言います。「もう繰り返さないと言ってもらえるだけでほっとします」。確認だけなんです。結局、加害者が被害者の家の中のものに火をつけないということを確実に保証してくれるものなんてありません。ですが……そうした言葉は、同じことをもう繰り返さないという確かな約束だと思えるんです。

実践者らは、被害者が他の形の償いを受け入れるかどうかも、その犯罪は繰り返さないという約束があったかどうかによると指摘する。つまり、もう繰り返さないという約束はどちらのデータにも共通する論点であり、修復的過程のこの側面は、被害者が回復するためにもっとも重要な要素の一つになる。[30]

共通するテーマ

本章では、それぞれのデータにおける論点、また各データに共通する論点を取り上げた。だが、結論に先立って再掲することには意味があるだろう。

ストーリーテリング

ＨＣＰに関わった申立被害者にとって、またヘイトクライム事件を扱った実践者にとっても、「ストーリーテリング」は特別に重要だった。それまで耐えてきた被害について詳しく語ることができたおかげで、被害者の感情が落ち着いたことはインタビューを通して、また調停会合を観察したときにも、はっきり伝わってきた。多くの事例で、これには、被害者が自分たちのアイデンティティや、加害者の行為およびより広い意味でその他の地域住民の行為という両方の観点で偏見がもたらした打撃について語ることを含む（第八章参照）。

同じ行為を繰り返さないという約束

また被害をもたらされるかもしれないという恐怖を感じるということから、被害者が感情面で回復するには攻撃的な行為をやめるという約束が重要な意味を持つ。被害者が積極的に参加し、被害について話すことで怒りや不安、恐怖が和らぐ効果はあるが、攻撃的な行為をやめるという確約を被害者が得るか、場合によっては、加害者がその約束を守ることを確認して初めて、被害者は狙い撃ちにされたという嫌がらせ行為の経験を乗り越えることができる。

ファシリテーターの支援

被害者が、修復的司法の実践者が行なう支援に意義を見出しているという結果が出るとは想像していなかった。もっとも有意義な支援とは、被害者から見た事件の顛末にただ単に耳を傾けることだ。その次は、対立を解決するためにもう一方の当事者との会合を調整することであり、最後に、会合終了後に被害者がダメージを受けていないかどうかを確認するために連絡を取ることである。こうしたことが、被害者に自分たちの経験がようやく真剣に受け止めてもらえたと感じさせることにつながる。

償い

ＨＣＰでは面と向かって謝罪がなされることはほとんどない。その代わり、握手をしたり微笑んだり、笑顔を見せたりといったジェスチャーから新たな関係性が生まれ、一方あるいは両方の当事者が一定程度後悔していることを示せる。一種の償いとしての謝罪が持つ特徴だと指摘する修復的司法の実践者もいるが、多くは、そうした謝罪は修復的対話をうまく活用するための重要な要素ではないとする。

まとめ――ヘイト事象を理解し、それがもたらす被害を修復する

ＨＣＰでの調査は、ヘイトクライム／事象、ヘイトによる被害、償いの過程は無数に存在することを示している。とくに、データから浮かび上がったヘイトクライムの「類型」は二つある。一つ目は進行中かつ継続的な狙い撃ちとされる被害で、明らかに、被害者のアイデンティティに基づく敵意が動機になっている。この場合、被害者は深刻な感情的なトラウマを持つようになり、地元当局が被害をもたらした事件にきちんと対応してくれたらと考えるようになる。この類の事例では、一方の当事者がヘイトの「加害者」であり、他方の当事者がヘイトクライムの「被害者」となる。

観察したヘイト事象のうち、より一般的な類型は、ヘイトを動機とする犯罪としてわかりやすい構図を示して

はいない。ヘイト事象の多くが、お互いに顔見知りであるコミュニティの住民同士が個人的に対立して応酬する際に起きることがわかるまでにたいした時間はかからなかった。そうした口論は数週間あるいは数カ月で悪化することが多く、最終的にヘイトクライム／事象につながる。この類型のヘイトクライムが非常に複雑になるのは、多数の人が口論に加わるからだけではなく、どちらの側も反社会的行為を行なってしまうことが多いからだ。そのため、「ヘイト事象」が実際に起きたとしても、重大な対立を起こした、あるいは長引かせた責任がどちらにあるのかがよくわからなくなってしまう。こうしたさらに複雑な事例では、因果「応報」的な方法でなされる非難に「当事者ら」が十分に反応するとは考えにくい。

もちろん、本章で示したデータが代表的なものであるかどうかについては注意が必要だ。少数の事例が調査されただけでその結果を一般化するには限界がある。また、他の機関が解決するのが「難しかった」事件は、そもそも報告されていない事件であるかもしれず、警察（あるいは裁判所）がうまく解決したような多くの典型的な事件とは異なるものかもしれないからだ。それでも、多数の研究が、ヘイトクライムのほとんどは被害者の顔見知り（近所の住民であることがもっとも多い）によって行なわれたものである（英国の状況に関してはMason 2005を、米国の状況に関してはChen 2013を参照）ことを指摘している点には言及しておくべきだろう。考慮するべきは、HCPの研究結果が地元の住民同士の間で日々起きているヘイトクライム／事象のほとんどに当てはまるということだ（第一章参照）。おそらくもっとも重要なのは、ヘイトクライムはすべて、強い敵対感情を直にぶつける表現であるという概念ではなく、ときには社会経済的な剝奪、精神病、薬物、アルコールといった問題や、少なくともある程度の共同責任も関わる複雑な社会関係の結果でもあることだ。憎悪を動機とする事件が起きる原因をより深く理解するために、ヘイトクライムが起きるような状況的および社会的文脈についてさらなる実証研究を行なうことには確かに意味がある。

その他の本章の重要な結論としては、コミュニティ調停がヘイトクライムによる被害を修復する一助となることだ。修復的司法実践者へのインタビューから、修復的価値が厳格に適用されるのであれば、この結果がその他の類型の修復的実践にも当てはまることがわかる。とくに被害者には、その事件／対立からどのような被害がもたらされたのかを他者に話し、その「ストーリー」に耳を傾けてもらう機会が与えられなければならない。また、もう事件を起こさないという正式な確約を加害者から得ることも必要だ。そうして初めて、ヘイトクライムのすべての利害関係者は、それぞれが巻き込まれることになった広い意味での対立を乗り越えることができる。

これらの結果にはいくつかの注意も加えておくべきだろう。HCPの結果は有望ではあるが、コミュニティ調停が憎悪を動機とする嫌がらせ行為のすべての被害者を回復させられるわけではないことを示してもいる。さらに、調停前後で記録された恐怖や不安、怒りの程度は、多くの被害者にとって部分的に軽減したというにすぎない。つまり、多くの被害者はヘイトクライムを経験したことについて、多少なりとも怒りや恐怖、不安を感じたままだということだ。コミュニティ調停がヘイトクライムの被害を完全に修復できないことには、複雑で幾層もの理由がある。第一に、多くの事件においては、どちらの当事者もそれぞれの行為についてすべての責任を取るわけではなく、直接的な償いが常に可能であるわけではない。すなわち、中立被害者が謝罪を受け、耐えねばならなかった被害に対する物質的な賠償が必ず得られるわけではないのである。だが第一の理由以上に説得力のある第二の理由は、被害者の多くが、修復的実践では対応できない社会経済的な不利益を受け続けるということだ。社会構造的な状況が複雑であるために、結局のところ、修復的司法を実践したとしても、被害を回復させるには限界がある。さらに、アルコール依存性と薬物中毒は関係性の再構築を困難にし、精神病に関わる問題は順調な回復の妨げとなる傾向がある。最後に、都心に住む被害者の多くはビクトリア風の専用集合住宅（防音設備が不十分）に住んでおり、騒音公害に対応するのは難しい。こうした何層にも及ぶ社会問題があるために、少なくとも当面は、近隣住民が巻き込まれるような憎悪による双方向的な対立を解決する特効薬はないといえる。そうした社会構造的な問題があるために、調停者が憎悪を動機とする対立の一つひとつを解決するために最大限の努力をしているとしても、調停手続によって社会に存在する全体的かつ制度的な偏見を緩和することや、集団全体が置かれている社会経済的に不利な立場を逆転させることはできない。コミュニティ調停は、ヘイトクライムに対する組織の対応が起こす害悪（第六章参照）を部分的に修復することはできる。しかし、より一般的な修復的実践において、構造的不平等がもたらすこうした害悪を正すために必要な資源や独立性を常に備えているわけではない。

修復的実践を受けて感情的に立ち直るには、修復的司法の原則を厳格に適用しなければならない。HCPは、ヘイトクライム被害の修復を促すために修復的実践がいかに効果的であるかを示している。これに倣うためには修復的司法のファシリテーターは、ヘイト事象の原因と結果の両方に影響する社会構造的な不平等さを含め、憎悪を動機とする対立の本質が複雑であることを理解する必要がある。

1――以降の章で見ていくが、不正行為を行なったと非難される人びとに、一部の組織が強く参加を求めるという圧力がかかることは多い（第六章参照）。

2――インタビューを受けた全員が、自分は被害を受けたと考えていたため、簡潔にするため、被害者も、申し立てをした被害者もまとめて「被害者」とした。本章あるいは本書で明らかにした「被害者」と「中立被害者」は、調査した修復的実践において参加者が担う役割が若干異なっているのを確認したのであって、一人ひとりが受けた被害の程度が異なるわけではない（本書の結論を参照）。

3――別表A、質問11参照。

4――異なる偏見を動機とするさまざまな事件を調査したため、修復的司法とヘイトクライムについてより妥当に深めることができた。だが、障害差別や同性愛嫌悪についての事例数が比較的少なかったため、異なるヘイト被害や、異なる類型のヘイトクライムそれぞれに修復的司法がどう対応できるかについて、微妙な差異を追求する余地はほとんどない。

5――ここでの「深刻さ」は刑法上の分類に基づく加害行為の程度を示すものであり、必ずしも、事件によって受けた被害の程度を示しているわけではない。

6――本章後半「多層的なヘイト事象を解決する」でこの類型の対立についてさらに分析している。

7――その他一人がどちらでもないと回答した。

8――効果のないようなファシリテーションだと不満を感じさせる結果となり、場合によっては大きな怒りや不安を持たせることにもなる。以降を参照。

9――一人は「与えてもらえなかった」と回答し、一人は「どちらとも言えない」と回答した。直接的な調停に参加した一一人全員が、事件による影響について話す機会があったと述べている。

10――この五人のうちの何人かは、事件から受けた感情面への影響はもともと限定的だったと述べている。直接的な調停への参加者と間接的な調停への参加者を比べても、ほとんど差はなかった。直接的な調停に参加した一一人のうちの九人が、手続によって感情的に落ち着いたと答え、間接的な手続に参加した参加者では一二人のうち八人がそう答えた。

11――調停直前Ｍｄｎ＝一〇、調停直後Ｍｄｎ＝七、Ｚ＝マイナス三・三一七、ｐ＝〇・〇〇一。

12――評価は、確かにそう思う、そう思う、どちらでもない、そうは思わない、まったくそう思わない、とした。

13――インタビュー回答者二三人のうち二〇人が調停手続に「非常に満足した」「満足した」と述べた。二一人が調停手続は「いい経験」「非常にいい経験」だったとしており、驚くことではないが、二三人のうち二二人が同様の事件に巻き込まれた人に調停手続を勧めるとも答えている。

14――偏見の影響と「差異がある」ことによって受ける経験を詳しく話すのは、被害者にとって欠かせない重要なことだ。第三節で詳細に説明し、第八章でも取り上げる。

15　観察もこの結果を確かめている。
16　猿の鳴き声をまねることは人種差別的な動機があるとされ、そうした事例は、中立被害者側にとって苦痛の種だ。そのようなものまねは人種差別的だとする証拠に該当することもある。*R v SH* [2010] EWCA Crim 1931 参照。
17　調停直後に調査した一九件の事例のうち一一件では、ヘイト事象が起きないようになった。六件で調停者が複数組織アプローチを活用し、さまざまな当事者を調停手続に参加させ、対立の解消に役立てた（第六章参照）。二つの事例で、中立被害者は、調停後もヘイトによる嫌がらせ行為が続いたと述べている。
18　インタビューを受けた二人は、調停前よりは軽くなったとしつつも、いまだに恐怖を感じていた。調停手続の直後、より恐怖を感じたとしたインタビュー回答者は一人だけである。だが、その一週間後に事件は起きないようになり、その当事者は居住地域にいてもそれまで以上に安心できるようになったと言った。
19　インタビュー回答者は、自分のアイデンティティを自分の言葉で表現するよう言われていた。
20　ケーススタディはWalters & Hoyle（2012）でも取り上げられている。
21　騒音は事件のほとんどで重要な要因となっている。
22　このケーススタディはWalters and Hoyle（2012）でも論じられている。
23　次の章で見るように、被害者が転居できるように調停者が住宅局職員と協力する場合もある。
24　次章で見ていくが、「修復的」実践と呼ばれてはいるものの、デヴォン・コーンウォール警察で行なわれている修復的司法対応は、修復的司法の原則を忠実に用いたものではない。
25　第五章で詳細を検討する。
26　犯罪減少を目指す慈善団体。
27　実践者の半分以上（一三人）には対面式のインタビューを、残り（一二人）には電話によるインタビューを行なった。
28　障害者に対するヘイトクライムについて話したインタビュー回答者はいなかった。
29　このケースについては第八章、ケーススタディ2でさらに詳しく述べる。

30――繰り返し被害を受けること、支配されること、会合で不平等な扱いを受けることに関する実践者のデータは第七章で分析する。

第五章　修復的な警察活動とヘイトクライム

はじめに

この二〇年で修復的な警察活動が広がっているのは、世界中の警察が未成年者の犯罪に対応する新たな枠組みを構築したからだ（O'Mahoney & Doak 2013）。こうした取り組みの多くは現在（主に青少年の）犯罪行為により効果的に対応するために行なわれている立法上の枠組みの一環である（南オーストラリア州のYoung Offenders Act 1993参照）。修復的司法という法律上の枠組みを越え、警察は未成年者による犯罪と重犯罪事件の加害者である青少年と成人に対して新たな修復的介入を進めようともしている（英国の状況に関してはCJJI 2012参照）。

本章では、（主に）「軽微」な加害行為に対応するために路上で行なう修復的司法とカンファレンスを取り入れて、デヴォン・コーンウォール警察が確立した修復的枠組みを詳細に検証する。調査したのは、憎悪を動機とする犯罪への警察対応の一環として「修復的措置」が用いられた一四件だ。[1]ここでは、被害を修復するという修復的措置の本質を検証し、コミュニティ調停をテーマにした前章と同様に分析する。本章は、コミュニティ調停の全体を通した各場面における調査結果を比較対照していく。この比較検討を通して、警察官とコミュニティ調停者が担う役割が異なること、さらに、こうした違いが修復的価値の望ましい適用にいかなる影響を与えるかについて考察していく。続いて、警察が進める修復的司法はアイデンティティに基づく偏見が明らかであるか、そうした偏見に動機づけられた犯罪の解決に効果をもたらすのか、または適切なのかどうかを分析する。

第一節 修復的警察活動

警察主導の修復的カンファレンスは一九九〇年代中頃に登場し、まもなく、その効果を評価する実証研究が行なわれるようになった。なかでも最大規模かつ、もっとも重要な研究の一つは、一九九五年にキャンベラで始まった再統合的恥づけ実験である。このプロジェクトは、オーストラリア国立大学修復的司法センターとオーストラリア連邦警察によって進められた長期的な研究（一九九五〜二〇〇〇年）であり、多数の参考事例と無作為対照群を得ることができたおかげで、カンファレンスと裁判手続とを統計的に有意に比較することに成功した。評価の対象となったのは、すべての年齢を対象とした飲酒運転（血中アルコール濃度〇・〇八以上）、未成年（一八歳未満）による財産権の侵害、店舗の警備員に発見された未成年（一八歳未満）の万引き、最後に暴力犯罪（三〇歳未満）など、さまざまな犯罪である。再統合的恥づけ実験の仮説は、加害者も被害者も裁判よりもカンファレンスの方が公正だと認めること、裁判よりもカンファレンスの方が被害者にとって有利であること、裁判よりもカンファレンスの方がその後の再犯が少ないことだった（Strang et al. 2011）。

再統合的恥づけ実験プロジェクトの結果はおおむね期待が持てるようなものだった（Sherman et al. 1998, 2000; Strang 2002; Sherman & Strang 2007; Strang et al. 2011 参照）。公正さと手続上の妥当性に対するカンファレンスの参加者の満足度は、裁判の原告となった人びとよりも高かった（Sherman et al. 1998）。被害者は、恐怖と怒りの感情がかなり収まったとも報告した（Strang 2002; 第二章も参照）。さらに、ファシリテーターを務めた警察官も、裁判になった事例よりもカンファレンスにより満足する傾向があった（Strang et al. 2011）。そうした結果は、オーストラリア、米国、英国でも同じである。たとえば、米国ペンシルバニア州にあるベツレヘム警察が行なうファミリー・グループ・カンファレンス（FGC）・プロジェクトは一九九五年に始まったもので、全般的に再統合的恥づけ実験と同様の成果をあげている（McCold & Wachtel 1998）。被害者の間ではこの枠組みに対する満足度が高く、その多くが、自分の意見が考慮されたと感じたことを報告している（McGarrell et al. 2000 も参照）。このように、「警察への信頼醸成や被害者関与の増加による利点を考慮すると、警察主導のカンファレンスは刑事司法制度を補足するものとして望ましい」とするローレンス・シャーマンらの当初の結論はますます支持されつつあるようだ（Sherman et al. 1998: 160）。

再統合的恥づけ実験の結果が良好であったことから、警察主導の修復的司法は、独立した修復的実務の実践者によるものと同様の利点があると考えることができる。警察が行なうカンファレンスには、独立したファシリテーターからは得られないような多くの追加的な利点がある。とくに、警察主導の修復的司法を支持する人びとは、制服を着た警察官がいるだけで被害者とその支援者らはいっそう安心すると指摘する（Hoyle et al. 2002）。さらに、警察が修復的司法を促す場合、合意された約束事項が守られる可能性が高くなる（Hoyle et al. 2002）。修復的会合の場で身の安全が保障されるかどうかは、嫌がらせ行為が標的にするようなものであった場合にとくに関心が高くなる。そのため、警察官がカンファレンスを進めることによって、ヘイトクライムの被害者は再び被害を受けることはないという安心感を得ることができる（再び被害を受けないということについては第七章でさらに論じる）。

警察主導の修復的司法のすべてが信用できないものだったわけではない。キャロライン・ホイルらが英国のテムズ川修復的注意喚起センターを調査したところ、警察主導の修復的司法に対してはさまざまな評価があった（Hoyle et al. 2002）。ホイルらは三年間にわたり、テムズ川警察が行なった修復的カンファレンスの参加者四八三人（被害者は六四人だけだった）に聞き取りを行なった。総括すると、被害者らが感じたのは、直接顔を合わせることが、加害者らが加害行為による影響を理解するために役に立つということだ。また回答者の多くはカンファレンス後、終わった、気分が回復したと感じていた。だが、会合に参加しなければならないというプレッシャーを感じた被害者もかなりの数に上り、この手続に参加するための準備が十分ではなかったと感じた人も多かった（Hoyle et al. 2002: 18-19）。実際、会合前にファシリテーターと顔を合わせたと述べたのは参加者の一三％にすぎず、被害者のほとんどは電話で話しただけだった（Hoyle et al. 2002: 19）。

まとめると、警察主導の修復的司法についての研究結果は、この取り組みが被害の回復と再犯予防に効果をもたらす可能性を示しているが、ホイルらが示したように、直接顔を合わせる会合に自発的に参加するよう被害者に心づもりさせておくには、まだ改善の余地がある。再統合的恥づけ実験プロジェクトとホイルらの調査からは、ヘイトクライムに対する修復的司法が同様の利点あるいは限界があるかどうかを確認することはできない。したがって本章では、人種的、宗教的、同性愛嫌悪的な要素が加味された加害行為が関係した事例を解決するために用いられた警察主導の修復的枠組みに目を向ける。

デヴォン・コーンウォール警察での修復的措置

二〇〇八年にイングランドのデヴォン・コーンウォール警察が始めた新たな修復的措置は現在、すべての警察官にそのトレーニングを受けさせることになっている。修復的措置が行なわれるのは、直接的なＶＯＭあるいは

ＦＧＣに参加することに被害者が同意した未成年犯罪か、被害者が間接的にある種の賠償を受け入れた場合である。この措置は、一九九八年犯罪および秩序違反法（s66ZA）と二〇〇三年刑事司法法（ss 22-27）に規定されている新しい青少年警告手続と条件付き警告手続とは区別されることがある。この二つは矯正的かつ修復的な原則に基づくとされてはいるものの、修復目的に活用されることはそれほど多くない（O'Mahoney & Doak 2013: 140）。新しい青少年警告手続と条件付き警告手続とは異なり、修復的措置には法的根拠がなく、公的な「取り調べ」も行なわれない。すなわち修復的措置を行なっても、警察の記録上は、加害行為に対する「正式な」対応とはみなされない。この取り組みは非公式な介入として扱われ、犯罪対応についてのデヴォン・コーンウォール警察の内部データに記録されるのみだ。

この取り組みには、二つある方法のうちのどちらかが用いられる。一つ目は、警察官が現場で行なうもので、加害者と被害者をその場で向き合わせ、通常は加害者が被害者に直接あるいは間接的に謝罪する（Level One, CJJI 2012）。他方は、対応する警察官が修復的会合を設定してもよいというものだ（Level Two, CJJI 2012）。この二つ目の選択肢は一つ目よりも手間がかかり、ＶＯＭあるいはＦＧＣを行なうために、両当事者が準備に携わる。テムズ川修復的警告モデルとは異なり、会合の流れがあらかじめ決まっているわけではない（第二章参照）。その代わり、警察官に修復的司法の原則についてトレーニングを受けさせ、被害者に対して物質的あるいは感情的な賠償を行なうよう加害者に促すことを目的とする。多くの場合、この謝罪は文書化される。

ヘイトクライムの類型

デヴォン・コーンウォール警察で調査された事例の大半は、公共秩序妨害に関わるものだった（通常は、一九八六年公共秩序法§４および§５に規定される犯罪）。その多くが、被害者が暴力を受けるのではないかと恐怖を感じるような人種的嫌がらせだった[2]。これらの事例の多くで、被害者は職場（通常はテイクアウトの店舗）で嫌がらせを受けたり、罵られたりしていた。繰り返し起きる事件もある（四件）が、多くは「一度限り」で（一〇件）、加害者はほぼ、夜遅くに出歩く酔っ払いだった。すなわち、デヴォン・コーンウォール警察での調査事例にはサザークでの調査事例と似ているものもあるが、背景や状況が異なるものもあることになる。このため、修復的司法に関して広範囲にわたるヘイトクライムの検証が求められる。

修復的措置はどれくらい修復的なのか

修復的措置が被害者の癒しのために果たす（あるいは果たせなかった）機能について、以下で取り上げる。まず修復的措置が、どの程度「修復的司法」の手段とみなせるかを検討することには意義があるだろう。修復的措置の場合、筆者がその会合を毎回観察することはできなかった。修復的措置はほぼ、通報された事件と同時並行で進められるからだ。筆者はオックスフォード在住で、会合を観察するために遠方まで出かける時間的余裕はなかった。その代わり、修復的司法支援警察官から、人種的あるいは宗教的理由で悪化したすべての事例のうち、直近の一二カ月間で修復的措置によって処理した事例の一覧を入手することができた（全部で三二の事例があった）。そして、支援警察官がそれぞれの被害者に連絡を取り、研究についての情報をまとめた文書を渡す。次に、筆者が各参加者に連絡を取り、修復的措置を受けた経験について詳細な聞き取り調査を行なう。このようにして、一四件のインタビューを行なった。

インタビュー回答者の大半は、それまでに「修復的措置」あるいは「修復的司法」という言葉を聞いたことがないと答えた。当初筆者は、警察官が修復的司法の目的と到達目標――これがこの手続の要だ――を被害者に説明していなかったことが原因だと考えた（Van Camp & Wemmers 2013）。だがその後、修復的司法支援警察官に聞き取りを行なった結果、被害者の多くがこの言葉を耳にしたことはあっても覚えていなかったのは、被害者の英語の語彙力が限られていたか、修復的措置が拙速に進められた可能性があると考えるようになった。インタビューの一二カ月前に行なわれた修復的措置もあったため、なかには忘れてしまった人もいただろう。被害者にインタビューしたことで、筆者はこの考えに確信を持つようになった。さらに、介入の途中で加害者がなんらかの賠償（通常は謝罪）をしたのではないかとインタビュー回答者に説明したところ、その多くが修復的措置に参加したことを思い出した程度だった。

インタビュー回答者の多くは、加害者から書面あるいは口頭で謝罪を受けたと言い、ファシリテーター役の警察官が被害者を回復させるために努力したことがうかがえる。だが、さらに調べていくと、謝罪がなされた状況が鍵となる修復的価値に合致するものとは限らないことがはっきりした。たとえば、被害者の多くは筆者にこう話してくれた。示された二つの選択肢のうち、一つは警察が加害者を起訴し、事件を追及するというものだったが、これだと被害者が供述書を書き、場合によっては出廷しなければならなかった（これは望ましい選択肢ではないと思わされたと話す被害者も何人かいた）。もう一つは、警察官が加害者と話をし、警察官を経由して謝罪が伝えられるというものだった。なかにはこちらの選択肢を受け入れるよう強いられたと感じた被害者もおり、一枚の紙に一文が殴り書きされているだけという事例もあった（ケーススタディ3参照。同様の結果はHoyle et al. 2002参照）。

文字通りに受け取れば、修復的措置には、ゲリー・ジョンストンとダニエル・ヴァン・ネスが強調したように、「対面」「回復」「変化」という要素が含まれているように思われる（Johnstone & Van Ness, 2007a）（第二章参照）。修復的司法支援警察官にインタビューしたところ、警察官は、たとえ限られた時間であっても、修復的司法の目的と期待できる成果を説明する時間を取るよう訓練を受けているということだった。次いで、警察官は、適切であれば被害者と加害者の調停会合を設定し、起きた被害について加害者に謝罪させるか、物的な損害賠償あるいは地域での奉仕活動によって償わせるよう努力する。デヴォン・コーンウォール警察の巡査を対象に行なったインタビューで、直接的会合のいくつかの例を聞くことができた。ヘイト事象による被害者が事件によってどのような影響を受けたのかを加害者に伝えることができ、加害者がその被害を真剣に修復しようとした事例である。これらの警察官やその他大勢は確かに、こうした修復的原則を守ろうと真剣に努力したのである（Hoyle et al. 2002 も参照）。

被害者へのインタビューで得られたデータから、修復的措置が常に効果的なわけではないとしても、警察官がいくつかの修復的原則を維持しようと努力していることがわかる。とくに、インタビューに答えてくれた被害者の半分強は、その犯罪によってどのような影響を受けたのかを警察官に説明する機会を与えられたと感じ、加害者らがその犯罪による損害をより正しく理解することができたと受け止めていた。それでも、修復的措置が完全あるいはほぼ完全に修復的だとは言い切れない点が懸念される。研究からその理由の一部を知ることができる。もっとも明らかな理由は、警察官が修復的司法についてのトレーニングを受けていないことだ（下記参照）。これは、警察官が加害者に謝罪するよう具体的に依頼したという事例からもわかる（加害者が実際に申し訳なかったと思っているかどうかは関係ない）（同様の事例についてはHoyle et al. 2002 参照）。警察官が、すべての人に関わらせるという原則に基づいた対話を設定しなかったということが、修復的司法の目的をきちんと評価し、理解していないことの表れだろう。参加者の準備が整い（第七章参照）、公正に進めることが重要（第六章）であることを考えると、加害者をなだめて謝罪させた場で顔を合わせることをどれほど「修復的」だとみなすのかは評価が難しい（Maxwell & Morris 1993; Crawford & Nweburn 2003: 187）。これらの理由を踏まえると、修復的措置は、せいぜい「部分的に修復的」といえる程度だと思われる。

第二節　修復的措置はヘイトクライムの被害を回復させることができるのか

本章では次に、デヴォン・コーンウォール警察で行なわれた警察主導の修復的措置がどのくらい被害を回復させられるのかを分析する。サンプル事例が比較的少数であることを考慮すると、この結果は割り引いて見なければならないが、詳細なインタビューで得られた質的データから、被害者の経験と、もっとも影響の大きかったプロセス変数を明確にすることができる。これらのデータは、警察主導の修復的司法の活用に関する研究の一つとなる。第二節では、結果の一部をコミュニティ調停に関する研究から得られた結果と比較対照する（第四章参照）。

満足度と手続上の公正性

全体的には少数だが、デヴォン・コーンウォール警察でのプログラムに参加した被害者の過半数（一四件中八件）が修復的措置に「満足した」あるいは「とても満足した」と答えた。四人が「非常に不満足」、二人は「どちらでもない」と答えた。被害者に修復的措置を有益な経験だと思うかと質問した場合も結果は同じで、同じ八人が「有益」か「とても有益」だと答えた（表5－1参照）。ＨＣＰの結果と比較して、デヴォン・コーンウォール警察のインタビュー回答者の満足度が低かったことについては、いくつかの見解を示すことができる（第四章参照）。第一に、すでに述べたように、インタビュー回答者の多くが「修復的措置」という言葉を聞いたことがないと答えたことは、警察官は修復的司法の目的を説明する時間を十分に取っていなかったということだろう。被害者の多くは、修復的措置で何が行なわれるのかを警察官が十分に説明してくれなかったとも感じていた。事実、自分の事例を扱った警察官が修復的措置の達成目的を説明したと答えたのは、インタビュー回答者のうち五人だけだった。

表5－1　コミュニティ調停および修復的措置に参加したインタビュー回答者による手続に対する満足度および公正さに対する評価

手続上の満足度	コミュニティ調停	修復的措置
	N=23（%）*	*N*=14（%）
手続の進め方について説明を受けた	22（96）	7（50）
手続の目的について説明を受けた	22（96）	5（36）
手続に満足した	21（91）	8（57）
よい経験になった	21（91）	8（57）
ファシリテーターが公正だった	20（87）	11（76）
ファシリテーターが事件による問題を（ある程度）解決する助けとなった	23（100）	13（93）
その事件による影響を説明する機会があった	21（91）	7（50）

*　割合の算出は比較のため。データを一般化して示すためではない。
注：質問に用いた文言は別表A、セクション3参照。

ほとんどの被害者が修復的措置を理解していなかったとしても、その大半は、自分の事例に関わった警察官は修復的措置の際に公正にふるまっていたことを認めている（別表A、質問24参照）。インタビュー回答者の九人は、警察官が事件によって起きた問題を解決しようと努力した、少なくとも「ある程度」は努力したことを認めている（別表A、質問26参照）。だが、被害者に修復的司法の目標に焦点を当てた質問をしたところ、その結果はそれほど好意的なものではなかった。たとえば、「ファシリテーターは、事件によってあなたがどのような影響を受けたのかについて説明する機会を作ってくれたか」という質問に対して、すでに述べたことだが、警察官がそうしてくれたと回答したのは被害を受けたインタビュー回答者の半数にすぎなかった。ある回答者は、筆者の質問に若干苛立ちながら、あっさりこう答えた。「いや、彼らにそんな時間はなかった」。二人の被害者は、警察官がその状況をさっさと解決して、勤務を終えようとしていたと話す。こうした発言から、事件が起きた現場で夜分遅くになんらかの修復的措置がなされるなど、修復的司法が拙速に行なわれている様子がうかがえる。

　デヴォン・コーンウォール警察が調査した一四件の事例のうち、被害者と加害者とで直接的な調停会合が行なわれたのは一件だけだった

（その他すべての事例は間接的に処理された）（同様の事例については、O'Mahony et al. 2002参照）。インタビューに回答した二人は、加害者と直接的な調停会合で対面したかったのに、その機会がなかったと話した。インタビュー回答者のうちの五人は、修復的措置の進め方が拙速だったことを指摘し、全員が、自分の事例が扱われた際は十分な努力がなされず、時間も不十分だったことに不満を抱いていた。ある被害者はこう発言した。「彼女はとてもぎすぎすしていました。自分の仕事に戻りたがっていて」。

次に被害者が受けた質問は、逮捕や警告といったその他の刑事司法の手段を求めるのではなく、なぜ修復的措置に参加することを選んだのか、だった（別表A、質問22参照）。この質問に対する回答はとくに厄介だ。二人の被害者は、修復的措置に参加するしか選択肢はなかったと答え、その他の参加者は、警察官がそちらを選択するようプレッシャーをかけたと受け止めていた。人種差別かつ同性愛嫌悪の脅迫を受けた被害者はこう説明する。「その女性の警察官は……『このやり方には子どもたちを路上から遠ざける効果があるんです』とでも言うようで、とても頑なでした……なので私は『わかりました。それがベストなら、それでいいです。そうしましょう』と言ったのです。でも、これは若干プレッシャーでした。本当は、さっさと迷惑行為禁止命令を出してくれればいいのにと思ったんです」。修復的実践には自発的な参加が重要であることを考えると、何人かの被害者が示したように、情報は提供されたものの、自らの意思で同意したわけではないことが懸念である（McCold 2000）。これらの反応から、包括的な情報交換を通して、被害を回復させるための手続に参加するという選択肢を示されなかった被害者がいたことがわかる。その場合、より広げていえば、かなりの割合の被害者が本心から望んで修復的司法に参加したわけではないことになる。そうだとすると、励ましとなり、気持ちを結びつけるはずの手続に十分に関わったとは言い難い。少なからぬ割合（少数ではあるが）の被害者が、修復的措置によって悪影響を受けたと述べるのはこうした理由からだ。

被害者の何人かは明らかに「がっかりさせられた」と感じるような手続に追い込まれたことになるが、すべての被害者が修復的措置に参加を強いられたとするのは公正ではないだろう。一四件の事例のうち四件の被害者が、修復的措置を希望した理由として、加害者が「過ちから学ぶ」ために、自分たちの行動がもたらした結果を認識してほしかったからだと話している。人種差別の嫌がらせを受けたガソリンスタンドのオーナーはこう説明した。「彼らの年齢や酔っ払っていたことが気になりますし、彼らの将来も心配です。もし彼らが外国に行く機会があったら、外国人であるということがどういうことかわかるでしょう」。数は少ないがこうした事例から、修復的措置とは、加害者がヘイトクライムによる被害について理解すると同時に、被害者に「差異」があることの理解を促す機会でもあることがわかる（第八章、ケーススタディ2参照）。

感情的な落ち着き

インタビュー回答者は、修復的措置によって多少なりとも感情的に落ち着いたかどうかを問われ、半分強（八人）が落ち着いたと答えている。残りの六人はまったく落ち着かなかったと答えた。修復的措置によって感情的に落ち着いたと答えた人の理由としてもっとも多かったのは、警察官が彼らを「助け」ようと努力してくれたと思う、だった。ある人はこう話す。「この国では、誰かが問題を抱えていたら警察が助けようとしてくれる」。かつての同僚から人種差別的な嫌がらせを受けたという若い女性も同じように、修復的措置終了後に彼女が大丈夫かどうかを確認するためにファシリテーターとなった警察官が再び連絡を取ってくれたことが、支えられていると感じた理由だと説明した。

ファシリテーターが行なう「支援」は、コミュニティ調停と警察による修復的措置の両方において、被害者が感情面でより平穏を感じるようになる要素である。これは、ヘイトクライムに対して効果があり、支えとなるような国の対応に欠かせない信頼性を高める（第六章参照）。修復的措置に参加する被害者にとっては、被害者がどのように過ごしているかを確認するためにファシリテーターが改めて連絡を取ろうとする場合がこれに当てはまるようだ。デヴォン・コーンウォール警察の被害者の大多数が、少なくともある程度は、警察官が事件によって発生した問題を解決しようとしてくれたと感じていたという事実はこれと関係がある。インタビュー回答者のうち、警察官がそうしなかったと答えたのは一人だけだった。たとえば、警察が彼女の問題を解決しようとしたかどうかを質問された被害者の若い女性はこう答えている。「そうですね。……警察は彼ら（加害者）に、私が傷ついていること、私にとって彼らは人種差別主義者であることを説明してくれました」。

不安、怒り、恐怖

コミュニティ調停に参加した人びとと同じく、被害者らにも、事件によって生じた不安と怒りのレベルを、修復的措置を行なう前と行なった後の二回、1から10で評価してもらった（別表A、質問37〜44参照）。インタビュー回答者一四人のうち一三人が修復的措置を行なう前の不安レベルを記入し、残りの一人は自分の事例にこの質問は当てはまらないと回答した。被害者のうち八人は、修復的措置の後、不安レベルが低くなったとした。修復的措置前の不安の中間値は8で、修復的措置直後は4に下がった（p＝〇・〇三）[3]。この手続に満足し、かつ前向きな経験だったとした被害者八人はこの数値が下がっており、被害者の半分強の人びとの感情的な影響は手続そのものによって小さくなったことになる。怒りのレベルについても同様の結果が得られており、被害者八人で修復的措置直後の怒りのレベルが下がっていた[4]。被害者の過半数には効果があったが、修復的措置の直接的な結果として不安と怒りのレベルが上がったと答えた被害者も二人いる（サザーク調停センターの場合はそう答えた人はいなかった）[5]。ある被害者の場合、彼は修復的措置を希望していなかったため、警察が彼の申し立てに注目しなかったことにがっかりしたことがその原因だった（後出ケーススタディ1参照）。
次に、調停のインタビュー回答者と同じ六段階評価を用いて、恐怖レベルの検証を行なった（別表A、質問33～36参照）。修復的措置の前は加害者に対して恐怖を感じた、あるいは強く感じたと答えたのは対象者の半分強だった。一方、修復的措置を行なった後は恐怖を感じなかった、あるいはまったく感じなかったと答えた被害者は一人だけだった。修復的措置前に、強く感じたと答えた別の三人の被害者は、修復的措置後も恐怖を感じたと答え、恐怖レベルは若干下がっていたことになる。被害者五人が修復的措置前も修復的措置後も恐怖を感じていなかったと答え、一人が、自分にはその質問は当てはまらないと答えた。最後の一人は修復的措置後、より強い恐怖を感じるようになったと答え、修復的措置前の恐怖を感じるというレベルから、強く感じたというレベルに上がった。
不安、怒り、恐怖のレベルに関する量的データから、コミュニティ調停と同様、修復的措置も大半の被害者の感情面での回復に役立っていることがうかがえる。だが、インタビュー回答者から得た質に関する情報から見えてくる全体像は、この暫定的な結論以上に中途半端である。たとえば、インタビュー回答者に不安や怒りが軽くなった理由を尋ねたところ、修復的措置の直接的な効果だと説明したのは四人（修復的措置の後はレベルが下がったとした人びとの半分）だけだった。コミュニティ調停と比べるとそれほどよい結果ではない。これで、修復的措置によって怒りと不安はなくなったものの、介入の直接的な結果ではないと答えた被害者は四人になる。[6]
修復的措置のおかげで怒りと不安が軽くなったとした被害者四人のうちの三人は、事件が再発しなかったからだと説明した。この結果から、HCPの参加者が同じ事件は起こさないという約束を重視するのと同様に、再度標的とされるかもしれないという被害者の恐怖に向き合う必要があることがよくわかる。不安と怒りのレベルは下がったが、修復的措置の効果ではないとした被害者四人は、時間の経過と友人や家族の支えがあったからこそ回復したのだと話す。たとえば、人種差別的な嫌がらせと脅迫を受けたある被害者は、「修復的手続の効果ではなくて、友人や恋人がいてくれたおかげです」と話している。

インタビュー一覧に含めた暫定信頼性の尺度から、修復的措置の前と後の被害の量的レベルの変数は誤っていないことがわかる。本研究のこの部分は、ヘイトクライムから被害者が感情面で回復するために重要となる要素がそれ以外にもあることを明示している。ロンドン南部で照合されたデータでもここに注目が集まったが、調停手続が感情面での回復に中心的な役割を果たすことは、研究で得られた質に関する情報からも明らかだ。デヴォン・コーンウォール警察で行なわれた修復的措置の場合、感情的なトラウマのレベルが低くなったとした被害者の半分（四人）にはこれが当てはまらなかった。[7]

賠償

コミュニティ調停と修復的措置の主な違いの一つは、修復的措置を促す警察官は必ずといっていいほど、自らがもたらした被害を直接修復するよう加害者に働きかけることだ。賠償された事例（一一件）では、書面あるいは口頭で謝罪がなされている。[8] この二つの実践の大きな違いは、介入に先立ち警察が「被害者」「加害者」の役割を当てはめたことにある。第四章その他で論じたように、コミュニティ調停の参加者がこのようにラベリングされて会合に参加することはない。コミュニティ調停で「加害者」のラベリングをされないのは、申し立てられた加害者が中立被害者を対立以前の境遇に戻すことが期待できないからだ。また、手続開始前に、加害者が偏見による行為に対する責任を認めさせられることもない。これは、修復的司法を支持する多くの人びとが必要不可欠だとみなしている点だ（Braithwaite 1989）。結果として、中立被害者が謝罪やなんらかの直接的な賠償を受けることはない。参加者をヘイトクライムから立ち直らせるのは、むしろ、ヘイト事象によってもたらされた被害を詳細に検討することと相まって、中立被害者が被害を受けた経験を話すことができるからである（第四章、ケーススタディ2参照）。相手を改めて尊重する気持ちを持つことによって、微笑む、握手するなど、加害者はあいまいではあるが謝罪するようなそぶりを見せる。基本的に、この過程を経て加害者は、今後は敵対行為を行なわないと約束する。参加者を表立ってラベリングしたり恥を感じさせたりせずとも、そうしたそぶりから責任と後悔をうかがうことができる（本書の結論部分を参照）。

だが、修復的措置での対応には、被害者と加害者を明確に定義することが含まれる。被害者は修復的措置に同意するよう求められ、加害者は自らの加害行為に対して賠償するよう警察官から明確に求められる。したがって、被害者はなんらかの形で賠償を得ることにはなるが、加害者がどのようにして起きた被害を回復させるべきかについての議論に直接関わることはない。間接的な会合が短時間で終了することは珍しいことではなく、なかには電話一本で済んでしまう場合もある。これは修復的措置の実効性、とくに被害者が感情的な落ち着きを取り戻せるかどうかに明確な影響を及ぼす。

心からの謝罪

加害者から謝罪を受けた被害者一一人はこのような質問を受けた。「加害者／他の当事者の謝罪を聞いてどのように感じましたか？」「その謝罪は心からのものだと思いましたか？」。インタビュー回答者一一人のうち七人は、それが心からの後悔を示したものだとは受け止めていなかった。残りの四人のうち、心からの謝罪だと感じたのは二人だけで、あとの二人はよくわからないと答えた。心からの謝罪を受ける利点については第二章で検討した。要するに、真摯に後悔する気持ちを示されると、被害者は自分を責める気持ちから解放される。謝罪を受け入れるということは、信頼に基づいた新たな関係性を築くことにもなり、分断された当事者間の感情をつなぐ役割も果たす。この結果、被害者は悔しさや苛立ちにとらわれなくなり、被害を受けた経験を迅速に乗り越えていくことができる。逆に、後悔の気持ちを示したものの本心からではないと受け止められた加害者は、さらに大きな心理的被害をもたらし、被害者を怒らせ、苛立たせ、結局のところ回復への道筋を台無しにする（Daly 2001）。

　インタビュー回答者は、事件解決のために加害者からの謝罪を受け入れるかどうか、警察官から尋ねられたと繰り返す。被害者の多くは、警察官が短い謝罪文を書くよう加害者に伝え、それを被害者に手渡すだけだということは明らかだった。そうした手紙に書かれているのは通常、「事件については申し訳なかった」という一文だけだ。詳細も理由も書かれていないため、被害者は、それが心からの後悔を示したものではないと受け止める。二つの事例ではそうした謝罪は「紙切れ一枚」に書かれた愚弄するようなもので、別の事例では被害者は手紙の受け取りを拒否していた。彼女はこう説明する。「真摯なものではありませんでしたから。彼は『おまえが悪いんだ』とでも言うように……とても皮肉っぽく、失礼でした。あんなものは謝罪じゃありません」。真摯さに欠ける償いでは、ヘイトクライムの被害を回復させる一助となるという修復的目的を果たすものにはならないことが多い[9]。加害者が謝罪しても、壊れた関係性を修復することにならないのは、本質的に、償いが追及され、それが被害者に渡される方法が加害者に一任されていることと関係している。とくに加害者が手紙を書くために割く時間が短く、その手紙を渡すやり方とも相まって、被害者は警察に、結果としては修復的措置にも「がっかりした」と感じることになるのである。

　重要なことは、修復的司法の実践者が真摯ではない賠償の片棒を担がないことだ。ファシリテーターは、参加者に準備をさせ、両当事者がお互いの意思を伝える場となるように十分な時間をかけることで、そうした事態を防ぐことができる（HCPで観察したとおりだ）。加害者に謝罪する気持ちがなくても、被害者は手続上の別の特徴を見て修復的だと受け止めることもある（たとえば第四章、第二節参照）。したがって、真摯でなくてもとにかく手紙を書くように警察官が加害者に働きかけることによってではなく、対話によって謝罪の気持ちが自然に持てるようになることが重要なのだ。

修復的措置への間接的な取り組み

修復的措置を行なう際に警察官が間接的に取り組むと、加害者による修復に向けた姿勢を不誠実なものと感じさせるという点で明らかに影響がある。これは、多忙な警察官が加害者に事件の影響の大きさを伝える際に、被害者のストーリーの要素が失われてしまうことが原因のようだ。犯罪による影響の大きさが伝わらないと、加害者は、自分が悪いことをしたのだと思うことがなく、真摯な後悔を示すこともない[10]。被害者の半数が、警察官から事件がどのような影響を及ぼしたのかを話すよう求められなかったと話したことからも、これは明らかだ（別表A、質問25参照）。さらに、加害者との直接的な調停会合に参加した被害者は一人にすぎなかった。すなわち、ほとんどの被害者は、加害者が自ら起こした被害を理解しているかどうか、知ることができなかった。それ以上に懸念されるのは、警察署で行なわれたある直接的な会合の際、加害者がなだめすかされて謝罪の言葉を口にしたと被害者が感じたことだ。この直接的な会合の数時間後、被害者が通りで加害者を見かけたとき、加害者の一人がこう怒鳴った。「外か路地かクラブでお前を見かけたら、ぶちのめしてやる」。この被害者が、加害者の謝罪が無意味だったと感じたであろうことは疑いがない。

直接対話の機会

二つの事例のインタビュー回答者は、自分たちがどれほどの影響を受けたのかを伝え、加害者が行為を繰り返さないことを確かめるために彼らに対面したいと考えていたが、そうした機会は与えられなかったと話した。警察が直接対話を設けなかったことで、警察官は自分たちの苦痛を解決することには関心がないと感じた被害者はさらなる被害を受ける。職場で人種差別的な嫌がらせを受けたある被害者の妻は、夫の言葉をこう訳した。

この事件を警察に通報したとき、私たちは、顔を合わせて説明をし、何を感じたのかをお互いに伝え合う機会があると思っていました。でも、そういう機会はありませんでした。私たちが警察に通報したら、（被害者と加害者の）上司がますます怒り、それにつられて私たちも余計に怖くなりました。今、私たちが心配しているのは、夫が外で加害者だけにではなく、その友人などにも襲われるのではないかということです。

この事件のファシリテーター役を務めた警察官は、別の警察官に詳細な引き継ぎをしないまま休暇を取ってしまったため、被害者は無力さを感じ、報復を受けるかもしれないという恐怖から出社することができなくなった。被害者と影響を受けたその他の地域住民に修復的手続に直接参加する機会を与えないことによって、多くの人が心細さと無力さを感じることは当然である。したがって、もし修復的措置が被害者のニーズを支える効果的な手段となるのであれば、直接的あるいは間接的な修復的対話の場で加害者が有意義に参加できるようにすることに力を注ぐべきである（Hoyle et al. 2002; O'Mahony et al. 2002 参照）。

《ケーススタディ1》 人種差別的な脅迫――ファシリテーションが失敗した場合の影響

三〇代前半の「アジア系インド人」であるSは、マネージャーとして働くデヴォンで閉店の準備をしていたとき、人種差別的な嫌がらせと脅迫を受けた。二人の白人男性が店の窓をたたきながら、「パキ〔訳注：英国などで南アジアの人びとに対して差別的に使われている言葉〕はうせろ」と叫んだのだ。その際、彼らは手で銃を持ち、Sを撃つまねをした。このように標的にされたことでSは大きなショックを受けた。彼はこう説明する。

安全で、すべての人を平等に扱う人ばかりの土地（イングランドを指す）にいると思っていたのに、こういうことが起きたんです。こんな仕打ちを受けるようなことはしていないと思いますが、どうしてこんな目にあうんでしょう？　歩いていて、誰かにじっと見られていたら、疑うようになりますよ。攻撃されるかもしれないと……殴られるのか、攻撃されるのか、怪我をさせられるのか、と。

事件のあった日の夕方、Sは警察に電話し、警察官がやってくるのを待った。二五分後、警察が電話をかけてきて、加害者はまだそこにいるのかと尋ねたが、そのときには男性二人はすでにいなくなっていた。その晩、警察官がSのもとにやってくることはなかった。その代わり、警察官は翌日に来て調書を取り、防犯カメラの映像を確認することになった。だが警察官が約束した時間に来ることはなく、事情聴取は別の日に変更された。その当日、警察から再び電話があり、事情聴取はさらにその翌週に延期された。事情聴取はSの職場で行なわれることになっていたのだが、三度目に設定された当日、Sは別の警察官から電話を受け、なぜ警察に来ないのかと尋ねられたという。この時点で、Sは自分が被害を受けても警察はまったく無関心なのだと考え、苛立った。彼はこう説明する。「私はありとあらゆることを報告したかったんです。それなのに、警察は事件が起きた日にやってこなかった。……本当にとてもショックでした。自分はまるで、誰かにいてほしいと思う子どものようだと思いました。でも手を差し伸べてくれる人は誰もいなかったんです」。

警察はようやく防犯カメラの映像をSから受け取り、後日、加害者を逮捕した。その後Sに連絡があり、彼はこう聞かれた。「三週間も前に起きた事件を本当に届け出たいんですか？」（強調は筆者による）。これにショックを受けたSは、その警察官に事件を追及したいと伝えた。するとこの警察官は、この状況は、修復的措置を通じて謝罪を受け入れることで終わりにするのが一番いいと言ったのである。Sはそのような形で終わらせたくはなかったが、しぶしぶこれを受け入れた。「押し切られたんです……（警察官らの）口ぶりはとても丁寧で、あなたの味方だと言わんばかりの口調と言葉で話すんですが、実際には、私が望んでもいないことを押しつけてきたんです」。後日、Sは「日記を破り取ったかのようなA3の紙切れ」に書かれた謝罪文を受け取った。「誰が書いたものなのか、いつ書かれたものなのか、名前も書かれて」おらず、まったくわからなかった。加害者からその「謝罪文」を受け取ったとき、どう感じたかと尋ねると、彼はこう答えた。「だまされたようなものです。こんなのは謝罪ではありません。憤りを感じました。間違ったことをしてしまったと心から感じたのであれば、その気持ちを表すような文章を書くはずです」。もしその謝罪文が真摯なものだったら、違うふうに感じたかとSに尋ねると、彼はこう答えた。「そうですね。少なくとも、もういい、わかった、と思うでしょうね。でもこのような、紙切れ一枚を送りつけてくるだけでは、傷に塩を塗られるようなものです。何も受け取らない方がよかった。ばかにされているようだ」。

Sが修復的措置とその謝罪に満足しなかったことは驚くことではない。続けて彼は、この手続全体によって怒りと不安、恐怖が増したと話した。

この事例から、修復的実践が正しく行なわれなければ、ヘイトクライムの被害者に悪影響を与える結果になりうることがわかる。事件直後、警察が彼に会いに来なかったためにSは心細く感じた。その翌週以降も訪問の約束を延期するばかりで、Sからすれば、警察は自分の通報を真剣に受け止めてくれていないように思われた。そして、自分がまったく理解していないような介入を受け入れるよう強制されたと感じたのである。このような修復的司法を経験した被害者が、その潜在的可能性を評価することができないのは当然だ。この事例ではSは警察に見捨てられたと感じ、修復のためにはほとんど何の力にもならなかった手続のせいで余計にショックを受けることになった（さらに第六章を参照）。

警察官は修復的司法を執り行なうべきなのか？

警察が修復的司法プログラムを促すことに疑問が残る理由はいくつもある。学者は、警察官に権力を与えすぎる、個々の警察官に多数の事件の解決に関わる権限を正当な根拠なく持たせることになると指摘し、基本的に警察が主導する修復的プログラムを批判する（Cunneen 1997; Ashworth 2002）。警察官には、法を適用する、被疑者を逮捕する、証拠を収集する、場合によっては加害者の処分を決める（一定の処罰を与える、警告するなど）といった任務が与えられている。さらに裁量を持たせることは、警察官が行なう刑事手続の手段を追加するだけだとみなされるわけだ（Hoyle 2007: 294-5）。実際、デヴォン・コーンウォール警察での修復的措置のような構想は、「軽微」な対立を効果的に解決するというよりも、単に膨大な事件を「制度」の対象に加えるだけともいえる。この結果は、スタンリー・コーエンが「社会統制網の拡大（ネット・ワイドニング）」と呼ぶものの役に立っただけだ（Cohen 1985）。これは、国家がより多くの行為に権力の網をかぶせ、より多くの加害者を刑事司法制度の対象にするということである（O'Mahony & Deazley 2000; O'Mahony & Doak 2004 参照）。そうなると、加害者らは犯罪行為を繰り返すというサイクルに入り込んでしまうことになりがちだ（Matza 1969）。したがって、多数の「加害者」を刑事手続に引き寄せるような警察活動の枠組みには警戒するべきだ。それまで何の刑罰も与えられなかったような犯罪についてはとくにそういえる（Hoyle 2007: 297; O'Mahony & Doak 2013: 143）。

警察が「軽微」な加害行為を扱う役割を強化することをよしとするかどうかは別にして、警察官が修復的実践を進めると、コミュニティで起きた問題はコミュニティが解決するという修復の目的が複雑になることは確かである（Christie 1997; 修復的司法に国家が関わることについての議論は第六章参照）。修復的対話に警察官の権限が及ぶことになると、コミュニティが適切だと考える賠償を決定する自治が制限される。さらに、適正な手続が従うべき手段が適切に整っていなければ、すでに巨大な警察官の権限が濫用され、コミュニティに対する社会的統制が強化される懸念が現実味を帯びてくる（Ashworth 2002; Cunneen 1997も参照）。あるアイデンティティを持つ集団に警察が継続的に偏見を抱いていることをうかがわせる証拠が多数あることを考えると、修復的司法に関して警察の権限を強化することにはとくに懸念すべきだという見方もあるだろう（Macpherson 1999; Bowling & Phillips 2002; Lyons et al. 2013）。修復的司法の実践者がマイノリティ集団のニーズと脆弱性を理解しなければ、支配的な文化規範を押しつけてしまう手続を強制してしまう危険性がある（Burke 1993; Bowling & Phillips 2003; 第三章、第六章、第七章参照）。この結果、警察主導の修復的司法は、すでに周縁化されているマイノリティ集団に、社会におけるヘゲモニー的な理想を強いる新たな手段となりかねない（Cunneen 1997）。

デヴォン・コーンウォール警察でインタビューしたヘイト事象の被害者らの満足度が比較的低く、感情的な立ち直りが比較的小さかったことは、限定的ではあるが、修復的原則をヘイトクライムに適用する警察官が困難に直面することを示している。警察官が修復的司法の実践者をまねたところで、修復的司法を適切に実践し、十分な効果をあげるだけの準備を行なう時間と資源を持っているとは考えにくい。修復的措置の参加者に準備させておくことができなければ、修復的手続の有効性を損ない、参加者にも悪影響を及ぼす。ホイルらは警察主導の会合についての研究を反映させ、同様の見解を述べている（Hoyle et al. 2002）。

> 準備不足とは、参加者がその会合によって何を得たいのか、何を伝えたいのか、他の参加者に何を尋ねたいのかを考える機会がないということだ。一緒に参加するにふさわしい支援者を特定し、依頼する機会がないということでもある。さらに、もし参加者が修復的な警告を行なう場に参加することで、どういった成果が得られるのかを理解していなければ、彼らはいったい何に同意するのだろうか？

ホイルらのコメントはデヴォン・コーンウォール警察での修復的措置にとくに当てはまる。修復への取り組みに対してほとんどの警察官が傲慢な姿勢を取ったことから、警察が、包括的な意思決定を促すはずの手続に自発的に参加することは本質的に重要だと考えていない場合が多いということだ（Hoyle et al. 2002 も参照）。逆に、措置を促す警察官のほとんどが高圧的な姿勢を取れば、参加をためらわせ、なだめすかして真摯でない謝罪をさせることにもなる。これは必然的に、ヘイトクライムの被害を修復する措置の可能性を損ない、警察官に刑事手続をまかせることになってしまう。

全体的に、特別の知識もなく現場において修復的措置を行なう警察官はヘイトクライムの被害者を回復させるのではなく、傷つける危険性のあることがデータからわかっている。だが、これらの否定的な結果から、すべての警察官に修復的司法を促す力がないといえるわけではない。実際、本章の冒頭では、警察主導の会合に被害を修復する力があることを示す多くの研究を検証した。さらにデヴォン・コーンウォール警察の修復的措置に満足しない被害者と同数程度に、満足したという被害者がいるのである。また、インタビューに応じた被害者のほぼ全員が、警察は、犯罪が被害者にもたらした問題を解決するために支援してくれた（あるいはある程度支援してくれた）と話している。すなわち、警察官でも、被害者が苦しめられた被害を修復しようと多少の努力はしたということだ。それでも、この小規模な研究から、修復的措置にはヘイトクライムで被害を受けたことによる傷を悪化させるリスクがあることが明らかになった。とすると、次のような疑問が浮かぶ。修復的措置は、被害者がより満足し、二次被害から守られるような方法で進めることができるのだろうか。警察官がどれだけトレーニングを受けるのかという点から、これに対する回答の一部が得られるだろう。

トレーニングの重要性

もし修復的司法が現代的な警察活動になるのであれば、警察は修復的司法の主要な原則をしっかりと理解し、適切なトレーニングを受けた実践者にこの取り組みを行なわせなければならない。ホイルは、警察の多くの部署で従来的な文化が依然浸透しているとしても、修復的司法の価値と原則を守る意思と能力のある警察官は大勢いると指摘する（Hoyle 2007）（Mahony et al. 2002も参照）。彼女は、「修復的活動に専念すれば、数カ月後には修復的価値を身につけ、それまで以上に包括的で修復的に行動するようになるようだ」と述べる（Hoyle 2007: 301）。そうだとするとおそらく、警察官による修復的司法が効果的に行なわれるようにする唯一の方法は、ファシリテーターが修復的措置を行なうことに専念する、あるいはそれを主として行なうようにすることだろう。各警察署で修復的司法を専門とする警察官を集めて取り組ませることが考えられる。したがって、すべての警察官に表面的なトレーニングを行なうのではなく、一部の警察官が広範囲な修復的司法のトレーニングを継続的に受けるべきだろう。

英国の第三セクターである修復的司法協会は現在、実務における行動規範と、全国的に質を維持するために、あらゆる修復的司法の訓練者が登録できるような制度を提供している（RJC 2011）。修復的司法協会に登録したファシリテーターは、実践を行なう前に対面式のトレーニングを二〇時間受けなければならない（RJC 2011）。政府が規制するトレーニング基準はないが、司法省が近年公表した修復的司法行動計画では、政府が新たな実務基準を構築するべきだと勧告されている（MoJ 2012）。つまり、現在「修復的」ファシリテーターは専門資格がなくても継続的に修復的司法を実践することができるため、一部の実践者は修復的理論の基本原則を知らなくてもすんでしまう。修復的と謳いながら、修復的司法の原則に厳密に従っているとはいえないような実践では、参加者を修復するのではなく、被害をもたらす恐れがある。

デヴォン・コーンウォール警察ではトレーニングが行なわれていないため、修復的措置を行なう際に修復的司法の価値が守られない結果になりがちである。筆者はインタビューを行なった警察官五人の一人ひとりに、修復的司法に関して受けたトレーニングについて詳しく質問した。半数以上の警察官が修復的司法について三時間のトレーニングを受けたと答え、一人は「修復的司法の価値」について二〇分の話を聞いただけだと言った。このような短時間のトレーニングの場合、さらなるフォロー学習が伴わなければ、効果的なファシリテーションを促すものにはなりそうにない。

ヘイトクライムの力学を理解する

ヘイトクライム事件で修復的司法を進めるには、警察官は、異文化間対立の核となっている複雑な社会問題を理解しておく必要がある（一般的な議論としてはBell 1997参照）。この点に関して、組織文化が阻害要因となることがある（Reiner 2010）。「警察文化」の一部として研究者らが特定した従来の価値観としては、「犯罪と戦う」という意識、現実主義、保守主義、男らしさ、人種的偏見（Reiner 2010; Macpherson 1999参照）がある（顕著なものをあげた）。人種主義のような偏見は、社会に広範囲に存在する人種差別的な敵意から生まれるもので、警察全体のあらゆるレベルに浸透している（Reiner 2010; Chan 1997も参照）。もちろん、偏見は人種主義だけに限られるわけではない。その他の犯罪学者らは、警察文化の多くに同性愛嫌悪的な性質があること（Burke 1993）、「ジプシー」〔訳注：現在では「ジプシー」は差別用語であり、代わりにロマが使われることが多い。ただし、一般的にロマといえばロマ民族を指し、その他の民族が含まれないという指摘もある〕といった一部の「他者」に疑いの目を向け、あしざまに言うこと（James 2007）に注意を促している。このような蔓延した偏見は、警察がその慣習や手続を通して一部のマイノリティ集団を差別しているという批判につながる（Macpherson 1999）。

警察とマイノリティ・コミュニティの間でのぎくしゃくした緊張関係は、ヘイトを動機とする被害に適切に対応していないとして警察に対する信頼が失われる結果をもたらす（Chakraborti & Garland 2009: 114-18; Smith et al. 2012も参照）。こうした文化的な壁がなくならなければ、警察が、少なくとも組織レベルにおいては、ヘイトクライムの被害者のニーズに応えることはできないだろう（Chakraborti & Garland 2009: Ch 7参照）。したがって、アイデンティティに関わる偏見が問題となる場合には、修復的実践のファシリテーターを務める警察官は、偏見とアイデンティティの違いが深く関わる事件に付随する文化的問題について、さらなるトレーニングを受ける必要がある。そうすれば、包括的な対話を行なうことによって、文化的に配慮するべき話題が無数にある状況にうまく対応することができるだろう（第四章、第七章、第八章参照）。

ロンドン警視庁が「組織的に人種差別的」であることを発見し、ウィリアム・マクファーソン卿がさまざまな勧告を行なった結果（Macpherson 1999）、コミュニティと人種関係を扱う警察のトレーニング計画にさまざまな改善がなされたことは指摘しておくべきだろう（コミュニティ・人種関係「多様性トレーニング」として知られる）。その他の改善点としては、ヘイトクライムに対応する際、被害者により注目するようになったことがある。家庭内暴力とヘイトクライムについての特別捜査を行なうために地域安全部門が設置されたこともこれに含まれる

(Stanko 2001; 第六章も参照)。現場担当の警察官はヘイトクライムが通報された地域の地域安全部門に事件を回すことができる。すると、ヘイトクライムに関する特別訓練を受けた警察官が事件の捜査にあたる。警察は、地域相談をさらに活用し、ヘイトクライムを撲滅するために多くの組織と協力関係を持つようになりつつある(第六章参照)。

マクファーソン卿以降に多くの改善がなされたとはいえ、既刊の文献には、現在の警察に人種主義とアイデンティティに基づく偏見がこびりつき、それが続いていることを示す有力な証拠が紹介されている(概要についてはChakraborti & Garland 2009: Ch 7参照)。したがって、刑事司法手続のすべての段階で、すべての犯罪被害者に修復的司法を提供するような刑事司法政策に移行しつつある現在(少なくとも英国においてはそうだ。MoJ 2012参照)、すべての警察官が「軽微」なヘイト事象についても修復的介入を行なうべきかどうかについては注意が必要だ。そうなっているとしたら、警察官は、多様性とマイノリティのアイデンティティに関わる問題について広範囲に及ぶトレーニングを受ける必要があるだろう。

マクファーソン卿の後、トレーニングについての勧告の実施状況を調査したマイケル・ロウとジョン・ガーランドの研究は、警察官が人種問題を扱うプログラムを非常に冷ややかに見ていることを示している(Rowe & Garland 2007)。だが、プログラムがいったん終了すると、多くの警察官がその実用性について深く考えるようになっており、警察官に何かしらの役には立っているようだ。著者らが特定したそうした利点の一つは、警察官が、コミュニティ・人種関係多様性研修によって自分たちが使う言葉や、それが一般市民にどのような影響を及ぼすかについて考えるようになったことだ。これは、二次被害の予防になる(Rowe & Garland 2007: 50; 第六章も参照)。そうしたプログラムをよりよく行なうために、著者らは、よりよいリーダーシップが必要であること、固定概念を打破するためにマイノリティ・コミュニティの代表者らをプログラムの対面セッションに招くことが必要だと指摘している（Rowe & Garland 2007）。

こうしたことが絶対条件というわけではないが、効果的なトレーニング・プログラムを実施できなければ、警察官がヘイトクライムに対する修復的司法を成功裏に行なうことができるかどうかを疑ってかかるはずだ。少なくとも、ヘイトクライムに修復的司法を取り入れる決定をした警察はまず、修復的司法とヘイトクライムの両方について広範なトレーニングを受けた修復的司法専門官を雇用することを検討するべきだ。そうした専門官は、対応案件のための準備と進行にかなりの時間を割く必要がある。専門訓練を受けた実践者を置かないとしたら、現場まかせの修復的司法を行なおうとする警察が修復的原則を効果的に適用できるはずがない。この研究が示しているように、効果的でないファシリテーションはヘイトクライムの一部の被害者に甚大な影響を及ぼし、最終的には、マイノリティ集団の一人ひとりが経験した被害者化の過程をより悪化させることにつながる。[11]

まとめ

デヴォン・コーンウォール警察での修復的措置の活用に関する結論は、ＨＣＰの結論よりはるかに複雑だった。感情的な落ち着きを取り戻すために修復的措置が助けになったと答えたのはインタビュー回答者の半分強で、怒り、不安、恐怖のレベルが下がるのに役に立ったとしたのは一握りの事例でしかなかった。字面どおり受け取れば、ヘイトクライムに対応する手段としては、警察主導の修復的措置は適切ではないという結論を導くことが可能である。だが、質的データをさらに分析すると、被害者が感情面で回復しなかったのは、修復的司法がヘイトクライムに対して有効ではないからというよりは、修復的措置が警察官によってどのように行なわれたかに関係しているという方がより適切だ。たとえば、警察官が修復的措置を行なう際にその場しのぎですませようとすることは、参加者には準備ができておらず、その介入の達成目標が何であるのかわかっていないということである。とくに懸念されるのは、多くの被害者がファシリテーターあるいは加害者のいずれかと包括的な対話をする機会を与えられないことだ。その結果、被害者の多くは自分たちの被害が真剣に受け止められていないと感じ、「がっかり」させられる（第六章も参照）。それ以上に気がかりなのは、修復的措置によって被害者に真摯な償いがなされないということだ。短い謝罪の手紙をもらっても被害者の感情的なトラウマを悪化させることにしかならない場合もある。

警察がヘイトクライム（あるいは同様な加害行為）に修復的な介入を行ない続けるのであれば、修復的原則の扱いについて今まで以上に確かな取り組みが必要である。配慮するべき社会文化的問題がヘイト事象の対象となり、偏見に動機づけられた犯罪についてほぼ何もわかっていない警察官が準備不足のまま「その場しのぎ」で対応する場合、より大きな懸念につながる。したがって本書は、修復的価値およびヘイトクライムの原因と結果の両方について十分なトレーニングを受けたファシリテーターが、FGCの参加者に適切な準備をさせられない限り、警察がヘイトクライムに対する修復的措置を行なうべきではないと考える。

1――この一四件は、一二カ月間に修復的措置によって対応されたヘイトクライムの半分を占める。

2――宗教的および同性愛嫌悪的な嫌がらせが関わる事例も多い。

3――ウィルコクソンの符号順位検定は、不安の中間値が調停直後（Mdn＝四）より調停直前（Mdn＝八）の方が高かったことを示している。Z＝二・二〇四、p＝〇・〇〇三。不安の平均レベルは八・七五から五・五に下がった。

4――取り組み前はMdn＝九だが、取り組み後はMdn＝五である。Z＝マイナス二・五〇四、p＝〇・〇〇一。平均レベルは七・五から四・九にまで下がった。

5――残りの二人は、彼らの事例に怒りは関係ないと答えた。

6――修復的措置に関しては、大半とはいえあくまで少規模である。

7――コミュニティ調停に参加した人びとの過半数が癒されたことと比べ、修復的措置に参加した被害者の場合、癒されたのが半数以下である理由は以降でさらに検討する。

8――次の第三節でこれらの謝罪をヘイトクライムの被害者がどう受け止めたのかを見ていく。

9――逆に、真摯ではないとみなされた謝罪を受け取った二人の被害者は、それでも部分的な助けにはなったと感じていた。だが、それは修復的司法を支持する人びとが望むような理由からではなかった。インタビュー回答者の一人はこう話した。「ある意味、(助けには)なりました。相手に時間を取らせたわけですし、いい気味だと思います。とはいえ、たいした話ではありませんが」。

10――とはいえ、サザーク調停センターの調停者は詳細なメモを取り、事件が他の当事者にどれほど影響を及ぼしたのかを時間をかけて伝えるため、きちんと伝わることが多い。

11――政府の予算削減が、修復的司法に関わる警察官のトレーニングにどのような影響があるか、いまだ明確ではない。

第六章　二次被害、国家の関わり、複数組織との協力関係の重要性

はじめに

これまで本書ではヘイトクライムの影響が広範囲に及ぶ点を強調し、事件によって被害を受けた個人だけでなく、その家族やマイノリティ・コミュニティに属するその他の人びとにも影響することを示した。第四章、第五章で明らかにしたとおり、ヘイト事象の被害者と、より一般的にはマイノリティのアイデンティティを持つ集団が感情的な落ち着きを取り戻すには、国家と第三者機関がヘイト事象による被害の申し立てにどのように対応するかが重要になる。今回の実証研究での被害者の大多数はまず、住宅局[1]や地元警察に事件について伝え、その後修復的実務の実践者に引き継がれる。したがって住宅局職員と警察官は、被害者がとくに弱い立場に置かれていることを念頭に置いて彼らに配慮し、注意を払いながら対応することが欠かせない。

ヘイト事象の被害者に適切な保護と支援、助言を提供できない機関は、彼らをいわゆる「二次被害」にさらしがちである（Herek & Berrill 1992）。これまでの調査が示したのは、ヘイト事象に対応する諸機関が被害者の経験

をたびたび悪化させるということだ（Victim Support 2006; Dunn 2009）。たとえばピーター・ダンは、多くのヘイトクライムの被害者が「おそらくは加害者に対する怒りを解消する手段として、刑事司法制度に関わりたいと考えている」としても、「人びとが力を取り戻す手助けをするのではなく、ときに刑事司法機関はまったく逆のことをしでかす」と指摘する（Dunn 2009: 129）。ヘイト事象の被害者が受ける二次被害には、国家機関にひそむ組織的な偏見が関係する。第三章では、国家が無自覚のままヘゲモニー的で抑圧的な規範を維持しているために、あるアイデンティティを持つ集団をいかに従属させてしまうのかを説明した（Bowling & Phillips 2002）。いくつかの例では、刑事司法機関自身が差別的な実務慣習を遂行し、「組織的な人種主義」（Macpherson 1999）と呼ばれるものや、その他文化的に構築された偏見を支持する政策を取り入れている（Bowling & Phillips 2002）。

英国の場合、政府がヘイトクライムへの対応を改善しようとし始めている——部分的には、警察内の人種主義を厳しく指摘したマクファーソン・レポート（一九九九）のおかげである（Chakraborti & Garland 2009: 118-21参照）。マクファーソン以降の進展を取り上げた文献は、警察やその他の刑事司法機関は偏見を動機とする犯罪に対し、非常に実効性のある取り組みをするようになったとする（とりわけ Chakraborti & Garland 2009: 118-21; HCHAC 2009）。現在の研究をまとめる前、これらの解釈書から、被害者は国家機関がヘイトクライムの報告に対応するようになったと感じるだろうと予測していた。だが、筆者による調停会合の観察結果と中立被害者へのインタビューを通してわかったことは、そのようなものではなかった。実際、いくつかの事例では、国家当局の関与は被害者の心情の安定に著しく有害であったことがわかっている。また、国家が関与する（しない）ことが被害者らの精神的な苦悩を強めてしまった事例もある（後出ケーススタディ1参照）。

本章ではまず、インタビューした被害者が経験したさまざまな形態の二次被害について検証する。被害者たちの大半は、嫌がらせを受けたという申し立てを受けた住宅局職員や警察官の対応は冷淡で怠慢だったと受け止め、それに苛立ちや怒りを感じていた。さまざまな事例研究を用い、本章では二次被害による影響がどのように解決されたのか、コミュニティ調停員が修復的実践に複数組織アプローチを取り入れた場合、最終的にどのように回復されたのかに注目する。このようなアプローチを行なうには被害者と加害者、彼らに接触した国家機関とで追加的な対話を持つことが必要になる。

本章では、「コミュニティ」という修復概念の再解釈を通して、地域機関が「利害関係者」として修復的枠組みに包含されるべきだという点を論じる。修復的司法の支持者は当初、こうした機関を「コミュニティ」概念の一部とみなしてはいなかった（McCold 2004）。しかしこれらの組織は、多くの場合、ヘイトクライムの解決を支援する重要な「コミュニティ・サポーター」となるだろう。さらに、次のようにもいえる。これらの機関が二次被害をもたらすような場合には、これらの機関もまた、争いごとの直接的な利害関係者となる。それゆえ、組織そのものがもたらした追加的な被害を修復するために、修復的対話に関わるよう促されるべきである。「コミュニティ」の範囲を広げて国家と第三者機関を（支援者および加害者として）含めることで、修復的司法は、被害者が完全に立ち直るために必要な支援を得て回復する可能性を高め、ヘイト事象の再発防止のためにそれらの機関が積極的に関わるように促す。この意味で、主にコミュニティ調停センターを通して行なわれる修復的司法への複数組織アプローチは、ヘイト事象によって被害者となる過程で起きる個人的および構造的な被害の一部を修復させる。

第一節　ヘイトクライムに対する国家の反応
——住宅局職員および警察官がもたらす被害を検証する

ＨＣＰに申し立てを行なった被害者の多くは、自分たちの事例における国家の関与のあり方を強く批判する。とくに住宅局職員が関与した事例でこれが著しいのは、職員が苛立ちと不安をもたらす主な原因となるからのようだ。英国では、住宅局は憎悪を動機とする嫌がらせにいっそう積極的に取り組むことが求められている（Netto & Abazie 2012: 678）[2]。「法執行者」としての公的な権限を持っているわけではないにもかかわらず、社会住宅の家主は過去三〇年以上、反社会的行為や犯罪に対して規制する立場で機能してきた。たとえば、家主は住宅から居住者を退去させる、あるいは反社会的行動禁止命令[3]に基づいて治安判事裁判所に申し立てをし、入居者を直接的に処分することができる。実際、住宅局のほとんどは現在、ヘイトクライムの被害にあったという申し立てには対策を講じるという方針を立てている（Netto & Abazie 2012）。サザーク委員会独自の方針は、ヘイトクライムの被害者が「自宅にいながら……実質的かつ気持ちの寄り添った支援」を受けられるようにし、被害者が事件を報告しようと思える程度に信頼できる組織となり、必要があればその地域の反社会的行動部門に勧告を行なうというものだ（Southwark Council et al. 2005）。

残念ながら、そうした方針が常に効果的に運用されているわけではない。ベンジャミン・ボウリングは一九九〇年代はじめにイーストロンドンで人種的嫌がらせの調査を始めたが、それによれば、事件を住宅局に報告したと答えたのは調査に応じた人の五五％で（Bowling 1994）、住宅局の対応に満足したのは八％にすぎなかった。ボウリングは、被害者のほとんどが住宅局は「十分な対応をしなかった、関心がないようだった、被害者に進捗を知らせてくれなかった」と感じていたと記している（Bowling 1994: 24）。より近年の調査では、グラスゴーでジーナ・ネットーとハンフリー・アバジーが行なったものがあり、住宅局は人種的嫌がらせの事件に適切に取り組まなかったという結果が得られている。彼らは、すべての住宅局に問題に対応するための方針がないこと、同時に、方針を立てている住宅局であっても被害者の苦痛を和らげることができずにいることがとくに懸念されると指摘する（Netto & Abazie 2012: 686）。彼らの結論は、被害者に対する敵意の深刻さを評価する際に、「事件に基づいて」優先づけする制度を採用していることが問題の一つだというものだ。このアプローチには三つの難点がある。第一に、この場合、人種的嫌がらせが日々続くという日常的な現実を認識できない。第二に、嫌がらせ行為が深刻な個人的暴力に高じていく危険性を住宅局職員が考慮していない。第三に、それらの方針は個々の加害者に焦点を当てており、複数の人びとが対立に関わることが多い点を検討していないことだ（Netto & Abazie 2012）。

ネットーとアバジーによる三つの調査結果は、ロンドンにあるＨＣＰで行なわれたものと一致する。ＨＣＰに申し立てをした被害者へのインタビューから、ヘイトクライムが関わる事件で住宅局とやりとりする際の現実がはっきりと浮かび上がった。インタビュー回答者は、自分たちの申し立てに対応する際、住宅局職員が鈍感で、場合によっては無関心なこともあると話すことが多い。たとえば、住宅局職員は問題の解決に役立ったかとある回答者に尋ねると、彼女はこう答えた。「とんでもない！　実は、こじれたんです。うちに来てくれると思っていたら、別の家に行って、事件について話してしまったんです。そこの住人はたまたま（申し立てを受けた加害者と）親しくしている人だったので、彼女について文句を言っていると思われてしまいました。余計にややこしくなったんです」。

別の被害者は、住宅局は申し立てに対して当たり障りのない取り組みしかしなかったと感じていた。すなわち、住宅局職員の多くは、どういったことがヘイト事象による深刻な被害にあたるのかを理解していなかったのだ。被害者の不安を真剣に受け止めてくれないことにインタビュー回答者は怒り、多くの人が、自分たちを守るために何もしてくれないという苛立ちを感じることになる（同様に Garland & Chakraborti 2006: 18 参照）。支援を行なう際にそうした難点があると、被害者たちの体験は深刻な程度にまで悪化させられ、多くの場合、継続的なヘイト行為というべきものになっていく。こうして、被害にあったという経験を気にかけてくれる人はいないと思う被害者も出てくる。人種差別主義者による嫌がらせと脅迫が続いたある事例では、被害者は住宅局に何度も申し立てたが、ほぼ聞き流されてしまったという。新たに着任した職員が別の問題に関連して、申し立てを受けた加害者を訪問したときにようやく、被害者の人種主義だという申し立てが真剣に受け止められるようになった。インタビュー回答者はこう話す。

委員会に相談しました……でも何もしてくれませんでした。もう一度電話をしましたが、委員会は、そのような記録はないと言いました……一月に新しい職員が着任して、彼女が何かの用事で彼に会いに行ったところ、人種差別的な暴言を受けたんです……「クロンボの売女め。ニガーに何か言われる筋合いはねえ」と言われたんです……暴力も振るわれました……私が彼女に電話をかけると、彼女は「あなたがどういった仕打ちにあったのか、わかりました」と言っていました。

職員に対する直接のヘイト攻撃が生じてようやく、地元の住宅局が被害者のヘイトクライムの訴えを真剣に受け止めるようになったとは嘆かわしい。被害者たちがサザーク調停センターに紹介されたのは、この事件の後のことだった。調停員が地元の委員会に連絡を取り、職員と被害者との間接的な対話を進めた。この段階に至ってようやく、被害者の上階に住む加害者による継続的な人種差別的嫌がらせについて対策が講じられ、そして、その翌週、加害者は住んでいた借家から退去させられた。

どのような偏見なのか

第一章で、憎悪の本質が複雑であることを検証し、憎悪による加害行為は、被害者の実際あるいは「思い込みによる」アイデンティティに対して加害者が敵意を示したときに起きることを指摘した。すなわち、加害者が敵意を持つ対象であるアイデンティティ集団に実際には属していないとしても、「ヘイト被害者」となりうるのである。たとえば、調査を行なった人種差別主義者による事件の多くでは、「パキ」という言葉が共通して使われていた。とくにデヴォン・コーンウォール警察の事件で多かった。だが、これらの事件の被害者のほとんどはパキスタン系ではなく、この言葉が彼らの民族的な系統を正確に表していなかったことがたびたび指摘された。事実ではないにもかかわらず、「パキ」とラベリングすることに人を傷つける効果があるのは、加害者が狙い撃ちで攻撃するのは自分たちが「他者」だからだということを被害者が認識しているためだ。

国家機関がヘイトによる被害という複雑な力学を理解しておくことは重要である。とくに、「思い込みによる」あるいは「実際」のどちらのアイデンティティに向けられたものなのかを問わず、敵意というものは標的とされた人びとにとって潜在的に陰湿な影響を及ぼす（Garland & Chakraborti 2006, 2007）。ほとんどの修復的実務の実践者は、異なるアイデンティティ集団の間にしばしば見られる微妙な違いをよく感じ取っている。そして、誤認されたアイデンティティに基づいて個人を標的とするような場合でも、やはり有害な影響をもたらしうることを理解している。だが、住宅局職員も常にそうだというわけではない。被害者に投げつけられる偏見むき出しの言葉とそのアイデンティティが一致しない場合、住宅局職員はアイデンティティに基づく偏見を真剣に受け止めないか、おざなりに扱うかのどちらかだ。たとえばある被害者は、近所の住民が自分に対して人種差別的で、自分は同性愛者ではないのに同性愛嫌悪の嫌がらせをすると申し立てた。彼女はこう説明する。

彼ら（住宅局職員）がまず私に聞いたのは、私が同性愛者かどうかということでした。私は違うと答えました。すると彼らは、それならなぜ気にするのか、と聞いてきました。気にするかしないかということと、自分が同性愛者であるかどうかは関係ありません。まったくばかばかしい質問です。彼は私に向かって「混血」（彼女のルーツは複数の人種に由来するものだった）と言ったと伝えると、彼らは、それは単に「専門的」な表現で……たいしたことではないと言ったんです。どういう意味かと聞きました。そしたら、「相手はあなたを『ニガー』や『ホンキー〔訳注：黒人が白人を軽蔑的に呼ぶときに使われる言葉〕』と呼んだわけではないので、人種的な暴言とはみなされない」と。まったく理解できません。

この事件に関しては、委員会がヘイト的な嫌がらせを認めなかったために、被害者は、自分の申し立ての深さが歪められたと感じる結果になった。職員たちは、申し立てを受けた加害者による人種差別的で同性愛嫌悪的な発言の重大性を考慮するべきだったが、この被害者が聞かされたのは、「ヘイト事象の被害者」として扱われないことを説明する屁理屈だった。すなわち、被害者は同性愛者ではない、「混血」という言葉は人種差別的だと分類されるほど軽蔑的ではないとされたため、委員会はこの事例を「ヘイト事象」と分類しないことにしたのである。

ヘイトクライムの被害を受けた経験が退けられると、被害者らは感情的に不安定になり、コミュニティにいても安全だと感じなくなるため、その影響は深刻だ。住宅局が自ら掲げたヘイトクライムに関する方針に従わなければ、多くの被害者は孤独と恐怖を感じたままになる。住宅局が入居者に配慮するべき義務は、ぞんざいに扱ってよい類のものではない。そうした入居者はそもそも、ヘイトによる嫌がらせを受け、社会住宅に行き着くような社会経済的な不利益を受けている人びとであることが多い。住宅局職員に「法執行官」や「ソーシャルワーカー」の役割を期待することはできないが、入居者がその地域の社会住宅の他の入居者から嫌がらせを受けている場合、彼らは支えを必要としているという事実を心に留めておくべきである。

ヘイト事象に対する警察の対応

マイノリティの地域社会で実施される警備活動に対しては、日々疑いの目が向けられてきた（Reiner 2010: 159ff）。警察業務についての歴史研究では、警察は、根本的に「白人、異性愛者、中間層、男性主導」を堅持し続ける組織として描かれることが多く、同性愛嫌悪の実務慣行の裏づけとなってきた（Burke 1993）。特定のアイデンティティを持つ集団が、警察内部の偏見を示す証拠や、民族的マイノリティや同性愛者のコミュニティに対する警察の容赦のなさを示す文書に接して、警察は自分たちを抑圧するもう一つのメカニズムだとみなすようになるのは必然である（Bowling & Phillips 2007; Reiner 2010: 164-71）。たとえば、LGBコミュニティとの関係でマシュー・ウィリアムズとアマンダ・ロビンソンは、「警察官の実働部隊はLGBに対して敵意、否定的な感情、ステレオタイプの見解を見せる傾向がある。警察官の職業文化は、とくにレズビアン、ゲイ、バイセクシュアルだとされる人びとなどのマイノリティに否定的な姿勢を抱かせるようだ」と指摘する（Williams & Robinson 2004: 214-15）（Chakraborti & Garland 2009: 69 に引用されている）。

政府が、偏見と差別が警察活動に影響することを正式に認めたのは一九九〇年代後半のことだった[4]。第一章で述べたとおり、一九九〇年代に起きたスティーブン・ローレンス事件の捜査が失敗し、その後行なわれた警察の捜査についての公的調査（Macpherson Report 1999）は、警察が「組織的に人種差別的」だという結論を下した。この報告書を受けて、政府と警察はマイノリティ・コミュニティの警備に関わる方針と慣習を大幅に改めることとなった（Rowe & Garland 2007）。

マクファーソン報告の重要な成果の一つは、ヘイトクライムの問題に注目し続けたことだ。これを受けて内務省は、憎悪を動機とする被害への対応を改善するよう警察に要請した。英国警察長協会は二〇〇〇年に初めてヘイトクライムについての指針をまとめ、「ヘイトクライム」と「ヘイト事象」を明確に定義し、採用した（ACPO 2000; 第一章参照）。記録を残すよう実務が改善され、ヘイトクライムのパターンと事件がとくに頻繁に起こる「ホットスポット」が明確になった（Rowe 2004）。一方、新たに地域安全部門が設置され、現在は専門警官が警察に通報されたヘイトクライムの捜査を担当している。これらの方針は全体的に、成功した取り組みとして好意的に受け止められ、ヘイト事象を通報しようと考える被害者も増えつつある。地元警察への信頼度が高まっている証拠である（HCHAC 2009; Smith et al. 2012: 20; Home Office et al. 2013: 17も参照）。

ヘイトクライムを警察に通報しようとする被害者は増えているが、警察の対応に対する満足度は相変わらず低い（イングランドおよびウェールズにおける犯罪調査では、犯罪全体については七三％だったが、こちらは五三％だ。Home Office et al. 2013: 45; Bell 2002も参照）。ＨＣＰで調査された事例から、なぜいまだにそうなのかが見えてきた。申し立ての電話を受けた警察官が最初に被害者と接した後、その事例は「内々のもめごと」に該当し、従来の警察業務の対象ではないと伝え、捜査を行なわないことが多い。ジョン・ガーランドとニール・チャクラボルティはイングランド郊外で起きた人種差別の取り締まりについて行なった調査から、警察官が「軽微」な人種差別的事件の深刻度を評価しないことが多く、そうした事件を非公式に処理する傾向があることがわかった（Garland & Chakraborti 2007）。これでは、被害をもたらす過程を存続させることになるだけだ（Bowling 1998も参照）。本調査に回答した被害者は、この結果を認識している。サザークで同性愛嫌悪的な嫌がらせと暴力を受けたある被害者はこう述べる。「警察には電話しましたが、警察は、それは自分たちの仕事ではない……委員会の仕事だ……、近所の住民と問題があるなら、委員会に電話しろ、彼らが対応するからと言ったのです」[5]。そうした対応を受け、申し立てた人びとは、警察は住宅局職員と同じでヘイトクライムの事件を真剣に受け止めないと怒りを感じたのである。被害者の自宅玄関に人種差別的なシンボルを落書きされ、その後、申し立てを受けた加害者がハンマーで被害者を脅迫したという別の事例では、インタビュー回答者は筆者にこう話した。「警察には『告発する』と言いました。でもその後、警察から連絡はありませんでした。そのうえ、私に知らせることなく不起訴にしたんです。それ以降は二度と事件に対応してくれませんでした。警察はまったく助けになりませんでした。がっかりさせられただけです」。

警察官がヘイトクライムの申し立てを追及しない理由として、証拠不十分というのが言い訳として多用されているようだ。だが、インタビュー回答者の中には、人種差別だという彼らの申し立てを疑っている警察官がいると考えている人もいた（Garland & Chakraborti 2007）。筆者がオブザーバーとして観察したある間接的な調停会合では、カリブ系の八〇歳の高齢男性が地元の店で近所の住民に顔を殴られたという事件を扱っていた。その近所の住民は、被害者よりもはるかに若い白人男性でバーモンドジー・タクシー・クラブ（人種差別主義者の団体）のメンバーだとされていた。被害者は申し立てを受けた加害者に言いたいことがあったが、立ち会った警察官は、双方が血を流していたので誰も逮捕することはできないと言った。この事件を目撃した店のオーナーも事情聴取に応じなかった[6]。被害者は高齢で、血まみれになり、それまで何年間も委員会に対してこの加害者の人種差別的な行動について申し立ててきたにもかかわらず、立ち会いの警察官は何もしないことにしたのである。

被害者に残された唯一の選択肢は、自ら調停サービスに問い合わせ、自分にちょっかいを出さないよう調停員が加害者とその子どもたちを説得してくれるのではないかと期待することだけだった[7]。残念ながら、申し立てを受けた加害者が参加を拒否したため、調停員は被害者がより大きな安心感を持てるように、被害者本人と担当の住宅局職員だけで対応するしかなかった。結局この被害者に関しては、警察の支援あるいは申し立てを受けた加害者の参加がなければ、ほぼ何もできなかったわけである。すなわち、この事例では被害者はその後も攻撃されるかもしれない状態に置かれたままだった。

警察による修復的司法のファシリテーター

第五章では修復的警察業務の実効性を論じた。本章の目的に則し、デヴォン・コーンウォール警察での取り組みに参加した被害者のうち、警察の対応に満足しなかったのは（ごく）一部であったことを改めて指摘しておくことには意味があるだろう。満足しなかった理由として、修復的措置に参加するよう被害者の一部にプレッシャーがかけられたこと、準備不足、手続に関する情報提供が不十分であったこと、真摯でない謝罪がなされたことがあげられる。このため、一部の被害者は修復的司法に失望し、自分たちが受けた被害を警察が真剣に受け止めなかったことに憤りを感じた。多くの被害者にとって、加害者に対する怒りや不安、恐怖は介入を受けた後も軽減せず、二つの事例では、被害者が、警察が関わった直接的な結果として、怒りと不安が強くなったと述べている。

ある被害者は自分の事例が軽視されたと感じ、そのせいで不安が増したと語り、このことが加害者から再び被害を受けることにつながったと考えていた。別の被害者は警察の対応は人種差別的だと考えていた。筆者が彼に修復的措置の際、不利だと思ったかどうかを尋ねたところ、彼はこう答えた。「そう思います。もし自分が外国出身でなかったら、状況は違っていたと思うからです。警察は、しかるべき支援とサポート、あるいは別の人には提供したような支援とサポートを私には提供してくれませんでした」。この回答者に、もし自分が白人の英国人であったら受ける支援レベルも違ったと思うかと尋ねてみたところ、彼はこう答えた。「違ったと思います。本当に。残念ながら」。警察がこの被害者の民族を理由として差別したのかどうかはわからない。だが、彼が求めた支援を警察が行なわなかったことは確かだ（第五章、ケーススタディ1参照）。

《ケーススタディ1》第一部　J――長期間に及んだ人種差別的な嫌がらせ

「黒人の英国人」女性であるJは、階下に住むY（女性）から一〇年以上にわたり、断続的に人種差別的な嫌がらせを受けてきた。人種差別的な中傷に加え、Yは自分の家具でバリケードを作ってJが自宅から出られないようにしたり、彼女宛の郵便物を盗んだり、彼女の納税状況について内国歳入庁に虚偽の申し立てをするなどしていた。そのため、Jが受け取っていた児童手当の支給が一時停止されたこともあった。Jはこの人種差別的嫌がらせについて警察に通報した。だが、警察が事情聴取のためにやってきたとき、Yが自宅から出てきて、自分がJだと名乗り、警察官に嘘の説明をしたのである。一週間後、警察が事情聴取にやってこない理由を確認するためにJが再び警察に連絡したところ、事情聴取は終わったと告げられた。彼女が警察官に、その説明をした女性の肌の色を尋ねたところ、白人だということだった。Jは、自分は黒人で、階下の住民は白人であることを警察に伝えていた。それにもかかわらず、警察は別人から話を聞き、人種差別的行為の報告を作成していたことに、彼女は愕然とさせられたのである。

Jは自分に起きた事件について警察に申し立ての文書を送った。すると別の警察官がJのもとを訪れ、Yが逆に、Jから嫌がらせを受けていると申し立てていることを伝え、「ハラスメント禁止命令[8]」と呼ばれるものを彼女に渡し、Yに対する申し立てをしないように強く通告したのである。当然のことだがJは混乱し、ヘイトクライムの申し立てに対する警察の対応に憤り、彼らの行動は人種差別的だと受け止めた。Jは警察と委員会に何度か文書を送ったが、反応はなく、その後彼女は鬱や脱毛症になり、体重も半分に落ちた。彼女は筆者にこう話した。「国家組織の支援がないというだけではありませんでした。『何がどうなっているの？』と思わされたのです。信頼感などどこかに行ってしまいました。私がこうなった（鬱、脱毛症、体重が半減したことを指す）原因のようなものですから」。

Jへの警察の対応は明らかに彼女が受けたヘイトクライム被害の一部であり、その結果、彼女は誰も助けてくれないと考えるようになった。Jが繰り返し申し立てをしたことに対して、委員会も申し立てを無視するという対応に終始した。住宅局職員が事件に関わるすべての記録を残しておくようJに伝えていたことから、彼女は記録を取っていた。だが、この記録を彼らに見せたところ、Jは「非常に込み入った事件ですね。これに対応するだけの余裕がありません」と言われたのである。これはJの苛立ちや動揺に拍車をかけただけだった。

その後、Jに「嫌がらせ禁止命令」を渡した警察官はYと個人的な関係があり、虚偽の命令書を渡していたことが明らかになった（本章後半の第二部ケーススタディ1[9]を参照）。

被験者のサンプルの方法が結果にもたらすバイアス？

コミュニティ調停に参加した人びとが全般的に地元当局の対応に満足しないことは驚くことではないようだ。とくに、そうした対立が通常、警察や住宅局が解決できなかったという理由で回された事件であることを考えれば当然そうだろう。言い換えれば、警察やその他の国家機関がスムーズかつ効果的に対応した事例が調停サービスに回されることはなく、したがって本研究で取り上げることはない。そうであるとしても、調停サービスに回される事件が多く、その中にはロンドンの地元地域で起きたヘイト事象が含まれているという事実は、ヘイトクライムの解決に関わる国家機関とマイノリティに属する個人との間に明らかに問題があることを示している。インタビュー回答者の反応は、これらの問題について、警察および住宅局がヘイトクライムについての方針を実効的に追求できていないことについて示唆を与えてくれる。すべてのヘイトクライム事件でそうした対応がなされているわけではないが、そうした国家機関が、いかにヘイト事象の多くの被害者のニーズに応えることができていないか、またなぜできないのかについて、有益で確かな情報が得られる。

デヴォン・コーンウォール警察での修復的措置に参加した人びとから得たその他のデータと、コミュニティ調停に参加した人びとから得たデータを比較しても大きくは変わらない。これは、一二カ月間で修復的措置を受けた被害者の半分がインタビューに応じてくれたことによる。修復的措置に参加した被害者で二次被害にあった割合は比較的低いが、データから、警察がすべてのヘイトクライムの被害者を適切に支援していないことがわかる。これは、ヘイトクライムに対応するべき地元当局が頻繁に二次被害をもたらしているという指摘を裏づけるものだ。

第二節　複数組織連携による被害の軽減

第四章で、かなりの割合の被害者が調停員を「支援」の提供者としていかに頼りにしているかを確認した。ファシリテーターが提供する支援は国家に「失望させられ」、無視されたと感じてきた人びとにとって、大きな救いとなる。支援を行なう際、ＨＣＰのマネージャーは調停に「複数組織」アプローチを取り入れることが多い。

これによって、調停員は警察や住宅局、学校、大学、社会福祉、第三セクターの慈善団体を調停手続に直接的に関わらせることができる。機関職員の手続への関わり方はさまざまだ。たとえば、グループカンファレンスに利害関係者として参加する、一方または両方の当事者との直接的な調停会合に参加する、事後的な配慮を行なう担当者として参加するなどがある[10]。

調査を行なったコミュニティ調停の多くで採用されていた複数組織アプローチは、警察主導のもとでの修復的司法よりも明確な利点があった。これは主として、コミュニティ調停が国家当局から独立して行なわれていることによる。このアプローチは政府が定めた対象者に制限されず、法律に規定された組織が行なうヘイト事象への対応にあからさまに表れるような組織文化もほとんどない（Macpherson 1999 参照）。そのため、コミュニティ調停員は中立被害者と申し立てを受けた加害者との対話の過程と、ヘイト的な嫌がらせを受けたという被害者の申し立てに対応したさまざまな地域組織が関わるコミュニケーションの両方を十分活用することができる。このように、複数組織アプローチによる修復的司法を構成するのは、地域の一般市民（被害者、加害者、それらの支援者など）と国家組織の職員（住宅局あるいは警察の職員など）である。

修復的実践における複数組織間の協働関係は他者を排除しない理念原則（inclusivity）の上に成り立つが、そのようなアプローチを取る場合には他の修復的価値にもさまざまな関わり合いがある。第二章で筆者は修復的司法の目的を簡単に説明し、修復的実践の目的は、加害行為に直接巻き込まれた人びとが自らの個人対個人の対立を解決できるように、彼らをエンパワメントすることであるべきだと指摘した（Christie 1977; Zehr 1990）。第五章では、警察主導の修復的司法では警察司法の実務者が紛争のマネジメントをコントロールしてしまい、ある行為の主要な利害関係者たちによる自律的な関与を阻害する効果を及ぼしていたことを示した。それゆえ純粋に理想を追い求める人びとは、「専門家」（とくに国家公務員）には利害関係者のニーズや希望よりも専門家自身の規則や基準を押しつける恐れがあるとして、修復的実践から排除するべきだと主張するだろう（Christie 1977; Cunneen & Hoyle 2010: 162-69）。

では、地域の政府機関を修復的手続に関わらせることは修復的司法の理論にどのように適合するのだろうか。修復的司法への複数組織アプローチは根本的な価値と相容れないのだろうか。あるいは、修復的対話において国家機関は合法的に位置づけられるのだろうか。以降で見ていくが、「コミュニティ」という修復的概念を捉え直すことでこれらの疑問に対する答えを見つけることができる。だがその前に、国家機関を修復的枠組みに関わらせることから派生したいくつかの結論をさらに検証する必要がある。

「コミュニティの利害関係者」としての国家機関

修復的司法に国家機関を関わらせることに懐疑的な学者たちは、従来どおりの国家主導の刑事司法の機能と修復的実践の機能は明らかに合致しないと指摘する（Boyes-Watson 2004; Cunneen & Hoyle 2010: 162ff）。第一に、従来の刑事司法手続は規則を破った者を罰し、非難することで法を執行することに力点を置いており、他方、修復的司法は犯罪に関わったその地域の利害関係者をエンパワメントして個人対個人の対立を解決し、修復することを目的とするものであるからだ（Zehr 1990）。修復的司法を支持する人びとが修復的実践への国家の関与に慎重であるのは当然だ。これまでは国家が被害者を司法手続に関わらせようとしてきたが、ほとんどの場合これは、被害者のニーズへのリップサービスくらいにしかならなかった。国家が被害者をその実務や手続に直接関与させれば、再び被害者にしてしまうリスクが高くなるという指摘もある（本章のテーマでもある）（Bowling & Phillips 2002; 第三章参照）。国家が関わることによる危険性は避けられないのだろうが、修復的司法が今後発展し、継続するためにはこれが必要だと主張する人は少なくない（Boyes-Watson 2004; Jantzi 2004）。ヴェルノン・ジャンツィは、国家の役割は多面的であり、「実現させる主体、資源の提供者、実行者、質の高い実践を保障する主体であると同時に加害者」でもあると指摘する（Janzti 2004: 190）。そうしたものとして修復的実践に目を向ければ、「法律も国家も修復的実践に完全に入り込んでいることがわかる」（Cunneen & Hoyle 2010: 162）。

国は、修復的司法が刑事司法の核となるよう法を制定し、とくに青少年に関わる司法制度に重点的に取り入れ、その実施に予算をつけた（第二章で簡単に論じた）。第三セクターで運営されるコミュニティ調停サービスも政府の助成金か、委員会の予算で運営されていることが多い。すなわち、資金助成は修復的実践の発展には不可欠なのである。修復的司法をマイノリティだけでなく多数者にとっても利用しやすいものとするために、それに必要な資金を提供するだけの手段と資源を持っているのは国家だからである（Janzti 2004）[11]。

修復的司法を刑事司法の主流に定着させるのであれば、国家がその活用を法制化し、実践のための資金を出さなければならないことは明らかだ。しかし、だからといって、国家が必ずその実践を管理しなければならないということにはならない。この三つ目の国家関与こそが大きな懸念なのである。批判的な意見を主張する人びとは、国家主導の修復的実践は犯罪を取り締まり、統制するための別の手段となるだけであり、結局は国民ではない市民を周縁化すると主張する（Ashworth 2002; Jantzi 2004; Hoyle 2007: 294-97 参照）。さらにそうしたことを行なうことは、単に、法律に依拠したヘゲモニー（ヘゲモニー的支配）と、刑事手続のそれ以上に厳格な一面を永続的に固定化させるだけともいえる（Cunneen & Hoyle 2010: 164）。換言すれば、修復的司法が、より大きな刑事司法制度において生じる「人種差別的であり、性別偏向的であり、階層に基づく」効果の中に取り込まれてしまう可能性があるということだ（Cunneen & Hoyle 2010: 164; 第三章、第六章参照）。

とりあえず、第五章で警察主導の修復的司法が持つ包括性、自発性、修復能力を検証し、前記を示す証拠をいくつか確認している。デヴォン・コーンウォール警察が行なった修復的措置に参加した被害者一四人のうち、加害者と直接に対面する機会を得られたのは一人だけだった。さらに多数の被害者がこの取り組みに参加するようプレッシャーを受けたと感じており、インタビュー回答者一四人のうち、ファシリテーターを務めた警察官が加害行為による被害について話し合う機会を設けてくれたと答えたのは八人だけだった。もっとも懸念されるのは、二人の被害者が、この取り組みを経験したせいで感情的なトラウマが強くなったとし、うち一人は、警察が人種差別的だったと思うと話したことだ。

警察が修復的原則の実践において、法執行者の役割と修復的ファシリテーターの役割という相対立する任務のために苦労してもがいているようでは、警察が直接（間接）的に被害者に被害をもたらしている事例で修復的対話も促すことができるとは言い難いだろう（Hoyle 2007: 294-95 参照）。そうであるとすると、国家主導の修復的司法をどのように改めたら国家機関による被害を修復する助けになりうるのだろうか。そのような二項対立に取り組むのは難しいが、世界中のさまざまな法域ではマクロレベルでの取り組みがすでに始まっている。たとえば、過去に国家組織によって行なわれた大規模な残虐行為を償うための手段として修復的プログラムを取り入れた国もある（Llewellyn 2007 on Truth Commissions）。ジャンツィはマクロレベルの修復的司法の取り組みとして、ニュージーランドのマオリ土地裁判所がマオリに土地を再配分するための方法を取り上げている（Jantzi 2004）。より最近の例では、オーストラリアが二〇一〇年、「盗まれた世代」〔訳注：一九一〇年代から公式には一九六九年まで、政府は先住民族であるアボリジニを白人社会に同化させるため、その子どもたち、とくに白人との間に生まれた子どもたちを中心に、親から強制的に引き離し、施設に収容するなどした。そうした子どもたちは数万人にのぼるともいわれ、「盗まれた世代」と呼ばれている〕について、またそれ以前にも、先住民族の人びとを迫害してきたことについて国として謝罪している。そのような例は、国家が悪事に一役買ってしまったとしても、政治的意思があれば、政府がそれまでに行なった被害を修復するために修復的手段を講じることが可能であることを示している。[12]

大規模な人権侵害を修復する例として、国家は自らが広範囲にもたらした被害を状況に応じて一部でも修復しようと取り組むことがあげられるが、必ずしも政府が個々の二次被害を修復しようとしていることにはならない。こうしたよりミクロレベルの事例において、修復的司法の実践者は、巨大国家による修復ではなく国家のさまざまな機能をなんらかの形で代行するより小規模な地元当局による修復を促す。そうした事例で、当該国家が、機関から被害者に対する賠償を実現し、資金的裏づけを与え、もしくはこれを下支えする政治的基盤を提供するようなことは考え難い。日常的に生じる過ちを正すよう求める組織的な圧力はほとんどない。そのような機関のあり方が国家の自律的意思を反映したものであるとするならば、コミュニティ調停センターなどの第三セクターの団体が、国家組織を修復的対話に関わらせるために実際にできることはほぼ何もないように思える。

地元当局の職員が組織上の手続と厳格に定められた方針に縛られることは、修復的介入に国家が関与する際の大きな障害の一つになる。被害者とこれら組織の職員とで建設的な対話を行なおうとしても、職員らのお役所仕事ぶりが足かせとなるはずだ。こうした官僚主義は綿密に定義された職員の任務といえなくもない。職員の立場は組織的に定められ、その機関が担う社会的役割を逸脱しないように定められている。つまり、被害者に接する根拠は、平等性や相互性ではなく、「役務の提供」なのである。厳格な方針に縛られた組織的な制約というプリズムを通して役務が提供されるわけだ。

したがって、被害者、加害者、地元当局の意思疎通は、その組織が掲げる組織目的にかなうように歪められてしまう。犯罪に関わる利害関係者の多くはそうした機関が提供する役務が助けになったと受け止めるが、他の一部の人びとは適切な配慮や支援を受けていないと思い、苛立ちと憤りを感じる。すなわち、ある侵害行為をめぐる重要な利害関係者となる人びとと「相互関係、信頼、相関性」を築き、醸成する職員はほとんどいないということだ（Boyes-Watson 2004: 220）。むしろ、カロリン・ボイエス・ワトソンが説明するように、「依頼主は、欠点と問題を抱えた人びとだとみなされ、知識と能力と支援とを提供する貴重な人材と位置づけられることはない」のである（Boyes-Watson 2004: 220）。地元当局がヘイトクライムの被害者と加害者との間に築く関係が型どおりのものにすぎないために、結局のところ、もっとも支援を必要とする人に寄り添った支援を行なうことはできない（Boyes-Watson 2004）。

組織的な慣習によって相関性と信頼が妨げられる場合、国家機関とヘイトクライムの利害関係者との関係はぎこちないものにならざるをえない。だが修復的対話は、その他の対人的なコミュニケーションと同じではない。国家機関以外が行なう修復的実践に専門家として関わる人びとは、それら機関の社会的あるいは組織的背景の影響を受けずにすむ。物理的に場所を変えれば、利害関係者は官僚主義的な環境から距離をおき、新たな環境に身を置くことができる。このようにして議論への参加者たちを平等に扱い、相互関係を重視するのである。公正な実践者が行なう修復的会合は、どちらか一方が支配的にならないような対話を促す（Boyes-Watson 2004）。修復的対話は非難の応酬や役務の提供ではなく、被害と回復に注目する場であり、それゆえに参加者は真摯な共感を形成することができる（修復的司法における共感については第七章、第八章参照）。すでに見たように、語るというプロセスによってそれぞれの利害関係者の人間性が表れ、共感を阻む壁を打ち破る力になる。こうした共感的なつながりを活性化させることによって、修復的司法は、組織と被害者との関係性を制限し、コミュニケーションを阻む官僚主義的な壁を崩すのである。

重要な点は、修復的過程に関わる機関の職員が二つの役割を担う必要があることだ。第一に、事件あるいは対立の主要人物である利害関係者（被害者と加害者など）を支援する専門的な役務の提供者（「コミュニティ支援者」）として議論に加わる。同時に修復的ファシリテーターは彼らを「コミュニティの利害関係者」として関わらせる必要もある。この二つ目の役割については以下で詳細に説明する。現段階ではどちらについても、（機関の職員も含めた）利害関係者が対話と「ストーリーテリング」に参加し、参加者それぞれが人間味のあるふるまいをするように支援するべきだという説明で足りるだろう。したがって、機関職員は利害関係者を「対応」する必要のある「問題」としてではなく、支援と修復（必要であれば）を提供する相手として捉えるべきなのだ（Boyes-Watson 2004; ケーススタディ2および第二部ケーススタディ1も参照）。

より包括的なこの過程でもっとも重要な点は、修復的ファシリテーターが中立的であることだ（この点についてはすでに簡単に触れた）。修復的ファシリテーターが、同時に、後の被害を回復するよう求められる組織に雇用されている場合、利害の対立は避けられない。ということは、もっとも公正でありうるのは、ファシリテーターが国家から完全に切り離された存在である場合だ（コミュニティ調停でも同じである）[13]。ファシリテーターが国家の指示を受けないのであれば、組織的官僚主義による制限を受けることも、政府の目標に縛られたりすることも少なくなる。修復的ファシリテーターが他者に被害をもたらした加害者の責任を問う過程を進めやすいのは、こうした理由からだ。デクラン・ロシェはこう説明する。「国家が責任を負う姿勢を養うには、中心となって実践する人びとは可能な限り独立していなければならない」（Roche 2003: 137; Hoyle 2007: 297 に引用がある）。

だからといって、国家に雇用されている修復的実務の実践者が他の国家機関に対する修復的実践をうまく進めることができないというわけではない。それ以上に重要な点はむしろ、修復的ファシリテーターが修復的対話に関与させたいと考える機関に直接雇用されていないことだ。直接雇用されていなければ、ファシリテーターとしての公正性と役務の提供者として負う組織的な責任との対立を避けることができる（Hoyle 2007: 297）。たとえば、青少年加害者サービスに雇用されている修復的実務の実践者が警察署や地元の住宅局の官僚主義や管理部から直接的な制約を受けることはない。そのため、警察官や住宅局職員をファミリー・グループ・カンファレンス（FGC）に参加させる青少年加害者サービスの修復的ファシリテーターは、警察や住宅局が行なう修復的実践以上に客観的にこれを進めることができる[14]。

「コミュニティの利害関係者」として地元機関を関わらせる実践者は、被害者がその仕組みによって支配されていると感じることのないような工夫が求められる。そのためには、ファシリテーターが会合前に組織の職員に修復的対話における役割について説明し、当事者間の力関係が偏らないようにしておく必要がある（第六章参照）。手続は、手続全体に適用される全体的なルールの設定から始まる。このルールは相手に対するふるまい方を伝えるもので、国家職員が自分たちの思惑で進めないようにするものだ。第七章で見るように、対話中に一方が圧倒されるような事態を避けるために、十分な事前準備をしておくことが非常に重要だ。実践者が地元機関を直接的な調停会合に参加させるのは、すべての当事者の準備が十分に整った場合に限るべきである。

修復的司法が、地域住民が関わる対立を住民自らで解決させようとしていることを考えると、国家機関を修復的過程に直接関わらせることは矛盾しているように見えるかもしれない。だが、地元地域において社会サービスを提供するのが国であるということは、犯罪と被害に対する地域の反応を決めるのは「国家」だということだ。つまり、国家とその他の地域機関は社会のあちこちで起きる無数のヘイトクライムに関わり続けるのである。そのため国家当局は、被害者を支援する組織であり、被害者を保護する組織でもあり、あるいは二次被害をもたらす組織としてもヘイトクライムに関わる。この意味において、地元機関は憎悪による加害行為の利害関係者として被害者を支援し、機関そのものがたびたびもたらす二次被害を修復するために修復的司法に関与するべきである。次のセクションでは修復的対話において地元機関が果たすべき役割について検討する。それらの組織が国家の従属組織であるとしても、彼らも、修復的司法理論の中心概念の一部である「コミュニティ」を部分的に構成しうることを示す。

「コミュニティ」としての国家機関とは？

「コミュニティ」は修復的司法の理論と実践における核心的な概念である（McCold 2004）。コミュニティは、犯罪の利害関係者が個人対個人の対立を解決する場であると受け止められてきた（Christie 1977; Braithwaite 1989; Zehr 1990）。修復主義者は、コミュニティが果たす重要な役割は、社会的主体としては限定的であるとしてもある特定の集団を従わせる強固な道徳的権威であることだと指摘する（Braithwaite 1989）。そのため、コミュニティは善をもたらす存在としてみなされるようになり（Pavlich 2004）、利己的な個人や人情味のない巨大国家に対立するものとして浸透していった（Weisberg 2003）。

修復的司法の学者による「コミュニティ」概念は広義のものも狭義なものもある。たとえばジョン・ブレイスウェイトは、コミュニティとは一連の「文化的相関性と義務を重視する個別の相互依存が密なネットワーク」であるとする（Braithwaite 1989: 85）が、ローデ・ワルグレイブは、コミュニティとは「精神的・構造的・領域的に範囲を定められた『区域』」であるとする（Walgrave 2002: 74）。本来、コミュニティは場所としても、空間としても定義されうるが、「客観的な感覚」によって定義することもできる（Walgrave 2002）。もっとも基本的なものとして、コミュニティとは単に「一体感という概念」とすることもできる（Walgrave 2002: 74 には McCold & Wachtel 1997 の引用がある）。

そうした分析はほぼ、コミュニティの社会学的概念から援用されたものだ。たとえば社会学者スコット・ラッシュは、コミュニティが利益や資産を共有している必要はないが、そこに属する人びとのつながりを形成するような共通した本質がなくてはならないとする（Lash 1994）。ポール・ケネディとヴィクトール・ラウドメトフは、コミュニティとは「道徳観や美的センス、表現に込められた意味を共有すると認識する人びとが所属する単位であり、それによって個人的および集団としてのアイデンティティを獲得する」ものだとする（Kennedy & Roudometof 2004: 6）。したがって、「コミュニティ」が空間的な場所の共有であることは多いのだが、必ずしも領域的空間に限定されるわけではない（Spalek 2008）。実際、コミュニティはしばしば本質的に一過性があり、先に述べたような道徳的・本質的・精神的な境界をしばしば越えてしまう（Spalek 2008）。同様に、所属する一人ひとりもコミュニティが規定する境界を越えて新たなアイデンティティを持つ集団を形成し、あるいは多数の異なるコミュニティに属することもある。

修復的司法をコミュニティで実践する

「コミュニティ」の概念は変化するものであり、その定義は状況によって大きく変わる。そうであるとすると、そのような可変的な概念はどのように修復的実践に適用されるのだろうか。理論家はもともと、「コミュニティ」は被害を議論する場を提供するにすぎないと主張していた（Christie 1977）。コミュニティに属する人びとは、その犯罪によってどれほどの打撃を受けたのか、加害者は自分がもたらした被害を修復するためにどのような取り組みができるかを議論するよう促される。この解釈によればコミュニティは意味を持たない概念となり、利害関係者が自分も巻き込まれた対立に好きなように対応するための道具の一つにすぎなくなる。

他の学者は、コミュニティの役割はそれ以上に洗練されていると分析する。たとえば、ポール・マッコールドは修復的司法に適用される「コミュニティ」には明確に異なる二つの形態があるとする（McCold 2004）。一つ目は「ミクロ・コミュニティ」であり、加害行為の直接的な影響を受ける人びとを指す。ミクロ・コミュニティは、家族や友人、その他被害者や加害者と関係性の深い人びとなどによる「ケアを提供するコミュニティ」を構成する（McCold 1996）。ミクロ・コミュニティには、犯罪行為に直接巻き込まれた人びとに感情的かつ社会的な支援を行なうという重要な役割がある（Schiff 2007）。彼らは、被害者と広範囲に及ぶ「ケアを提供するコミュニティ」にもたらされた被害について利害関係者が全体を理解するように、対話に参加することもある。ミクロ・コミュニティが関わる修復的司法の手続としては、FGCやコミュニティ調停がある。

マッコールドのいう二つ目のコミュニティは「マクロ・コミュニティ」で、地理的空間あるいはアイデンティティを持つ人びとによって定義される（たとえば「ゲイ・コミュニティ」や「ムスリム・コミュニティ」など。Weisberg 2003も参照）。マクロ・コミュニティには、被害者あるいは加害者との感情的あるいは個人的なつながりはほとんどない。それよりも、地域住民、ある特定のアイデンティティを持つ集団、あるいは社会全般に繰り返し生じる害悪の累積に目を配る。マクロ・コミュニティに属する一人ひとりが修復的実践に関わり、起きた被害を社会的に非難することもある（Braithwaite 1989）。また、このコミュニティには、加害者の行為が、彼らが再び統合されることになる広いコミュニティにどれほどの影響を与えたのかを説明するよう求められることもある。非行少年委員会は、マクロ・コミュニティが関わる修復的実践の一例だ（第二章参照）。

「コミュニティ」は物理的な公共空間であり、異なる類型の個人の集まりでもあるとされる一方で、抽象的な現象として発達したともいえる。すなわち、物事のあるべき姿として理解されているということだ。その意味で「コミュニティ」は、「そこに属する人びとが従うものとされる基準およびそうした基準を支える価値」（Schiff 2007: 236; これらの基準と規範がどれほど均質であるかは以下および第七章で検討する）を作り上げ、伝え、維持する規範的機能を担うものとされる。したがって、コミュニティとは価値を含むものである。われわれが志向し、修復的司法で促すべきはこうしたコミュニティの価値なのだ。

これは、コミュニティが持つ規範的機能と結びついて修復的な目標を達成するための「手段」となる（Walgrave 2002: 75参照）。たとえば、コミュニティは再統合的恥づけ（Braithwaite 1989）といった、修復的実践のための条件を整える。したがってコミュニティが目指すのは、支援者や被害に関わる利害関係者が掲げる目標にとどまらず、改革と社会復帰の仕組みが掲げる目標なのである（Braithwaite 1989）。この結果、「コミュニティ」が修復的司法の「目標」となる。たとえば、修復的会合は、壊れた関係性を修復し、加害行為を行なう可能性が低くなった加害者を再統合させて「コミュニティ」を再構築する（Walgrave 2002）。この意味で、コミュニティの改善は、壊れた関係性を修復させる対話手続を通して達成されるべき目的なのである。

「コミュニティ支援者」としての国家機関とは？

修復的司法においては、コミュニティはおおむね、流動的かつ横断的な概念だと考えられている。それにもかかわらず、地元の国家（および第三セクター）組織がコミュニティの名のもとで果たす多様な役割が修復的司法に関する研究で取り上げられることはほとんどない。地域の防犯活動団体、学校、大学、住宅局、反社会的行動部門、被害者支援団体、ソーシャルケア部門、市民相談所、その他多くの組織がヘイトクライムの被害者および加害者両方のニーズに応え、支える義務と責任を負っている。憎悪による被害者化の原因と被害に取り組む団体の役割は重要だ。そうであるにもかかわらず、そうした団体は修復的司法に関する文献上で論じられる「コミュニティ」から排除されているように見える。これは地元機関が原則として国家によって運営されているせいだろう。また、すでに筆者が示唆したように、コミュニティと、犯罪の利害関係者らに差配させないようにする可能性があるとして、修復的司法の支持者に受け入れられていないせいでもある（Christie 1997; White 1994）。

修復に関わる文脈で、コミュニティ・グループや地元機関の役割が論じられる場合、通常は、修復的実務の取り組みに付加的に、あるいはそれと同時並行的に実施される活動として取り上げられる。たとえば、スーザン・ハーマンは、被害の根底にある複雑な社会経済的問題とそれが長期的にもたらす影響に鑑みると、国家機関や地元地域機関、および（修復的司法の実践と比較した場合）そうした問題に取り組むことにより適した慈善団体による救済が必要であると主張する（Herman 2004: 77）。被害者支援には多くのソーシャルサービスが必要とされる。それらの組織には、被害者の長期的なニーズに対応する手段が整っている（Herman 2004）。だが、そうした団体が修復的司法の枠組みで包括的に取り組むべきだとするのではなく、ハーマンは、加害者と被害者を分けて対応するような並行した制度、すなわち「二つの体系」に依拠した制度を設けるべきだとする。

同様にロレーヌ・アムスタッツも、被害者が犯罪から回復するように支援する被害者支援グループの重要性を強調する（Amstutz 2004）。彼女が注目するのは、修復的実務の実践者と被害者グループとが協働して行なう「傾聴プロジェクト」に含まれるいくつかの段階的な取り組みだ。修復的実務の実践者と被害者支援の実践者とが対話する場を継続的に設けたり、被害者のニーズに対応するために欠かせない資源について広く認識してもらうために他の機関と協働したりといったことである。だが、ハーマンと同様、アムスタッツも被害者支援グループが修復的会合に参加するべきだとは考えていない。そうではなく、実践者は、修復的司法以降のサービス窓口へと被害者を紹介する前に、被害者グループにさらなる関与をしていくことを通して被害者のニーズを学ぶことができると彼女は論じる。

ハーマンもアムスタッツも被害者支援をいっそう充実するべきだと主張する（Herman 2004; Amstutz 2004）が、二重の並行的な司法制度も被害者支援グループとの協働関係の強化も、修復的司法の包括性や柔軟性を十分に活用したものではない。修復的理論に地元団体を巻き込まないのは多かれ少なかれ、視野が狭いといえるだろう。すでに指摘しているが、ヘイト事象の申し立てに対応すると地元当局はその利害関係者になる。地元団体そのものはいくつかの点でコミュニティの概念に当てはまると仮定することができる。第一に、コミュニティの諸団体はその地域の地理的領域の一角を占める。ある空間的境界の内側に存在し、特定の近隣地域に居住する市民のために活動を行なう（McCold 2004 のマクロ・コミュニティの一部を構成する）。どちらの団体もその地元区域に住む人びとを保護し、支え、そのニーズに対応することを目的とする。それゆえ、そうした団体はほぼ地理的に定まったコミュニティにおける社会機構の一部とみなされる。

第二に、加害行為が真っ先に地元機関に報告される場合や、被害者支援を行なうために地元機関に連絡があった場合、そうした機関は被害者および加害者の「ケアを提供するコミュニティ」となる（McCold 2004 のミクロ・コミュニティの一部を構成する）。たとえば、調査したコミュニティ調停事例の多くを扱った住宅局職員は、入居者としての権利や責任について助言するなど、利害関係者に直接関わっていた。職員らは憎悪による虐待の経験から被害者が回復できるように支援することが求められ、その一方で、加害者が偏見を動機とする行動を繰り返さないようにすることも求められる。多くのヘイト事件に直に巻き込まれる（Bowling 1994 も参照）わけであり、彼らも利害関係者に対する直接的な支援ネットワークの中心的存在になるのである（第二部ケーススタディ1および2参照）。

最後に、支援者としての役割に関しては、地元機関はコミュニティの「道具」とみなされる（Walgrave 2002）。その職員は被害者が犯罪にあった経験から前に進めるよう支援する（たとえば被害者支援を行なう、修復的手続の際にソーシャルワーカーが被害者を支援するなど）。あるいは、加害者がコミュニティに再び受け入れられるように資源を提供する（たとえば薬物・アルコールのリハビリテーション、アンガー・マネジメント、住宅に関する支援など）。地域社会を形成している地元団体とコミュニティの人びと次第であり、集団としてのアイデンティティが従うべき道徳的義務を全体として代表し、維持している。したがって、地元の防犯活動団体や住宅局はコミュニティから逸脱したものではなく、重要な構成要素なのである。こうした団体の構成員は、奉仕を行なう地域の住民といった人びとだ。それゆえ、地元の諸機関は修復的司法の会合に参加するべきで、被害者にさらなる感情面での支援を提供し、その一方で加害者に自己変革をするよう励ましを与えるべく力を尽くすのである。

「コミュニティを傷つける主体」としての国家機関

被害者は修復的司法理論の中心的位置に据えられる存在である。「コミュニティ」の範囲を広げて地域の第三セクターと国家機関とを含めることは、被害者にとっての回復過程を改善することに役立ちうる。だがそう言い切るには、その構成要素も含めて「コミュニティ」が善意の主体であることを前提とする。コミュニティは必要に応じて、利害関係者に迅速な支援と助力を提供するという前提である。表向きは、そのように想定することが合理的であるように思われるのは、国家機関の行動宣言における中心的な目的が地域住民を支援し、擁護し、援助することであるからだ。警察や住宅局、その他の同様の組織は奉仕する相手に対して道徳上の義務を負っており、その意味で、そうした組織はコミュニティをよりよくするためにある。

そうだとしても、第三章および本章で見たように、多くのコミュニティにおいて、そこに属する人びと（国家機関の職員も含む）は、コミュニティにおけるヘゲモニー的な理想に当てはまらない人びとを繰り返し攻撃し、二次被害をもたらしてきた。本章で取り上げた主要な調査結果の一つとして、住宅局職員と警察官がしばしばヘイトクライムの利害関係者に配慮しなかったこと、偏見によってもたらされた被害に対して適切な社会的非難を示さないことがあげられる。つまり、コミュニティ（コミュニティに属する一人ひとりと地域機関も含む）は善意だと仮定されたとしても、ヘイトクライムの被害者に実際にもたらされる影響は正反対なのである。均一な社会という幻想に縛られたコミュニティの概念においては、そこに属する人びとは一つに集約された声にとらわれている。そうしたコミュニティの「一体感」から「差異を有する他者」が排除されているようなところでは、一部の被害者をいっそう大きな被害にさらす恐れがある（Crawford 2002; 一体化した主体としてのコミュニティに対する詳細な批判は第七章で行なう）。

したがって、コミュニティをその微妙さ加減において、より正確に理解するには、その善意および悪意の効果をどちらも考慮する必要がある。第一に、一部のコミュニティが「一体感」を体現しているとしても、支えると傷つけるという意味において、それ以外は最終的にますます分散していくことを認識しておく必要がある（Crawford 2002; Cunneen 2003; 第七章参照）。すなわち、一部のコミュニティは、相互依存、義務、正当な社会的非難という一致した姿勢を示すのだが、その他は偏見に満ちた見解を持ち続けるということだ。仮に、ヘイトクライムの被害修復に関して重要な役割があるとしても、コミュニティには陰湿な一面が残る恐れがある（第七章参照）。

修復的司法の実践者は、マイノリティのアイデンティティに対立する概念および価値観を押しつけようとするコミュニティの人びとが対話に参加している場合、被害者が再び被害を受けないように配慮しなければならない（第三章参照）。より現実的にコミュニティを理解するには、その他の利害関係者が被害を修復する場合や悪化させる場合に果たす役割を考慮する必要がある。すなわち、もし「コミュニティ」が被害を修復する主体としてのみ捉えられるとすれば、最終的には、多文化コミュニティに表れる複雑な対立を効果的に解決するという修復的司法の潜在能力が妨げられることになってしまう。

したがって、修復的司法の実践者は、ヘイト被害（および二次被害）による影響を修復するような修復的司法の力を強化するために、違いをはらみながらも交差するコミュニティの役割を評価するべきなのである。地元機関が二次被害をもたらさない事例で、機関から担当者として参加する人びとが被害者の「ケアを提供するコミュニティ」となりうることはすでに指摘した。そうした事例では、機関を代表する人びとは、グループカンファレンスあるいは被害者との直接的な調停会合の参加者として修復的手続に参加することが求められ、自分たちの所属団体が提供しうる支援を行なうよう、ファシリテーターから促される（後出の例参照）。だが第一節で見たように、地元機関は二次被害をもたらすことが多い。そうした場合、コミュニティの参加者として彼らが果たす役割は複雑になる。被害をもたらすということは、その機関は、コミュニティの支援者としての役割から離れ、別の役割——害悪をもたらす加害者の役割——を帯びる（その結果、対立する利害関係者になる）。すなわち、地元機関が二次被害をもたらすような事例では、その組織を代表する人びとは修復的会合への関わり方を複数持っておく必要がある。

1　その機関が、新たな「地域支援者」として対話に参加するよう求められること。そこでは、機関を代表する人は、以前の組織では提供できなかった専門的な支援を提供するよう促される。

2　その機関を代表する人が「地域の利害関係者」として加わること。このおかげで彼らは、その機関がもたらした二次被害の責任を取る機会を得る。それに対しては、機関の職員に被害者に直接的な償いをするよう促すことが最適だ。その被害者の事例に関して、彼らが適切に対応しなかったことを謝罪するのがもっとも一般的だが、それ以降、被害者に享受させるべき適切な支援を行なうと約束することもある（第二部ケーススタディ1参照）。

コミュニティに根ざした機関が、ヘイト被害修復にあたって果たすべきこうした多面的な役割は、明らかに複雑なものである。この複雑さは、こうした機関が国家でありながらコミュニティでもあり、支援者でありながら加害者でもあるという二重の役割を担っていることに起因する。次の部では質的データを用い、修復的対話に実際にコミュニティ／国家機関を巻き込むことがヘイトクライムの被害者を支え、二次被害の影響を修復することを示す。

複数組織によるアプローチ――被害者ニーズに対する支援と嫌がらせ行為の再発防止

ヘイトクライムへの取り組みに複数の地元機関が協働する必要があると初めて指摘されたのは一九八〇年代で、一九八一年に英国内務省が『人種的攻撃（*Racial Attacks*）』という報告書を発表し、国家組織間の協働関係を充実させる必要性を明確に示した後のことである（Bowling 1998 参照）。だが、複数組織による取り組みが憎悪による被害者化という問題に対応する重要な手段として確立されるには、マクファーソン・レポート（一九九九年）の発表を待たねばならなかった（Iganski 2008: 100-1）。複数組織による取り組みという流れを支えるために、二〇〇三年、ロンドンを拠点とする人種・ヘイトクライム・フォーラムという団体が結成された。このフォーラムを構成していたのは、人種的なヘイトクライムに対応することを責務とする機関が主だった。このフォーラムの会合は、国家機関がヘイトクライムに取り組んで達成した成果を示し、フォーラムがその方針や実践を詳細に確認する場だった（Iganski 2008: 101）。ポール・イガンスキはこれらについて説明した際、そうした会合においては、国家機関の権威を笠に着た人びとが積極的に発言していた一方で、被害者と被害者支援の集団は声を上げることを拒絶されているように感じていることに気がついた（Iganski 2008: 106）。複数組織の協働関係には、継続的な情報交換をしていない、一部の個人や機関は誠実に取り組んでいないという批判もある（Garland & Chakraborti 2006: 19）。複数組織による取り組みが直面する問題の一つは、複数の組織が協働して取り組むように支援する団体や個人がほとんどないことだ。

サザーク地区では、コミュニティ調停員が複数組織の協働関係の裏方となって率先して動き、地元の団体を集めて個々の事件についてどうすればもっともよい形で進めていけるのか話し合えるようにしていた。サザーク調停センターで調査した一九の個別事例のうちの六件を解決する鍵は、住宅局や地元の防犯活動団体、学校や社会福祉といった地元組織を巻き込んだことにあった（とはいえ、多くの事例で、地元機関が修復的対話に関わるようになったのはプロセスが始まってからだった）。ＨＣＰのマネージャーは、複数組織アプローチが実際のコミュニティ調停にどのように機能するかをこう説明する。

複数組織アプローチは修復的アプローチそのものです……　これは、変化を可能にする手続に関わらせ、なぜそうした行為をしてしまったのかを弁明する機会を提供し……、そうした行為の特徴は何かを理解することです。また、支援を受ける機会でもあります。もし誰かが追加的な支援やカウンセリングを必要としていると感じたら――それは家族とともに取り組むことかもしれないし、教育についてのことかもしれないし、それぞれの環境で手を貸す必要のあることなのかもしれませんが、……学校に連絡を取り、そのコミュニティの集団や社会福祉と一緒に取り組むことになります――ありとあらゆる人びとと一緒にということになるかもしれません。

中立被害者と申し立てを受けた加害者が参加する集団カンファレンスにこうした機関の職員が参加した事例もあった。その他、中立被害者とその支援者が機関の職員とともに調停会合に参加した例もあった。ＨＣＰのマネージャーはさらにこう説明する。

ケースカンファレンスが必要な場合もあります。……つまり、すべての機関を一堂に集め、この問題について議論してもらい、なんらかの結論を出してもらうのです。なぜかというと、渦中にいる人が自らその状況に対処することはできないからです。……これは支援でもあり、リスク評価でもあります。

継続的に人種的な嫌がらせを受けたあるインタビュー回答者は、そうしたアプローチが自分の事例を解決するためにどれほど重要であったかをこう説明する。

彼女〔訳注：機関の職員のこと〕は、私と妻、加害者の男性、当局の関係者、委員会、警察をすべて集めました。私はこれが一番重要だったと思います。委員会と当事者がいなかったり、（調停員が）同席していなかったりしたら、この問題は解決できなかったと思います。

この事例では、住宅局のマネージャーと他の職員二人がグループカンファレンスに参加したことで、夫婦は加害者と委員会に、その事件が自分たちの生活にどれほどの影響を及ぼしたのかを直接説明することができた。この会合では中立被害者が、近所の住民から人種的な嫌がらせを延々と受け続けたと感じていたことに憤っていたことは明らかだった。調停員はそのグループで、人種主義の問題と中立被害者が受けた人種差別的暴言の影響について細かく議論した。調停員は会合を終えるとき、どのような環境においても人種差別的暴言を用いないと明記された調停合意――住宅局のマネージャー、中立被害者、申し立てを受けた加害者が署名した――を作成した。合意された文言に違反した場合、申し立てを受けた加害者は賃貸契約に違反したとみなされる。明記こそされていないが、その場合、申し立てを受けた加害者が委員会の物件から退去させられることもある。したがって、こうした手続は修復的対話であると同時に合意違反に対する罰則ともなる。この会合から六カ月後、中立被害者は、近所の住民が嫌がらせをしなくなったことにとても安心していると言った。

《ケーススタディ2》 継続的な障害者差別——学校教員の支援

Lは「黒人の英国人」青年で、サウスロンドンに住んでいる。「発話障害」と軽い「学習障害」がある。被害が始まったのは、二〇〇七年に地元の小学生が彼の障害に気がついたときだった。すぐに彼らはLを「小児愛者」「悪魔」と呼び、街中で卑猥な言葉を浴びせて愚弄するようになった。また、自閉症の白人女性であったLの恋人に対しても「白色人種の売女」などの暴言を吐くようになった。こうした状態は、Lが警察に通報するまで、一年以上も続いた。その後、そうした行為について警告を受けていた加害者の一人が逮捕された。だが嫌がらせはその後も続き、少年らは街で二人を見かけると石を投げつけるようになった。少年らがその地域でLは小児愛者だという噂を流したため、二人が置かれた状況はさらに悪化した。こうした結果、Lは襲われるかもしれないという恐怖を感じ、家から出ることができなくなってしまった。

最終的に、Lの事件は地元の警官によってHCPに通報された。調停員は、Lと事件に関わったもう一方の当事者らと面談する段取りをつけた。間接的な会合を数度行なった後、調停員は、解決に向かう最善の方法は、Lと加害少年たち、少年たちが通う学校の校長とで対面する会合を持つことだという結論を出した。この会合の場で、Lは事件からどのような影響を受けたのかを話すことができ、一方で学校長が中心となって、生徒たちによる障害者差別は社会的に非難されるべきものであることが示された。Lはこう感想を述べている。「当初、私は学校の先生方は生徒たちの言葉を真に受けるだろうと思って不安でした。ですが結果的にはうまく収まって、とても安心しました」。調停合意書が作成され、その中で加害少年らは謝罪をすること、今後は加害行為を行なわないことを約束した。

警察のそれまでの介入とは異なり、この調停手続によってLは大きな安心感を得ることができた。彼はこう感想を述べる。「不安でした。被害妄想を抱くようになり、フラッシュバックもあったように思います。彼らを見かけると、毎回向こうは私のことを笑っていました。でも〔調停を受けた〕後は、緊張しなくなりましたし、彼らも私と彼女にかまわなくなりました」。続けてこうも言った。「ずいぶん気が楽になりました。私たちは街に出かけられるようになりました。もし〔調停員が〕助けてくれなかったら、私はここにはいないと思います[15]」。

この事例では加害者の学校長を参加させたことによって、生徒の障害者差別を社会的に適切に非難しただけでなく、被害者にとっては感情的にも社会的にも支えられ、加害者からそれ以上の攻撃を受けないという確信を持てるようになったのである。

二次被害の影響を回復させる

ケーススタディ2は修復的手続に地域団体〔学校教員など〕を関わらせるメリットに焦点を当てている。修復的対話に関わることによって、そうした機関の職員は被害者を感情面および社会面で支えることになる。そうしてヘイト事象から回復できるように支援するのである。さらに、彼らが手続に関われば被害をもたらす行為が再発しにくくなる。そうなるのは、主として地元機関が加害者の偏見による行為を社会的に非難するからだ。また、加害者が調停／賠償合意書に違反した場合にどうなるのかをそれらの機関が示すことも有効だ[16]。

複数組織が調停にアプローチすることによるメリットはあるが、国家当局そのものによる被害賠償の必要性も検討しなければならない。結局、本章の冒頭で見たように、地元機関はヘイト事象の報告に対応する際に二次被害をもたらすことがしばしばある。二次被害の賠償は複雑な業務になりうる。そうした機関に被害をもたらしたことを認めさせたり、積極的に修復するべきだと説得したりすることはたやすいことではない。そうした事例で、実践者らは自分たちが修復的司法のファシリテーターである一方で、被害者の支援者でもあることを認識する。実践者の公正性が重視されていることを考えると、修復的実務の実践者が被害者のために追加的な支援を提供するべきかどうかは疑問である（Strang 2002）。しかし、事例によっては、調停員が被害者と加害者との対話のファシリテーターとしての役割の枠を広げる必要が生じる場合もあるだろう。また、国家と地域機関に修復的司法に参加するよう促し、被害者がより平穏でいられるように積極的に働きかける必要性もあるはずだ（一般論としてはAmstutz 2004を参照）。ＨＣＰのマネージャーはこう断言する。

なかにはこう言う人もいます。「その他の機関について伝えることもあなたの仕事ですか？　法律や警察から得られる支援について伝えることもそうですか？」。私は「そうですよ」と答えます。なぜなら、調停とは部屋にいる人びとの間に立ったり、合意文書を書いたりするだけではないからです。これは非常に本質的で包括的な手続ですし、私にとってはそれこそが調停の役割です。単に一面的なものではありません。こうしたことすべてを網羅することが求められます。

二次被害による影響から回復できるような調停を行なうために、修復的実務の実践者はどうしたら複数組織アプローチを促せるのかを示すために、ケーススタディ1をさらに検証しよう。

《ケーススタディ1》　第二部　実効性のない国家介入の被害を修復する

このケーススタディの第一部では、Ｊが数年に及ぶ人種差別的嫌がらせ、罵り、なりすまし詐欺、内国歳入庁による調査（このために、児童手当が一時的に停止された）、住宅局がＹ（加害者）に対して何の対応もしなかったことやサザーク警察にぞんざいに扱われたことなどを確認した。一二年経ってようやく、Ｊの事件はサザーク調停センターのＨＣＰに回送された。そこではまず、過去一〇年間にどういったことが起きていたのかを明らかにするために、ＪとＹとの直接的な会合が設定された。この会合では、参加した全員が、Ｙには憎悪を動機とする行為を止める意思がないことをはっきりと理解した。Ｊはこう話す。「それは握手して仲直りするといったものではまったくありませんでした。前に進むという問題を押しのけるようなものだったんです」。

対面して行なった会合によってこの事件が直接解決されることはなかったが、Ｊが今後被害を受けないようにするためになんらかの対策を講じる必要があることを関係者全員（とくに住宅局）が理解した。この初回の会合以降、調停員の役割は、被害者と申し立てを受けた加害者との間を調停するというものから、ＪとＪを二次被害にさらしてきた諸団体とが一緒に取り組むものに変わった。そうした会合でＪは、継続的に被害を受けてきたことでどのような影響を受けたのかだけでなく、彼女の申し立てに対する委員会や警察の冷淡な対応に打ちのめされたといった影響についても説明することができた。Ｊと住宅局職員との会合は別途三回にわたって設けられ、その際、住宅局にはヘイトクライムに対する方針を説明することが求められた。結局、Ｊは別の集合住宅に転居した。調停員は筆者にこう話す。

会合を設定したのは、（住宅局が）人種差別が問題であることを認識しているかどうか確認したかったからです。（Ｊを担当した）住宅局職員は黒人で、支援団体の職員は複数の人種的ルーツを持つ人でした。実際には、彼らは認識してはいましたが、対策を講じなかったために、（Ｊを）事実上、新たな被害者としたのです。（Jは住宅局から）何度も、客観的な証拠がない以上、近隣住民に対してできることはないと言われていました。彼女がそんなことを言われるとはまったくばかげています。（関係者の名前は伏せている）

Jはインタビューでこう話した。

警察は彼女（Y）をまったくわかっていませんでした……が、調停で、彼女は「ちょっと待って、住宅局の職員は何が問題かに気がついている」とわかったのでしょう。だから、私が申し立てをしたら、彼らは、（Jさん）、これはよくある話ですとは言わず、彼らが注視していることを伝える手紙を送り、止めるように伝えたのです。彼女は今、責任が問われていることをわかっています。……私は一二年間もこれに苦しめられてきましたが、誰も何もしてくれませんでした。ようやく、私を押しのけてきたすべての機関を調停に関わらせることができました。

こうした会合の後、調停員はJと地元の地域安全部門（ヘイトクライムの捜査を担当する警察の一部門）との会合を進めた。この会合を受け、地域安全部門はJの申し立てを調査し、以前彼女に「嫌がらせ禁止命令」を出した警察官が、実はYと親密な関係を持っていたことに気がついた。この警察官はその後停職処分となり、Jに対する「嫌がらせ禁止命令」は取り消され、謝罪の手紙が届いた。最後に、調停員はJの家族支援担当官と一緒に、Jが治療とカウンセリングを受けられるようにした。

この事例は、社会的にも感情的にも、事案の実務的な進め方としても複雑で、Jとのインタビューから、彼女が対人的あるいは組織的な人種差別の経験から完全に立ち直ったとは言い難いことは明らかだった。だが彼女は、新しい生活に前よりは満足しており、体重も元に戻っていた。この事件は、国家機関による実効性のない対応や無対応が問いただされなければ、憎悪による嫌がらせがその本人や家族の生活をいかに傷つけるかを示している（第一章のピルキントンの事例を参照）。この事例で、さまざまな修復的会合を促した調停員の献身的な姿勢と懸命の取り組みは賞賛されるべきである。複雑に入り組んだヘイトクライム事例については、調停員と複数組織との協働のあり方が、被害者が歩み出し、憎悪による嫌がらせを受けなくなるための大きな助けとなることがわかる。この事件では、住宅局職員と警官の両方がJを支援しなかったことで責任を問われることになった。どちらの組織も直接的な調停会合に参加したことによって、自らがもたらした二次被害を認識することができた。そうした機関がそれまでに提供しなかった支援を提供し、自らによる二次被害を賠償するのは、こうした対話の過程を経た成果である。

未解決事例

コミュニティ調停に複数組織を関わらせることは、ヘイトクライムからの回復を促し、以降の事件を予防するための力を大幅に強化する。中立被害者にインタビューを行なったサウスロンドンで起きた、当時継続中であった一九件の事件[17]のうち、一七件がコミュニティ調停を経て解決したものと受け止められている。一一件が被害者・加害者間の調停を経て解決し、六件については複数組織アプローチが行なわれてようやく解決した。合わせて一七件それぞれの事例で、中立被害者は加害者からそれ以上の迫害を受けずにすむようになったということだった。

そうすると、二件が未解決のまま残っていることになる[18]。一つ目の事件は、被害者宅の玄関ポストから犬の糞が投げ込まれたなどの人種差別的な嫌がらせだ。この調停手続は二つの理由から失敗だったと受け止められている。一つ目の理由は、調停員が申し立てを受けた加害者を調停に関わらせることができず、両当事者の直接対話を進めることができなかったことである。二つ目は、この事件を調停に移送した警察官が、中立被害者がよく知られた薬物の売人と交流があることを調停員に伝えたことである。この調停員は間接会合の際、このことを中立被害者に指摘してしまった。中立被害者は、調停員が彼女と別の人物との交友関係に基づいて彼女の事件の信憑性を疑ったものと感じ、これに憤りを感じた。この被害者はインタビューの際、自分を転居させるよう住宅局に納得させられない限り、この調停員とは二度と関わるつもりはなかったと断言した。当然、これは調停員の主な役割ではなく、そのためこの事例は中断された[19]。

もう一つの事件は、被害者の近隣住民による人種差別、同性愛嫌悪、障害者差別が入り混じった事件だ。直接的な調停会合の際、加害者は自らの行為を謝罪し、その後は被害者に対する嫌がらせをしなくなった。だが、調停から三週間後、加害者は再び被害者に嫌がらせをするようになった。調停員が訪問するたびに加害者は謝罪し、嫌がらせは一時的に止まるのだが、数週間後には再び始まるのだった。そうした行為をやめなければ、加害者は賃貸契約に違反していることになるという警告書を住宅局が送ったにもかかわらず、この状態は変わらなかった。結局、この賃借人は自らの意思で転居し、被害者は平穏な生活を送ることができるようになった。

これらの事例から、中立被害者と地域機関を修復的会合に関わらせることができたとしても、その手続によってヘイトクライムによる被害を修復し、再発を防ぐことが必ずできるわけではないことがわかる。解決を見出せない事例もあることは、加害者が関わろうとしないためであることもある。そうした状況では、調停員は被害者のために賠償を促すべく努力することになる。たとえ加害者が参加したとしても、コミュニティ調停が対立を解決するために役立たない場合も必ずある。そうした事例は稀ではあるが、そのような場合は、国家がヘイトクライムの加害者を処罰する以外に解決する方法はない。

まとめ

本章では、ヘイト事象を報告するために地元当局に連絡を取った個人の多くが直面する二次被害の問題を明らかにした。住宅局が関わる事件においては、住宅局職員が加害者に対して適切な対応をしなかったり、被害者が自分たちの申し立ては無視されていると感じたりして、ヘイトクライム／事象に巻き込まれた被害者の経験がいっそう悪化する傾向があった。同様に、被害者の自宅に電話をかけた警察官がヘイト虐待の報告を初動対応以降にさらに捜査することはほとんどなく、逆に、被害者の申し立ては「内々のもめごと」の問題だとして片づけてしまうことが多かった。確かな証拠がないとして、警察官が事件を不起訴にし、被害者に報告を怠ることもよくあることで、被害者はさらに憤りを感じることになった。地元当局がヘイトクライムの加害者に断固とした対応をしないがために、「軽微」ではあるが被害者に対する虐待が続くことになってしまっている。

インタビュー回答者が伝えるように、地元当局の無関心でおざなりな対応は、国に「がっかりさせられた」と表現されるような結果を招いている。そうであるとしても、インタビュー回答者全員が二次被害を受けたと結論づけるのは間違いだ。被害者が地元機関は助けになり、支援してくれたと感じる事例もあることは指摘しておかねばならない――とくに近年東欧からデヴォンとコーンウォールに移住した人びとがその例だ。他方、別の事例では、機関の職員は無関心だとみなされることこそないが、法律上の権限を有しているとしても、地域住民が対応の難しい対立に巻き込まれた場合には、それを解決することはできないと評価されている（第四章、ケーススタディ2参照)。いずれにせよ、これは被害者が加害者の手によって苦しみを継続させられていることを意味する場合が多い。そのような複雑で長期に及ぶヘイト被害に対しては、調停員が複数組織アプローチで修復的対話に臨むことが求められる。これには、中立被害者と申し立てを受けた加害者の双方、および、その対立の解決や被害の修復に不可欠だとみなされるその他さまざまなコミュニティと国家組織も関わることになる。

本章では、地元機関を修復的対話に関わらせることは、本質的に「コミュニティ」の概念に関わることを指摘した。筆者は、地元機関がさまざまな形で「コミュニティ」とされるものの一部を構成していることを論じてきた。たとえば、そうした地元機関は被害者の「ケアを提供するコミュニティ」の重要な要素となることが多く(McCold 2004)、被害者が地元地域にいても安全だと再び感じるために必要な感情的および社会的支援を行なう(ケーススタディ2参照)。さらに地元機関が関われば、偏見に対して適切な社会的非難を伝えることになり、ヘイト事象の再発を防ぐこともある(Braithwaite 1989)。それ以外の状況でも、当局は「二次被害をもたらす加害者」として手続に関わるため、「コミュニティの利害関係者」に含まれることになる。この後半の役割を担うには、それらの地元機関は、自らがもたらした二次被害の責任を取り、被害者が受けることになった被害を修復することが必要だ。

地元機関が、被害を積極的に修復させるように促されるのは主に二つの方法によってである。一つ目は、それまで提供していなかった支援を行なうことであり、二つ目は謝罪を文書化するなど被害者に直接的な償いを提供することだ(第一部および第二部のケーススタディ1参照)。いずれの場合も、地元機関が修復的司法で果たす役割は、国家当局としての役割から地域の参加者としての役割に変わる。対話という視点による被害の修復および被害者支援を強化すれば、ヘイト事象に対して組織が官僚的かつ職業的に対応することはなくなり、参加者の間に共感的なつながりを促す。調停員が組織自治の範囲外にある限り、相互依存と非支配という価値観に基づいて、そうした手続が進んでいく。

そのために、コミュニティ調停などの修復的司法の実践が、第三章で取り上げ、本章冒頭で十分に検討した構造的不備を克服することができるのかどうかを検討する必要があるだろう。とくに組織が独自でヘイトクライム方針を持っていることの責任の表れとして、それまで提供していなかったような支援を提供することが求められれば、事実上、組織的かつ構造的な偏見によってもたらされる被害の一部が修復される。これにより、ヘイトクライムの被害者が何度も味わわされるような組織的な不平等さがいくぶん改められる。すなわち、コミュニティ調停は社会的および個人的な被害の修復を支援することによって、連続する憎悪被害の先を行くことになる。おそらくいずれは複数組織による協働関係のメリットが発揮され、その他の司法制度で活躍する修復的司法の実践者は地元機関を対話手続に関わらせることが求められるだろう。コミュニティ調停が示すようにあらゆる形態の「コミュニティ」が関わることは、被害者を感情面でより支援し、二次被害の影響を修復し、同時に、地元地域に居住するマイノリティに属する被害者の安全性を高めることにもなるはずだ。

1——被害者が地元当局の管理物件に住んでいる場合に限る。サウスロンドンでは、申立被害者の大半がこれに該当する。

2——住宅局は一般的に地域「委員会」と呼ばれている。そのため、代替としてこれらの用語を用いる。

3——反社会的行動・犯罪・警備法案が成立すれば、迷惑行為禁止命令（Injunctions to Prevent Nuisance or Annoyance, IPNAs）と犯罪行動禁止命令（Criminal Behaviour Orders, CBOs）になる。

4——一九八〇年代にはすでに、問題の深刻さを感じさせる報告があった（Scarman 1981）。

5——第四章、ケーススタディ1参照。

6——被害者は、オーナーが報復を恐れたためだと感じている。

7――加害者の子どもたちも被害者に嫌がらせをしていた。あるとき、子どもたちは被害者宅の庭に勝手に入り込み、ジャマイカの国旗を切り裂いた。これとは別に、子どもたちが被害者宅の玄関につけてあった番地のプレートをはがした疑いもある。

8――これは「ハラスメントに対する警告」で、まずは警察が頻繁に作成するものだ。嫌がらせをしているという適切な証拠がある場合、警察は一九九七年嫌がらせ保護法の規定に基づき、被疑者を逮捕し、起訴することができる。

9――このケーススタディとよく似た事例はWalters & Hoyle（2012）でも引用されている。

10――こうしたアプローチはデヴォン・コーンウォール警察ではほとんど活用できなかった。その理由は、警察が修復的ファシリテーターとして関わりながら、ときには二次被害の加害者ともなったからだ（「『コミュニティの利害関係者』としての国家機関」を参照）。

11――だが国家が関与する利点の一つは、質を保障し、人権にかなうようにすることである（Ashworth 2002）。

12――だが、これらの手段の実効性は明らかである（Llewellyn 2007）。

13――コミュニティ調停が政府および地元の委員会から資金助成を受けている例は多く、その独立性が複雑な問題となりうる。

14――この調査が行なわれた後、サザーク調停センターは業務を大幅に縮小した。地元の委員会は、住宅局職員が「内部」的に調停業務を行なうべきだという意見を表明した。これは、多くのインタビュー回答者が報告したような住宅局職員による二次被害を考えると大きな問題である。

15――このケーススタディはWalters（2012）でも取り上げられている。

16――退学、住宅局職員による退去勧告などである。

17――合計で二三人が一九件の事件に言及した。

18――本章の冒頭でアフリカ系カリブ人の高齢男性による人種差別的な動機による虐待に関わる調停会合にも焦点を当てた（「ヘイト事象に対する警察の対応」参照）。この被害者にインタビューすることはできなかったため、この事例はＨＣＰで十分に調査された一九件には含まれていない。だが、申し立てを受けた加害者を調停手続に関わらせることができなかったため、この被害者にはいまだに人種差別的嫌がらせを受ける恐れがあることは指摘しておくべきだろう。

19――だが、別の事例では、この調停員は調停において住宅局職員に働きかけ、被害者を転居させることができた。

第七章　「コミュニティ」の危機——理論から実践へ

はじめに

筆者は第五章、第六章、第七章で、修復的価値に従って修復的司法が活用されれば、ヘイト被害の「過程」がもたらす苦しみを緩和する一助となることを示すデータを紹介した。要約すると、犯罪が繰り返されないことの確証を基軸に据え、被害者が被害の経験（偏見に直接関係するものも含め）について話すこと、および、ファシリテーターによる支援を組み合わせることで、ほとんどのヘイトクライムの被害者が感情的に立ち直る助けになることを確かめた。地元機関の積極的な関与も含め、修復的対話に複数組織アプローチで臨めば、修復的実践が持つ修復させる力がいっそう強化される。第六章に続いて本章では、修復的司法の理論と実践の要である「コミュニティ」の概念をさらに分析し、他方でコミュニティの参加者が修復的手続にもたらすリスクを検証する。

第六章で見たように、コミュニティが提供する「展望」とは、理屈のうえにおいてであるが、悪意ある行為を社会的に非難するとともに、加害者が社会復帰できるような環境を整えることだ（第八章参照）。ヘイトが関わる場合の「コミュニティ」の価値とは、それまで被害者と加害者を対極に置く作用をもたらしていた「差異」を解体することで両者の文化的断絶をつなぐ一助となることだ。この機能の基礎にあるのは、被害者の感情を落ち着かせるものとしてこれまでの章で確認してきた対話プロセスである。被害に注目する調査手法は原則的に、ヘイトによるトラウマを修復させるだけでなく、個々人の「差異」を人間らしいものにする重要な仕組みでもある（McConnell & Swain 2000; Walters & Hoyle 2010; 第八章も参照）。したがって、「コミュニティ」の団結力があるからこそ、修復的司法は、参加者を分断する特徴ではなく、両者の共通性に注目することができるのだといえる。たとえば、平和と解決を目指すという共通の目標があるからこそ、ヘイトに抵抗し、社会的調和を促すような共通の道徳性がもたらされるのである。

そのようにいってしまうと、修復的過程が万能な解決策のように見え、コミュニティをまとめるものとして最適であるかのように思えてくる。だが、ヘイトクライムに対する修復的司法の可能性を拙速に過大評価するべきではない。修復的司法が持つ修復させる性質には参加者のアイデンティティの違いと文化的差異に影響される多くのリスクが伴うため、ヘイトクライムに修復的実践を「行なう」前にその成果を十分検証しておくべきである。とくに、批判的な論者らが指摘するのは、コミュニティとは、団結し調和的な共同体とは程遠く、たいがい分裂した階層的な主体であり、国家機関と同じくヘゲモニー的な概念を持ち、一部のマイノリティ集団のアイデンティティを抑圧するような価値観を永続化させるものだということだ（Crawford 2002; Cunneen 2003; 第三章、第七章参照）。したがって、「コミュニティ」という善意の概念を盲目的に適用して刑事司法を実践してしまうと、マイノリティ集団を周縁化してしまうようなエリート主義的な概念を永続化させることになり、大きな懸念が残る。たとえば、人種主義文化の影響（Sibbitt 1997; Spalek 2008）を受けたコミュニティの人びとを修復的過程に関わらせると、人種差別主義的な加害者の行為を批判するどころか、その悪質性を積極的に中和してしまうことがある。事実、加害者の「ケアを提供するコミュニティ」が被害者にさらに敵意を向けるリスクが現実に存在し、被害者やその支援者が二次被害にさらされる結果となる（Pavlich 2004; Stubbs 2007 も参照）。

修復的司法とヘイトクライムに関する実証研究が少ないため、修復的司法について主張されてきた規範的な前提（概要については第二章で取り上げている）と、対話プロセスによって被害者がさらされうるリスクとの間に乖離が生じている。本章では、本書が収集した三種類の主要なデータを用い、コミュニティの参加者の役割と、ヘイトクライムに用いられる修復的実践において被害者が再度被害を受ける危険性を実証的に検証し、理論と実践のギャップを埋めるよう試みる。

第一節では「コミュニティ」の概念を改めて分析し、検証する。分断されたコミュニティがヘイト事象を社会的に適切に非難するのか否かを含め、いくつかの懸念に注目する。加害者——その「ケアを提供するコミュニティ」も——が対話を支配し、被害者に再び被害を加えることで、プロセスの主導権を握ってしまう可能性にも焦点を当てる。第二節では、会合中に再度被害が加えられ、主導権が奪われてしまうリスクが現実のものとなったのかどうかも検証する。被害者へのインタビューで得たデータから、筆者は、彼らが自分たちは不利であると認識していないことをまとめている。また、観察結果および修復的実務の実践者にインタビューした結果から得たデータを用い、支配や嫌がらせの繰り返しを防ぐ手法を分析する。概要をまとめると、会合の主導権が握られたり、嫌がらせが繰り返されたりするリスクを最小限にするものとして、実務者が二つのテーマについて詳細に説明する。一つ目の要素は、参加者が会合前に入念に準備を行ない、修復的司法の目的と対象となる問題を理解し、直接（間接）的な会合でさらに理解を深めたことだ。二つ目はリスクマネジメントに関係するもので、第一に会合の冒頭で全体的なルールを決めることだ。この結果、参加者に対して敵対的な言葉が向けられる可能性が小さくなる。最後に、一部の「ケアを提供するコミュニティ」が道義的責任を問いかけているにもかかわらず、修復的司法がそれを制限する場合は修復的ファシリテーターも偏見を直視する必要があることを指摘し、修復的会合に「適切な」地域支援者を巻き込むことの意義を検証する。

第一節　「コミュニティ」に迫る危険

第六章では、既存の文献で扱われているような単純化されすぎた概念を問い直し、「コミュニティ」の概念をまとめ直した。とくに、地元の国家当局（および慈善団体）はコミュニティから逸脱した存在であるというよりも、社会構造の一つとしてコミュニティを構成する根本的な要素であることを指摘した。また、ヘイトクライム事件への対応を求められた場合、国家機関は利害関係者の「ケアを提供するコミュニティ」の一部となる傾向があることも確認した。地元当局が被害者を支援するよう求められるのは、まさにそうした対応をしているときだ。だが多くの被害者にとっては、機関職員と関わったせいで二次被害を受けたと感じる結果になっている。したがってここでは、被害を回復させると同時に被害をもたらすという「コミュニティ」の多様な側面にとくに注目する。

ここで、修復的実践の核である「コミュニティ」の概念が、ヘイトクライム事件の原因となる社会文化的な要素によって、より複雑化する様子を分析しておく意義はあるだろう。このためには、「コミュニティ」の目的と、社会学的に見たヘイトクライムの原因とを簡単に要約すれば足りると思われる。コミュニティはさまざまな方法で概念化されている。地理的なものであり、アイデンティティに関わるものでもある（Pavlich 2004: 第六章参照）。当初は善意の主体と捉えられていたが、修復的司法の学者らは「コミュニティ」の概念と役割をさらに発展させ、個人が対人的な対立を解決し、回復させる場として捉え直した（第六章：Christie 1977; Braithwaite 1989; Zehr 1990）。ジョン・ブレイスウェイトは、共同体社会においては、一人ひとりが相関性と義務という相互依存的な網の目に巻き込まれていると主張する。相互依存は、どのような社会においても、他者に対する人としての義務についてまわる象徴をもたらす（Braithwaite 1989）。社会的規則（法律）に違反した者は共同体の善意から脱落し、コミュニティの道徳的境界線を踏み越える。それゆえ修復的司法の支持者は、「コミュニティ」は法律に違反した人びとを矯正するために欠かせないものとなったと主張する。この矯正作用は、犯罪行為を社会的に非難（恥づけすることも含む）すると同時に、加害者に対する否定的なレッテル貼りを軽減し、もともとの生活領域への復帰を支援することによってもたらされる（Braithwaite 1989, 2002）。

だが、そうした概念化はあまりに単純で、現代コミュニティの社会文化的に複雑な構造を完全に把握していないという批判がある。実際、すでに見てきたように、コミュニティはそこに属する人びとに道徳的義務を負わせるだけでなく、同時に「一体感」という主観的感覚から逸脱する人びとに迫害という凶器を振りかざす（第三章；Perry 2001; Cunneen 2003; Pavlich 2004も参照）。さまざまな学者が、修復的司法の支持者はコミュニティの概念を美化し、理想化して修復的実践に用いていると批判する（Crawford 2002; Cunneen 2003; Pavlich 2004）。アダム・クロフォードは、「コミュニティ」は神話のように描かれ、「多様性を破壊し、……一貫した『ストーリー』を作り出すためにまったく相矛盾する証拠を拡散させる」ような修辞学的力学を内包すると指摘する（Crawford 2002: 109）。

第三章で筆者は、コミュニティ（およびより広範囲に及ぶ社会）は階層的な主体であり、歴史的にジェンダー、人種、性的指向、その他のアイデンティティによって構築されてきたことを示した（ヘイトクライムとの関わりについてはPerry 2001、修復的司法との関わりについてはCrawford 2002参照）。たとえばバーバラ・ペリーは、現代社会において権力階層は「差異」の支配力によって成り立っていると述べる（Perry 2001）。とりわけジェンダー、人種、セクシュアリティ、階級に関わる相互に交わる社会的階層を構築するために利用されてきたのが差異である（Perry 2001: 46; Spalek 2008も参照）。逆説的だが、「差異」の概念は、同一あるいは類似のアイデンティティを特徴とする人びとで成り立つ集団に「属している」結果として誕生したものである。人は、自分とよく似た文化的・民族的特徴を持っていると思う人びととつながるものだ。したがって、集団とは、民族や宗教、性的指向、その他の特徴といったよく似たアイデンティティを中心に形成される（「内集団」の形成）。アイデンティティの区分は二項分類を前提とすることが多い。白人であるか黒人であるか、白人種あるいはアジア人種、同性愛者あるいは異性愛者、キリスト教徒あるいはイスラム教徒といった特徴で、一人ひとりが分類されるのである（Perry 2001: 47）。「内集団」を形成するということは、「われわれ」とはもっとも異なる人びとという「他者」を探し出すことなのである。

支配集団（多数派コミュニティ）を形成すると、「内集団」に属するすべての人が従うべき支配的なアイデンティティの特徴や基準、価値観が出来上がる（Perry 2001: 47）。必然的に、社会のアイデンティティを構築する人びとと異なる人びとは、「差異」があると受け止められる（Perry 2001）。すなわちコミュニティは、支配的なアイデンティティの特徴に強く結びつけられる。こうした集団の規範から逸脱する人びとは理想的なアイデンティティに対する脅威であるとみなされる。自分の知らない人びとや慣れていないものを理解することを難しいと捉える人びともいる。それゆえに、「差異」は、支配的な集団に属する人びとの社会的および文化的な安心感を脅かすものとなる（Perry 2001）。また個人レベルでも、自分が理解できない人びとや社会における自分たちの社会文化的な立場を脅かすものを警戒する（Ray & Smith 2002）。とくに、支配的な集団に属する人びとは、自分たちの「内集団」の生活様式を侵害し、集団としての一個人を変容させてしまうかもしれない「他者」を恐れる（Gadd et al. 2005）。筆者はすでに、「そうした否定的な感情に対して、人びとが無力感を敵意に転換することはよくあることだ。これは、状況を不安定にする原因だと思われる人びとを支配しようとする不安の反映である」

と指摘している（Walters 2011: 318）。このように感情的に反応することで当初の恐怖心は一時的に消滅こそするが、それに代わって、その脅威を押さえつけようという決意を強くする（Ray & Smith 2002; Ray et al. 2004）。

一部のコミュニティにおいては、理想的なアイデンティティから踏み出し続ける「他者」は支配集団の存在を直に脅かすものと受け止められるようになる（Levin & McDevitt 1993）。その結果、支配集団に属する人びとは「外集団」に属する人びとを直接的および間接的に抑圧するようにふるまう（Perry 2001はこれを「差異化」と表現した）。最終的にこれは、支配的な規範をもっとも大きく逸脱しているとみなされがちなマイノリティ集団への富の配分が不当に少なくなる、住まいを得にくくなる、教育を受けにくくなるといったことにつながる（Perry 2001; Home Office 2005a, 2005bも参照）。また民間団体や、一部の「他者」を組織的に差別する国家機関（刑事司法制度も含む）の実務や方針によっても従属を強いられる（Macpherson 1999; Phillip & Bowling 2007; 第三章ではより深く検討している）。たとえば、あけっぴろげな愛情表現をしたり、同性愛者が顧客の多数を占めるような店を開店させたりすることによって自分の性的指向を明らかにした同性愛者は、文明社会における異性愛規範を脅かす（Bibbings 2004）。社会の性的規範からあからさまに逸脱していることを受け、同性愛者が社会の性的アイデンティティを徐々に侵害していくのではないかと恐れ、抑圧しようとする人びとも出てくる。「ゲイ」が子どもたちに道を踏み外させ、社会の劣化を招くと考える人びともいる。そのため、社会的および文化的な一線を越えたとして、同性愛者やそれ以外の「他者」を抑圧するために暴力やその他の被害が加えられるのである（Perry 2001: 59）。この結果、多数あるマイノリティ集団に属する人びとは、支配側のエリートらが規定するヘゲモニー的規範に従わなかったとして地元コミュニティから追い出されてしまう（Sibbitt 1997; Perry 2001; Walters 2011）。このように、「他者」の「差異」が英国（および他の国々）の社会環境を形成する支配的価値観を侵害することを恐れる人びとによって、そうした「他者」が従属させられるのである。

コミュニティがアイデンティティによって構築され、「差異」の過程によって記述されるような階層的な主体にすぎないとすれば、修復的実践も支配者集団がヘイトの対象を従属させようとするもう一つの手段になりかねない。「修復的司法は、自らが反対するものになってしまう。すなわち、コミュニティあるいはふさわしいコミュニティを持たないという理由で個人を排除する行為である」ことが問題となる（Cunneen & Hoyle 2010: 175）。特定のアイデンティティを持つ集団に不満を持つことを当然とする加害者が敵対的であり続けるような対話の場で、こうした状況になることがある（Smith 2006; Byers et al. 1999 も参照）。「中和の技術」（Sykes & Matza 1957; Byers et al. 1999）に助けを求めることによって、加害者が偏見に満ちた行為を正当化しようとする場合もある。そうしたテクニックは、加害者がその加害行為あるいは過失の深刻さを否定し、過小に見せようとするものだ。被害者のふるまいを責めて、自分が責任を取ろうとはしないこともある。あるいは、法に反したことは認めても、実害をもたらしたことは否定する。ここでとくに関わるのは、被害者は無価値で不法な存在であり、人間以下ですらあると主張することだ（Byers et al. 1999; Perry 2001）。たとえば、ブライアン・バイヤーズらは米国フルハム郡でのアーミッシュに対するヘイトクライムについて調査し、加害者は自らの行動を中和しようとし、自分たちの偏見はたいしたものではないとしがちだったと指摘した（Byers et al. 1999）。彼らは、被害者は被害を受けて当然だと考えることが多く、コミュニティの中には、アーミッシュは「格好のターゲット」だとして彼らに対する攻撃を支持する人びともいる（Sibbitt 1997 も参照）。

一部の被害者が攻撃を受けがちなことや、そもそも加害者との関係が平等ではないことなどは、修復的司法の手続を確実に複雑にする。たとえば、ジュリー・スタッブスは家庭内暴力事件を例に、被害者を加害者から引き離さずにおくことによって、国家が被害者を危険にさらすことがあると指摘する（Stubbs 2007）。虐待を受ける女性のほとんどは危害を加えるパートナーから逃げたいと思うが、そうするだけの（気持ちあるいは金銭的な）

余裕が十分ではないと受け止め、逃げることができない（Busch 2002）。修復的司法が被害者に加害者から距離をおくことを提案せず、二人の関係性を修復させるためとして被害者と加害者を同居させ続け、被害者がパートナーから逃げるという選択肢を選べないこともある。もっとも気がかりなのは、暴力を振るうパートナーが謝罪の言葉を口にするだけで、被害者の生活を再び支配するか、支配し続けようとすることだ（Busch 2002）。この点でスタッブスは、修復的司法によって家庭内暴力の加害者の行動が変わる可能性は低いとし、その結果、被害女性に対するジェンダー的に不均衡な支配を継続させることになると指摘する（Stubbs 2007; Coker 2002も参照）。

社会に存在するコミュニティにおいては、「差異化」（Perry 2001）という構造的な過程を通して、あるいは家庭内や友人関係、近隣住民によって、偏見という普遍的な文化が作り上げられる（Sibbitt 1997; Byers et al. 1999）。すなわち、加害者の「ケアを提供するコミュニティ」が人種や宗教、性的指向（およびその他のアイデンティティ）に対する否定的な姿勢を支持するのである。このように、加害者が自分たちの道徳的根拠を盾に、より非公式な修復的手続を行なおうとすることが大きな懸念となる。それが正しいと思い込んだ加害者（Byers et al. 1999）は、さらに非公式な修復的手続を行なうことで罪悪感を打ち消し、偏見を矮小化し、その責任を「他者」に転換することもある。そうした状況では、当事者間の文化的な対立を正しく理解せず、なお悪いことに「差異」に対する加害者らの恐怖に共感すらしてしまうような実践者が実効性の低い進め方をすることで、被害が繰り返される（Smith 2006）。被害者は加害者におもねり、報復される恐れを小さくするために、真摯ではない謝罪を受け入れざるをえなくなる（Coker 2002; Stubbs 2007）。このような状態では、修復的司法が真に回復への道を示すことはなく、被害者化の過程に加わるだけだろう。

ヘイトクライムの利害関係者同士の「社会的距離」は、コミュニティに広く浸透した文化的偏見も相まって、修復的司法の適用に深刻な影響を与える。すなわち、マイノリティ集団が疑いの目で見られたり、差別を受けて当然だと思われたりする場合など、文化およびアイデンティティが違うためにコミュニティを共有しない人びとにとっては、修復的司法が持ちうる有効性に目を向けさせることになる（Kelly 2002）。「コミュニティ」とは調和の取れた社会的および政治的関係の集合体であるとする修復的司法学者は、対立や権力分断、「差異」、不平等を覆い隠すことに手を貸している（Crawford 2002; Cunneen 2003: 186）。クリス・クニーンは、周縁化されている人びとを沈黙させるような概念を適用することで、修復的司法は「他者」を抑圧し、被害をもたらすことに加担していると指摘する（Cunneen 2003）。ジョージ・パヴリッヒも同様に、構造的な不平等とは、「危険性をはらんだ全体主義は、修復的司法をコミュニティに定着させようとするあらゆる努力につきまとう」ものだとする（Palvich 2004: 177）。白人や異性愛者、健常者が多数となることを好むコミュニティや加害者は、民族的マイノリティやゲイ、レズビアン、障害者といった被害者の個人的および社会的ニーズを適切に認識することができない。修復的対話において支配的な価値観を肯定すれば、ヘイトクライムの被害者がすでに受けている社会的被害の上塗りになるだけだ（Kelly 2002; Cunneen 2003）。結局、もし加害者と、「差異がある」とみなされる人びととの間にある力の不均衡にファシリテーターが対応できなければ、修復的実践を行なったとしても、それが「コミュニティ」が持つ構造的な境界線を支えるものでしかないことから、「全体主義的な効果」に加担するだけだ（Palvich 2004; Daly 1999 も参照）。

善意および悪意としてのコミュニティを認識する

コミュニティを「他者」を周縁化し抑圧、被害をもたらすような独裁的な主体という概念で捉えると、修復的理想からすれば自己矛盾になる。文字どおりに理解すれば、修復的司法はヘイトクライムの被害者を癒し、力づけるものではなく、マイノリティに属する個々人を支配し、再び被害をもたらすものになりかねない（Kelly

2002)。そうした分析は、「コミュニティ」が持つ構造的な動態についての理論と、修復的実践における過程についての規範とを基礎としていることが多い。筆者は、支配的な社会文化的構造がマイノリティ集団の周縁化を招き、一部の人びとがヘイトクライムを行なう原因となることを指摘したが(Walters 2011; Perry 2001も参照)、コミュニティが全体として一面的な見方をする主体であるというつもりはない。むしろ、コミュニティはその領域内に善意も悪意もはらんだものであることを指摘したいのである。すなわち、「コミュニティ」のマクロ的およびミクロ的な側面は一部の個人に害をもたらしうるものであると同時に、平等、公正、正義を追求する要素でもある。

実際、クニーンやパヴリッヒなどの学者は、「コミュニティ」の概念を単純化しすぎていると批判するが、多くの点でそれと同じ批判が彼らにも当てはまる。修復的司法を支持する人びとがコミュニティの概念を過度に善意に表現しているのは事実だが、修復的司法を批判する人びともそれと同じように、修復に関わる状況では、それが対立的で害をもたらす可能性があることをことさら過剰に言い立てている。そうであるとすると、修復的司法の知識人らは、「コミュニティ」には癒す効果も傷つける効果もあるものとして、柔軟に理解し、評価する方が有益だろう。この二項対立的な特徴は相互に排斥し合うものではない。したがって、修復的実践は正義を実現する過程に「コミュニティ」がいつ貢献するのかを認識し、同時にこの概念(およびそこに属する人びと)がひそかに及ぼしうる悪影響への対策を講じることができるはずである。

たとえば、加害者と被害者の「ケアを提供するコミュニティ」は、修復的実践における「コミュニティ」の重要な一部である(第六章で見たとおりだ)。被害者の「ケアを提供するコミュニティ」は被害者を感情面でしっかり支えるものとなることが見込まれるが、加害者の「ケアを提供するコミュニティ」は被害者に対する頑なな見解を維持させるような作用をもたらすだけかもしれない。こうした場合、コミュニティの利害関係者の中には修復的過程に肯定的な影響をもたらす人もいる一方で、修復や再生の可能性を損なう影響を及ぼすだけの人びともいることになる。実践者が効果的な修復を促すには、これらも含めたその他諸々の「コミュニティ」の側面の均衡を取る必要がある。本章で説明するように、これを達成するのは簡単ではない。

多文化が共存する状況で実効性のある修復的対話を維持できるか否かについての実証研究は、依然としてほとんどない（Daly 1999; Albrecht 2010）。対立の核心が文化的およびアイデンティティの差異である場合に、修復的実践がどれほど有効であるかについての研究となればなおさらである（Umbreit et al. 2002; Walters & Hoyle 2010, 2012）。これまでの章で概略を述べてきた証拠が示しているように、修復的価値に従って行なわれるのであれば、修復的実践がヘイトクライムによる被害を修復する一助となることはありうる。加害者との（直接的あるいは間接的な）対話によって、被害者の恐怖や怒り、不安といった感情が軽減される（部分的にでしかないとしても）ことが多々あることはデータからわかっている（第四章）。さらに、ヘイトクライムについての十分な知識を持っているファシリテーターが複数組織アプローチを用いて修復的実践を行なう場合、被害者が必要とする感情的および社会的支援を確実に提供するはずだ。他方で、調停者が修復的手続において組織の職員と関わる場合には、国家組織としての慣習がもたらす二次被害を修復させることもできる（第六章）。これらの結果から、調査の対象とした修復的実践は、ヘイトクライムの被害者に「コミュニティ」が突きつける恐れのあるリスクを部分的に遠ざけるといえる。確かに、仮に被害者参加があってもなお彼らの周縁化と二次被害を防げないのが現実であるとすれば、被害者が、感情的損害からの回復にこの手続が助けになったと述べるようなことはないだろう。「コミュニティ」が突きつけるリスクと「コミュニティ」に浸透している不愉快な差別を避けるために修復的実践のどういった側面が役に立つのか、いまだわかっていない。次のセクションでは、「コミュニティ」がはらむ危険性がヘイトクライムに対する修復的司法の目的を実際に妨げるのかどうかを検討し、異文化間対話の力学を掘り下げる。

第二節　支配と二次被害を防ぐ

前記のような理論上の懸念を見極めることは、ヘイトクライムに対して修復的実践を行ない、よい結果をもたらすための基本である。実証研究を行なう際、筆者は、観察した会合がいかなる形態であれ嫌がらせが繰り返される事態を招いたのかどうか、加害者がその過程をコントロールしようとしたかどうかを評価した。さらに、インタビューに回答してくれた被害者一人ひとりに、修復的手続のいずれかの時点で人種や民族、性的指向、信仰、障害等を理由として、「対等な取り扱いを受けていない」と感じたことがあるかどうかを尋ねた。実践者らには、自分たちが扱う事例に関わった加害者がその際、直接的あるいは間接的に被害者に再び被害を加えようとしたかどうかについて説明してもらった。さらに、修復的手続の際、支配や被害の繰り返しといったリスクを避けることができたかどうかについても尋ねた。もし避けることができたというのであれば、どのようにして避けられたのかも質問した。

被害者と加害者とが対面する会合を観察する機会は五度あったが、いずれの場合も加害者（あるいはその支援者）が被害者（あるいはその支援者）を罵るようなことはなかった。すなわち、被害者が人種的・宗教的・同性愛嫌悪的・障害者差別的な悪口に直接さらされることはなかった。これはヘイト事象の加害者を被害者と対面させる場合にもっとも懸念されたことだった（Kelly 2002）。この結果は、南オーストラリア州少年司法リサーチ・プロジェクトでジェンダーに基づく暴力を調査したキャスリーン・ダリーのもの（Daly 1999）も含めて、その他の研究結果と一致する。彼女は、「偏見や権力を露わにしたり、対等な取り扱いを受けていないと感じたりする例は稀」だとしている（Daly 1999: 179; Albrecht 2010 も参照）。こうした結果から、修復的会合の際、被害者に強い敵意が示される可能性は低いと思われる。

とはいえ、加害者の対話に、あるアイデンティティを持つ集団を軽蔑する表現や偏見に満ちた表現が含まれることはないと断言することはできない（第八章、「偏見に立ち向かう」などを参照）。たとえば、サザークで観察したある調停会合では、加害者がアフリカ系の人びとについて話すときにさげすむような言葉を使い、近所の住民が「外国語」を話しているという発言も何度かあった。あるときは「アフリカ人はぺちゃくちゃおしゃべりしている（架空の外国語を話しているようなまねをした）。いつも電話しているやつらが多い」と発言している。これは、彼が非白人と英語を話さない人びとを否定的に捉えていることを示している。この直接的な会合の際、調停者と参加していた地元住宅局の職員は、すべてのアフリカ人が大声で話すわけではないと指摘し、加害者の発言を問いただした。これに対して加害者は、適切な言い方ではなかったかもしれないと言い、謝罪した[1]。だが彼の発言は明らかに、アフリカ系の人びとに意図的に向けたものであるか、意図せずに貶めたものであるかのどちらかだ。また、加害者が人種主義を否定したことから、その場にいた人びとには、彼が被害者のストーリーを信じていないことが伝わった。

加害者のボディランゲージも自分を擁護しようとするものだった。会合中、彼は申し立てた被害者と目を合わせようとはしなかった。さらに、被害者が人種的嫌がらせを受けた経験について話していたときは舌打ちし、くちゃくちゃと音を立ててガムを噛んでいたときもあった（詳細は第八章、ケーススタディ1参照）。加害者が自分の言動について謝罪し、お互いに「やり直そう」と提案したとしても、申立被害者の感情的なトラウマを物理的に無視したと受け止められるようなさまざまな意思表現もあった。まとめると、この会合中、コミュニケーションのいろいろな側面を観察したが、それらは被害者に害をもたらすとしてよいものだった。インタビューの前、筆者は被害者が民族的なアイデンティティや言語能力のせいで――少なくとも会合のある段階では――対等な取り扱いを受けていないと感じるのではないかと思っていた。

だが、筆者の解釈とは異なり、中立被害者はその後、この手続は彼らの感情面にとって大いに有益だったと話した。インタビューで、V－D（中立被害者）は、自分も妻も会合の際に対等な取り扱いを受けていないと感じたことはなかったと語った。筆者が、妻のために通訳することで双方にとってコミュニケーションが難しくなることはなかったかと質問したところ、彼の答えはこうだった。「それはありませんでした。彼らもこちらが何を言いたかったのか、妻の言いたかったことをとりあえずは理解したのですから」。彼は続けて、調停者は始終公正で偏りのないようにしていたこと、その会合がなければ、彼らが人種差別的な嫌がらせについてずっと感じていた恐怖を解消することはできなかっただろうとも語った。非公式なものではあったがこの会合は、冒頭で全体的なルールを取り決め、何度も参加者と会合し、彼らが心づもりをしておけるようにあらかじめ電話をするなど、きちんと組み立てられたものだった（「二次被害を防ぐ——準備がすべて」参照）。両当事者には会合が始まるときに、双方ともに話す機会があるが、その間は相手を尊重する気持ちを持つように伝えられていた（「全体的なルール」参照）。その後どちらの側も、話を遮られることなく、交互に話すよう促される。加害者が被害者の話を遮ろうとしたことが二度あったが、調停者は話が終わるまで待つように、きっぱりと伝えていた。きっぱりとしてはいたが、公正さを維持して議論に向き合うというアプローチのおかげで、どちらもその対立について同じ時間をかけて話すことができ、さらにその会合が当事者間で新たな口論の原因となることもなかった。V－Dは続けて、H（申し立てを受けた加害者）は今、自分の行動のせいで彼ら夫婦がどのような影響を受けたのかをより理解することができたと思っていると筆者に語った。こうして、調停手続は被害者を感情的に落ち着かせ、被害者がHの嫌がらせに怯えることはなくなった。

会合中のほとんどの時間、筆者が注目していたのは参加者の対話とボディランゲージである。その他、偏見の直接的な表明についてはもちろんのこと、アイデンティティに基づく敵意を示唆するような、もっと微妙なコミュニケーション上の手がかりでさえも見逃さず捉えようと苦心した。研究に着手する際、筆者は少なくともいくつかの事例では、偏見に満ちた表現が使われるだろうと思っていた。つまるところ、調査した事例の大半は現在進行中のヘイトクライムによる嫌がらせに関わるものだったからだ。その意味で、結果はそれなりに意外な、前向きなものであった。だが、この調査で観察した直接的および間接的な会合は限られた件数でしかないため、支配性の回避や、ヘイトクライムの二次被害について、確信的に一般化することはできない。とはいえ、以降で見るように、観察によって判明したことは被害者および実践者のインタビューからも十分に裏づけられている。

被害者が対等な取り扱いを受けていないと感じること

修復的会合を観察することに加え、インタビューに応じた被害者全員に、自分が関わった修復的手続の最中にアイデンティティのせいで対等な取り扱いを受けていないと感じたことがあるかどうかを質問した。回答者三八人のうち三七人が、人種や信仰、性的指向、障害など、調査したヘイト事象の原因となった特徴を理由としてそう感じたことはどの段階においてもないと話した。[2] ここから、被害者の大半は、コミュニティ調停であろうと修復的措置であろうと、場を支配されることも、再び被害を受けることもなかったことがわかる。サザークで人種差別的な嫌がらせを受け続けていたある被害者はこう話す。「決してそのようなことはありません。とくに戸惑ったようなこともありません。自分がどう感じているかを話す枠がありましたから」。[3] 別のインタビュー回答者は、最初の直接的な調停会合の前は不利だと感じていたと話す。その理由は彼が学習困難者であるからだったが、もっとも心配していたのは、他の当事者（学校長も含めて）が、彼が複数の生徒から標的とされていたことを信じないだろうということだった。だが会合が始まってみると、この心配はあっというまに解消された。彼はこう話している。「最初は……学校の先生たちは向こうの言葉を信じてしまうだろうと思っていました。でも始まってみたら、そうではないことがわかって安心しました」[4]。サザークでの調停に参加したインタビュー回答者の多くが同様のコメントを残している。彼らは、調停者が事件について話す機会をどちらにも提供してくれたこと、中立な姿勢を維持していたおかげで会合の力関係も公正なままだったことを話している。

ヘイト事象の原因となった人種のせいで、デヴォン・コーンウォール警察で行なわれた修復的措置で不利に扱われたと話すのは一人だけである。この事例の場合、被害者が不利だと感じたのは加害者の行動に直接関わりはなく（すでに指摘しているが、デヴォン・コーンウォール警察では被害者と加害者のほとんどが参加していたのは間接的な会合だった）、ファシリテーターを務めた警察官の対応が原因だった。インタビュー回答者は、感情的に癒されるような支援がなかったこと、修復的司法が達成するべき目標について警察官から適切な情報を得ていなかったこと、加害者からの謝罪を受け入れるようプレッシャーを受けたことを話している。彼はインタビューで筆者にこう話した。「自分が外国出身者でなかったら……違っていたかもしれません。警察は、行なうべき支援とか、他の人には行なっていたような支援を私にはしてくれませんでした」。彼は続けて、自分が白人の英国人だったら、違うレベルの支援を受けられたと思うとも話している（第五章、ケーススタディ1参照）。

この一例は、修復的実践としてよくある例ではなく、例外であるように思われる。だが、修復的司法の重要な価値を適切に取り入れることができなければ、修復的実践が被害者の感情にさらなる被害をもたらしうることがわかる。修復的措置のいずれの時点においても、被害者は参加したことで励まされたとも、司法手続において自分が関係する部分を思うように進めることができたとも感じていなかった。この被害者は、自分が味わった苦痛を説明するよう求められず、その人種差別的嫌がらせが自分にもたらした被害を加害者がどのように回復してくれるのかという説明も受けなかった。警察がこの事例を扱ったことから、この事例は国家当局が加害行為全体を取り仕切り、どのように解決されるべきなのかという当局の価値観を押しつけていたものであったことは明らかだ（第五章）。このように当局を頼みの綱とすると、被害者の感情が傷つけられ、ヘイトクライムに対して修復的司法が適切に行なわれないことによる危険性が改めて浮かび上がる。

二次被害を防ぐ——準備がすべて

観察結果と被害者へのインタビューから、会合を意のままに進めることや被害者にさらに被害を加えようとすることはほとんどなかったことがわかる。この結果は、実践者へのインタビューによっても裏づけられている。彼らは、自分たちが扱った事例では、加害者が直接的な会合の際に被害者に再度被害を加えようとしたことはなかったと話している[5]。二つの事例に関して、インタビューに応じた実践者は、会合は打ち切りになったが、その間に偏見に満ちた言葉や脅迫がなされたことはなかったと説明する。こうした結果は、すでに述べたような「コミュニティ」が突きつけるリスクを考えると若干意外ではある。それでは、修復的会合の際に偏見に満ちた表現や一方的に進めようとする姿勢がほとんどないのはなぜだろうか。

何度も耳にした明確な説明としては、すべての当事者が修復的会合に参加する前に徹底的に準備したことがある。準備には、実践者が当事者それぞれに事件について話し、事件がどのようにして、なぜ起きたのかを説明するよう指示しておくことも含まれる。インタビュー回答者の多くが、「ミニ会合」を持つことによって加害者が自らの行為についてどう感じているのかがわかり、加害行為につながった偏見を深く探る機会になったと話す（第七章も参照）。ある実践者はこう説明する。

準備では、会合の流れを最初から最後まで加害者と一緒に確認します。そこでこう伝えます。「さて、もし被害者が本気で怒ったらどうしますか？　被害者の言葉にかっとなったらどうしますか？」。そういう話を一緒にすることで、先手を打てますし、彼らの準備にもなります。また、そうした手ごわい感情に対応できるかどうかを確認することもできます。なぜなら、加害者が再び誰かに被害を加えるかもしれない……被害を惹き起こすかもしれないと感じることもあるでしょうから。

準備とは、単に参加者が修復的司法について意識する、直接的な会合でどのような質問が出るかをあらかじめ把握させておくことだけではない。事前の会合も加害者が「正しい」理由で賠償手続に関わる意思を持つようにさせるためのものである。ある実践者はこう説明する。

加害者にも被害者にも十分に準備させておくことが必要です。……両方の当事者が参加する意思を持つこと、しかもしかるべき動機からそう思うようにしておくことです。加害行為が何であれ、加害者が同じ発言を繰り返さないようにしておくことです。対面式の会合までには、すべての参加者が、何が行なわれるのかを理解します。これは自発的な手続で、参加者には参加する意思があるわけですから、いずれにしても、すでに起きたことについて十分に考えています。私の経験からいえば、対面式の会合が始まるころには、再び被害を加える可能性はほとんどありません。

インタビューをしているうちに、力関係によってコントロールされたり、会合中に再び被害を加えたりする事態を避け、そうした事態に取り組むには、包括的な準備が重要であることがわかってきた。各々の実践者が、準備はこの過程にとって本質的に重要であると発言している。インタビューに応じた人の多くが指摘するのは、直接対話をするころまでに十全に「準備」した参加者は、その会合の目的を咀嚼し、対立を解決するために自らの役割を認識するだけの時間があるのだが、特定のマイノリティ集団を嫌っていることを大っぴらに話したり、自分がしたことに対する責任を感じたりしていない人びとは、間接的な対話に参加するよう求められることが多いということだ。実践者は、自分がしたことの責任を認めないような加害者は非常に稀だと話す（Shapland et al. 2006）。[6]

参加者が準備を整えておくことが根本的に重要であるにもかかわらず、この分野の学者は修復的介入の実用性について理論化し、あるいは研究するにあたって、手続におけるこの部分をほぼ無視している。[7] 刊行されている修復的司法に関する主要な手引きにはその実用性について詳細に検討している章はなく、同様に、準備会合の重要性について検討している章もない（Johnstone & Van Ness 2007b; Sullivan & Tifft 2008a）。たとえば、バーバラ・レイとアン・ロバーツの「修復的手続」と題する章では、著者らはもっとも普及している修復的実践のモデルについて説明し、VOMやカンファレンス、集会などとの比較検討を行なっている（Raye & Roberts 2007）。だが著者らは、参加者に準備させるための手順を詳細に説明してはおらず、それぞれのモデルを成功させるためには準備させるという任務がいかに本質的なことであるかも取り上げていない。修復的司法を成功裏に行なうにはこれらの会合が大きく関わることを考えれば、これは特筆すべき手抜かりである。複雑な社会的・文化的環境の中で世界中に広がっている修復的司法を活用すれば、修復的司法のために参加者に準備をさせておくことの実用性は強調されるべきであり、刑法学者らはさらに検証するべきである。

全体的なルール

準備をしておくことが被害の繰り返しを防ぐための要であることは明らかだが、全体的なルールを取り入れることによってリスクをコントロールするという二つ目の対策について語る実践者も多い。会合の冒頭で全体的なルールを設定することで、参加者は対話の最中に適切な言葉を使うようになる。さらに、ルールは一人ひとりがお互いにどう向き合うべきかを簡単に説明するものでもある。これには、指をさすといったある種のジェスチャーを避けるといったことも含まれる。たとえば、ある会合を観察していたとき、コミュニティ調停者は当事者らにこう話していた。

これは『ジェリー・スプリンガー・ショー』〔訳注：アメリカのトーク番組。複数の一般市民がゲストとして登場し、それぞれが思いのたけをぶつける。乱闘になることも多い〕ではありません。誰かに何をするべきだと言うのは禁物です。指摘のあったことはすべて記録し、調停合意書を作成するときに使います。今日、みなさんは自分とは違う考え方を耳にすることになります。そうした違う考え方を尊重するようにしてください。質問をするときは丁寧に、相手を尊重した言い方で質問してください。これをお伝えするのは気が引けるのですが……調停者としての私の役割は、指をさすことでも、判断することでも、批判することでもありません。……ここはコミュニケーションを大事にする場ですから。

こうしたシンプルではあるが確固としたルールは、参加者同士でコミュニケーションが成立するのを助け、会合が「罵倒」の場となるリスクを減らす。とはいうものの、声を荒げたり、指をさしたりといったことは、観察してきた会合においては頻繁にあった。いくつかの会合では、コミュニケーションが非常に難しくなり、会合を打ち切るのではないかと思ったこともあった。だが、対話がぎすぎすした行き違いになるたびに、調停者が割って入り、参加者にルールを思い出させ、解決策を見出すことが共通の目的であることを強調していた。こうした進め方によってコミュニケーションの方向性が変わり、結果として場の雰囲気も変わることにいつも驚かされた。筆者が観察した結果や実務者へのインタビューから、会合のはじめこそ参加者が相手を見ようとせず、議論の最中に大声を上げることが多いとしても、会合が終わるころには、参加者は通常は笑顔を見せ、握手をするようになるといってよい（第四章の例を参照）。

「適切な」支援者を関わらせ、偏見を非難する

筆者は、前記でも第六章でも、「コミュニティ」は善意にも悪意にもなりうる力であることを指摘した。加害者の支援者については、彼らの「ケアを提供するコミュニティ」が社会的非難を適切に行なわず、ヘイトを動機とする行為の道徳的な責任を問わないことが懸念である（Maxwell 2008）。その場合ファシリテーターは、対面式の開かれた対話が一方にコントロールされ、嫌がらせが繰り返される場のままにしておくのではなく、偏見に効果的に取り組む基盤を作ることに力を注ぐ（第八章）。したがって、ファシリテーターは、なされた悪事を社会的に適切に非難するような人びとを関わらせるようにしなければならない（Braithwaite 2002）。加害者が青少年で、その両親や友人らも敵意の原因となっているような事例では、これは明らかに問題が大きい。そうした事例の場合、ファシリテーターは、加害者の両親を関わらせることが被害者を頑なにするのか、あるいは加害者の悪事を諌めることになるのかを見極める必要がある（Sibbitt 1997; Byers et al. 1999）。

地域の支援者が被害者を傷つけることのないようにするために、ファシリテーターは会合の前に支援者となりうる人びとを「精査」することが求められる。そのために、共犯者を排除し、それぞれと個別の会合を持つことが必要となることもあるだろう（McConnell & Swain 2000）。これは安全性を確保する選択肢であり、修復的司法の主目的の一つ、すなわちコミュニティとの関わり方を問い直す手段でもある。事例によってファシリテーター

は、祖父母や教師、ソーシャルワーカー、あるいは地元サッカークラブのコーチなど、加害者のために社会性のある支援者を関わらせるようにすることもある。シャッド・マルーナらは、それまでに修復的カンファレンスに参加したことのある人びとを、加害者の近所や加害者と同年代の集団から選ぶことも支援者と同じくらいに効果的でありうると指摘する（Maruna et al. 2007）。これらの個々人は修復的過程のすべての段階を通して、精神的な指南役となることが考えられる（Maruna et al. 2007: 64）。

こうした人びとが加害者の偏見を諫め、矯正するための道筋を示すことがありうるとしても、彼らが加害者にとってもっとも重要なコミュニティ、典型的には親戚や仲間うちといったものへの再統合を促すことは容易ではない。すなわち、加害者の偏見に満ちた態度を支持しないようなコミュニティに加害者本人を再統合させるためには、実践者は、加害者の両親と友人を関わらせる必要があるかもしれない。そうした関与を通して、被害や偏見、アイデンティティの違いについて対話することによって、加害者とその「ケアを提供するコミュニティ」が共通して持つ否定的な考え方を改めさせることが期待できる。ガブリエル・マクスウェルが述べたように、「心から改心させ、加害者と被害者を社会集団に再統合させるような解決策を見つけるには、加害者と被害者に関係のある人びとこそが修復的過程に関わる必要がある」（Maxwell 2008: 93）。ある実践者は、実践レベルにおいては、ヘイトクライム事件に両親を関わらせることが重要だと説明する。

> 二組の両親が同席し、しっかりと顔を見ながら話し合う横で、子どもたちが聞いているという場面をよく目にします。これは修復を実現するために大きな効果をもたらすことがあります。加害者の両親が「うちの子どもがしたことについて、心から申し訳なく思っています。親として、どれほど反省すべき行動であったか、その全体をよく理解することができます」と言うと、被害者の両親は気持ちが和らぎ、それが被害者本人に

波及することもあると思います。

だが、加害者の「ケアを提供するコミュニティ」が敵意の原因のままであることもある。そうした場合、ファシリテーターには、被害の繰り返しを避けるために周辺コミュニティの規範と価値観を問い直すことが求められる場合もある。この場合、加害者は自らの行為を振り返り、説明するよう促されることになる（Maxwell 2008; ケーススタディ1および第八章「偏見に立ち向かう」も参照）。修復的司法を支持する人びとが、ファシリテーターの役割は対話を促すことであって、それに参加することではないと主張している点を考えると、そうしたアプローチには異論が多い（Christie 1977; 異文化間の調停に関してはAlbrecht 2010を参照）。

そうはいっても、被害者（およびその支援者）が敵対的な言動に異議を唱えるほどの自信を持っていない事例もある。それは、それまで周縁化されてきたという経験のせいだ（第三章）。会合中にアイデンティティに対する偏見について取り上げないようなファシリテーターは、加害者／対立の主な原因となる仕組みに目を向けない可能性がある。したがって、利害関係者が協働してヘイトクライムの被害を修復するのであれば、ファシリテーターは参加者に偏見がもたらす悪影響について議論し、説明するよう求めるだけの自信をつけ、経験を積まねばならない。

アイデンティティに対する偏見について対話する際、実践者は加害者をとがめたり、レッテルを貼ったり（直接的に非難）しないように注意せねばならない。というのも、彼らが「他者」から攻撃されていると思い込んでいることを考えれば、それによっていっそう敵意を抱くことになる[8]からだ（さらに第七章参照）。それよりはむしろ実践者は偏見がもたらす被害について建設的な対話を促すように心がけるべきである。また必要な場合には、被害者とのアイデンティティの違いについて加害者が誤解していることを積極的に問いかけるべきだ。参加者らに事前に準備をさせていないのであれば、ファシリテーターは直接的な会合において偏見の問題やアイデンティティの違いについて取り上げようとしてはならない（これについてはすでに検討した）[9]。そうした議論をする準備が整っていない参加者の場合、自己防衛の一つとして被害者に敵対的になることがある。したがって、そうした議論をするために参加者に準備をさせておけば、起きるかもしれない対立を避け、ヘイトクライムが起きる仕組みや悪意ある結果について参加者が建設的な対話をすることが可能になる。もちろん、加害者の多くは自分たちが「人種差別主義者」であったり「同性愛嫌悪」を抱いていたりすることを否定するだろうが、直接的な対話を行なうための準備をしていれば、偏見やアイデンティティをテーマとする議論に加わることができる。賠償を行ない、二度と危害を加えないと約束する人びとは、たとえ直接的に認めることはないとしても、ヘイト動機に基づく行為について責任を取ろうとする意思を示すものだ。

実践者には、異文化間対話やヘイトクライムに関わりのある社会文化的要素のあらゆる側面について広範なトレーニングが必要であることは明らかだ。これを行なうのはたやすいことではない。警察などの国家機関に多様性をテーマにしたトレーニングを行なうことは難しい（Rowe & Garland 2007）。深く浸透している組織文化があったり、官僚的な組織構成であったりすれば、「差異」について効果的に学ぶ前に、多くの課題がある（Reiner 2000：第八章参照）。修復的司法の実践者次第でそうした組織的な制約が続くのかどうかは明確ではない。おそらく、当初の修復的司法のトレーニング・プログラムに含まれているような「コミュニティ」や「被害を修復する」といった点を重視し、修復的司法の実践に関心を持つ人びとが「変革」や「癒し」といった全般的な価値観を持っていることから、修復的司法の実践者にはヘイトによる嫌がらせが持つ社会文化的な力学について学ぶ姿勢があり、組織的な偏見の影響を受けにくいといってよいだろう。そうであるとしても、修復的司法の実践者が文化的な多様性に関するトレーニングを受けることは重要だ[10]。偏見とそれがもたらす影響について正しく理解しているファシリテーターだけが、憎悪を動機とする対立の解決に関わる複雑な社会的要素について効果的に対応することができるからだ。

まとめ

本書では一貫して原因となる決定因子を検証し、本章の冒頭で「コミュニティ」が害をもたらしうることを分析したが、これによってヘイトクライムの被害者に突きつけられるリスクを実証的に分析する理論的な基礎が整ったといえる。断片化され、階層的なコミュニティが不公正でありうることは、修復的司法を成功させるにあたって最大の壁となる（Crawford 2002）。文化的な分断と、偏見が招く悪意あるステレオタイプ化は修復的会合の中で融合しながら、現実に嫌がらせが繰り返される脅威となる。そうしたリスクはヘイト事象の被害者が再びトラウマを経験するかもしれないということであり、その一方で加害者は自分のコミュニティに逃げ込み、「他者」を排除することによっていっそうつけ上がるのである。こうした理論分析を行なうことによって、修復的実践は、白人の中間層が主張する正義によって浸透していくようなヘゲモニー的な基準にマイノリティ集団が従属させられる別の手段となりうるという主張を導くことができる（Cunneen 2003; Stubbs 2007）。

本章の冒頭で社会文化的な支配について予備的に分析を行なったが、これらは多くの点で、それ以前の章において部分的に否定されていたことである。主には第四章で（および、それほどではないにせよ第六章においても）示したように、修復的実践はヘイトクライムによる被害を修復する助けになるという結論は、少なくともほとんどの場合においては、修復的司法によって再び嫌がらせを受け、支配される事態を回避できることを意味してもいる。それにもかかわらず、修復的実践はどうすれば、再び被害を受けたと被害者に感じさせないことができるのかは明確ではない。本章では、参加者の間に存在する権力の不均衡や文化的差異に対応するために修復的実践が十分に機能することを示した。文化的な分裂を埋める鍵は、修復的対話がヘイトクライムの利害関係者の間にある共通の理解に焦点を当てることである。どちらも同じような住宅に住んでいる、幼い子どもがいる、あるいは単にどちらも平穏な生活を望んでいるといった参加者間の共通点に注目すると、それが偏見による危機を回避する鍵になる。そうすることでファシリテーターは、お互いの人間性を表すような感情的なつながりを両当事者に持たせることができる。次章で見ていくように、これこそが、その後の行動を変えていくような修復的対話によってもたらされる共感に満ちた反応なのである。

本章の冒頭で共有された理論上の懸念にとって重要な点は、インタビューに応じたほぼすべての被害者が、修復的手続の際、民族や性的指向、信仰あるいは障害を理由にして標的にされた、不利だと感じたことは一切なかったと答えたことである。この結論は、被害者が修復的会合中に被害を受けることはほぼないという実践者の確信からも確かである。この点は直接対面する会合に参加した被害者にも、間接的な対話に参加した被害者にも共通している。実際、自分の民族が原因となって不利な扱いを受けたと思うと話したのは、デヴォン・コーンウォール警察の被害者のうちの一人だけだった。これは明らかに例外であるが、警察官が修復的司法を行なう場合の問題点を提示するものではある（第五章、第六章参照、Hoyle 2007）。

修復的会合の際に被害者の多くが支配された、嫌がらせを繰り返されたといった経験をしていないという事実から、なぜそうなるのかという新たな疑問が湧く。とくに、ヘイトクライムの被害者の大半は生活の多くの面で従属を強いられる場面に直面した事実を考慮すると、なおさらだ（第三章参照）。インタビューに応じた実践者の話から、この過程においてもっとも重要な要素であると思われるものが明確になってきた——準備である。すべての参加者がこの手続に十分に備える一方で、直接対話に参加する人びとは、ヘイトによる攻撃の裏にある被害と感情を掘り下げるために別途時間を割かねばならない。したがって、準備とは単にリスクに対応するためだけではなく、それ以降に行なわれる対話の核心となる修復的価値を参加者の間で共有するためのものでもある。準備が適切に行なわれ、参加者が自発的に参加し、会合の冒頭で全体的なルールがきちんと示されれば、コントロールされたり、再び被害を受けたりといったことが起きることはほとんどない。要は、こうした結果は、ほとんどの場合、修復的対話はコミュニケーションを阻む文化的な壁を崩し、加害者に被害者の人間性に触れさせることを示している。そうであるとしても、この手続を進めるにあたっては、文化およびアイデンティティの違いが突きつける問題には修復的実践が活かされねばならない。実際、ヘイトクライムに対して修復的司法の枠組みがより広く適用されるようになれば、これを実践するにあたって、そうした事件に特徴的な異文化間の問題をより敏感に察知する必要が生じるはずだ。

1――「『適切な』支援者を巻き込み、偏見を非難する」を参照のこと。

2――二三人がHCP、一四人がデヴォン・コーンウォール警察、一人がオックスフォード青少年加害者サービスの参加者である。

3――二人が不利だと感じたことがあると回答したが、彼らをマイノリティたらしめる特徴が原因ではなかった。あるインタビュー回答者は、彼は自分一人で参加したが、加害者は二人であったため、最初から不利だと感じていたと話した。別の被害者は自分の年齢（二〇歳）のせいで、両親が同席していなければ弱い立場に置かれると思ったと話している。

4――この事例は第六章でも取り上げている。

5――被害者のインタビュー結果もこれと一致している。

6――コミュニティ調停において、加害者はヘイトクライム／事象で有罪となるというよりは、非難されるだけである。調停者が直接会合の前に個々人の責任に注目する必要はそれほどなく、むしろ当事者が巻き込まれることになった対立を解決するために彼らがどのように手を貸せるのかに注目する必要がある。当事者はそれぞれに、対立について感じたことを話す機会があり、偏見についての問題やその影響を掘り下げることになる点を知っておく必要がある（第五章参照）。

7――修復的司法を支持する学者らは単に、直接的な会合に参加する前に加害者がその責任を引き受けなければならないと主張することも多い（Braithwaite 1989）。また、学者らが、直接会合の前に参加者が修復的司法の目的について説明を受けるかどうかを質問することも多い（Strang 2002）。だが、学者や研究者らが準備会合の実用性について検討するのは稀である。

8――否定的な恥づけをした場合の結果として起こりうることである。Harris et al.（2004）参照。

9――筆者は、サザーク調停センターで調停者が偏見やアイデンティティの違いについて対話するべく参加者に準備をさせていた事例をいくつか観察している。

10――ヘイトクライムについて修復的司法を活用するための実践者向けのトレーニング・プログラムは、過去に「レイス・オン・ザ・アジェンダ」（Race On the Agenda, ROTA）が提供していたことがある。

第八章　「差異」に人間性を持たせ、修復的対話で偏見に立ち向かう

はじめに

前章では、断片化された階層的なコミュニティが、修復的司法の効果を妨げるリスクとなりうることを検討した。とくに参加者の「ケアを提供するコミュニティ」が修復的対話に参加する場合に、社会に浸透した偏見の文化が修復的手続に特有の危険性をもたらすことを確認した。今回の実証結果は、確実にとまではいえないものの、修復的実践がミーティング中に再び被害を受けたり、その場が支配されたりといったリスクに十分に対応しうることを示している。これは、ファシリテーターが加害行為の根底にある原因を探る準備会合を行ない、同時に参加者らに被害実態に焦点を当てる対話に積極的に参加する意思を持たせたことで実現した成果でもあった。さらに、力関係の不均衡がもたらす潜在リスクに慎重に対応するために、会合の都度、冒頭で全体的なルールを確認し、議論中にそのルールが繰り返し指摘された。こうしたことに気づきはしたものの、以下については確証が持てないままだ。

1　文化およびアイデンティティの違いは、参加者間の修復的対話をなんらかの形で妨げたのか。
2　修復的対話は偏見を問いただし、ヘイト加害者の行動を変えることに寄与したのか。

本章の第一節ではまず、参加者同士が関係性を形成していくうえで感情がどの程度重要な役割を果たすのかを検討する。これには恥づけや罪悪感、後悔、共感といった感情によって行動がどの程度変化するのかを含む。次に、コミュニケーションに関わるさまざまな文化や議論スタイルの違いが、どのように対話を阻むのかを分析する。さらに、修復的司法の実践者がコミュニケーションを阻害する要因を抑制し、共感を形成していく手法を取り上げる。さらなるデータ（とくに観察結果）をさらに評価し、実際のところ修復的手続において参加者は相手に共感するようなコミュニケーションを取れていたか、それによって共感を阻む壁を崩すことができたかを見極める。

第二節では、修復的司法が偏見を問いただし、ヘイトを動機とする行動を矯正することができるのかどうかを追求する。ここでは、「ストーリーテリング」の重要性に注目し、積極的に参加することが被害者を一人の人間として見るために有益であることを示す。オックスフォード青少年加害者サービスからの唯一の事例を用いて、偏見がもたらす被害についての「道徳学習」を促すために修復的な取り組みを、どのように活用しうるのかを示す。同時に、根深い偏見に対しては修復的会合を重ねても乗り越えられない限界があることを認めざるをえない。

第一節　文化およびアイデンティティの違いを話し合う
——分断された気持ちを克服する

修復的実践の支持者は長らく、修復的実践で用いられる探索的な手法はヘイト被害を修復するだけでなく、一人ひとりが感情面での結びつきを形成するような重要な仕組みにもなると主張してきた。新たな関係性が出来上がるのはこうした結びつきを通してである（Braithwaite 1989, 2002）。この点で、ヘイトクライムに修復的司法を活用して得られる展望は、参加者を分断していた既成概念が解体され、異なるアイデンティティを背景とする人びとが建設的な関係を持てるようになることだ（McConnell & Swain 2000; Walters & Hoyle 2010; Gavrielides 2012）。学者らはさらに次のように指摘する。被害者らは自分たちの「ストーリー」を語る機会を得て、加害者に、おそらく初めて、偏見がもたらす影響を体系的に伝えることになる（McConnell & Swain 2000）。一方、自らの行為の結果を突きつけられた加害者には、ヘイトを動機とする行為について真摯な後悔に至る傾向が見られる（Maxwell & Morris 2002; Van Stokkom 2002; Harris et al. 2004）。そうして、加害者は心から悔いている様子を見せる（Braithwaite 1989）。こうした議論を通して、加害者とその「ケアを提供するコミュニティ」は被害者と、そのアイデンティティを地域社会において共有する他の人びとの人間性について深く考えるよう促される。このような共感の過程が関係性を再構築し、両当事者はかつて両者を分断していた「差異」をより理解するようになる（Maxwell 2008）。

「差異」を理解する——恥づけと罪悪感の役割

ジョン・ブレイスウェイトの「再統合的恥づけ」に関する理論は、加害者の行為を問い直させ、その後の行為も改めさせるには社会的非難が不可欠だと指摘する（Braithwaite 1989）。もっとも、倫理的に許されないことを主として伝える国家による非難がそれにあたるわけではない。非難の効果を高めるのは、犯罪の利害関係者を巻き込んだ、形式ばったものではないが体系立てて構成された対話である。これは直接的に修復的対話の参加者によって伝えられるのみならず、被害の修復に焦点を当てた修復的実践に参加するよう促されることで間接的にも伝えられる（Braithwaite & Braithwaite 2001）。とくに、悪いことをしたという加害者の自覚をもっとも効果的に促すものは、彼ら自身と個人的につながりのある人びとによる社会的非難である。参加者が、（加害者自身に対してではなく）正しくない行為に対して容認しない姿勢を表明することで、加害者は恥の感覚を持つようになり、心からの悔悟が生まれてくる。したがって修復的過程は、加害者にレッテルを貼るものではなく、ブレイスウェイトが「再統合的恥づけ」と呼ぶものをもたらし、これによって加害者はコミュニティに再び受け入れられ、そこにおいて再犯の可能性が小さくなる。

恥づけの感情と密接なつながりを持っているのが罪悪感の感情である。ネイサン・ハリスらはつながりのあるこの二つの感情の違いについて、「恥づけは……他者の視線に非難（思い込みであれ、本当のものであれ）を見出す」ことによって、一方、「罪悪感は自らの行為を（自身の良心に基づいて）非難することによって生じる」と説明する（Harris et al. 2004: 193）。したがって、恥づけが生じるためには、他者が自分を承認しないことを加害者が自覚することを要するが、罪悪感を抱くのは、加害者自身が自らの行為の誤りを認識する場面においてである（Van Stokkom 2002: 340）[1]。バス・ヴァン・ストッコムは、恥づけも罪悪感も「否定的な評価であり、痛みを伴うもの」であるために切り離すことはできないとする（Van Stokkom 2002: 340）。その後ハリスらは言葉を組み合わせ、「恥づけによる罪悪感」という用語を作り出した（Harris et al. 2004）。

恥づけによる罪悪感を修復的に機能させるには、会合を慎重に管理し、「再統合的」恥づけが「レッテルを貼る」恥づけに転化しないようにしなければならない（Braithwaite & Braithwaite 2001）。ファシリテーターは、参加者が加害者を罵ったり、非難したりするような会話の流れを回避せねばならない（Maruna et al. 2007）。また、加害者が、あなたがたも根は善人であり、道徳的で法を守ることのできる人だという肯定的なメッセージを受け取る一方で、自らの行為について説明する機会を確保しなければならない（Harris & Maruna 2008）。参加者が加害者に無制限に恥を抱かせ、レッテルを貼るようでは、加害者らは困惑し、侮辱されたと感じ、不公正だという思いを抱くだろう（Retzinger & Scheff 1996; Harris & Maruna 2008）。これでは利害関係者の間に共感を醸成できず、前向きな変化を促すために不可欠な後悔の念を持たせることもできない（Retzinger & Scheff 1996; 以下のセクションも参照）。

加害者が「再統合的恥づけ」を体感するに至るかどうかは、修復的過程の各段階における参加者からのコミュニケーションに大きく左右される。第七章で指摘したが、加害者の「コミュニティ」が一定の条件下においてヘイトクライムに道徳的な非難をせず、結果として社会的な非難が効果的になされない場合がある。加害者の親戚血縁関係等が敵対的な感情を生じさせた一つの原因となっている場合がとくにそうだ。ハリスらは、「道徳基準は、加害者が大切にしてきた人間関係にあるさまざまな人びとから学ぶもの」だと指摘する（Harris et al. 2004: 194）。各個人が獲得する「自我」と価値観は、その人にとってもっとも親密な関係にある人びとからもたらされる。加害者の血縁者は、加害者らの道徳的判断や社会的理想に絶大な影響力を持つ傾向がある。世界や人間に関わるわれわれの信念は、同じ社会的および文化的アイデンティティを共有する人びとの影響を大いに受けて形成されるということだ（Mackie 1986）。したがって、道徳的な信念は本質的に、一人ひとりが住む社会的背景に結びついている。人は意識的あるいは無意識のうちに、自分ともっとも親しい人びとから道徳的指針を獲得する。世界観を形成する際に各々が頼りとするのは、友人や家族といったコミュニティに属する人びとなのである。

自分がもっとも尊敬する人物から非難されると、自分の信念を見直し、判断を問い直そうとする。異文化対話を含む修復的会合にとってとくに重要なのは、潜在的により大きな社会的影響を及ぼすのは社会的アイデンティティあるいは文化的伝統を共有する人びとであることが研究によって示されたことだ（たとえばMackie 1986参照）。ハリスらは「社会的非難を受けて自分の行為が間違っていたと感じる（恥づけあるいは罪悪感）には、非難された人自身もかかる非難に一定程度納得するものでなければならない」と指摘する（Harris et al. 2004: 195）。ここに、ブレイスウェイトの再統合的恥づけ理論の、あるいは「恥づけの罪悪感」（Harris et al. 2004）に依拠する他の理論の限界があるのかもしれない。ヘイトクライム事件の場合、加害者が、被害者にとっての本質をなすような社会的・文化的アイデンティティを共有することはない。加害者らの「ケアを提供するコミュニティ」は、社会的にも、あるいはアイデンティティの観点からも、自らを異なる集団と考えるであろうし、通常は、被害者のアイデンティティに対して加害者が敵意を持つ（あるいは敵意を強める）原因ともなっている。ヘイトクライム事件の修復的会合に必ず存在する社会文化的な違いと、一部の利害関係者の偏見に満ちた信念や姿勢を軽視することは禁物だ。この意味において、修復的対話がヘイトクライム（当然、異文化対立が関係するその他の事件についても）の加害者に恥づけや罪悪感を持たせる効能があるとする理論に対しては大きな疑問符が投げかけられることになる。

共感を通じて後悔を促す

ガブリエル・マクスウェルとアリソン・モリスは、修復的司法の支持者は恥づけと罪悪感ではなく、より建設的な後悔の感情に注目するべきだと主張する（Maxwell & Morris 2002）。ヴァン・ストッコムは「後悔は自己疎外（および自らの行為に対する恐れ）に関心を向けさせ、自らに疑問を抱かせる」と述べる（Stokkom 2002: 350）。これは被害者を気の毒に思い、同情を感じることにつながる。他方で、罪悪感は「自我の擁護壁にできた亀裂を修復することに向けられる。この擁護壁は、深められて明瞭になった自意識を寄せつけないようにする機能を果たす」（Van Stokkom 2002: 250; Retzinger & Scheff 1996も参照；Maxwell & Morris 2002）。ヘイトクライムの加害者にその姿勢や行動を変えさせる真の可能性をもたらしうるものは、後悔の念と、悲哀を感じたときに改悛を行動で示すという人間の性質である。後悔するということは、加害者が自分の長所を伸ばすことによって新たな自分を作り出そうという気持ちがあるということだ（Van Stokkom 2002）。マクスウェルとモリスは、後悔の念は再犯の減少とより深く関係していると指摘する（Maxwell & Morris 2002）。再犯罪率が低いことの根本には、加害者が自分の行為が被害を生むことを認め、深い悔恨の念を抱くと、その有害行為を再び行なう可能性が低くなるという事実がある。

加害者が後悔するかどうかは、被害者や修復的手続の他の参加者に共感できるかどうか次第である。共感も、恥づけや罪悪感（恥づけの罪悪感）といったその他の改善を表すような感情を刺激する触媒になる（Maxwell & Morris 2002; Van Stokkom 2002; Harris et al. 2004）。共感は基本的な側面から四つに分類することができる。アリック・ジャクソンはマーク・デイヴィスの分類を参照しながら、次の四つを強調する（Jackson 2009）。

1　「想像」他の人格を持つ人びとの感情に一人ひとりが自己を当てはめる。
2　「他人の身になってみる」一人ひとりが他人の状況に自分を当てはめ、その立場を理解する。
3　「親身に配慮する」右の一、二を行なうと、一人ひとりが他人の痛みを共有するようになり、その幸せを気にかけるようになる。
4　「気持ちが落ち込む」一人ひとりが他人の苦しみについて見聞きすると不安を感じる（Davis 1983; Jackson 2009: 189 で引用）。

修復的司法の文献では、右の二は共感の定義としてよく用いられている（Jackson 2009）。だが、修復的実践の際にどのように共感を引き出すのか、それを最大限に活用するにはどうしたらよいのかを正しく理解するには、そうした共感の要素をすべて統合し、評価する必要がある。

共感の程度は参加者によって異なり、文脈的な変数や個人的な変数の両方によって変わってくる。たとえば、事件が起きた場所や、加害者とそれまでに関わったことがあるのかどうか、その他に関わったのは誰か、（背景となるさまざまな特徴の中でも）当事者の年齢、ジェンダー、人種、性的指向、社会階級やその他利害関係者一人ひとりの特徴的な個性などがあげられる。参加者の文化的背景はそれぞれ異なるため、何をもって「正義」とするべきかについては考えが異なるかもしれないし、犯罪に対応するためのより罰則的な手段を発展させてきた文化もあるだろう（Albrecht 2010: 18; Umbreit & Coates 2000 参照）。こうした変数の一つひとつが、参加者が会合中に感情面でのつながりを持てるかどうかに影響する。また、修復的手続が成功するかどうかに最終的に影響するのは、この感情面でのつながりなのである。

ヘイトクライムに関わらないところで修復的理論の研究者らが前提にしてきたのは、一人ひとりの個人は、お互いに共感する力を備えていることだ（Crawford 2002）。この点から、共感や恥づけ、再統合に関する理論は、多くのコミュニティにおける社会的多様性が他者の感情に共感する参加者の力にどのような影響を与えるかについて、適切な分析をしてこなかったと批判されている（Crawford 2002; Cunneen 2003: 第七章）。すでに強調したように、異なるコミュニティ（ときにはその内部）における対話スタイルの違いゆえに、いわゆる「共感の分断」の発生は避けられない（Haney 2005: 189-210）。コミュニティ内に存在する異なる社会規範から「社会的距離」が生じる。すなわち、ヘイトクライムの利害関係者はお互いのアイデンティティの背景をすぐに認識できるわけではなく、異なる「視点」から考えてみることが困難になる（Smith 2006 参照）。参加者は異なる地域に住み、異なる信念を持ち、通常は異なる集団と交流している（Smith 2006）。社会的距離が著しければ、参加者が相手に「同情」することはできないだろう。結果として、彼らが目にし、他の参加者から聞いたことに対して、一切の痛みを感じることができなくなる。

感情的なつながりを妨げるコミュニケーションの壁

参加者間のコミュニケーション方法の違いは、被害者がトラウマについて詳細に語った内容を理解できるかどうか、そしてそれに続いて、事件の利害関係者同士で感情的なつながりが持てるかどうかを決定づける要因となることがある。コミュニケーションの方法が噛み合えばその後の修復的措置が促されるため、重要である。異文化間対話を妨げる障害は広範囲に存在し、多様であるが、とくに参加者の言語が異なる、言語以外のコミュニケーションがまったく異なる場合がこれに該当する。参加者の言語が異なる場合、ファシリテーターは、すべての参加者が対話に参加できるよう通訳を入れなければならないこともある。

本研究のために、直接的なコミュニケーションを五回、さらに被害者と修復的司法実践者との会合を一三回、観察した。関わった参加者の大半とファシリテーターのアイデンティティは異なっていた。これらの観察の中では、次の点につき詳細な記録を作成した。会合中の発言、身振り手振りを含めた参加者のボディランゲージ（とくに直接的な会合の場合）、さらに一方の当事者が他方の感情を理解したことが示されたかどうかについてだ。

直接的な調停を二回観察したが、言葉の壁があったために双方の参加者が相手と直接やりとりすることはできなかった。そのうちの一回は、二人の子どもがイラク出身の父親のために通訳者の役割を果たしていた。これは望ましい状況とはいえないが、そのおかげで機密性が確保でき、外部からの干渉を最小限にとどめながら双方が相手側とやりとりをすることができた。もう一つの事例では、被害者の夫が妻を代弁し、事件の影響を説明するよう妻が求められたときに彼女の言葉を通訳していた（以下のケーススタディ1参照）。だが、通訳してくれる家族がその場にいないときはプロの通訳者が必要になるだろう。通訳が必要となると、必然的に、対話が円滑に進まない可能性が生じる（Albrecht 2010）。話の裏にある感情が失われ、話を聞いた際の反応も、通常の場面で参加者の話を聞いた際の即応性と比べて、歪められるように感じるかもしれない。ある実践者はこう話す。「通訳者を入れて会合を持つことはできますし、私も何度かその経験があります。ですが、会合には倍の時間がかかりますし……話に込められた感情がほとんど失われます」。通訳者が対話の流れを促すのか、妨げるのかについては議論の余地がある。さらに問題なのは、マイノリティの人びとは通訳を拒否することが多いということである（Albrecht 2010）。そうした場合、対話が全体として満足しえないものになる場合があり、究極的には、一切の相互理解が妨げられうる。参加者すべてに対話に関わる機会を保証し、それによって、加害者とその「ケアを提供するコミュニティ」に偏見によってもたらされた被害を十分に理解させようというのであれば、ファシリテーターは通訳者を使うことを強く主張すべきかもしれない。ある実践者はインタビューでこう説明した。

私は通訳者が必要だと言ったのですが、拒否されました……祖父はとても横柄な英語を話す人で、祖母はただにこにこして、お菓子を出してくれるような人でした。これは単に文化的に当然だとされていることなのだろうかと思ったものです。つまり、女性はにこやかに、人のために動き、後方でおとなしく座っているものなのだろうかということです。祖母は私たちの話をまったく理解していなかったのかもしれません。だから通訳者が必要だと言ったのです。……祖母にも言いたいことがたくさんあったはずです。本当は違うのに、当然そうだろうと思い込んでしまうこともあるんです。

マイノリティの人びとがそもそも通訳者を拒否する理由はいくつかある。ベリット・アルブレヒトは、参加者が拒否するのは個人的なプライドのせいであるか、他の「仲間うち」の人びとにもめごとについて知られたくないからだと指摘する。本書で行なった調査から、参加者は、自分たちが社会に余計な負担をかけるような「問題児」だと見られたくないと思っていることがわかった。英国に移住した被害者数人がそうした心情を述べている。これらのインタビュー回答者は、移民としての自分たちが司法手続の負担となっている、あるいは国の資源を奪っていると思われたくないと話していた（一般的な話として、Levin & McDevitt 1993; 2002 参照）。あるポーランド人の被害者夫婦はこう話した。「英国に家族はいません。子どもたちにも話したことはありません。これは私たちの問題なんです。この問題について知っているのは、警察と慈善団体の人だけです。英国人の友達に、私たちがここはひどい土地だと思っていることを知られたくないんです」。こうした心情は、限定的ではあるが、反移民を掲げたヘイトクライムの被害者が、「外国人」は英国人の仕事や社会福祉、国家予算を「本来」それらを必要とする人びとから「不当に」奪っているという社会認識があることに気がついていることの証である。これに対し、彼らはそうした認識の証拠となることを必死で拒否するわけである（Levin & McDevitt 2002; Ray & Smith 2002 も参照）。

パラ言語

パラ言語〔訳注：話し手が聞き手に与える言語情報のうち、その内容を文字化することでは伝達されない情報。具体例としては本文を参照〕や言葉で表現する割合も、アイデンティティ集団によって異なる。抑揚やスピーチにはさむ間、沈黙、声調、大きさ、明瞭に伝える適切な速さなどは誤解を生む元となる（Umbreit & Coates 2000）。その個人が属する集団の特徴が話し方に表れることもある。外部の人びとが言葉の微妙な違いから誤解することもあり、特定の音調や抑揚に慣れていない人びとを憤慨させる恐れもある。パラ言語が明らかに違う場合、共通の理解をもたらす点を見出すことはさらに難しく、行き違いともなりうる（Albrecht 2010）。ある実践者はインタビューでこう話した。

一定の事項について説明する時間がないことがよくあります……たとえば、インドの方言の多くでは英語を話すときのアクセントがまったく違うので、ぶっきらぼうに聞こえることがあります。話している人がぶっきらぼうな人だとかそっけない人だということではありません。単に、略語のどこにアクセントをつけるか、少し声のトーンを上げるとかが英国人が英語を話す場合とはまったく違うということなんです。

情報の伝え方が人によってさまざまであるために混乱が生じることもある。身振り手振り、表情、アイコンタクト、笑顔などはコミュニケーションを取る、別の人に合図を送る、特定の情報を伝える手段として活用される（Umbreit & Coates 2000; Albrecht 2010）。表情、手や腕を使ったジェスチャー、身体の他の部分を動かしたりすれば、やりとりの中で強調したい箇所を伝えることができる。言葉を使ったコミュニケーションと同じく、文化的背景によってジェスチャーも大きく異なりうる。たとえば、人前で感情を見せない、権限のある人の目を見つめないという文化もある（例としてはUmbreit & Coates 2000: 8参照）。そうした人びとは感情表現が豊かな人や、とりわけ年配者と向き合ったときに戸惑うことになる。他方、感情表現に慣れている人は、表情が豊かでなかったり、視線を合わせたりしない人を寡黙だから、あるい冷徹な人だからと思うこともあるだろう。

分断された気持ちをつなぐ

さまざまな背景や個々の違いは修復的対話をうまく進める際に影響することがあるものの、恥や罪悪感、後悔、思いやり、共感といった万人共通の感情を共有する力があれば、相手と調和する機会につながる。ハリスらは「ほとんどの加害者は被害者の苦しみに直に接すると、当初は無関心であったとしても、最終的にはそれに無関心ではいられない」と断言する（Harris et al. 2004: 201; 強調は著者）。加害者も「他者に対して心の奥底から共感する」という点では他の人びとと同じで、とくに他者が苦しんでいる場合はそうだ（Harris et al. 2004: 200）。マクスウェルとモリスはさらに、自らの行為の結果に直面した加害者は、そのせいで苦痛がもたらされたことを知ると、悔やみきれないという感情を当然に抱くと説明する（Maxwell & Morris 2002: 280-1）。被害者が「違う」存在だとみなされる場合がその例となるようだ。この過程に敏感に対応することができれば、被害者も加害者も新たな「自我」を得てそれぞれの家庭に戻っていくことができる（Van Stokkom 2002; Harris et al. 2004）。回りまわって、恥、罪悪感、後悔といった感情が加害者の「ケアを提供するコミュニティ」で全体的に認識されれば、広くコミュニティの教訓となるだろう。

実際、インタビューに応じた実践者の半数以上が、修復的プロセスによって異文化間の違いを乗り越えることができると確信していた。次の実践者のインタビューは、共感の典型例を紹介している。

> 二人の青年と会合を持ちました。一人はロマの出身で、別の……同性愛の少年に嫌がらせをしていました。想像がつくと思いますが、最初は、自分とは違うからという感じで始まったんですが、会合の途中から……たぶん加害者の少年も、自分の経歴のせいでいじめられていたことを思い出したんでしょう。この別の少年に対して、自分がいじめられていた経験をいわば作り出してしまったことに、はっと気がついたんです。

修復的実践には、文化的な違いがあるとしても感情的な分断を埋める力があるが、これには気分を害された、不平等な思いをさせられたという経験に注目し、柔軟かつ包括的に対話を行なっていくという姿勢が前提となる（Daly 1999; Albrecht 2010）。実践者のほとんどは、参加者のニーズに敏感に対応するよう訓練を受ける。ときにはコミュニケーションを円滑にするために通訳者が必要となることもあるだろう。だがもっとも重要なことは、実践者が、すべての利害関係者がヘイトに関わるそれぞれの経験を話すことができ、参加者がお互いの話に耳を傾けるような安全な場を確保することだ。

とはいえ、利害関係者が新たな感情を生むような気持ちのつながりを実感できない例もあるはずだ。そうであるとしても、修復的対話が無益だということにはならない。事実、次のケーススタディ[2]で見るように、実践者が参加者間の感情的な距離を縮めることはできないとしても、包括的対話が恥と罪悪感をもたらし、利害関係者が共通の理解を得ることは可能である。

《ケーススタディ1》 V－D夫妻——これは文化的な問題だ

中立被害者（V－D夫妻、南アフリカ出身の黒人の若夫婦）は、人種差別的な嫌がらせを継続的に受けたとして、近隣住民（H、英国人の中年男性、白人）を訴えた。住宅局職員二人とその上司も加わったグループカンファレンスには、彼らも参加するよう要請された（その地区の警察署の警官にも参加が要請されたが、現れなかった）。会合の冒頭でV－D夫妻は、それまでの六カ月間にHからどのような人種差別的嫌がらせを受けたかを説明した。V－D夫妻が話していた間、Hは頭の後ろで手を組んで座り、椅子にもたれて座っていた。Hのジェスチャーは自己防衛的なものと受け止められたが、控えめではあるものの攻撃的だと思われることともあった。そうしたジェスチャーが夫妻の申し立てに不信感を抱いているメッセージであることは明らかで、同時に、彼らの話を尊重するつもりがないことも示していた。

V－D（夫）が話している間、Hは彼をちらっと見るだけで、腕は組んだままだった。一方、夫妻は会合中ずっと、話しかける相手の目を見つめ、こぶしを握り、前傾姿勢で座っていた。リラックスしているような姿勢ではあったが、口ぶりは切羽詰まっていた。とくにV－D（妻）は英語に苦労しており、外国語の方言で話すことが多かった。その場合は英語をよどみなく話す夫が通訳した。夫妻のどちらも訛りが強く、話の内容を理解するのが難しいときもあった。そのせいで時間がかかったが、V－D（妻）が事件からどのような影響を受けたのかという説明を止めることはなかった。

しかし、V－D（妻）が英語をうまく話せないことがHを苛立たせていたことは明らかだった。会合中、Hはたびたび「やつらは英語を話せない。いつも外国語だ」と繰り返した。また、V－D（妻）の声が「うるさすぎる」とも言った。この点については、観察していた間は確かにそのとおりで、V－D（妻）の声の大きさと早口ぶりは他の参加者をはるかに上回っていた。

調停者はその後、外国語について細かな質問を繰り返した。Hは「文化的な問題だ」と発言し、これを受けて調停者はこう尋ねた。「もし近所の住民が白人だったとしても、同じ発言（反論として騒音を問題視したことを指す）をしますか？」。Hは「もし英語を話さなくて、いつも外国語だったら……そうかもしれない。わからないがね」と答えた。それでも解決の糸口を見出そうとして、住宅局の職員がこう質問した。「何がきっかけで（あなたは）そうするようになったんですか？　今後はどうしたらいいんでしょう？」。するとHは、大声を上げて壁をたたくことはもうしないと答え、夫妻との関係に触れながらこう提案した。「やり直すように努力しようじゃないか」。この時点で、両者のしぐさは若干ではあるが和らぎ、HはV－D夫妻の目を見た。合意文書が作成され、Hは夫妻宅の壁をハンマーでたたいたりしないこと、人種差別的なことを言わないことが盛り込まれた。夫妻はあまりに大きな騒音を立てないことを約束した。

この会合の後、当事者間の感情的な対立が収まる場面があったとしても、溝を埋めることができたとは、筆者には思えなかった。参加者間の社会的な違いが、効果的な対話に事実上の障害となることは明らかだ。英語を流暢に話せないことやアクセント、声調、V-D夫妻が早口であることなどと、Hの自己防衛的なジェスチャーのせいもあって、全体として対話が円滑に進まず、不可避的に相互の共感形成を妨げていた。

だが、いささか驚きではあったのだが、インタビューでV-D（夫）は、会合の結果に非常に満足しており、今回の手続のおかげで自分たちの気持ちが落ち着いたと話した。実際、調停合意書に署名がなされてから半年経っても、夫妻とHとの間には問題が起きていなかった。このため、V-D（夫）は調停手続のおかげで、嫌がらせを受けることがなくなったと確信するようになっていた。これは、たとえ対話が円滑に進まず、共感を生むような反応が得られなかったとしても、調停合意書が作成されるに至った包括的な対話によって、両当事者が共通の理解を持つことができ、対立を乗り越えることができることを示している。


コミュニケーションには文化の違いによるさまざまな障壁があるが、V-D夫妻は、声を上げる機会となったプロセスに関わることができた。参加者が相手の話にほとんど共感しなかったとしても、会合を慎重に進めれば、両当事者が合意に達し、少なくとも事件によってどのような影響を受けたのかについてある程度の共通の理解を得ることはできる。加害者が会合に参加することに同意し、その会合で数人の参加者が彼の人種差別的な行為をとがめたことから、彼が自分の行為に対して恥を感じた可能性が高い。トラウマを持つようになったという被害者の話も、自分がもたらした苦痛に対してより罪悪感を抱かせることにつながった。ファシリテーターは「恥と罪悪感」という複合的な感情に慎重に向き合い、非難を受けた加害者に「人種差別主義者」の烙印を押すのではなく、自分の行為によって近隣住民がどれほど影響を受けたのかを考えさせることで、その行為を振り返る機会を与える。さらに調停合意書が作成され、近隣住民に対する人種差別的な嫌がらせをやめることによって加害者が「よき隣人」となるチャンスともする。申立被害者が会合の結果に満足し、つらい経験をした後の半年間に特段の嫌がらせが起きていないという事実は、両当事者の共通の理解が継続的な効果をもたらしていることを示している。

第二節　「差異」に人間性を持たせる――「ストーリーテリング」の重要性

共感によるつながりを妨げるのは、意思疎通の方法や言語の違い、文化の違いだけではない。実践者は、加害者の頑なな姿勢や、マイノリティ集団に属する個人には価値がないと強く思い込んでしまうような否定的な既成概念に向き合わねばならない。ゆえに、かけ離れた感情を真につなげるためには、修復的実践者は偏見に挑み、かつ「差異」に人間性を持たせるものにする方法を見つける必要がある。次のセクションでは、修復的実践に、ヘイトに基づく行為をしてしまうような偏った信念に効果的に取り組む力が備わっているかどうかを検討する。

既成概念を抱き、その結果として悪意あるラベルを貼ってしまうことはすなわち、参加者が、他方の当事者の社会的な価値について先入観を持って会合に臨むということである（Hoyle 2002）。参加者が抱く敵意の程度としては、誤解に基づく固定観念に毛が生えた程度で表面的に嫌うにすぎないといったものから、イデオロギー的な理由に基づく根深いヘイトといったものまでさまざまだ（Levin & McDevitt 1993; 以下の「偏見に立ち向かう」参照）。「差異」に対する否定的な概念を問い直し、うまくいくかどうかは、加害者の偏見の程度だけでなく、（さまざまな変数があるが）加害者の年齢、敵意を抱く相手と同じアイデンティティを持つ集団とのそれまでの関係性、受けた教育のレベル、そして一般的な責任感によって異なる。態度を改めようとする意思が強く、実行に移される場合にのみ、修復的司法によって長期的に再犯率が下がっていく道が開ける。すなわち、もし修復的司法が加害者の頑なな考え方を変えることができるとすれば、ヘイト事象の蔓延に立ち向かうという理にかなった役割があるといってよいのかもしれない。

本章では、修復的司法がヘイトクライムに対して万能であるとは捉えない。長年にわたって培われてきた敵意は、従属という社会的な仕組みを経て拡散された構造的な不平等によって作り上げられ、確固たるものとなっており、たった一度の修復的介入で解消できると考えるのは理想的すぎるだろう。しかし、だからといって修復的実践の中で醸成された、心を動かすような感情が一部のヘイト加害者に本物の変化をもたらすことはありえないということでもない。したがって、修復的対話が功を奏するかどうかは、多様な変数に影響され、それらは事件ごとに異なる。これは修復的実践者が、対話への取り組み方や、適切な賠償を提案する際の考え方を柔軟にしておかねばならないことを意味する。とりわけ、修復的司法が被害者に対して真摯な償いを提供するものであるならば、まずは加害者とその「ケアを提供するコミュニティ」に対して、被害者とそのコミュニティの人間性を理解させることだ。ある実践者はインタビューでこう述べている。

> （修復的司法は）……共感を呼び起こす強力なエネルギーです。共感すれば、人はお互いを人間として見るようになります。当事者の見方を変えることはできないかもしれませんが、もめている相手に対する見方を変えることはできるかもしれません。そこが変わるチャンスです。その後、それをどう生かすかはまた別の話ですが。

修復的価値を中心として、一人の人間としてのゲイや障害者、民族的マイノリティと直に接するようになれば、そうした参加者の「他者性」を当然のものとして受け止められるようになる。和解に焦点を当てた対話に参加するということは、異なる文化的背景やアイデンティティを持つ参加者が共通の目標を見据える機会になるということだ。そうすることで、参加者はお互いの個性や、彼らを「違う」ものにしている社会文化的な特性に触れることができる。参加者が抱いている誤った既成概念の多くは、各当事者が相手の人間性を目にすれば崩壊していく。この意味で、被害者に起きたことを知れば、加害者は自らが起こした害悪を理解するようになるだけでなく、巻き込まれた人びとの文化やアイデンティティの違いを認識するようにもなる。結果として、加害者がヘイトを動機とする行為を繰り返す可能性が減る余地が生まれる[3]。ある実践者はこう述べる。

これに対応するには、接することだと思います。モスクに放火したアッシュフィールド青少年加害者部の事例のように、モスクから出てきた人が彼に近づいて話しかけなかったら、その加害者は決して理解しなかったでしょう。これしかないんだと気がつきました……（被害者は）また被害を受けるかもしれないという不安を感じるはずです。（しかし）少しでも理解が深まれば、人種差別主義者や同性愛嫌悪者になる可能性はぐっと低くなります。

共感プロセスがもっとも有効であるのは、一人ひとりがお互いに直に接し、参加者間で自然な対話が生まれる機会があるからだ。利害関係者のコミュニケーションが間接的だと、通訳を介するために感情が共有されず、限定的な共感になってしまう（Hoyle 2002）。間接的なコミュニケーションとは、両当事者がお互いの視点による事件の概要を見聞きすることがないということだ。実際、感情的なつながりがもっとも希薄だったのはデヴォン・コーンウォール警察で扱われた事例で、インタビューを受けた一四人の被害者のうち一三人が直接的な調停会合を勧められなかったと話している。被害者の多く（一四人のうち六人）が、自分が苦しめられた被害について伝える機会がなかったと話した。インタビュー回答者の過半数は、修復的司法を経ても、加害者が彼らのアイデンティティの背景をよりよく理解するようになったとは思わないと答えている。

間接的なコミュニケーションでは感情を伝えるのがより難しくなることは明らかだが、事例によっては、同席ではない別席によるシャトル調停であっても共感プロセスを促すことが研究からわかっている。ヘイトが引き起こした害悪についての情報と、被害者のアイデンティティについての知識は、修復的実践者から加害者に伝えることができる。ファシリテーターは引き起こされた被害と加害行為をした理由を解釈し、こうした要素を双方の当事者に伝えなければならない。こうしたことはサザーク調停センターで何度も観察しているが、そこでは調停者が被害者の感情をうまく伝えていた。以降では、ファシリテーターが教訓を積み上げて賠償合意書にまとめていく様子を確認し、さらに参加者が対面することがないような場合に、加害者に文化およびアイデンティティの違いに対する理解を深めさせる様子を見る（以降のケーススタディ2を参照）。

偏見に立ち向かう――「表面的な」偏見、被害者と加害者の関係、ヘイトの否定

捜査対象となるような敵意の類型やヘイトの程度は、事件によって大きく異なる（第四、第五章および結論を参照）。調査した事例や実践者から聞いた事例では、被害者が属すアイデンティティ集団に対して観念的にヘイトを抱いていると類型化されうる加害者はほとんどいないように見受けられた（同様にSibbitt 1997; Ray & Smith 2002; Iganski 2008 参照）[4]。それよりも、支配的な文化の外側にいる人びとについて蔓延している既定概念のせいで、加害者は自身の人生で無意識のうちに偏見を抱くようになってしまったようだ（Perry 2001; Levin & McDevitt

1993, 2002）。多くの加害者が頑なな考えを抱いたのは、ほぼ事実とは異なる既定概念のみが根拠となっているといってよく、その結果、「差異」に対して無分別に恐怖を感じるようになったようだ（Perry 2001; Walters 2011）。言い換えると、観察した事例や被害者および実践者から得たデータから、加害者は被害者に対して大きな悪意を抱いているというよりも、特定のアイデンティティを持つ集団の人間性について無関心なだけであるということだ（Iganski 2008）。

第四章で見たように、多くの事件で、加害者の自宅近くの騒音や無分別なゴミの廃棄、においの強い「外国の食べ物」がきっかけとなり、加害者の気持ちを逆撫でし、被害者の人種や宗教、性的指向、障害を理由にした敵意を持たせることになった。[5] そうした事例は、ポール・イガンスキが指摘したヘイトクライムに対する状況的な視点に結びつけることができる（Iganski 2008）。[6] 彼はヘイト事件の多くは日常的な行動の中で起きると指摘した。大音量で音楽を演奏する同性愛者や、バス停で「異質」な大声でしゃべるインド人一家は苛立ちの原因となり、（部分的ではあるが）ヘイトを動機とする反応を加害者から引き出すきっかけとなる（第四章、Iganski 2008; Walters & Hoyle 2012も参照）。

本書が行なった実証研究は、日常的に行なわれるヘイトクライムによる嫌がらせの現実をさらけ出した。事件を起こすのは、被害者の近隣住民など被害者の知り合いであることが多い。典型的な加害者は近隣住民、同僚であり、仲のよい友人という場合もある。加害者がそれまで被害者とは何の関わりもなかった場合、顧客へのサービス提供を通じてというものが多い（そうした例としては、タクシー運転手と乗客、店員と客などがある）。こうした関係性は不満となって当事者間の対立に発展し、ぎすぎすしたものになることが多い。

調査した事例から、加害者の偏見の大部分はその度合いが低～中程度であり、事件の原因との関係は部分的でしかないことがわかっている（第一章に引用したJacobs & Potter 1998のよく知られている表を参照）。ある実践者はこう述べる。

私が言及したすべてのケースについて、きわめて表面的なものであったといえます。……そのときどきの状況を考えてみますと……若者たちが何かしら非礼な言葉を投げかける機会があったかもしれません。ですが、その発言内容や、どのように受け止められるかについて、よく考えてみるよう促してみると、実際のところは、彼らは本気でそのような言葉を発したわけではないのです。

別の実践者はこう説明する。

彼女（加害者）はこういう質問を受けました。「そうしてしまったとき、何を考えていたの？」。彼女の答えはシンプルなもので、何杯かお酒を飲んでいて、そのときの状況でムッとすることがあり、頭に浮かぶままに暴言を吐いてしまったというものでした。彼の人種に対して感じていることを表してしまう意図はなかったんだと……そんなつもりはなかった、それに彼女には白人の友達も多くいて、人種がからむ問題が起きたことはなかったのですが、そのときは単に怒っていたというだけで、その怒りがそういう形で出てしまったということでした。

複雑な個人間の対立の中で、事件を引き起こす一つ（あるいは複数）の出来事へとつながっていき、ヘイト事象が生じているという事実は、加害者には自分たちの偏見を否定するチャンスが多くあったということを意味する（Gadd et al. 2005; Gadd 2009も参照）。ある実践者はこう述べる。「こうした多くの事例からわかったことは……人びとは加害行為をしたことは認めても、そこに人種差別的な意図があったことは認めようとしないということです。だから、何かを言った、何かをした、あるいは暴力的だったというところは認めても、人種差別的なものを認めるとなるとガードが固いのです」。代わりに加害者の多くは、近隣住民の騒音に苛立ったというような、他の問題と同じように行動した理由の説明に終始する。あるアイデンティティを持つ集団に対するヘイトを表すつもりで、そのようなことを行なったのではないと説明しようとして四苦八苦する加害者もいる。言葉どおりに受け止めれば、そうした説明からは、被害者集団を従属させようとしてそのようなヘイト事象を行なったわけではないことがうかがわれるが、どちらかといえば、不満を感じて個人的なヘイトが形となって表れたものだともいえる。状況がきっかけとなって事件が起こり、アイデンティティ全体に向けた象徴的なメッセージとしてというよりは、被害者を個人的に傷つける手段として発散される（以降のケーススタディ2参照）。これは、こうした加害行為／事件におけるヘイト的な要素が偏見から生じたものではなく、被害者を傷つける手段として、彼らが「差異」をはらんだ存在であり、その立場の弱さにつけこむチャンスに乗じて生じたものであることを暗に示している（Gadd 2009; Chakraborti & Garland 2012: 5 参照）。典型的な実践者の反応はこれを明確に示している。

人種差別的な言葉を耳にすることはあります。子どもたちは「考えてなかった」と言うでしょう。子どもたちのことを考えて、ちょっとした面談をしようとします。すると子どもたちは黒人の友達を連れてくるんです。実際によくあるのは、彼らはその子を個人的に嫌っているのであって、その子が黒人であるか、そうでないかという事実は関係ありません……いじめの一つにすぎないのです。だから、人種差別ということではなく、言ってしまえば、個人的な好き嫌いがいじめにつながったということです。

カッとなって「暴言を吐いた」（Gadd 2009）加害者は一般的に強い敵対感情を否定するが、そうした行為の動機の中に部分的な偏見の要素があったとの主張を論破することは難しい（第一章、Walters 2013a 参照）。偏見が加害者の世界観の「一部」であるということではまったくない（Iganski 2008）。だが、加害者が人種差別的あるいは反宗教的な敵意を表に出すことにしたという事実から、その加害者は被害者のアイデンティティを従属させようとしたと仮定することができる。そのアイデンティティ集団全体を従属させようとしたとまではいえないが、その被害者をできる限りひどいやり方で傷つけようとするものだったということは多い。加害者が誰かを（たとえば）人種的な嫌がらせをする際に、他者には人種主義的と見られることに無自覚であった場合を除き、そうした行為は、集団ベースでの敵意の表明と受け止めざるをえない（Walters 2013a）。というのも、たとえ非白人を従属させる意識はないとしても、加害者は自分の行為／言葉が他者から人種差別的だと受け止められていることに気がついていることが多いからだ（Walters 2013a）。さらに、引き起こされた害悪の類型という観点で、加害者の行為を理解するべきでもある。すなわち、偏見を表すこと——集団全体に意図的に向けたものであるか否かを問わず——は、加害者はその行為によって、被害者集団に属するその他の人びとに及ぶであろう影響の認識はあると考えられるからだ（Perry & Alvi 2012; 以降のケーススタディ2参照）。したがって、刑事司法の実務従事者としては、あらゆる「ヘイト」事件における偏見の要素を評価することが重要になる。そうすることによって、これらの行為の多面的な原因や結果に対して効果的に対応することが可能となる。

そうであるとしても、事件の本質が偏見であることを加害者が認めなければ、ヘイト事象への対応という目的があいまいになる。たとえば、デヴィッド・ガッドはこう記している。

（加害者は）人種差別主義を保護観察所が許容しないことを理解し、「人種差別主義者」とみなされることは反道徳的のレッテルを貼られることだと理解してもいるため、……保護観察下にある人びとの多くは人種に関わる話題について話したがらない。……すなわち、人種差別は矯正処遇では扱われなくなってしまう。一部の保護監察官もこの話題を避ける。その他の人びとも、極右に強い関心を持つごく一部の加害者だけが「本物の」人種差別主義者だと考えている。実践者は、複雑な社会的・心理的問題に悩まされ、通常はあまり乗り気ではないクライアント集団との間でなんとか成立している協働関係を損ないたくはないというのも理解しうるところであって、日常的な偏見については語らないようになる。(Gadd 2009: 759)

偏見をまったく認めなければ、ヘイトクライムの原因と結果についての加害者と保護監察官との実質的な議論は確実に進まなくなる。だが、保護監察官とは違い、修復的実践者は偏見がもたらす影響について時間をかけて議論することに適している。そもそもファシリテーターは、偏見がもたらす被害についてだけでなく、コミュニティにおいて「差異がある」存在とはどういうことかについても話し合わせるために、被害者とその他の利害関係者を関わらせるからだ。ファシリテーターの役割は加害者を監督することでも、ヘイトを動機とした行為を批判することでもない。したがって、加害者の啓蒙としてもっとも有望なのは、刑事司法の実務従事者による言葉ではなく、加害行為の利害関係者間で作り上げられる感情的なつながりや、修復的手続を通して伝えられる社会的非難である。

実際、大半の加害者が示す偏見は表面的なものでしかないように見えるため、修復的実践者の多くはこの敵意は修復的手続によって解消することができると感じている。とくに、ヘイトスピーチが個人あるいはコミュニティに属す他の人びとに及ぼす悪影響に注目して議論すると、加害者は自分たちの偏見が間違っており、有害であることを認識するようになる（さらに以降のケーススタディ2参照）。タクシー運転手に対する人種差別的嫌がらせを扱った実践者はこう説明する。

この加害者は、自分が人種差別主義者だと思っていないか、そこまで偏見が強いと思っていないので、ある程度の責任を認めてきましたし、自分の行為を恥じてきました。……そういうことをよく目にします。実際、私がここで扱った事件はすべて同じではありませんが、加害者側は自分たちが人種差別主義者だとは思っていませんでした。……ですが、彼らは自分がしたことを恥ずかしいと思い、その責任を認めて、過ちを正したいと考えていたんです。

筆者は加害者が自分に偏見があったことを認めない場合の修復的会合も観察し、ヘイトに関する議論を進めるファシリテーターの能力に注目した。第四章のケーススタディ2では、申立被害者は同性愛嫌悪を受けた経験を延々と説明した。近隣住民の仕打ちのせいで、自分が同性愛者だからといって彼らから標的とされていると感じるようになったことを詳しく語っている。申し立てられた加害者は同性愛嫌悪についての議論に加わり、ゲイであることを告白した親戚について話していた。このように、他の司法介入とは異なり、修復的司法で取り入れている被害者を中心にして進めるアプローチは、人種主義や同性愛嫌悪、反宗教、障害者差別主義などがもたらす被害について両当事者が一緒に考えることを促す。第四章で強調したとおり、こうしたプロセスを経ることで、人種差別、同性愛嫌悪、反宗教、障害者差別的な行為を今後は行なわないという約束を加害者から得られることはよくある。加害者が偏見に満ちた行為を取ったことをすぐに認めるわけではないとしても、そうした約束により責任を認めたと受け止めることができる。

修復的司法が偏見への対抗策として有効だとしても、加害者が自分に人種主義的なところがある（およびその他の偏見がある）ことを一貫して否定し続けるということは、彼らが自らの行為が持つヘイトの要素に十分な責任を取らないということだ。この点において、修復的対話は、加害者がそうした行為をするようになった社会的・心理的仕組みに包括的に取り組めてきたわけではない。結局のところ、これはすべての司法手続が直面する限界だ。被害者のアイデンティティに対してあからさまに敵意を表す実に多くの人びとが、自分は「ヘイト加害者」だと思っていないことも含めて、偏見には微妙で複雑な性質があることがよくわかる（Gadd 2009）。

根深い偏見

多く（とくに若者）の加害者の偏見が表面的なものでしかないとしても、あるマイノリティ集団に対して根深い敵意を抱く加害者がいることは確かである。彼らが「他者」を嫌うのは、マイノリティ集団が支配的な社会規範や価値を侵害するようになり、加害者の存在論的安全を脅かすという不安が増すからだ（Perry 2001）。それ以外の人からすれば、そうした集団の存在が「彼らの」居場所（Green et al. 1998; Levin & McDevitt 2002）や社会経済的安全性（Ray & Smith 2002）、あるいはその両方（Walters 2011）を脅かす。まとめると、こうした恐れが、マイノリティ集団は支配的で文化的なアイデンティティや居場所を奪い、他方で「英国人」の仕事としかるべき人を対象にした社会保障も奪うという考えにつながるのである（Levin & McDevitt 2002; Ray & Smith 2002; Gadd et al. 2005）。

サザーク調停センターで調査した一九件の事件のうち七件で、加害者は長期間にわたって被害者に対して偏見をむき出しにした問題行為を行なっていたことがわかった（第四章、ケーススタディ1参照）。そうした事件の場合、長年積み重ねられた偏見に効果的に対応するのは複雑な任務となる。修復的介入がこれらの加害者の多くの世界観を実際に変えられるとは考えにくい（Gavrielides 2007）。ある被害者はこう話す。

あの女性（申し立てを受けた加害者）は、私がどこの出身なのかまったく知りません。彼女にわかっているのは私が黒人だということだけで、西インド諸島出身なのか、アフリカ出身なのかは知らないはずです。……知ったからといって何かが変わるとも思いませんが。……私の肌の色がこうだというだけのことなのに、彼女にとってはそれが問題なんです。

表面的（たとえば低〜中程度）な偏見なのか、それよりも根深い偏見なのかを見極めることは、ファシリテーターが準備中に行なうべき任務の一つである（第七章）。実践者は追加の時間をかけて準備をし、被害者に対する加害者の感情を加害者と一緒に模索する必要がある（Maxwell 2008）。そうして初めて、ファシリテーターは加害者の敵意がどれほどのものであるのかを正確に把握し、直接的な会合中に敵対的な行為が繰り返される恐れがあるかどうかを見極めることができる。

修復的司法が加害者の根深い偏見を劇的に変えるとは考えにくい。とくに加害者が被害者のアイデンティティを確信犯的に蔑視している場合はなおさらだ。準備の会合中、参加者が被害者に対する見方を改めようとしない場合について話してくれた実践者も複数いた。そのような場合、実践者は、直接的な会合の際も加害者が被害者に対して敵意を見せると思うかどうか、自分で判断しなければならないと話す。インタビュー回答者の多くは、そうした場合は嫌がらせが繰り返されないように、「間接的な」修復的会合に集中すると話す。あるいは、直接的な話し合いに参加するかどうかの決断は被害者にまかせるものの、会合中に敵対的な発言がなされる可能性に備えておくように伝えておくという人もいる。

私が聞いたある事例では、被害者の倉庫に放火した加害者の若者はファシリテーターに、英国に移民が来るべきではないと思うと話していた。そのファシリテーターは、インド系の老夫婦であった被害者にこれを伝えたが、彼らはそれでもその若者に直接会うことを希望した。対面中も加害者は移民と英国人の仕事を奪っている「外国人」に関する統計を受け売りした。これへの対応に備えていたこと、また年齢を重ねていたこともあって、被害者は加害者の若者に冷静かつ親身に対応した。対面中、加害者は「パキ」という言葉も使った。実践者はこう話す。

被害者の中にはそれ（人種差別）に食ってかかろうとする人もいます。この会合で……彼（加害者）は「パキ」と発言しました……彼女（被害者）はこれに反応してこう言ったのです。「私たちは〝パキ〟ではないですよ。この国で生まれましたから」とね。それから、こうも言いました。「私の両親も夫の両親もインドで生まれていますから、やっぱり〝パキ〟ではないんです」。あなたの発言はまちがっているという指摘は……私が言うよりも、彼らが言う方がはるかに望ましいと思いました。

加害者の若者が非英国人に敵対的であることは明らかだったが、被害者に謝罪し、自分がしたことを申し訳なく思うと言った。実践者は心から謝っていると感じ、被害者ものちにこのプロセスは気持ちを落ち着かせてくれるものだったと話している。まとめると、加害者が対話に参加しようとしたこと、謝罪したことこそが、被害者が償いとして求めていたものだということで決着した。この出会いが、青年の行動に長期的な影響を及ぼすかどうかは不明である。

そのような事例から、学習された敵意が加害者の世界観の根底で流れているとしても、核心に迫るものではないかもしれないが、修復的司法が偏見に取り組むために入り込む余地はある。修復的会合がヘイト加害者の姿勢を一変させることはできないとしても、彼らにいい影響を及ぼすことはできるという確信を繰り返し述べる実践者も一人ではない。同性愛嫌悪と障害者差別の標的とされ、長い間嫌がらせを受けてきたある被害者もこの発見に注目してこう話す。

（加害者は）ゲイは全員が小児愛者だと無意識的に決めつけていました。これは問題の一つだと思いますし、こうしたすべての問題が会話の中で慎重に取り上げられれば、彼が自分の意見を完全に変えることにはならないとしても、あらゆる物事に白黒つけることはできないということに気がつくと思います。

ある実践者もこの点に関して、修復的司法の長所と短所について簡潔にこう話している。

すべての人が自分の考え方を持ってしかるべきです。それが他人の性的指向のことでも、文化的な信念や宗教についてであってもです。要は、それを大声で取りざたしたときの影響を加害者が知り、理解することが大事だということです。……あるテーマについての誰かの考え方を変えようとする必要はなく、問題は、その考え方でどう行動するのか、どのようにして自分の内面にとどめておくのかということです。

道徳面の学習

加害者が偏見の影響をより正しく評価するようになるための一つの方法は、修復的プロセスに「道徳面の学習」を取り入れることである。償いは修復的司法の主目的ではないが、ある種の教育となることから加害者の更生に寄与する（Braithwaite 1999; Schweigert 1999a, 1999b）。修復的司法の会合は、参加者がより高度な「道徳的な考え方」をするようになるために最適な機会となる（Schweigert 1999b: 35; Gavrielides et al. 2008: 38-9 も参照）。とくにカンファレンスは教育的効果が期待できるもので、怒りや恐怖、落ち込みといった感情を促すような既成概念から解放されれば、利害関係者がそれにとらわれることはなくなる（Schweigert 1999a: 174）。これを最大限に達成するには、「地域における伝統的で個人的な道徳的権威と、個人にとどまらない普遍的な規範における道徳的権威とを相互に高め合う組み合わせにすること」（Schweigert 1999a: 174）だ。平等、尊厳、尊重といった普遍的な規範は、ヘイトクライムが関わるような事件では、重要な道徳的価値となる（Walters 2012）。だがすでに指摘したように、これらの価値は「地域社会における伝統」、すなわち「差異」に対する敵対的な姿勢につながり、相対立するものとなる。だが、フランシス・シュバイガルトが指摘したように、「普遍的な道徳的原則は、地域社会における規範とは異なり、特定の地域社会のアイデンティティや世界観を超越しようとするものであり、場所も時間も関係なく共通する人間の条件に語りかけるものである」（Schweigert 1999a: 174）。したがって修復的司法が、個人的な偏見と、憎悪を動機とする行動を招くようなコミュニティの規範の両方に有効に働く場合、修復的実践において「尊厳」や「尊重」といった包括的な価値を促すことがとりわけ重視される（Walters 2012）。

すでに見たように、そうした価値が促されるのは、偏見がもたらす被害に直面させ、参加者一人ひとりの人間性に触れさせるような直接対話を通してである。だが、道徳的な教訓を賠償合意書に含めることもできる。合意書には通常、被害者のために働くこと（フェンスの落書きを消す、倉庫の壁を塗り直すなど）や、コミュニティのために被害者が指定した労働をすること（地元の慈善団体でボランティア活動をすることなど）、特定の行動を取ること（カウンセリングコースに参加するなど）、あるいはこれらを複数組み合わせる場合もある（Marshall 1999: 11）。ヘイトクライムの場合、修償と教訓の両方をそうした合意文書に含めるのであれば、修復的司法のファシリテーターは新たな方法を考え出す必要があるだろう。次のケーススタディは、どうすれば加害者がより啓発されうるような教訓を修復的実践者が促すことができるのかを示す。

《ケーススタディ2》　反ユダヤ主義的な嫌がらせ──ホロコーストの被害を検討する

Ｋは一七歳のユダヤ系の青年でオックスフォード州の小さな街に住んでいる。Ｙは一七歳の白人の英国人で、Ｋがユダヤ系であることを理由に嫌がらせをするようになった。Ｙが起こした最初の事件は、Ｋに背後から近づいて地面に押し倒したことだった。この間、Ｙは大声で「ユダヤ人《ジュー》め」と繰り返した。Ｙとその仲間たちがＫに石を投げつけ、Ｋは走ってその場から逃げたが、石が頭部をかすめそうになったこともあったという。Ｋはこの事件を警察に通報した。だが加害少年はＫに対する嫌がらせを続け、Ｋが母親と街を歩いていたときに人種差別的／宗教差別的な暴言を吐いたことも一度あった。この嫌がらせにショックを受けたＫの母親が警察に通報し、その後Ｙは逮捕された。捜査が行なわれてＹは起訴され、一九九八年犯罪および秩序違反法第三二項に基づいて人種的および宗教的な悪質な嫌がらせで有罪になった。初犯であったため、Ｙには委託命令が出され、照会されたオックスフォード青少年加害者サービスで修復的司法の実践者が担当としてついた。

この実践者がＫと彼の父親に面談したところ、父親はその事件によってどれほどの影響を受けたか、ユダヤ系であることが彼らにとってどれほど重要なことであるかを詳しく話した。このファシリテーターは、加害少年による被害から回復するためには加害少年が何をするべきかをＫに尋ねた。Ｋはインタビューで筆者にこう話した。「個人的には、処罰として道路掃除をするということですませてほしくないという話をしました。それだと何にもならないからです。ユダヤ人が嫌われて何が起きたのかをインターネットで調べるというのがいいと思います」。この提案は、第二次世界大戦中、ナチス政党が結成され、反ユダヤ主義がユダヤ人にもたらした被害についてのリサーチ・プロジェクトとなり、加害少年にはこれを行なうことが命じられた。加害者側のマネージャーもユダヤ系であり、このプロジェクトを二週間でまとめるように指導した。被害少年とその家族には、修復的司法のファシリテーターがレポートを手渡した。六ページにまとまったレポート[7]の最後に、加害少年はこう書いていた。

償い（リサーチ・プロジェクトのまとめ）を終えてから、ユダヤ系市民やその他すべての人種に対する人種的嫌がらせに関わるような事件が、なぜそれほど深刻に受け止められるのかがわかった。年表を見て、ホロコーストのころに何が実際に起きたのかを読んで、前はよくわかっていなかったことが今はよくわかるようになった。自分がしたことがとても問題だということにも気がついた。一九三〇年代の初めからユダヤ人にとってとてもひどい時期になっていたことは確かだから、自分の言葉から被害者と彼の家族が感じたはずの苦痛についてもよくわかった。彼だけじゃなく、人類のすべての人種にも関係することだから、同じことをして彼の気持ちを傷つけてはいけないし、そうするつもりもない。

自分がしたことを振り返ると、他の人に対してはもっとふさわしい言葉を使おうと思う。宗教と信念について前のように言うのはやめようと思う。それはよくないことだし、自分の家族や人種として信じていることについて、自分がユダヤ教について言ったふうに言われたくない。そう言われたら誰かが苦痛を感じるし、それは許されないことだから。それに、公共の場所でああいう言葉を使うのはふさわしくない。その場にいる人に向けて言ったことじゃないとしても、耳には入るだろうし、たくさんの人を傷つけることになる。

最初、Kの父親も少年もこのレポートが真摯に書かれたものかどうかを疑った。とくに父親は、加害者が第二次世界大戦中の強制収容所についての重要な情報に触れていないことを問題視した。だが、数分かけて加害者が書いた内容を理解しようとしたあと、彼はこう言った。「彼が書いたことからは……強者の立場になると、個人的な憎悪からどういったことをしてしまう可能性があるのかがよくわかります。これからどうなるのか……これは始まりです。フェンスか何かを塗装する作業を課すよりいいですよ」。Kもこう返した。「今回ショックを受けたことで彼が変わるといいと思います。彼にとっては分かれ道になると思います。いい方向に行くといいけど……」。

インタビューでKはこう続けた。「今回のやりとりが、それがなかった場合に比べて、大きな助けになったのは確かです」。この事件の加害者が被害者やその他のユダヤ系の人びとに対する敬意を新たに見出したかどうかはわからない。被害者が修復的司法の間接的アプローチを選んだため、加害者がどれほどの誠実さを見せたのか、彼が直接目にすることはなかった。だが、加害者が彼のアイデンティティの背景を以前よりもよく理解するようになったと思うかと問われると、Kはこう答えた。「ある程度は。彼がこれ（レポート）を書かなければならなかったということで……憎悪が、ホロコーストという最悪の時代に何をしでかしたかを知ることになったので……」。

被害者少年は、その後Yから嫌がらせを受けなくなったとも言った。加害者が書き記した言葉が心からの後悔を示すものであり、今後彼がヘイト動機による行為をしなくなるようにと願うばかりである。Kの事件は、加害者が文化およびアイデンティティの違いについて学ぶ際に修復的取り組みがどれほど助けになるかを示す一例にすぎない。より広く言えば、人種的および宗教的敵意がそもそもの被害者だけでなく、集団全体にどれほど被害の大きな影響をもたらすのかを示す例でもある。[8]

嫌がらせの再発を遠ざける

サザーク調停センター、デヴォン・コーンウォール警察、オックスフォード青少年加害者サービスで調査した各事例に関して、修復的司法が行なわれた後、加害者が被害者のアイデンティティについて理解を深めたかどうか、確実なところを示すことは難しい。本書のために加害者にインタビューを行なったわけではないことを考えるとなおさらである。根深い憎悪を抱いている加害者が短期間の修復的介入を経た後で劇的に変わるということは、まずないだろう。だが本研究によって、修復的介入の後で被害者がさらに嫌がらせを受けたかどうかを、それぞれの事件について確かめることはできる。[9]サザーク調停センターで調査された一九件の事件のうち一七件で、申し立てられた加害者は調停手続を終えた後では、申立被害者に対する嫌がらせを行なわないようになっていた。第六章ですでに記したが、これら一七件のうちの一一件はもともと、主な当事者同士の直接的あるいは間接的な対話によって解決されていた。その他の六件については、複数組織アプローチが採用されてからようやく解決し、嫌がらせも行なわれなくなった。後者の六件では修復的枠組みに罰則的な要素を取り入れており、住宅局職員が退去を迫った事例が多かった。[10]とくに重要な点は、長期にわたって被害者に嫌がらせを行なっていた加害者の大半が、調停後にそうした行為をやめたことである。

デヴォン・コーンウォール警察の被害者の過半数（一四人のうちの一一人）も、修復的司法を終えた後は加害者から嫌がらせを受けることはなくなったと話している。[11]だが、取り組みの効果と直接結びつけることができるのはこのうちの一部だけだ。八件の事例では、被害者はそれまで加害者と個人的に関わったことがなかった。[12]これらの事例の多くで、被害者は、顧客やサービスの提供を受けた人から、職場で嫌がらせを受けていたのである。

加害者が被害者とそれまでに何の関係もなかったような事件の場合、事件の利害関係者が再び偶然出会うということは考えにくい。実際、被害者の多くは、最初の事件以降、加害者を見かけていないと書き記している。したがってデヴォン・コーンウォール警察の場合、加害者が嫌がらせをしなくなったのは修復的司法のおかげなのか、あるいは単に加害者が被害者と接しなくなったからなのかを確認することはできない。そうであるとしても、全般的にいえば、迫害行為がなくなったという結果を見ると、修復的実践が多くのヘイト加害者の信条を変えることはできないとしても、その行動を変える一助にはなったということができる。

まとめ

ヘイトクライムの利害関係者間の文化や言語が異なると、修復的手続の際に共感を持たせるような円滑なコミュニケーションの妨げとなることは明らかだ。だからといって、加害者が自分たちとは「差異がある」とみなす人びとに共感せず、わかり合える点を見出せないということではない。修復的実践者は包括的な対話が行なえるように支援することで、感情的な距離の対策を見つける必要がある。本章では、そうしたつながりをどうすれば形成することができるのかを見てきた。実際、修復的手続が柔軟であるということは、アイデンティティや文化、言語の違いを克服するような対話を取り入れることが可能だということである。結局、被害と対立の解消に力を入れる実践者は参加者間の相互依存を促しているのだ。そうすることで修復的実践が「差異」を人間味のあるものとする機会となり、結果として、多文化コミュニティがよりまとまるのである。

修復的介入は、異文化間対話の道を開くと同時に、支配が起こらないように対策を講じ、ヘイトを動機とする加害者の言動を効果的に問いただして矯正する重要な場となる。驚くことではないが、ヘイト加害者に対する啓発は、被害者に対する加害者の偏見が「表面的」である場合がもっとも容易である。そうした事例では修復的対話が適切な手法となり、それによって加害行為が社会的に非難され、恥づけや罪悪感、後悔などを容易に持たせることになる。加害者がより根深い憎悪を抱いている場合は、対応が明らかにいっそう難しくなる。この場合、修復的司法によって加害者の確信犯的な敵対心が真に変化し、長期的に続くということは考えにくい。ほとんどの修復的プロセスが短期的な司法介入でしかないことを考えれば、これは当然だろう。そうであってもなお、修復的対話は、「差異」に対する加害者の姿勢を変えるような建設的な役割を果たしうると信じている実践者や被害者もいる。加害者の世界観を変えることはできそうもないとしても、この手続が一部の加害者に「一筋の光」をもたらすことは期待できる。こうしたより困難な事例においては、修復的実践者は「道徳面の学習」を提供するようなまったく新しい方法を考えるべきだ（ケーススタディ２参照）。賠償合意書を活用して、加害者が被害者と地域活動に関わるようになれば、彼らが自らの行為の有害性と偏見がもたらす害悪の程度について深く考えることに寄与する。そうした取り組みがあれば、加害者は羞づけや罪悪感といった感情により前向きに対処することができ、将来において自らの行為を改める可能性も高くなる。

加害者の啓発についてのこの暫定的な結論を支持することは、修復的司法を経験した加害者は嫌がらせを行なわなくなるというより包括的な結論を支持することでもある。サザーク調停センターの結果はとくに期待が持てるもので、地域調停の結果、ほとんどの事例でヘイトによる嫌がらせが行なわれなくなったことが示された[13]。ヘイトを動機とする嫌がらせが続けば被害者に悪影響が及ぶことを考えると、この結論は重要である（第三章）。また、修復的実践はヘイトクライムの深刻さを全体的に低減するために重要な役割を担っていることも示唆された。

1――タングニーなどの学者は、恥と罪悪感はまったく別の感情であり、加害者の「自我」を異なるやり方で取り上げるものだと主張する（Tangney 1991）。

2――これの事実については第七章、pp. 194-6ですでに要約している。

3――被害者と加害者が参加するカンファレンスによる教訓のさらなる分析については、Schweigert（1999a, 1999b）参照。

4――ヘイト事件の加害者に関する分析は、被害者および実践者のインタビューの視点から、また修復的会合の観察結果を見て行なっている。本書のために加害者にインタビューを行なってはいない。したがって、加害者の信条や偏見の程度についての仮定を考察する際には注意が必要である。

5――HCPで扱った事件の半分以上は騒音に関する申し立てであるか、反論の申し立てであった。

6――しかしながら、被害者のアイデンティティをはっきり嫌ったために起きた事件があったことは否定しない。

7――このレポートは一字一句複写されたものであり、著者はスペルや文法の間違いは訂正していない。

8――この事件の要約はWalters（2014）でも取り上げている。

9――被害者のインタビューは、デヴォンおよびコーンウォールの場合は修復的司法から一二カ月後、ロンドン・サザークの場合は一八カ月後に行なわれた。

10――修復的司法に参加するよう加害者に強いた効果や、加害者が調停／賠償合意書を守ろうとしたこともその効果といえるかどうかを検証することは本書の目的を超えている。一般論としてはWalgrave（2007）参照。

11――四件は「一度きり」の事件に関係するものである。

12――しかしながら、これはデータ全体からすれば少数である。

13――しかし、申し立てられた加害者が、あるアイデンティティを特徴とする別の個人に嫌がらせを行なうようになったのかどうかは不明である。

第九章　結論――隠された真実を明らかにする

ヘイトクライムに対する修復的アプローチの必要性

本書を執筆した理由は、従来の司法手段が、ヘイトクライムの原因と結果のどちらにも効果的に対処できていないからだ。現在は、ヘイトクライムの犯罪者らに対する処罰の拡大に力点が置かれているが、これでは、被害者の感情や身体的な回復にはほぼ何の役にも立たないことが最大の懸念として残る。さらに、そうした処罰の基礎である応報（および懲罰）原則が、「違い」をより広く受け入れていこうという姿勢を生み出すことはない（Moran et al. 2004a）。国家が、被害補償や回復よりも応報に重点を置くということは、加害者が概してその被害者から切り離されることを意味し、ヘイトクライムの関係者のさらなる二極化をもたらす。これでは、加害者が恐れを抱いている人びとの文化的背景についてのより大きな見識を得ることはなく、より重い罰を科したとしても、マイノリティ集団は国から特恵的待遇を受けているという加害者の間違った認識を正すことにもならない（Jacobs & Potter 1998; Dixon & Gadd 2006）。

ヘイト行為の犯罪化による効能には限界があるとはいえ、ヘイトクライムへの応報アプローチにまったく効果がないと示唆することは公正とはいえない。ヘイトクライム規制法は直感的な比例原則に基づいている。すなわち、ヘイトクライムがより大きな痛みをもたらすのであれば（あるいは、実証的な証拠が示すように、少なくとも害悪のリスクがより大きければ。Herek et al. 1997, 1999, 2000 参照）、加害者はより厳しい刑罰を受けるべきだということである（Iganski 1999; Lawrence 1999; Levin 1999）。ヘイトクライムの犯罪化は偏見に動機づけられた犯罪への非難を強める助けとなる。筆者は、そうした行為を象徴的に非難すれば、レイシズムや同性愛嫌悪、特定の宗教の排斥、身体障害者差別を受け入れる（ない）という社会概念に対してマクロレベルの影響が徐々に及ぶという見解（Iganski 2008）に同感である。さらに、法律で禁止されれば、警察および検察当局がヘイトクライムに関する政策領域により関心を向けることは確実だ。どちらも、個々の事件の存在を認め、対応を迫られることになるはずだ。ヘイトクライムに関する法的枠組みがなければ、刑事司法当局が現在この類の犯罪行為にかけているのと同程度の時間と資源と費やすことにはならないだろう。

偏見に基づいた犯罪を法律で禁止することについては賛否両論があるが、ほとんどの加害者があらゆる刑事訴追を免れ続けていることはとりわけ大きな懸念である（Burney & Rose 2002; Gadd 2009; Home Office et al. 2013）。この一因は、ほとんどの被害者が警察に事件を告訴しないことだ（Garland & Chakraborti 2009: 68-9）。しかし、本書で示したように、国家組織への告訴があっても、刑事訴追に至らなかった事件は数多い。これはしばしば、警官がヘイト加害者の起訴や有罪判決を得るのに十分な証拠を照合することができなかったためである（Burney & Rose 2002 参照）。その他のさまざまな事件では、警察は申告されたヘイトクライムを「軽微」あるいは「内々のもめごと」、すなわち従来の警察活動の対象外であるとみなし追及することはない。

偏見に動機づけられた犯罪の多くは社会的に複雑だが、だからといって、忘れられたり、無視されたり、あるいは国家組織が対応するには多様あるいは瑣末すぎるとみなされていいことにはならない（ヘイトクライムの「タイプ」の詳細については表9-1参照）。対応されないまま放置されると、「軽微」な事件が日常的に起きるようになり、標的とされた人びとの生活が次第に破壊されていく（たとえば、第一章のピルキントン事件を参照）。いわゆる「内々」のもめごとは時間をかけて激化し、感情的および身体的に大きな被害をもたらすような大爆発が起きる。サザーク調停センター、ヘイトクライム・プロジェクト（HCP）の統括責任者は、ヘイトクライム事件に地域当局が適切に対応しない問題点を次のようにまとめている。

誰かを訴えることはできる。だが、往々にして……最後の関門を突破することができない。英国公訴局は起訴せず、人びとは失望し、何の回答も得られないまま、事件が再び起きることになる。それが延々と繰り返される……（犠牲者はこう自問する）「この組織はここで一体何をしているんだ。私を守ってはくれないのか？」と。

こうしたコメントは本書で調査した事件のほとんどを象徴している。すなわち、ヘイトクライムの大半は国によって起訴されず、その一方で、犠牲者は保護を受けられないまま、繰り返し被害の標的とされ続ける。現在、犯罪化が注目されており、一助とはなるものの、まったく十分ではない。だからこそ、われわれはヘイトクライムの原因と結果の両面に効果的に対応するような新たな方法を追求する必要がある。

被害の償いに関する実証結果

第一章、第二章、第三章で概説した理論的枠組みは、修復的司法の実証検証を行なう際の基礎となった。第一章、第三章では、ヘイトクライムの概念的な複雑性を区分けし、主として、憎悪を動機とする事象が多様な類型と深刻さを伴いながら世界中のコミュニティに広がっている様子を浮き彫りにした。研究から、暴力的な攻撃の中には過度な残虐性が際立つものがあるものの、その他のヘイト動機による犯罪の多くは、ひそかに進行する被害者化「過程」の一部をなし、継続的な「軽微」な事件を惹き起こすことがわかってきた。ヘイトクライムの被害者化過程は、構造的な周縁化という文脈で示される必要がある。この周縁化は憎悪に基づく個々の行為による害悪を悪化させるだけだ。ミクロレベルのヘイト事象とマクロレベルの社会的害悪との関係性を理解することによってのみ、ヘイトクライムの被害者が経験するトラウマの深刻さを評価することができる。

第二章では、修復的司法が犯罪行為による被害の修復に寄与するかどうかを検討した。被害者の回復を促す変数を確定するために、基準となる前提および実証研究を評価した。とりわけ修復的司法の要である包括的対話が、司法過程において被害者が弱者の立場からエンパワメントされた関係当事者の一人へと変化するのに役立ったことが指摘された。しかし、修復的司法がヘイトクライムの被害者にも有益であるかどうかについて述べるのは、第四章以降である。この章で行なった分析は、感情的な被害を和らげ、新たなヘイト事象の発生を防ぐという二つの点で、コミュニティにおける調停が本書の研究対象となった修復的介入の中でも断然うまくいったものだったことを示している。

ＨＣＰでは被害者の大半が、このプロセスによって自分たちの感情的な満足感が増し、恐怖、不安、怒りといった感情が和らいだと述べている。被害者たちの感情的な回復の要としてインタビューに応じた人びとが明らかにしたのは、プロセスにおいて鍵となる三つの変数である。第一は、調停によって、自分たちが巻き込まれた争いごとの解決に自ら「関わる」機会を得たことだ。地域のさまざまな当局から無視され、放置されてきた（第六章）中で、調停サービスは被害者たちに大きな安心感をもたらした。このサービスの中では彼らの言い分に耳を傾け、その事件を支援するための準備が整えられていた。このプロセスの要は、それまで警察や住宅局職員、地域住民らによって沈黙を強いられてきた被害者たちが声を上げることができたことである。調停の会合は、参加した人びとにとって、ストーリーテリングの過程を経て、自身の経験についての内容を深めていく場となった。参加者に感情面での満足感を強く持たせることができたのは、調停におけるこの対話的な側面の成果である。サービスの紹介や、被害者の様子を確認する後日の電話かけなど、調停員による追加的なサポートを得て、被害者らはさらに早く回復することができたのである。

被害者が感情的に回復するために、最後に、そしておそらくもっとも重要となる要素は、加害者（犯人として告訴された者）が調停合意の中でたびたびそうするように、そうした行為はもう行なわないと約束することだ。研究を通して明らかになったように、そうした約束がなされれば被害者は感情的に大きく立ち直ることができる。だが、多くの被害者にとっては、その約束が守られたことの直接の確認を経て初めて、自分が繰り返し被害を受けるという恐怖から解放され、次の人生へと歩んでいけるようになる。第一章、第四章で強調したように、狙い撃ちの要素を持つ暴力行為には継続性があり、そうした事件には日常的な反復性があるために、被害者の多くは繰り返し被害を受けるという恐怖から必死になって逃れようとするのである。

サザーク調停センターで見られたおおむね肯定的な結果は、デヴォン・コーンウォール警察では確認できなかった。調査手法の限界——とくに、（対面式のインタビューではなく）電話インタビューの活用と、警察対応を直接観察できなかったこと——があったものの、インタビューを受けた人びとはこのような修復的プロセスに十分満足していなかったことがすぐに見て取れた。結果として、感情的に回復したと報告された割合はより少なかった。実際、インタビューを受けた被害者一四人のうち、関与した修復的処分が恐怖や不安、怒りを抑えることに役立ったと答えたのは四人にすぎなかった。しかも、二つの事例では、被害者はこの処分に関わって余計につらい思いをしたと回答した。当該処分の主な問題点は次のように特定された――警官が被害者に修復的司法の目的を適切に説明していなかったこと、被害者に手続に適切に対応させるための準備が欠けていたこと、被害者が加害者と直接向き合う機会が設けられなかったこと（直接顔を合わせたのは一人だけだった）、何人かの被害者にはその事件によってどのような影響を受けたのかを説明する機会が与えられなかったこと。

これらの問題点を悪化させたのが、被害者が、警官が加害者をなだめて謝罪させたのだとも感じていた事実である。加害者の多くは、一片の紙に一文を償いとして書きつけるだけだ。こうした結果、被害者のほとんどは、加害者の償い方は誠実ではないと感じ、いっそう強いフラストレーションと怒りを感じるのである。ここから暫定的に結論づけると、「修復的」処分と銘打たれていたとしても、その介入は、警察が思いどおりに事件処理する他の一つの手段であるかのような様相を呈してきた。結果として、この介入では、主な修復的原則を具体化できず、多くの被害者は司法手続によって「落胆させられた」と感じてしまうことになる。

警察がヘイトクライム（もしくは、どのような犯罪に関しても）に修復的介入を活用するのであれば、修復的司法の理論的基礎となっている原則を十分に理解し、積極的に実践しなければならない。これには、修復的司法の実践について十分なトレーニングを受け、実践する意思のある専門家を活用する必要がある。大きくいえば、ヘイトクライムの被害者を支援するために用いられる修復的司法の実践として以下を確実に行なうことが必要となる。

1　修復的司法の目標と目的についての情報を提供することによって、被害者および加害者の双方に十分な事前準備をさせておくこと。

2　事件と、両当事者が関わるより広い意味での争いごとの原因となるすべての要因を検討するために準備会合を活用すること。

3　被害者がヘイトクライムの犠牲者となった経験、他とは「差異がある」ことの影響、アイデンティティに基づく偏見が彼／彼女らおよびそのコミュニティに属する人びとに及ぼす影響について話す機会を何度も設けること。

4　被害者の話す「ストーリー」を聞くこと。

5　もたらされた危害を最大限修復するためには、加害者（加害者として訴えられた人）はどうしたらよいのかについて決定するプロセスに被害者を関わらせること。

6　そうした行為を行なった理由について説明する機会を加害者に与えること――これは、ファシリテーターが加害者を「ヘイト行為者」だとして強く非難したり、レッテルを貼ったりするのを避けるために重要である。

7　心からの償いをするよう加害者（危害を加えたとされる者）に働きかけること――ファシリテーターは表面的な謝罪を加害者に強制しないことが重要である。

8　対等と尊重を重視した直接的なコミュニケーションについての基本原則を確立し、その一方で対立する当事者間の討論のようになってしまう状況を与えないようにすること。

9　両当事者が署名する賠償／調停合意書に「繰り返さない約束」を含めること。

10　社会的／感情的な支援を行なう他の組織に紹介するなど追加的な支援を行ない、被害者の回復状況を確認するために定期的に電話をかけること。

11　地域の公務員（警官や住宅局職員など）を修復的司法に関する会議（あるいはこれとは別の会合）に参加させ、参加者が受けるべき支援を受けられるようにすること、または（これに加えて）、それ以前に公的組織によって被った二次被害に対する償いを受けられるようにすること。

ヘイトクライムに対する修復的司法の限界——構造的な損害の復活？

修復的司法には治癒をもたらす潜在能力があるにせよ、今回の検討対象とした修復的司法の実践においては、ヘイトクライム被害がもたらした害悪のすべてを完全に回復することはできなかった。今回の調査結果からの示唆は以下のようなものである。多くの場合、被害者が感じた恐怖や不安、怒りは修復的司法の実施後、部分的に軽減されていたにすぎない。修復的司法がヘイトクライムの被害者を完全に回復させることができなかったのにはいくつか理由があった。第一に、多くのヘイトによる嫌がらせ行為には日常的な反復性、継続性があるために、根深い感情的かつ身体的トラウマが起こり、長期にわたって積み重なっていくからである。確かに多くの場合、調停によって被害者は声を上げ、支援を得ることができ、最終的には嫌がらせ行為を止めることはできていた。しかし、少なくとも短期的には、修復的な対面折衝をもってしても感情面でのダメージについて全面的に元どおりにすることはできなかった。

第二に、長期にわたって継続するヘイトクライムの影響が、その本質において、広範囲にわたる社会構造的な不平等と、マイノリティ集団が経験する多種多様な社会的害悪に結びついているからである（第三章）。多くの場合においてヘイトクライムが被害「過程」の一部だけを構成していたことは、個々の事件が、構造的な周縁化という広い文脈の中に位置づけられるべきことを意味していた。今回、多くのマイノリティの個々人にインタビューを実施した中で、社会的な不平等と政府の機関からの支援の欠落は必然的に、彼らの弱い立場性をさらに脆弱にしていた（第六章。またPerry 2001も参照）。これらの社会構造的不平等は、修復的司法が行なわれた後であってもほとんど変わらなかった。したがって、修復的プロセスは被害者が感情の回復を支援するものではあるが、現代社会で顕在化している社会文化的および社会経済的なより広範囲にわたる不利益を緩和することはなかった。

このように、多くの修復的介入はヘイト被害者らが直面する構造的な害悪を修復することには失敗してきたが、HCPにおいては、被害者の脆弱性を軽減し、被害者のために公的な支援を拡充しようとするいくつかの試みが観察された。二次被害（被害過程の一部となる）が起きていたのは地方の行政機関がヘイトクライム／事象の訴えに対応しようとしたときだった。これは、今回の調査で得られた予想外の結果であった。筆者は第三章でヘイトクライムによる社会的害悪の一面を示したが、イングランドとウェールズの国家組織によるヘイトクライムへの対応は、とくにマクファーソン卿（Macpherson 1999）以降の大規模な政策変更を考えれば、全般的に被害者から好意的に受け止められているものと考えていた。だが、HCPや、デヴォン・コーンウォール警察の被害者の多くは、自分たちの申し立てに対して住宅局職員や警察官の反応は冷淡であったと述べた。他のいくつかの事案では、被害者らに対する警察官の応対は、聞く耳を持たずに何らの対処もしない姿勢が特徴的だった。警察に直接連絡した人びとはしばしば、それは「内々」の問題だから何もできないと言われていた。これはかつて家庭内暴力への対応で警察が批判されていたことを繰り返すものであった。また別の事件では、確かな証拠がないという理由で警察がその事件への対応を打ち切り、その後は被害者への連絡が途絶えるということもあった。もっとも気がかりな点は、二つの事件で、担当組織の職員が被害者を差別しているような態度を取ったことだった（第五章のケーススタディ1、第六章のケーススタディ1を参照）。被害者らが被害が継続していると訴えているにもかかわらず、警察または住宅局ではまともに取り合ってもらえなかった体験が集積することで、被害者の感情的なトラウマのさらなる悪化を招いていた。

第六章で、地方の行政機関が関与すれば――修復的司法への複数組織アプローチと呼ばれるものを通して――、被害者がそれまで利用を拒まれてきた地域サービスを利用できるようになることを確認した。複数組織によるアプローチの要は、修復的取り組みの実践者が地方組織がいかに重要な「コミュニティ・サポーター」になりうるかということを認識したことであった。これらの行政機関は、被害者と加害者の分け隔てなく、重要な社会サービスを提供することを通して、この役割を果たしていた。同時にファシリテーターは、担当組織がたびたび二次被害の加害者となっていたこと、このためそうした被害を修復する必要があったという事実を考えておかねばならなかった。

ヘイトクライム事件において地方当局がこうした二つの対極的な役割を果たすことを理解しておくと、修復的司法を効果的に進行させる助けになるだろう。地域調停者が当局職員を修復的プロセスに関わらせれば、被害者は必要な支援を受けられることに加え、場合によっては、国の機関から被った損害についての賠償を受けることもできる。ここに至って私たちはようやく、一部の修復的実践がヘイトクライムによる個々の害悪の修復にとどまらず、被害をもたらす社会構造的プロセスによる害悪についてもどのように修復に寄与しうるのかが理解できるようになる。

リスクを避け、偏見に立ち向かう？

第七章では被害者が修復的司法によってさらされうるリスクについて詳細に検討した。第六章の場合と同じく、同章では「コミュニティ」が持つ効果に関して潜在的な癒し、潜在的な加害という両方の観点に目を向けた。コミュニティが持つ危険性とは、ほとんどのコミュニティに本来的に備わっている支配的な規範と文化的価値が押しつけられることである。これらの「他者」への押しつけは修復的司法対応の中心となる対話形式のプロセスを通じてもたらされていた。なお悪いこととして、一定の地域に根づいた偏見の文化が、修復的司法により、ヘイト犯罪に対する社会的非難を伝えていく作用を阻んでしまうであろうことを指摘することもできる。自分は正しいという自信を得た加害者が被害者の経験を矮小化し、彼らに再び被害を加えてしまうというプロセスが生じることが懸念なのである。

こうした懸念は現実であり、過小評価されてはならない。これを受けて、研究では、修復的司法に参加した人びとがコミュニティのリスクを経験したかどうかを探った。修復的司法の実践者と被害者の両方に聞き取りを行ない、プロセスのあらゆる段階において、支配されるという経験と繰り返し被害を受けたという経験があるかどうかについて確認した。筆者においても面談を観察している間、これらの懸念にとくに注目して観察にあたった。被害者と実践者の反応から、修復的司法の過程で二次被害が生じることが稀であったことは積極評価できる要素である。これがプロセスの開始にあたって実施された準備の成果であることが、観察結果および実践者へのインタビューから明らかになった。準備が入念であればあるほど、被害者が面談中に支配されなくなる傾向が見られた。修復的実践のこの一面はインタビューを行なった実践者すべてによって何度も確認された。一番に記すべきは、加害者が修復的プロセスに参加する意思があり、その本質を理解していれば、それまでの敵対的行為を繰り返さない割合が高くなったことである。確かな基本原則を決め、対面時に適切な支援者を同席させることも、危害を惹き起こすのではなく、修復をはかることに焦点を維持する効果を生む（次の項目も参照）。

本書の最終章は研究の具体的内容について述べた締めくくりとなった。ここでは、修復的司法がヘイトクライムにおいて改悛の効果を持ちうるかどうかの検証に取りかかった。前章で取り上げたいくつかの懸念事項に引き続き、文化的背景を異にする参加者の間で、彼／彼女らが取り込まれてしまった複雑な憎悪対立について議論するには、さまざまな障害があることがわかった。言葉やパラ言語、身振りなどが異なると、明らかに直接的な対話が滞る。しかし、修復的実践——コミュニティにおける調停の場合はとくに——に見られる柔軟性および包括性は、ファシリテーターがこれらの多様性を克服することを可能としていた。これにより、参加者が感情的なつながりを形成し、最終的に共通の理解を持てるようになっていた。

それでも、ヘイトクライム事件には文化的差異と偏見が内在するために、事件によっては、共感的なつながりを形成する際に障害となることが証明された。それゆえ、ヘイト加害者らの偏見に満ちた行為を真に問いただしていくためには、修復的実践には、利害関係者らを分断してきた「差異」に人間味を見出せるように積極的に取り組む姿勢が求められる。実践者の多くは、憎悪が惹き起こす害悪に注目させるような包括的対話を持つことで、加害者が抱く敵意を問いただしていくことができると感じている。多くの事件で、加害者は自分たちが（たとえば）人種差別主義者あるいは同性愛嫌悪者であることを認めないが、修復的手続が探求的な性質を持っていることから、当事者らは偏見が被害者にもたらす影響について詳細に話し合うことができた。そして、そのコミュニティの中で「差異のある」存在であることを当事者がどのように感じているのかを議論することができていた。そうした議論は、加害者が「差異」を理解して受け入れるような望ましい効果を生むことが多かった。さらに、「道徳学習」要素を含む形で償いのための取り組みを行なった修復的手続の実践者は、加害者への啓発的効果をより強化することができていた。そして、その結果として、ヘイト加害行為の再犯可能性が減ったのである（第八章、ケーススタディ2）。

今回の研究は、修復的実践がヘイト加害者の多くが抱く表面的に中程度の偏見を問いただしていくにあたって十分な展望を示した。だが修復的対話によって、根深い敵意を抱く加害者の考え方や行動が必ず改まるわけではないことを指摘しておくことは重要である。とくに、年月をかけて偏見が根づいていった場合がそうだ。こうしたより難しい事例の場合、実践者は、直接的な対話によって被害者が再び被害を受けることになってしまうのかどうか、もしそうであるならば、修復的司法に間接的にアプローチする方がより有効なのではないかどうかを判断しなければならない。そうした事例では修復的対話の効果はほとんど期待できず、あわよくばヘイト加害者へのなんらかの啓発効果を祈るのみである。

ヘイトクライムの本質について修復的司法が伝えること

本書の実証段階において、筆者は五五のヘイトクライム／事件の詳細を入手することができ、そこから三八人の被害者にインタビューを行なった。これに加え、二八の事例について情報提供してくれた二三人の実践者にインタビューし[1]、それとは別の一八の修復的会合を観察した。合計で、筆者は九〇近くのヘイトクライム／事象に関する情報を分析し、これらはイングランドの修復的司法の実践者の注目を集めるに至った。集められたデータの分析から、加害者と被害者との間に存在する関係性についての情報も含め、英国の多文化コミュニティで日常的に起きているヘイトクライム／事象の類型について新たな見解を得ることができた。ヘイトクライムの本質について調査した他の多くの研究とは異なり、本研究は、警察の記録に完全に依拠してはいない（McDevitt et al. 2002; Mason 2005 を参照）。ヘイトクライムに関する「公的」記録を拠りどころとして問題となるのは、研究者が、警察に通報されなかった事件や通報されていたのに記録に残されなかった事件を見落としてしまうことだ。現在の研究が把握している事例はイングランドで起きたヘイトクライム全体の蓄積から無作為に選び出されたものではないが、研究対象となった事件はさまざまな組織から寄せられたものだ。いくつかは警察に申告され、いくつかは住宅局や学校、大学に、その他、被害者自らが調停センターに問い合わせた事件もある。したがって、検討対象とした事件の大半は、警察のみによって扱われた事件の集合よりもはるかに多様な事件群を反映したものである。これのおかげで、いくつかの注目すべきヘイトクライム／事象に共通する鍵となる特徴を特定することができた。決して網羅的ではないが、筆者が観察したもっともよくあるタイプの事件には次のようなものがある。

(1) 個人的な争いが広がって起きた事件

データを通して特定されたヘイト事象のうちでもっともよくある類型は、個人的な激しい対立の中で起きたものだ。通常は近所の住民や顔見知りの間で起きる。近隣住民が対立する事件はＨＣＰが注目した事件の代表例だ。だが、そうした事件はデヴォン・コーンウォール警察でも顕著であり、その他のさまざまな修復的司法の実践者のインタビューであげられた事例からも同様のことがいえる。したがって、本研究で調査した「個人間の対立」事件の総数も調停事例に偏ってはいるが、他の刑事司法や第三セクターの実践者がこの類型のヘイトクライム／事象に注目することが多いのは明らかだ。

個人的な対立の中で起きるヘイト事象には、通常、さまざまな社会的要因や環境の悪化が関わっている。たとえば、サザーク地区で調査された事件のほとんどで、(日々の生活) 騒音に関する苦情 (およびそれへの対抗手段的な苦情) は当事者間の感情的な言い争いに発展していた。これらの当初のけんかが近隣住民間の確執となり、それが数週間、数カ月、ときには数年に及ぶほどになっていた。フラストレーションや怒りの感情が高じるにつれて、どちらか一方の (認識された) 行動が、最終的には (たとえば) 人種差別的あるいは同性愛嫌悪的な言葉 (ヘイトクライム／事象など) を特徴とする事件を起こすことにつながっていた。

その他に特定された原因となる要素としては、泣きわめく子どもや大音量で音楽をかける (演奏する) こと (いずれも集合住宅の防音装置が不十分であるといっそうひどくなる)、配慮のないゴミの廃棄、アルコールやドラッグの乱用、共用廊下での喫煙、精神疾患の問題 (被害者、加害者双方に関係する) といったものがあった。これらの可変的要因が引き金となって、近隣住民の行為に悩まされた個々人が他方を敵視する感情を持つのである。対立が激化するにつれて、フラストレーションや怒りの感情も増し、いずれかの時点で当事者らはお互いを激しく非難するようになる。異文化間の対立においては、一方が他方をもっとも直接的に傷つける手段としてその「差異」を利用する（Iganski 2008）。結果として、個人同士が対立する場面で偏見を口にしたいくつかの事案においては、象徴的かつむき出しのヘイトメッセージをコミュニティ全体に送るというよりは（もちろんそうした影響もありそうではある）、他方の感情を傷つける手段となることの方が多い。それはその場の勢いであり、誰かに「報復する」手段として用いられる[2]。

近隣住民同士の対立で起きるヘイト事象には腹いせ同然といってよいようなものもあるが、ある「他者」の生活様式に対する加害者の受け止め方が複雑に入り組んだ事例も数多くある。たとえば、サザーク地区での研究において、「外国のにおい」のする食べ物や「外国の音楽」「外国人の声」についての不満があったということは、加害者が、少なくとも部分的には、被害を受けた被害者側の「差異のある」部分に触発されて行動したということである（Sibbitt 1997も参照）。加害者側の思い込みは、マイノリティのアイデンティティを持つ集団に対する否定的なステレオタイプに直結する表面的な偏見の結果であるようだ（Levin & McDevitt 1993: 第一章）。それゆえ、内心における不満の投影としてこれらの事象を概念化することもありうる。こうしたフラストレーションは、社会的文脈によって反発を増強されており、アイデンティティの「差異」についての否定的な姿勢と共依存の関係に立つ。

近隣住民同士の手に負えないほどの強情さを呈する対立を概念化する際に基本に据えられるべきことがある。それは、告訴をした被害者側と告訴された加害者側の両方が、彼らが紛糾し巻き込まれていった対立のより広い側面について、少なくとも部分的にはそれぞれに落ち度があって責任を共有していることである。実際、反社会的行為についてどちらか一方だけに責任があることは稀である。したがって、一方に「加害者」、他方に「被害者」というレッテルを貼ってしまうと、当該対立のより広い側面について両方に過失や責任があることを正しく反映することができなくなってしまうことがある（「修復的司法の実践についてヘイトクライムは何を語りかけるのか？」を参照）。個人的な対立は複雑であるため、ヘイト動機による事象を理解する際には、ある程度、認識論的な障壁が生じる。そのような事例は、従来的なヘイトクライムの概念や何をもって内輪の対立にすぎないとするのかについてのステレオタイプ的な概念には合致しない。社会的要因が無数にあり、レベルの異なる偏見と結びつくことから、個人的な対立におけるヘイト事象の概念化のあらましを述べることは簡単ではない。しかし、そのような事例においては、両当事者の行動を詳しく探求していくことで憎悪に基づく対立の原因と結果をより総体的に理解することができ、そのような対立を解決するより大きな展望が得られるということはいえるだろう。

(2) 標的を定めた継続的な嫌がらせ

研究において特定されたヘイトクライムとして二番目に多い類型は、執拗に被害が加えられ続けるという特徴がある。この類型において標的となる被害者は、その「他者性」以外の側面で見られることはない。そのような事例は、第一章および第三章で分析したヘイト「過程」の反映であり、ヘイトクライムを研究するさまざまな研究者によって概念化されてきた（たとえば、Bowling 1998; Garland & Chakraborti 2006 参照）。「軽微」な事件が次第に激化することはよくあり、被害者が身体的な攻撃を受けるという結果になることも多い（第四章、ケーススタディ1参照）。加害者による罵倒や人種差別的／同性愛嫌悪的な落書きなどの財物の損害が事件の特徴となることもよくある。厄介な近隣住民間の争いごとのように、特定被害者を標的とする事件は、通常、近隣住民のように被害者が見知っている人びとによってなされる。加害者は被害者や、被害者と同様のアイデンティティを持つその他の人びとに対する軽蔑を声高に叫びがちである。そうした事件の動機が、被害者のアイデンティティに対する敵意であることは明らかだ。こうしたより深く浸透した偏見は、ヘイトクライムに関する犯罪学的な複数の説明に結びつけることができる（Walters 2011 参照）。こうしたものを詳細に検証することは本書の範疇を超えるため、文献上の主だったテーマのいくつかについてここに要約するにとどめる。

刑事犯罪学者の一部は、憎悪を動機とする加害行為を行なう人びとは、社会に支配的な規範と文化的価値を脅かす存在としてマイノリティ集団を恐れることになるだろうと示唆する（Perri 2001; 第一章および第三章を参照）。加害者らは、すでに烙印を押されている個々人に力を見せつける手段としてヘイトクライムを行なう。そうした行為によって、「他者」は文化的に規定された境界線を踏み越えることができず、同時に社会の周縁化された存在のままとどめられてしまう。その他の学者は、ヘイトクライム（とくに人種差別主義や反移民的なもの）は、社会経済的な資源を支配的（白人）集団から奪っているとみなした集団に対する怒りとフラストレーションの表れだと主張する（Ray & Smith 2002）。「他者」は、先住者の空間に「侵入」し、そのため、地域での仕事や資源を享受すべき人びとからそうした資源を奪っているとみなされるのである。地域資源に対する懸念と関連しているのが、地理的な所有関係を重視する加害者である。こうした加害者は「他者」を標的とし、お前たちはコミュニティでは歓迎されていないという明確なメッセージを「外集団」に送る（Green et al. 1998 および Levin & McDevitt による一九九三年、二〇〇二年の加害者類型論も参照）。ヘイトクライムによる被害者化のこれらの類型は、存在に関わる不安感を社会に経済的な災難をもたらす元凶だとみなされている人びとに投影する手段として用いられているとする犯罪学者もいる（Ray & Smith 2002; Gadd et al. 2005）。ヘイトクライムのこのような構造においては、加害者の行為は、イデオロギー的な憎悪というよりも、ある支配的（それと同時に社会経済的に周縁化された）集団に属する人びとが経験する社会経済的な不安感が内面化され、感情となって表れたものだと考えられる。

修復的司法の実践者は、これらの原因となる要因が重複し、かつ相互に結びつく傾向にあることを意識しておくべきである。こうした結びつきは恐怖という感情を経由する場合がもっとも多い。「他者」が文化的規範を変

表9－1　ヘイトクライム／事件の主要な類型

ヘイトクライム／事件の類型	特徴	共通する社会的要素	被害者と加害者の関係	偏見の程度／因果関係
個人間の対立となる事件	時間の経過とともに対立が激化する。人種差別、同性愛嫌悪、反宗教、障害者差別的な言葉が使われる事件になることが多い	社会的住宅の居住者、騒音、アルコール・薬物乱用、精神疾患、争いに複数が関与している	知り合い（通常は近隣の住民）	低の中／低の中
継続的な嫌がらせ	長期間にわたり被害者が標的とされるような嫌がらせ（過程の経過）	社会的住宅の居住者、アルコール・薬物乱用	知り合い（近隣の住民あるいは地域の人）	中の上／高
「一度きり」の攻撃	「一度きり」の事件。公共の場で起きることが多い	夜間に買い物などをしているときに多く起きる（テイクアウト店においてなど）。酔っ払いが関わっていることが多い	知らない人（物品／役務の提供者と顧客）	中の下／中

え、地域での仕事を奪い、地理的空間に侵入してくるだろうという恐怖こそが、加害者が被害者を標的とし続ける動機なのである（Walters 2011）。これら加害者の多くは、年月をかけてその偏見を自分のものとしていったようである。その結果、「違う」ものに対する恐怖が彼／彼女らの意識に深く染み込んでしまうのだろう（Levin & McDevitt 1993）。これはつまり、加害者は強い（あるいは少なくとも中程度の）偏見を抱いており、被害を加えるに至る因果関係もまた強いということである（Jacobs & Potter 1998; 第一章、表9－1参照）。

(3)「一度きりの」攻撃

データにおいて特定された事例がもっとも少なかった類型は、被害者の知り合いではない人物による「一度きりの」攻撃である。被害者と加害者との間に、事件に先立つ商取引によって一時的な関係性ができることがある（Ray & Smith 2002; Gadd et al. 2005も参照）。事件で被害にあった例としては、テイクアウト飲食店の従業員やコンビニエンスストアの店員、タクシー運転手などがあげられる。

「一度きり」の事件の多くは、公共秩序法違反に該当し、加害者が被害者を人種差別的に攻撃するような行為を伴う（「自分の国に帰れ」という移民排斥的な言葉がよく用いられる）。最初の一言が激しい言い争いに発展して、加害者が身体に暴力を振るうこともある。

この類のヘイトクライム／事象は、加害者が被害者（役務／物品の提供者）の行為に怒りを感じることによって惹き起こされることが多い。たとえば、加害者がタバコの火を消すように言われた、あるいは役務の提供者から料金を過剰に請求されたように感じた場合などに腹立たしさを覚えるなどである。顧客と店員との典型的な日常のやりとりであるはずの行為を加害者は挑発的行為だと受け止め、このために、加害者は一部分においてはヘイトに動機づけられた反応をするのである（Ray & Smith 2002; Gadd et al. 2005; Iganski 2008 も参照）。これは、ポール・イガンスキによる日常的なヘイトクライム行為の分析を裏づけるものである。この分析においてイガンスキは、加害者の行為を特徴づける構造的な文脈をより深く理解するには、ヘイト行為の状況面における外形を検証する必要があると主張する（Iganski 2008）。彼は、ヘイト犯罪のほとんどは、日常生活の中で一般的な人びとの行為として起きているとする。したがって、「一度きり」の行為の多くは、ヘイトクライムの日常性を部分的に表しているといえる。これらは多文化コミュニティにおける日常的な社会的相互作用の結果であり、加害者が「差異」を「激しく攻撃する」ように、ふつふつと煮えたぎる強い敵対感情が一気に吹きあふれる機会となる。

しかし、「一度きり」の攻撃のすべてが、不満をもたらした社会的相互作用に関係しているというわけではない。たとえば、ゲイやレズビアンに対する攻撃は、そうした人びとがよく利用するバーや店などの商業施設のすぐ外か、その近辺で起きることが多い。これらの同性愛嫌悪的事件のほとんどは深夜に発生しており、トラブルを求めて街をうろつく若者によるものである。そうした事件は、ジャック・レヴィンとジャック・マクデヴィットの今ではよく知られるようになったヘイトクライム加害者の類型に結びつけることができる（Levin &

McDavitt 1993, 2002)。彼らはその研究で、加害者の多くが「スリルを求める人びと」であり、興奮を得るために積極的に「他者」を標的とすることを明らかにした（Byers et al 1999; Franklin 2000 も参照）。今回の研究結果は、ヘイト加害者のほとんどはこの類型に属する[3]とするレヴィンとマクデヴィットの結論に一致するものではないが、ヘイト事象の一部は若者が深夜に起こすものであるという示唆を裏づけるものとなった。しかし、「一度きり」の攻撃のほとんどが、被害者を意図的に探し出そうとする人びとによってではなく、アルコールを大量に摂取し、被害者と偶然出くわした人びとによって行なわれていたという調査結果は、レヴィンとマクデヴィットの類型づけとは異なっていた。

「一度きり」の攻撃を行なう加害者が抱く偏見は、根深いレベルでも表面的なレベルでもない。筆者の意味するところは、あるマイノリティに属する個人をとくに狙って嫌がらせをすることが加害者の唯一の目的ではないということだ。かといって、単純な腹いせとして被害者の感情を傷つけようという意図でもない。加害者があるアイデンティティを持つ集団に対して確かな悪意を抱いているとしても、それは意識下にひそむ悪意であり、加害者が怒りを感じ、その怒りに直面したときにだけ表面化するのである（Iganski 2008 参照）。加害者が抱く中程度の偏見は、これまで述べてきたような社会文化的かつ社会経済的な要素が原因となって生じたものである。この要素については、文化的・社会経済的規範が侵害されていると感じ根深い思いを抱き続ける加害者を例としてすでに説明した（Perry 2001; Ray & Smith 2002 参照）。だが、根深い思いを抱き続ける加害者とは異なり、「一度きり」の攻撃のほとんどに関しては、加害者のヘイト動機による行為が惹き起こされるのはその加害者が不満を強く感じた場合のみである。攻撃する側が酔っていると抑制力を低下させる方向にしか作用せず、ひいては「他者」を寛容する程度も下がってしまう（Walters 2011）。この理由から、「一度きり」の攻撃は偏見レベルが中程度から低度（medium-low-level prejudices）[4]の所産であると考えられる。したがって、因果関係は中程度といえるだろう。

多文化都市や街で起きているさまざまな類型のヘイトクライム／事象を区分しておくと、偏見の程度が多様であること、それらの原因と起きてしまった犯罪／事象とのつながりを理解する際に役に立つ。おわかりのように、これらヘイトクライムの「類型」の多くは相互に連結している。マクロレベルの同じ要因がヘイトクライムのすべての類型に存在している（Walters 2011）。多くの事件に共通しているのは、加害者の偏見が長期間にわたって無意識のうちに獲得されていったということだ。偏った信念は、メディアを含む社会のコミュニケーション網を通じて拡散した有害なステレオタイプの結果であろう（Gordon 1994; Sibbitt 1997: 13-14）。あるアイデンティティを持つ集団についての否定的なメッセージは偏見の文化となり、その結果、集団に属する人びとの価値についての一般的な受け止め方が出来上がっていく。こうした社会学的なプロセスが拡散する偏見は多種多様なレベルを呈するところ、これらの異なるレベルをそれ以外の多様な社会的要因や条件に関連づけて見ておく必要がある。ヘイトクライムが発生する状況の背景に目を向けて初めて、ヘイト加害者の類型とヘイト行為の類型を区別することができる。

本書において修復的司法を経験的に検証することによって、微妙に異なるヘイトクライムの姿が見えてくる。ヘイトクライム事件の修復的プロセスにおいて重要であったのは、加害者に対し「ヘイト行為者」として、レッテル貼りや制裁が科されることがほとんどなかったことである。その代わりに加害者は動機を説明するよう求められる。自分たちの行為がもたらした結果を直視するのは、その後のことである。通常の刑事司法の手法とは違い、修復的介入はヘイトの原因と結果という異質のものを探求し、より多くの情報に基づいた対応がなされるように条件を整えていた。対審主義を取る司法手続では「被害者」と「加害者」という相対する立場に重点を置く（さらに以下を参照のこと）。司法手続では多くの対立を惹き起こす一連の複雑な社会的要因が検討対象として整理されることはない。包括的対話は、対立のより広い側面の中での当事者の立場を検証し、あわせて、損なわれた関係性を当事者が協力し合って修復する適切な方法を見つける機会ともなっていた。そうしたプロセスによって、各利害関係者が、ヘイト事象に伴うさまざまなレベルの憎悪にもっとも効果的に対応するような修復方法を一緒に決定することを可能にしていた（たとえば、第八章、ケーススタディ2を参照）。

修復的司法の実践についてヘイトクライムが伝えること

今回の実証研究は、ヘイトクライム／事象の本質についてのより深い理解のみならず、修復的実践の実効性と限界についての見識をもたらした。本書で繰り返し指摘したのは、熱意のある実践者が修復的実践を行なうべきだという研究結果である。対話を行なう際に、核となる修復的価値を守り抜く実践者が求められる（とりわけ第五章を参照）。本書の最後にあたっては、サザーク調停センターで取り入れられているプロセスと、今後、ヘイトクライムに修復的実践を適用するにあたって筆者の研究成果が持ちうる意味を熟考することには意義があると思われる。

上記と第四章で強調したように、ヘイト事象の多くは対応の難しい個人同士の対立の中で起きる。そうした争いは憤りが深く、いくつもの要素が含まれているため、警察や他の公的機関が必ず解決できるわけではない。さらに、一方の当事者を「被害者」、他方を「加害者」とするラベルづけは、実際には、犯罪はより広範なもめごとの中で起きているにもかかわらず、落ち度と責任が両方の当事者にあることを正しく反映しない。これらの込み入った事件は、明らかに従来の司法手続のあり方と成功をもたらす修復的実践の適用の仕方に影響する。ヘイト事象に関わった人びとを「被害者」「加害者」と決めつけてしまうことは、二極に分かれて対立する各当事者の役割を前提とする（Christie 1986）。被害者の役割をあらかじめ確立してしまうような介入では、犯罪に関わった人びとの間でそれぞれの落ち度を連帯して共有していくような余地はほとんど生まれない。すなわち、国家がヘイトクライムの利害関係者に押しつけるラベルが、当事者それぞれによる多様な反社会的行動の数々を常に反映するわけではない。

対立を解決する際、修復的介入の多くで被害者と加害者というラベルを用いる。修復的実践を開始する前提は、犯罪行為がなされ、被害者に害悪が生じていることだ。そして被害者が犯罪行為がなされる以前に身を置いていた状況に戻るためには明らかに支援と修復を必要とするということだ。修復的司法に関する文献は広範囲にわたるが、まさにこの理解における被害者像を解体して解析しようと試みるものはほとんどない（Dignan 2005; Walklate 2008）。実際、修復的司法の中での被害者の立場については、通常、所与のものとして理解されており、被害者は、犯罪行為によって彼ら自身に被害をもたらすような社会状況の中で、中立的な立場にあるとみなされている。その一方で「理想的な」加害者は、悪事をなし、被害をもたらす社会的な逸脱者であり、自らがもたらした被害を修復しなければならないとされる。もっとも、今回の調査対象とした厄介な近隣住民同士の争いごとの多くにおいては、しばしばこれらの役割はあいまいであった。ほとんどの事件において、一方の当事者がヘイト事象の被害者であると主張したとしても、両当事者が巻き込まれた対立を俯瞰すれば一方的などというには程遠い。したがって、そうした研究結果は従来的な被害者の概念に真っ向から異議を唱え、社会統制への国家の対応と、そのあり方が社会統制の恒常化をもたらしていることに対しても疑問を投げかける。サンドラ・ウォークレートは同様なことを記している。

結局のところ、被害者は刑事司法制度においては被害を訴える側であり、加害者は訴えられる側なのだ……

（しかし）加害者側の「悪」に被害者として対峙しているとは限らない……この視点は、犯罪が人びとの生活に影響を及ぼすにせよ、犯罪被害者もまた人であるということを気づかせてくれる……彼らは人であり、人は、自分たちは大丈夫だと感じる必要がある。そしてときには、そのための手助けと支援を必要とする。それでは、何をもって人は、自分たちは大丈夫だと感じるのだろうか？　尊厳である。男女を問わず、民族的マイノリティに属しているか否かを問わず、老いも若きも関係なく、尊厳を維持し、軽蔑されないということによって、幸福感を持ち続け、自分たちは大丈夫だと感じることができるのである。（Walklate 2008: 283-4）

このように、尊厳こそが、ダメージを受けたコミュニティを維持し、癒す鍵なのである。しかし、加害者も被害者も尊厳を必要とし、大丈夫であることを感じたいと願う「人」であるという事実を、われわれはどう受け止めればよいのだろうか。犯罪化の過程全体の根本的な再構築など期待できないので、われわれは対立に関わったすべての当事者の尊厳と幸福を促すような、刑事手続に代わるものを追求しなければならない。西洋全体で急増した地域調停サービスは現在、対立解決に向けて柔軟で、ラベルづけをしないようなアプローチを取り入れた一つの取り組みを行なっている。こうした対話は、より広範な社会的背景を探求していく取り組みに順応する。こうした取り組みには、当事者のいずれもが行なってきた多岐にわたる反社会的行動を考慮することも含まれる。HCPで行なわれていたように「当事者A」「当事者B」と呼ばれていた両当事者は、どちらも、何が起きたのか、どのように起きたのか、それが彼らにどのような影響を与えたのかを議論する機会を与えられていた。もしコミュニティ調停が「被害者」「加害者」というラベルをつけてしまっていたならば、このプロセスは歪められ、先に述べたように当事者の役割があらかじめ決められてしまうために、行なわれた行為ともたらされた被害を正しく反映しなくなっていただろう。　当事者の落ち度と責任の所在は一方的で偏ったものになり、利害関係者の一方に不公正だという印象を持たせてしまうことは避けられない。

ヘイト事象に至るような個人同士の複雑な対立における共通項が、警察による修復的処分など、他の形態による修復的実践において成果をあげうる適用のあり方に悪影響を及ぼすことはありうる。「被害者」「加害者」というあらかじめ決められた役割のみに注目するような実践では、意図せずある種の犯罪行為をまったくの一方的な出来事として過度に単純化し、それが固定化されてしまいかねない。その結果、多くの個人同士の対立の裏にある複雑な多数の社会要因の検討を回避する結果となってしまう。もっとも、こうした観察結果は、多くの場合、「被害者」「加害者」というラベルがヘイトクライム／事象に巻き込まれた当事者間の関係性を公正に反映しているという事実に反ばくすることにはならない。実際、本書の研究対象となった事件の大半においては、一方の当事者がひどい仕打ちを受け、他方の当事者がもたらされた害悪の修復を手助けする必要があることは明らかだ。むしろ、筆者の意図は個人間の複雑な争いの力動に光を当てることで、ある種のヘイト対立については、二分化されたラベルを貼っても解決しないものもあるという複雑な本質を示すことである。そのような場合、文献で詳述されている修復的原則の一部分のみを実践する方が、修復的実践がよりうまくなされるのではないだろうか。具体的には、何人かの学者が重点を置くところの、修復的手続に参加するまでの間に加害者に責任を認めさせること（Braithwaite 1989）や、他の学者が強く主張するところの、害悪の修復の中核において謝罪や物質的な賠償には本質的な重要性があると位置づけること（Strang 2002）などは、実際には対立の解決を阻んでしまう方向で作用するかもしれない。他方の当事者の行為によって苦しめられてきたと感じる個々人が、彼らにだけ害悪を修復させようとする一方的なプロセスに積極的に対応しないであろうことには疑いの余地がない。

当然のことながら、犯罪行為の関係当事者に対して慎重に定義された役割を分け与えることができなければ、対話の過程が混乱し、傷つけられた人びとを回復させるという最終目標が妨げられることになりかねない。とはいえ本書では、感情面での回復が必ずしも謝罪のような直接的な償いを前提としているわけではないことを指摘しておく。感情的回復はむしろ、声を上げる機会となるような過程に参加者を関わらせることを基礎に置く。「ストーリーテリング」はすべての関係当事者をエンパワメントし、彼らは、ようやく耳を傾けてもらえることを見て取るのである。本研究を通して、被害の申立をした側の人びとが指摘したもっとも重要な償いの形は、加害者とされた人物がそうした行為を繰り返さないと約束することであった。[5] したがって、コミュニティ調停の実効性は、謝罪させるようあらかじめ決められた当事者への役割づけでもたらされるものではなく、対立を解決し、再び被害者とならないようにする包括的な対話があることに基礎づけられる。[6] これらの非常に複雑な個人間の事件の共通項に光を当てることによって、筆者は、警察とその他の国の機関がするべきは、修復的アプローチを組み込んだ実践に事件を委ねることであると強調する。そうした実践は、このような対立に関与した当事者それぞれにおいて害悪を生じさせたり、あるいは、害悪からの回復をもたらしたりする役割を探求するものでなければならない。

「コミュニティ」を改めて概念化することと事前準備の重要性

ヘイトクライムを扱う修復的司法に関する今回の分析は、必然的に修復的実践において「コミュニティ」が果たす役割の検討をもたらした。第六章、第七章で、コミュニティという概念は一般に、修復的理論やその実践において均質的なものとして概念化されがちであることを指摘した。修復的司法の支持者はとくに、修復的プロセスにおける加害者との接点には建設的な役割がある点を強調する傾向にある（Crawford 2002）。しかし、すでに見てきたように、「コミュニティ」は害悪をもたらす主体とも、癒しを与える主体ともなりうる。そこで本書では、コミュニティの持つ集団的精神を、当事者らを支援し再統合するという側面と、上下関係の構造と偏見の文化を促進し、被害者らを再被害者化してしまう側面という、両方の力を持つものとして捉える。したがって、もし修復的司法がヘイト事象による害悪を一貫性をもって修復しようとするならば、その哲学における中心概念の一つが善意とも悪意ともなりうることを、最初に認識しなければならない。

非常に多くの場合に、「コミュニティ」のどの要素が支えとなるかを確認することは比較的容易だ。たとえば被害者家族（「ケアを提供するコミュニティ」の一部）は通常（必ずというわけではない）、修復のために集まる場において、重要な感情面でのサポートを提供する。修復的枠組みに地域の行政組織を含めるよう筆者が主張するのも、この「集団」に支援を提供する側面があるからだ。第六章で見たように、修復的司法に対して実践者が複数組織によるアプローチを行なうことで、被害者により多くの感情的および社会的なサポートを受けさせることが可能となる。

他の事案では、「コミュニティ」の概念はヘイト事象の原因とみなされるかもしれない。ある「他者」に恐怖を感じるコミュニティが、マイノリティ集団を周縁化する支配のメカニズムを作り上げることは多い（Perry 2001）。コミュニティの支配的なメンバーの中で偏見の文化は固定化され、効果的に、あるアイデンティティを持つ集団が社会資源を手に入れられないような作用をもたらす。したがって、修復的実践者は、マイノリティ集団に属する被害者を支配し服属させるような、コミュニティが持ついくつかの特徴的な側面がもたらすリスクを敏感に察知しなければならない。最大の懸念は、コミュニティという善意にあふれた理想を盲目的に当てはめ続ける修復的司法の信奉者は、マイノリティ集団に対する抑圧となるような社会的不平等と構造的階層を単に覆い隠しているにすぎないということだ。このように、ここでの最大のリスクは、修復的司法がヘイトによる害悪を修復する代わりに、ヘイト「過程」を永続化させうることである。

これらの理論上の懸念が軽視されてはならないが、ヘイトクライムに対する修復的司法の活用を妨げるものとなってもならない。修復的司法の研究者と実践者が、「コミュニティ」には被害をもたらす性質も癒しを提供する性質もあることを理解すれば、被害をもたらすものを防ぐ一方で、助けとなるものに焦点を当て、この概念を活用することができるだろう。この見解は、不確かで複雑に聞こえるかもしれないが、すでに見たように、参加者が事前準備を怠らなければ、支配や再被害者化を継続的に避けることができる。本書の冒頭で事前準備の必要性を理解してはいたものの、実証研究を行なうまではその重要性についてほとんど考えたことがなかった。これは、「事前準備」と、それに伴うものが修復的司法の文献にはほとんど取り上げられていないことに一因があった。たとえば、修復的司法に関する主要な二冊のハンドブック（Johnstone & Van Ness 2007b and Sullivan & Tifft 2008a）には、事前準備が持つ本質的な価値や、それに先立つ手続が修復的実践の成否にどれほど影響するのかが詳しく論じられていない。ヘイトクライムに修復的司法を活用する事例を調べていくうちに、事前準備こそがヘイトによる害悪をうまく修復させる鍵となることがわかってきた。事前準備が十分であれば、両当事者が直接に対話できる状態か、間接的な対話の方が適切なのか、あるいはどちらかの当事者が他方を再被害者化する可能性があるのかをファシリテーターが判断することが可能になる。また、直接対話の際に、当事者それぞれをもっともよくサポートできるのは誰なのかを、実践者が他の関係当事者の力を借りて決定することができるのは事前準備の段階である。さらに、事前準備をすることによって、加害者が抱いている偏見の根深さと、加害行為との因果関係の程度を実践者が確かめることもできよう。事前準備が重要であるのは、実践者がその後、偏見の原因と結果についての議論を効果的に進め、ヘイト事象の被害者の回復を支援するような適切な償いを促すことが可能になるからである（例として、第二章、ケーススタディ２を参照）。このように、修復的司法における事前準備を軽んじてはならない。修復的司法を適用するにあたり、「コミュニティ」が果たすさまざまな役割について決定するなど、事前準備が持つ本質的な重要性については多様な文献においてさらに検討される必要がある。

ヘイトクライムに対する修復的司法の将来――効果的なトレーニング

現英国政府〔訳注：二〇一二年現在〕は、刑事司法制度全体において修復的司法を展開する意思があると述べている（MoJ 2012）。さらに、新たな「犯罪被害者のための実施規則」の一部として、被害者には修復的司法に参加するかどうかの選択肢が与えられることになっている（MoJ 2013）。この規則案は示すのは次のようなことだ。

刑事訴訟が進行中でも、結審後でも、修復的司法が利用可能であればこれを行なうことは可能である。これを行なう場合は、訓練を受けた修復的司法のファシリテーターが担当し、あなたのニーズを勘案して行なう。

刑事司法制度全体において修復的司法が成功するか否かは、修復的司法のファシリテーターが刑事司法組織の関係者であるのか部外者であるのかによって大きく左右される。実践者が既存の組織の外部から参加する場合、独立性や中立性が高く、そのため、刑事司法制度の大部分に浸透している組織的な偏見を避けようとする傾向がある（Macpherson 1999; Bowling & Phillips 2002）。いくつかの組織が（デヴォン・コーンウォール警察などの）システム内部で司法専門家のトレーニングを行なうことに決めた場合、その組織の価値観や慣習が修復的司法のそれと競合してしまうことは避けられず、最終的には修復的実践の一体性が損なわれる。こうならざるをえないことは筆者も予期するところであるが、このような場合、実践者の責務は脇目もふらず修復的ファシリテーションを徹底することである。そのようにしてようやく、修復的司法の実践者としての取り組みが従来の刑事司法における価値よりも優先されるであろう。

さらに、もし修復的司法がヘイトクライムの被害者とその出身コミュニティに希望を与えようとするならば、実践者は、ヘイトの原因と結果に関して広範囲に及ぶトレーニングを受ける必要があることは明らかだ。これによって、事件に関連する社会的・文化的状況が、地雷原のごとく危険を数多く呈しているところを、効果的に切り抜けていくことができる（McConnell & Swain 2000; Maxwell 2008も参照）。ロンドンでもっとも多様性に富んだある特別区で一〇年以上にわたってヘイト事象の調停に携わってきたHCPのマネージャーは、偏見を動機とする対立に関わる資格と経験を明らかに備えていた。筆者は、ヘイトクライムに特化した修復的司法の活用に関するトレーニングを受けた経験のある実践者二人とも議論した。その他の実践者が多文化コミュニティにおける対立に関わることで幅広い経験をすでに得ていたということは、彼らにはヘイトクライム事件に関わる事象について広範囲にわたる基礎的な知識があったということである。

とはいえ、いくつかの事例で実践者は明らかにヘイトを動機とする犯罪行為の複雑さを理解できずにいた。組織の職員が見せた無神経ぶりについては第五章と第六章ですでに指摘したとおりで、これが二次被害をもたらしていた。したがって、修復的司法を提供する側は、会合の準備を適切に行ない、効果的な会合の進行を確保するために、ファシリテーターがヘイトクライムに関わる問題点について適切に理解していることを確認しておかなければならない。ヘイトクライム事件を効果的に解決するにあたっては、これが修復的司法における最大の難関である。刑事司法の実務従事者にコミュニティの多様性についてのトレーニングをしようとしても常に大成功とまではいかない（Rowe & Garland 2007参照）。一部の組織内部からの抵抗があれば、実践者が多様性トレーニングの効果を十分に享受できないことは必然である（Chan 1997; Reiner 2010）。馬を水飲み場まで連れて行くことはできるが、水を飲ませることはできないという古い格言が思い起こされる。繰り返しになるが、実践者を既存の外部組織から起用することで、ファシリテーターが組織的な偏見の影響を受ける可能性は小さくなる。

修復的実践において偏見を受けないようにする一つの方法は、事業の実施主体が文化的に多様な背景を持つファシリテーターを積極的に探し求めることだ。ロンドンで筆者がインタビューを行なった実践者の人びとは、広範囲に及ぶ文化的・民族的アイデンティティを反映していた。こうした傾向は、大都市圏の外側の地域では、これほどはっきりとは表れていなかった。こうした地域では実践者の出身が白人の中層階級であることが多かった。民族的マイノリティの実践者の方が、民族的マイノリティの人びとが関わる事件を調停するのに適切であるとまでいうつもりはないが、社会文化的な周縁化を自ら経験した人びとの方が、差別や偏見がもたらしうる害悪をより深く理解できることは確かである。バーバラ・レイの指摘はこうだ。「階級やジェンダーに関する偏見、文化、人種といった個人的な経験は私たちに影響を及ぼし、理解に至るまでの障害を飛び越えさせてくれる」（Raye 2004: 331）。「差異」についての直接的な知識、文化の多様性、ヘイトクライムが持つ社会構造的な力学を理解していれば、ファシリテーターは、すでに存在する分断をいっそうよく理解することができ、修復的対話の中心となる感情的なつながりを促すことができる（Raye 2004）。修復的司法の実践者が、対象となるコミュニティにおける文化の多様性を体現する存在となって初めて、異なる文化、民族、人びとの傾向をまさに包摂した修復的司法の実践が可能になる。これが達成できるのであれば、修復的司法は、ヘイトクライムの被害者化に関する原因と結果を解決するための国やコミュニティに基づいた方針に公式に取り入れられるべきであろう。

1——実践者のインタビューのいくつかは、筆者が観察対象とした事件とその後インタビューに至った被害者に関連したものだ。

2——*DPP v Woods* [2002] EWHC Admin 85 を参照。

3——レヴィンとマクデヴィットの類型論は警察の報告書を用いており、警察に逮捕された加害者だけが彼らの研究対象となったことを意味している。

4――low-medium でも、逆の medium-low でも、偏見の程度はいずれにせよ中程度だと考えられる。

5――実際、誠実さのない謝罪でしかないと思われるようなものに対しては、被害者が反感を感じるだけである。

6――この結論は、誠実な謝罪を受けることによる利益を否定するものではない（Strang 2002）。単に、謝罪は感情面で回復を得るための必須要件ではないということである。

《論考》日本のヘイトクライムの現状——本書への架け橋

師岡康子
（東京弁護士会外国人の権利に関する委員会委員、国際人権法学会理事、外国人人権法連絡会運営委員。著書に、『ヘイト・スピーチとは何か』（岩波新書、二〇一三年）、『Q＆A　ヘイトスピーチ解消法』（編著、現代人文社、二〇一六年）ほか）

本書は、ヘイトクライムに対し、欧米各国がここ三〇～四〇年、刑事規制および処罰の強化を行なってきたことに対し、それだけでは原因と結果のどちらにも十分に対処できないとの問題意識を持つ著者が、被害を受けるマイノリティの救済のためのより有効な途を探るべく、イギリスにおけるヘイトクライムに対する修復的司法の実践を研究したものである。修復的司法とは、従来型の応報的司法と異なり、当事者間などの対話により問題解決を目指すアプローチであり、本書はヘイトクライムへの修復的アプローチの適用という世界的にも先進的な研究である。

しかし、日本の現状は、このような欧米諸国における問題状況とはかけ離れている。日本の現状を知らぬまま解決策を論ずることは机上の空論であるのみならず、何より実際に日々ヘイトクライムで苦しみ、救済を求めつづけている日本社会のマイノリティ被害者の声を無視することになりうる。

日本でも、ここ一〇年ほどでヘイトスピーチ、ヘイトクライムが急速に悪化した。二〇一六年五月に「本邦外出身者に対する不当な差別的言動の解消に向けた取組の推進に関する法律」、いわゆるヘイトスピーチ解消法は成立したものの、ヘイトクライム対策としてはほとんど効果がない。そもそもヘイトクライムという概念自体、いまだ公的にも社会的にもほとんど認知されておらず、社会問題化していない。国はヘイトクライム対策を一切とらず、非難もせず、新たな対策をとる必要性すら否定している。

二〇一八年二月二三日、これまで大阪の鶴橋などでコリアンおよび中国人に対するヘイトデモ・街宣やヘイトクライムを繰り返してきた右翼活動家ら二名が、朝鮮総連本部正門前に車で乗りつけ、車内から内部に五発銃弾を撃ち込み、門扉に命中させた事件も起きている。早朝とはいえ、銃撃による怪我人、死者がでてもおかしくなかった。日本におけるヘイトクライムはここまで危険な段階に達している。

何より問題なのは、この銃撃事件に対し当事者団体および多くのNGOからの強い要請[i]が出されたにもかかわらず、政府は一切公に非難しておらず、また、再発防止措置もとっていないということである。事件直後から、銃撃を「義挙」と支持するネット上の書き込みが多数あり、また、現在まで、同じ正門前で銃撃を支持する街宣が毎月繰り返されている。

政府は一九四八年の建国時から一貫して朝鮮民主主義人民共和国を敵視し、とくに二〇〇二年九月の日朝首脳会談以降、拉致問題を掲げて朝鮮バッシングを続けている。二〇一三年二月には朝鮮学校の無償化制度からの排除を実質的に同国への経済制裁として行い[ii]、二〇一八年六月二八日には同国への「制裁」の一環として、神戸朝鮮高級学校の生徒たちが同国から修学旅行で持って帰った土産を没収したこと[iii]などから見れば、この沈黙は、このヘイトクライムを黙認、後押ししていることと同義といわざるをえない。

本稿ではこのような日本におけるヘイトクライム問題の現状と問題点を論じることによって、本書の国際的にも進んだ取り組みである修復的司法のヘイトクライムへの適用の分析・研究への架け橋としたい。

ヘイトスピーチとヘイトクライム

ヘイトクライムおよびヘイトスピーチという用語は、一九八〇年代にアメリカでアフリカ系アメリカ人や性的マイノリティなどのマイノリティに対する暴力や差別的言動による迫害が社会問題化したことに対して使われるようになった、比較的新しい表現である。そのため国際人権法上、条文上の定義はないが、人種主義的ヘイトスピーチおよびヘイトクライムは、いずれも人種差別撤廃条約（一九六五年採択）第一条の定義する人種差別にあたり、第二条で禁止され、かつ、第四条で処罰が求められている行為であることは争いがない。ターゲットとされた集団および個人に自尊感情の喪失、沈黙効果、心身の苦痛、社会への信頼の喪失と恐怖などの深刻な被害をもたらすのみならず、差別と暴力容認の雰囲気を社会に醸成し、現実の暴力、ひいては民族・国籍・宗教などの属性を理由とする集団殺害――ジェノサイドを引き起こすきわめて危険なものであり、それゆえ法規制一般ではなく、深刻なものについてはただちに強制的に止めるべく刑事規制が必要と認識されている（二〇一三年の人種差別撤廃委員会の一般的勧告35「人種主義的ヘイトスピーチと闘う」などを参照）。

本書でも「第一章　修復的司法から見たヘイトクライムの概念」において、ヘイトクライムとは何かが、先行研究を踏まえ論じられている。そのうえで、「ヘイトクライム」との用語を使うと、現行法で「犯罪」として規定されているものに限定されてしまうことを避けるため、「ヘイト事象」――英国警察庁協会の定義で、「刑事犯罪を構成するか否かに関係なく、被害者あるいは第三者によって偏見または憎悪を動機とすると受け止められたあらゆる事件」との用語が使われている。本稿では同趣旨で、ヘイトクライムとの用語を、現行法上の犯罪と限定せず、偏見に動機づけられた、歴史的・構造的なマイノリティ集団・個人に対する迫害という広義のものとして論ずる。

他方、ヘイトスピーチはマイノリティへの表現形態による攻撃を指し、そのうち重大なものは犯罪とすべきであり、そこまで至らない場合は犯罪としない場合も含むと解する[iv]（前述の一般的勧告35のパラ12参照）。

日本におけるヘイトクライム

日本では、戦前から被差別部落、先住民族への迫害、侵略戦争と植民地支配などを歴史的背景とする構造的差別が存在し、公的にも、平等な人間もしくは社会の構成員として扱わず、迫害してきた。

一九二三年の関東大震災における朝鮮人、中国人虐殺は、それ以前の公的機関およびマスコミによる朝鮮人、中国人に対するヘイトスピーチによる偏見の浸透を背景とし、震災時の朝鮮人が井戸に毒を投げたなどのヘイトデマを引き金に、官憲、軍隊および民間の自警団が一体となって行なったヘイトクライム、ひいてはジェノサイドといえるものであった。他民族の人びとをヘイトデマにのってやすやすと集団で虐殺した無反省の日本人は、アジア太平洋地域に対する侵略戦争へと突き進んでいく。現在に至るまで、政府も自治体も、この最悪のヘイトクライムについての公的な調査も謝罪も行っていない。

戦後は戦争への反省と平等を掲げる憲法の下、一定の改善はあったものの、植民地主義の歴史的清算はなされぬままである。とくに外国人に対しては、一九六五年の時点でも政府入管当局高官が、「煮て食おうと焼いて食おうと勝手」と出版物[v]で記しているほどの露骨な差別意識が温存され、公務就任権、年金制度、教育における差別など、今も公的な差別が残っている。

このような公的差別を背景に、民間における在日コリアンをはじめとする外国人に対する迫害——ヘイトクライムは戦後もずっと継続してきた。とりわけ、朝鮮民主主義人民共和国との関係が悪化するたびに、朝鮮学校の生徒たちに対し、ヘイトスピーチのみならず、殴る、蹴る、唾を吐きかける、駅の階段から突き落とす、民族衣装の制服を切り裂くなどのヘイトクライムが続発してきた。

さらに、二〇〇二年の日朝首脳会談以降の政府、マスコミによる朝鮮バッシングを背景に、拉致問題を理由とすれば朝鮮人には何を言ってもいい、朝鮮人が加害者、日本人が被害者との雰囲気が醸成されてきた。ネット上でヘイトスピーチを行なっていた人びとが二〇〇六年末には在日コリアンへの差別を活動目的とする「在日特権を許さない市民の会」(在特会)に集まり、公然とヘイトスピーチを伴うデモ、街宣そしてヘイトクライムを行なうようになった。

たとえば、二〇〇九年一二月から二〇一〇年三月にかけて、在特会らは三度にわたる京都朝鮮初級学校(小学校)襲撃事件というヘイトクライムを引き起こした。一度目は一一名が小学校の門の前に押しかけ、「北朝鮮のスパイ養成機関」「うんこ食っとけ」などと一時間にわたりハンドマイクでがなり立てた。また、同校前の公園内にあった同校の朝礼台を運び出して正門に打ち付けたり、スピーカー等をつなぐ配線コードをニッパーで切断して損壊するなどした。校内には約一五〇人の子どもたちがいたが、恐怖で泣き出す子どもが続出し、授業ができなくなった。二回目は約三〇名が、学校前の公園で集会を開き、学校周辺をデモ行進し、「朝鮮人は保健所で処分しろ」などとマイクなどで叫んだ。三回目は数十人が学校周辺でデモをし、「うじ虫朝鮮人は朝鮮半島へ帰れ」などと叫んだ。

その他、報道されたものだけでも、二〇一〇年四月の徳島県教組襲撃事件、二〇一一年一月の水平社博物館前差別街宣事件、二〇一二年三月のロート製薬脅迫事件、二〇一三年四月の神戸市立博物館脅迫事件、二〇一四年一月の神戸朝鮮高級学校襲撃事件、同年二月の『アンネの日記』破損事件、同年四月の四国遍路差別貼り紙事件などがある。二〇一五年三月には韓国文化院の壁への放火事件が起き、建造物損壊罪で有罪となった。

また、ヘイトデモや街宣の現場で、在日外国人の経営する店に対する威力業務妨害が行なわれたり、抗議するカウンターに対する暴行、傷害事件も頻発した。たとえば、二〇〇九年九月の秋葉原での中国人などの外国人排斥を叫ぶ数百人規模のヘイトデモの際、抗議のプラカードを持って立っていた人に集団暴行が行なわれた。しかし、現場にいた警察は加害者を逮捕しなかった(vi)。

ヘイトスピーチ解消法成立とその後のヘイトクライムの悪化

二〇一二年一二月に民主党政権から自民党政権に戻って以降、ヘイトデモ・街宣が活発化した。他方でカウンター、当事者やNGO、国会議員、地方議会議員、報道など、さまざまな人たちによる批判が高まり、二〇一三年末には「ヘイトスピーチ」という言葉が流行語大賞のベストテン入りし、日本で初めて人種差別問題の一角が社会問題化した。二〇一四年の国連自由権規約委員会および人種差別撤廃委員会によるヘイトスピーチ規制を求める厳しい勧告、京都朝鮮学校襲撃事件を人種差別撤廃条約違反とする大阪高裁の民事事件判決も世論を促し、二〇一六年六月三日のヘイトスピーチ解消法の施行へとつながった。

同法の前文に、ターゲットとされた人びとが「多大な苦痛を強いられるとともに、当該地域社会に深刻な亀裂を生じさせている」ことが立法事実として書き込まれたことには意義がある。これはヘイトスピーチのみならず、ヘイトクライムとも共通の害悪であり、この問題のもっとも重要な点として国際的な共通認識となっている。

しかし、同法は理念法であって、総合的な施策、方針、計画を定める基本法ではなく、定義規定はあるが刑事規制どころか禁止規定や制裁規定も救済制度もない。同法施行後、ヘイトデモの件数が半数近くに減少したという効果はあるが、街宣の数は変わらず、公人によるヘイトスピーチやネット上のヘイトスピーチなどはほぼ野放し状態である。ヘイトクライム抑止効果はないに等しく、むしろ質、量ともじわじわと悪化している。

二〇一六年七月、福岡県のデパート等のトイレに数カ所、在日コリアンを差別するビラを貼る事件が起き、建造物侵入罪で有罪となった。

二〇一六年八月には在特会などの数十人が、カウンター三~四人に対し、「朝鮮人死ね!」などと言いながら集団暴行し、被害者のうち一人は肋骨骨折など全治約二カ月の重傷を負った。実行犯のうち五人が傷害罪で逮捕され、罰金刑となっている。

二〇一七年五月には、韓国政府の日本軍「慰安婦」問題に対する態度への不満を動機として、名古屋の朝鮮系信用組合への放火事件があり、懲役二年(執行猶予付き)となった。

二〇一七年以降、朝鮮学校への補助金復活を求める意見書を発表した弁護士会の幹部や在日コリアン弁護士数十人に対して、一〇〇〇人規模の人びとが、弁護士会に対して懲戒を請求する事件が起きた。ある極右ブログによる差別的デマ扇動が契機となっており、日弁連によると一年間で懲戒請求の数が全国で合計一三万件、通常の件数の四〇倍にものぼったという。

二〇一八年一月、福岡県の民団支部の窓ガラスが何者かにより数枚割られた。そして、同年二月、冒頭に述べた朝鮮総連中央本部銃撃事件が起きたのである。

それ以外でも、ヘイトスピーチについて実名で抗議した在日コリアン、とりわけ女性に対しては、ネット上で脅迫、名誉毀損、侮辱、嫌がらせが毎日のように行なわれ、実生活上も、職場に虫の死骸が送りつけられたり、嫌がらせ電話・手紙が来るなど、威力業務妨害罪にもあたる執拗なヘイトクライムが行なわれている。また、川崎市では二〇一八年六月に市民の抗議によりヘイト集会が延期になったことを逆恨みしたと思われる差別落書きが、市のベンチなど三〇カ所五〇件以上発見され、器物損壊罪容疑で捜査が続いている。

ヘイトクライムに対する政府の見解と人種差別撤廃委員会からの勧告

一九九五年に人種差別撤廃条約に加入して以降、政府は二〇〇〇年、二〇〇八年、二〇一三年および二〇一七年に条約実施状況についての報告書を人種差別撤廃委員会に提出してきた。それに対し、同委員会は二〇〇一年、二〇一〇年、二〇一四年、二〇一八年に各報告書を審査し、ヘイトクライムを処罰するよう毎回厳しい勧告を出してきた。

たとえば二〇一四年の総括所見では「四条の規定を実施する目的で、その法律、とくに刑法を改正するための適切な手段を講じる」こと（パラ10）、「憎悪および人種主義の表明並びに示威行動における人種主義的暴力及び憎悪の煽動に断固として取り組むこと」、「そうした行動に責任のある民間の個人並びに団体を捜査し、適切な場合は起訴すること」（パラ11）を勧告している。

しかし、政府は、委員会の勧告に対し、無視するに等しい慇懃無礼な態度をとり続けている。二〇一四年の勧告に対して、具体的な検討を一切行うことなく、二〇〇一年に提出した意見書(vii)に記載した内容を、二〇一七年提出の報告書でも、二〇一八年の日本審査の場においても繰り返している。その骨子は次のとおりである。

①「人種差別思想の流布等に対し、正当な言論までも不当に萎縮させる危険を冒してまで処罰立法措置をとることを検討しなければならないほど、現在の日本が人種差別思想の流布や人種差別の扇動が行われている状況にあるとは考えていない」。

②「特定の個人や団体の名誉や信用を害する内容を有すれば、刑法の名誉毀損罪、侮辱罪又は信用毀損・業務妨害罪」などで処罰可能である。

③人種主義的動機は日本の刑事裁判手続きにおいて「動機の悪質性として適切に立証しており、裁判所において量刑上考慮されているものと認識している」。

しかし、①については、ヘイトスピーチ解消法の前文で「近年、本邦の域外にある国又は地域の出身であることを理由として……地域社会から排除することを煽動する不当な差別的言動が行われ」、「多大な苦痛を強いられるとともに、地域社会に深刻な亀裂を生じさせている」との立法事実を認定し、第一条（目的）で「不当な差別的言動の解消が喫緊の課題」であるとしていることと真っ向から矛盾する。

また、この間国として初めて行なった実態調査結果とも矛盾する。法務省が二〇一六年三月に発表したヘイトデモ・街宣の調査結果によれば、二〇一二年四月から二〇一五年九月までの期間でのヘイトスピーチの行動実態に関して調査したところ、総数で一一五二件にも及んでいた。また、二〇一七年三月に発表した外国人住民アンケート調査結果を見ても、回答者の約三割が、過去五年間で外国人であることを理由に侮辱されるなど差別的なことを言われた経験があった。さらに「外国人に対する差別的な記事や書き込みが目に入るのが嫌で、そのようなインターネットサイトの利用を控えた」は全体の一九・八％である。このように回答した者は、国籍・地域別で見ると、韓国が三七％、朝鮮が四七・八％にのぼる。

②も、委員会が、差別の扇動や差別的動機に基づく犯罪を、ヘイトスピーチあるいはヘイトクライムとして処罰することを求めているのに対し、政府は、一般犯罪の条項に当てはまれば処罰されると言い訳しているが、保護法益も異なる刑事規定の流用が可能との論理のすり替えである。また、特定人ではなく、不特定の民族集団への暴力の煽動や侮辱についてはそもそも流用しうる現行法の条項もない。

③に至っては、政府は人種主義的動機の犯罪の捜査や判例の調査もしておらず、「認識」の根拠はなく、虚偽に等しい。人種差別撤廃委員会への報告書において、民族団体もNGOも在日外国人へのヘイトクライムについて差別的動機が考慮された判例は知らないと述べている。(viii)

なお二〇一七年の政府報告書では、②の起訴の一例として、京都朝鮮学校襲撃事件を紹介し（パラ130）、あたかもヘイトクライムが現行法で対処可能な例のごとく扱っているが、これもまったくのごまかしである。

実際は、三回の襲撃の現場には学校側の通報により警官がいたが、学校側の要請にもかかわらず、警察は現行犯逮捕しなかった。また、事件後の捜査も消極的であり、学校側の刑事告訴もなかなか受理しようとしなかった。また、実際には具体的な虚偽の事実の提示もあり、学校側は名誉毀損罪（三年以下の懲役もしくは禁錮または五〇万円以下の罰金）で告訴したのに、検察は侮辱罪（三〇日未満の拘留または一万円以下の科料）に落として起訴した。さらに、刑事事件判決において、人種主義的動機は一切考慮されず、ヘイトクライムとして扱われず、通常の犯罪の罪の平均的な量刑相場で、全員に執行猶予が付いた。加害者たちは収監されなかったため、その後も奈良水平社博物館前事件、関西の各地でのヘイトデモなど、ヘイトスピーチ、ヘイトクライムを継続し、京都朝鮮学校の関係者をはじめとするマイノリティを苦しめ続けのである[ix]。

よって、本件は、警察、検察、刑事司法が、ヘイトクライムであるのにヘイトクライムとして対処しなかった事例であり、逆に、ヘイトクライムを明確に法律で規制すべき必要性の根拠というべき事例である。

二〇一八年、人種差別撤廃NGOネットワーク、日弁連などのNGOは政府のこのような詭弁を厳しく批判するレポートを提出した。審査の場で委員たちから、特定の民族への暴力の扇動をなぜ犯罪としないのか、憲法と抵触するのかなど鋭い質問が相次いだ。

その結果、二〇一八年八月末に発表された委員会の総括所見では、政府のヘイトクライム対策に対し、次のように、これまでよりさらに包括的かつ具体的な、言い逃れしにくい内容の勧告が出された[x]（パラ13、14）。

全体的な枠組みとして、「法的枠組みと被害者の救済へのアクセスを強化するために、本法律で対象とされていないヘイトクライムを含む人種差別の禁止に関する包括的な法律を採択すること」「具体的目標と措置および適切なモニター活動を備えた、ヘイトスピーチおよび暴力の扇動を撤廃する行動計画を制定すること」が勧告された。また、ヘイトクライムとは何かすら理解されていない日本の現状を踏まえ、警察官などの法執行官がヘイトクライムか否かを判断し、適切に対処できるよう研修するよう求めており、すぐに現行法をヘイトクライム対策に実際に活用できるにする実践的な内容といえる。さらに、ヘイトクライム法制整備の第一ステップともいえる、ヘイトクライムの調査と統計を行うことが求められている。

ヘイトクライム対策と本書

以上見てきたように、日本政府はいまだに現行法の対応で十分との態度を変えず、ヘイトクライム対策を一切行なっていないし、行なう必要性すら認めておらず、問題解決の出発点にすら立っていない。

このようなサボタージュは人種差別撤廃条約上の義務違反であり、何よりヘイトクライムはマイノリティに属する人びとを精神的、物理的に苦しめ、また、社会に差別と暴力を蔓延させるものであって許されない。

そもそも、ヘイトクライムは歴史的・構造的な人種差別の一角であり、直接的な法規制だけでは根絶できず、人種差別全体に包括的に取り組むべきこと、条文上から最低限求められる以下の政策・法整備の必要性は、人種差別撤廃委員会が一般的勧告や各国への勧告で繰り返し指摘してきていることである。

① 法制度設計の前提となる差別の被害者グループの認識及び実態調査（第一条）
② 国の行ってきた差別を生じさせ又は永続化させる法制度の洗い直し（第二条一項ｃ）
③ 平等な人権を保障する法制度（第五条）
④ 人種差別禁止法（第二条一項ｄ）
⑤ ヘイトクライム及びヘイトスピーチの処罰（第四条）

⑥　人種差別と闘い人種間の理解を促進させる教育と啓発（第二条一項e・第七条）
⑦　被害者の保護と救済（第六条）
⑧　国内人権機関（第六条）
⑨　個人通報制度（第一四条）

本書のフィールドであるイギリスをはじめとした欧米諸国では、そのレベルはともかく、これらの項目のほとんどを導入済みだが、日本にはほぼないに等しい。

以上の日本における現状と本書の取組とのギャップは大きい。

本書の中では、ヘイトクライムの処罰の拡大では被害者の感情や身体的な回復にほぼ何の役にも立たないのではとの疑問が提示されているが、ヘイトクライム規制があることが当然の前提となっていることに留意すべきである。イギリスでは世界的にも早い段階の一九六五年ヘイトスピーチを刑事規制し（人種関係法）、ヘイトクライムについても一九九八年犯罪及び秩序違反法などにより、人種もしくは宗教的憎悪などを動機とする犯罪の刑罰を加重しうるよう定めている。

ヘイトクライムの被害者にとって、自分の受けたヘイトクライムによる深刻な被害について、加害者の行為が差別犯罪として公的に非難され、相応の制裁を受けるべき法制度があることは、被害からの回復のためにきわめて重要である。被害者は社会において構造的に劣ったものとして扱われている自らの属性ゆえに攻撃されたことに衝撃を受けるのみならず、公的機関も社会もそれを非難しないことに追い打ちをかけられ、自らの属性と社会を呪う状況に追い詰められているのであり、ヘイトクライム規制がそれを払拭する出発点となるからである。

ヘイトクライム規制のない日本の現状においては、ヘイトクライムによる被害者の深刻な被害は警察をはじめとする司法機関に理解されず、たいしたことがないように扱われ、マイノリティの被害者をさらに苦しめている。たとえばインターネット上に日常的にあふれる「ヒトモドキ」などのひどい差別的侮辱表現により、人間の尊厳の根本から否定され、心身に深刻なダメージをどれだけ受けても、現行法では一番刑の軽い侮辱罪にしか該当しない。告訴しても侮辱罪のような軽い罪の場合、起訴猶予となったり、起訴されたとしても略式にとどまる割合も多い。通常起訴から有罪判決が得られたとしても拘留もしくは科料にしかならない。さらに、「朝鮮人」などの不特定の集団に向けられる表現の場合には流用できる法的手段もなく、やられ放題のままで放置されている。平等な人間として、社会の一員として認めず、差別と暴力で社会を壊し、戦争やジェノサイドまでもたらすヘイトクライムは、民主主義、人間社会にとって最大級の害悪であり、実際に止めるためにも、根絶に向け社会に対する啓発的・教育的効果のためにも、刑事規制をすることが不可欠であろう。それが人種差別撤廃条約および人種差別撤廃委員会が刑事規制を求めている所以である。

他方、加害者を処罰するだけでは、被害者救済にとっても不十分であることもすでに明らかになっている。本書が指摘するように、ヘイトクライムの多くは生活の現場、地域社会の中で起き、被害は心身のダメージのみならず、さまざまな生活上の困難と一体となって生じる。加害者は刑事処罰されてもいずれ社会に戻るのであり、とくに、加害者が地域社会の一員である場合、マイノリティはマジョリティである加害者と共に生きていかなければならず、再発防止は被害者救済にとって最重要の要請である。

しかし、応報的アプローチでは、加害者に適切な刑罰を科するのが目的であり、被害者と加害者の対話による関係修復および再発防止策は含まれない。

京都朝鮮学校襲撃事件のルポを記した中村一成氏は、裁判を傍聴している保護者たちが加害者たちに対し、「悔い改めるのを見たい」「同じ人間であることを手放したくない」と述べたことを紹介し、被害者の被害回復のためにも加害者が変わりうる機会を保障する修復的司法が重要であると指摘している(xi)。

そもそもヘイトクライムは歴史的、構造的な差別の一形態であり、国際人権法上も、差別撤廃のためには政策転換、法規制、教育・啓発、被害救済などの包括的な対策をとることが求められていることはすでに述べたとおりである。本書のように修復的司法のアプローチを、ヘイトクライムの法規制、また、被害者救済、さらには加害者教育の一方法として活用する研究の意義は大きい。差別撤廃に関する専門的な第三者機関が主導して、地域社会、地方公共団体との協力体制をつくることができれば、被害者が地域で安心して生活していけるための包括的な救済方法の一つとなりうるだろう。フィンランドでは国内人権機関がヘイトクライム対策にも関与し、被害者からの相談にのり、警察にアドバイスし、マイノリティ団体と警察との協議をアレンジメントする取り組みなどを行なっていることも想起させる(xii)。

前述のように、日本は人種差別撤廃委員会から、包括的な法整備と具体的な行動計画の策定、ヘイトクライムの調査と統計などの具体的な勧告を出されている。民族団体銃撃という危険な領域に入った日本のヘイトクライムの現状を直視し、委員会の勧告を真摯に受け止め、ヘイトクライムに対する無策を改めるべきである。一般犯罪と区別して、差別問題の一部としてヘイトクライムに対する特別の対策を立てる必要性を認め、専門機関を設置して調査を行い、実態を踏まえて撤廃に向けての包括的な法整備、基本方針および行動計画を立てて取り組むべきである。すでに本書のようにヘイトクライムに対し被害者救済の観点からの有効なアプローチである修復的司法の実践と研究がなされているのだから、ヘイトクライム対策の制度設計を立てるうえで、そこから学ぶことは不可欠であろう。

世界では、多くの人たちの差別との苦難の闘いの結果、さまざまな法・施策により差別と闘うための手段が編み出されている。同時代において、イギリスでヘイトクライムの被害者の救済のために、ここまで真摯で組織的な具体的な地域での実践的な取り組みがなされていること自体に勇気づけられる。本書から学ぶことは大きい。


（ⅰ）二〇一八年二月二八日付NGO共同声明「朝鮮総聯中央本部への銃撃事件にたいして私たちは抗議の意を表明し、日本政府に厳正な対応を求めます」。外国人人権法連絡会サイト参照。

（ⅱ）「朝鮮学校　無償除外は適法　『政治的理由』否定　東京地裁」毎日新聞二〇一七年九月一三日。

（ⅲ）神戸朝鮮高級学校の生徒たちに没収した土産の大半が返還されたことが報じられた（二〇一八年九月一八日）。

（ⅳ）ヘイトスピーチおよびヘイトクライムの両者の概念の関係については、前田朗氏の「ヘイト・スピーチ法研究序説　差別煽動犯罪の刑法学」にわかりやすく整理されている（三一書房、二〇一五年、一七頁の図表1）。

（ⅴ）法務省入国管理局参事官・池上努『法的地位200の質問』（京文社、一九六五年）。

（ⅵ）拙著『ヘイト・スピーチとは何か』（岩波新書、二〇一三年）第一章参照。

（ⅶ）外務省の「人権人道政策」の中の「人種差別撤廃条約」の項参照。https://www.mofa.go.jp/mofaj/gaiko/jinshu/iken.html
（ⅷ）人種差別撤廃NGOネットワークのカウンターレポート参照。http://imadr.net/cerdreview ngoreport/

（ⅸ）中村一成『ルポ　京都朝鮮学校襲撃事件――〈ヘイトクライム〉に抗して』（岩波書店、二〇一四年）が詳しい。

（ⅹ）人種差別撤廃NGOネットワークによる仮訳。同ネットワーク事務局の反差別国際運動のサイトに全文が掲載されている。政府公定訳は外務省のサイトに掲載されている。

（ⅺ）中村一成「ヘイトクライムへの修復的アプローチを考える」（『法学セミナー』二〇一五年七月号）。

（ⅻ）拙稿「研究ノート：フィンランドの民族差別禁止法制度の現段階」（『大阪経済法科大学アジア太平洋センター年報』二〇一二－二〇一三年）参照。

監訳者あとがき

本書は、Mark Austin Walters 著 *Hate Crime and Restorative Justice* (2014) の全訳である。

著者のウォルターズは、サセックス大学ロースクールの刑法および犯罪学の教授であり、ヘイトクライム対策や調査活動、修復的司法の研究などで知られている。ヘイト国際研究ネットワークの創始者の一人でもある。本書は、修復的司法とヘイトクライムという、従来あまり注目されてこなかった領域に光を当てるものである。

修復的司法をヘイトクライムと組み合わせるというアイデア自体は、初期の修復的司法の試みの中でも選択肢としてあげられていた。ノルウェーの犯罪学者ニルス・クリスティは、第二次世界大戦期のホロコーストをめぐる研究において、収容所の被収容者と看守との間で会話が通じたことが、その後の差別的な関係性に変化を及ぼしたというエピソードを伝えている。(1) 彼は、こうした会話が双方が互いに相手を人間として認識する契機となりうる、という点に可能性を見出したのだが、修復的司法における「対話プロセス」には、少なからず差別や偏見の解消に資する点が含まれている。

しかし、修復的司法とヘイトクライムを論じた研究は多くない。二〇世紀後半以降に整えられた反差別法制やヘイトクライム規制では、修復的司法をこうしたヘイトクライムに応用するという視点は、ほとんど問題にされてこなかった。これは一つには、まだ新しいアイデアと見られていた修復的司法に対し、研究者の間でも理解が十分でなかったことにも起因すると思われる。そうした中、本書一八ページでも言及されているシェンク (Alyssa H. Shenk) の二〇〇一年の論文 'Victim-Offender Mediation: The Road to Repairing Hate Crime

Injustice」（「ＶＯＭ（被害者・加害者間の調停）——ヘイトクライムの不正義を修復する」）が発表される。修復的司法の技法の中でも被害者と加害者間での対話・調停に重点を置いたプログラム（ＶＯＭ）がヘイトクライム規制に応用しうるのではないかという方向性を示すものであった。本書の著者ウォルターズもまた、同時期から修復的司法とヘイトクライムとの関係に着目した研究を続けていたが、ＶＯＭ以外の、ファミリー・グループ・カンファレンス（ＦＧＣ）、警察による対話プログラム（本書中では「修復的措置」と呼ばれている）などにまで研究分野を拡大したものが、本書である。著者は、実際に英国のヘイトクライム・プロジェクト（ＨＣＰ）において修復的司法を応用した調査も行ない、本書でその分析を公表している。ヘイトクライムに対する修復的司法の可能性を論じた単著としては、おそらく初の本格的な研究書である。

犯罪学理論における修復的司法

修復的司法とは、Restorative Justice の訳語である。これまでの刑事司法が、加害者が起こした犯罪に対する刑事責任を厳密に明らかにし、それにふさわしい刑罰を加害者に対して科すという司法手続に集中していたことへの反省に立ち、それとは異なる「正義」の実現を模索する実践として、二〇世紀の後半に再発見されたものである。本書でもたびたび言及されるハワード・ゼアは、修復的司法に関する最初期の紹介書でもある『修復的司法とは何か』（二〇〇三年）の日本語版序文で、「一九七〇年代に湧き出たほんのひとすじの流れ、すなわち従来とは異なる司法のあり方を夢見たひと握りの人々の努力として始まった」と表現している。

当初は、しばしばオーストラリアのアボリジナルの人びとやニュージーランドのマオリの人びととの村落共同体で行なわれている実践などにヒントを得た試みと捉えられていた。加害者と被害者がともに同じコミュニティで生活していることから、犯罪のような出来事が発生した場合に、関係当事者すべてが関わってコミュニティの再統合が図られるという点に特徴があるとされた。

刑事裁判は、被疑者・被告人と国家（その代理人たる検察官）という両当事者の対決の場であり（当事者主義）、他の要素が介在することは、公正であるべきという観点からはむしろ好ましくないとして排除される。その結果、被害者、双方の家族、関係するコミュニティのメンバーも、犯罪の事実の特定という観点以外からは手続への参加が制限される。社会への再統合は刑罰や処分執行後の改善・社会復帰段階の問題であると認識される。しかし、その反対効果として、その事件で影響を受けた関係者たちは、犯罪の直接・間接の被害とされるものを、自分たちの中で処理する機会が刑事司法が作用している間中断され、刑罰執行後まで延期されることになる。実際には、その時間的経過により問題が変質してしまい、コミュニティ内の亀裂がさらに深まることがしばしばである。

修復的司法という発想が生まれたのは、こうした背景を踏まえてのことだった。社会的な紛争事象は、ある意味でその社会の財産でもある（"Conflicts as Property"）[11]。不幸にして起きた紛争事象を、その社会がそこから学び、解決策を模索する中で社会的な機能の変革を成し遂げるための、糧とすること。紛争事象を、一般社会から隔離してしまい、その本来の価値を減じさせてしまう従来の応報的司法には重大な欠陥がある。コミュニティは、むしろ紛争に対して積極的に関与し、社会の機能の回復を模索すべきである。

修復的司法は、従来の刑事司法が加害者を中心として構築されていたのに対し、被害者関係的、コミュニティ関係的な視点を導入したものであるとされることが多い。加害者、加害者の家族や被害者とその家族、周辺のコミュニティのメンバーの三者が主要なアクターとして特定され、それぞれの間の関係性こそが、修復の対象となる。こうした考え方を反映して、修復的司法が比較的早期に導入された領分は少年非行の問題であった。また、起こした事件も軽微なものに限定されるのではないか、とイメージする向きも多い。しかし、実際には、さまざまな犯罪事象に対して修復的司法が利用されており、しばしば殺人やレイプなどの深刻な犯罪事件でも用いられることがある。英米のほか、カナダや豪州、ニュージーランドなどの英米圏に拡がっているだけでなく、北欧諸国にも早くから導入されており、ノルウェーの調停機関による実践は、もっとも大規模かつ先進的な取り組みだといえるだろう。

村落共同体が重要な機能を担っているアフリカ地域でも、近似した仕組みが機能しているといわれることがある。また、理論的には、国際的な紛争の処理においてしばしば導入される「真実和解委員会」の手法も、修復的司法との近似性があると指摘される。そのように、明確な形で「修復的司法」という呼称を用いていない場合でも、広義の修復的司法の実践として捉える研究者もいる。司法に関わる場合以外にも、修復的側面を持つ手法に着目した実践の評価もある（たとえば、ブラジルのスラム等で行なわれている「修復的サークル」などの試み）。いまだ発展途上の分野でもあるため、多種多様な試みが「修復的」とみなされうる状況にあり、その実際的な効果や可能性について、明確な理論的基準が設定されている状態ではない。

たとえば本書に出てくる、コーンウォールの警察による「修復的措置（Restorative deposit）」を修復的司法の実践と評価しうるかどうかは慎重な議論が必要だろう。警察官という取り締まり当局の一員が職権的に介入する場合、修復的司法が前提としている「当事者の自発的参加」は微妙な状態に置かれる。ノルウェーでも一時期、少年事件について調停手続を義務化する法案が審議されたが、自発的な参加が確保できない場合、対話による修復という大前提が崩れてしまうという理由で、現場から強い反対意見が寄せられたという。修復的司法が、加害者に対するもう一つの強制的介入となってしまうならば、応報的司法の欠点を補うどころか、過剰な介入を許してしまうことになるからである。こうした問題点については著者も熟知しており、批判的観点を持って適切な分析をしている。

修復（Restore）という用語には、当該犯罪によって生じた被害の修復、という意味と、影響を受けたコミュニティや社会、人間関係そのものの修復という両方の意味がある。そのため初期の紹介論文等では、「恢復」や「損害回復」といった訳語も使用され、あるいはそのまま「リストラティブ・ジャスティス」、しばしば意図的に「RJ」と略語が用いられることもあった。しかし、近年は、「修復的」という用語が定着しているようである。一方、ジャスティス（Justice）の訳語については、「正義」と訳す場合と「司法」と訳す場合とがある。本書では、「司法」とする訳を採用したが、実際に行なわれている実践のイメージは、司法という手続面よりも、むしろ社会における「正義」の実践的な形態であると考えるほうが適切かもしれない。本書の第二章でも触れられているが、修復的司法については、二つの捉え方、すなわち修復的司法は既存の刑事司法を補完する実践なのか、それとも、既存の刑事司法を丸ごと変化させる革新的な発想なのか、という大きな議論がある。前者の立場では、「司法」の訳語を選択しやすく、後者では「正義」という訳語を選択しやすいという傾向もありそうである。

なお、最近、政治思想、とくにジェンダー論の関わりの中で、「修復的正義」という用語が用いられることがある。二〇一〇年に、マーガレット・ウォーカーが行なったニコマコス倫理学以降の正義の概念の再構築を扱った重要な講義の題名がそのように訳されたことが発端であるが、彼女の用いた原語は“What Is Reparative Justice?”であり、通常「修復的司法」の訳語があてられている“Restorative”ではない。修復的司法もまた、“reparation”（賠償）をその一部としていることから、両者が思想的に近似した概念であることは確かだが、多少用語の混乱が生じている面があることは否めない。修復的司法に関する多義的な捉え方ともども、各種文献の読解にあたっては注意が必要だと思われる。

ヘイトクライムの規制

さて、本書はヘイトクライムに対する規制があることが前提となっている。この点に関しては第一章が、へイトクライムの犯罪化の構造について詳述している。ただ、本書の説明は英米法のコモン・ローの構造が前提となっているため、日本の刑事法の理解からは大きくずれてしまう。この点については、最近出版された金尚均編『ヘイト・スピーチの法的研究』（法律文化社、二〇一四年）が詳しいが、日本の議論状況が主としてヘイトスピーチに偏りがちな点は、注意が必要である。

ヘイトクライムは、憎悪に基づいて行為が行なわれたことを犯罪化するものであり、本書でも解説されているように、故意・過失などの主観的要素に関わる問題である。一方で、ヘイトスピーチとは、一般的にはヘイトクライムと評価されうる行為のうち、表現の自由に関わるために慎重な取り扱いが必要だとされる行為に対する呼称である。概念の構造上、ヘイトスピーチに対する規制の是非を論ずるためには、ヘイトクライムが処罰可能であることが前提でなければならない。しかし、日本ではヘイトクライムの犯罪化がいまだになされておらず、差別の違法化も十分には法制化されていない。この点は、人種差別撤廃委員会などの国際的な条約機関から再三勧告されている問題である。にもかかわらず、より慎重な検討が必要なヘイトスピーチに対する規制問題が先んじて議論されることにより、ヘイトクライム規制がその端緒にすらつかない状況に置かれている。これは日本社会における、深刻なねじれ現象である。

日本は、むしろ伝統的な応報的司法が、ことヘイトクライムの問題については十分に機能していない状態にある。その場合、刑事司法の枠組みを越えて、修復的司法の手法を応用できる可能性はあるのか。本書が扱うよう な、実践手法としての修復的司法は、ヘイトクライムを犯罪化、少なくとも違法化していないと、かなり困難な面があるのではないだろうか。

この点に関しては、犯罪化していなくても、一応違法という評価を法的に宣言できれば、刑事罰以外の手段を援用することが可能かもしれない。実際、他国では、この点に関連して国内人権機関による救済手続を準備しているところがある。この場合、具体的な差別事例に対して救済機関が介入する場合に、修復的司法の手法を用いる可能性がありうる。適切なファシリテーターを中心に、加害者、被害者、コミュニティメンバーによるファミリー・グループ・カンファレンス（FGC）を実施するなどの方策は、慎重な手順を積み上げれば、それなりの具体的解決策になるかもしれない。修復的司法が従来の応報的司法とは異なる、という点を強みにすることができれば、大幅な司法システムの改革につながる可能性もある。

ただし、すでにカナダでヘイトスピーチの問題に対して国内人権機関が介入できる条項（カナダ人権法第一三条）の削除をめぐる大きな議論があり、国内人権機関の介入に歯止めがかけられてしまったことからも推測できるように、繊細な問題に関して通常の司法とは別の法体制を利用することについては各方面からの強い抵抗が予想される。問題がヘイトクライムを超えてヘイトスピーチの問題として取り上げられることは、さまざまな角度から見て問題の解消にとっての障害となる可能性が高い。やはり現在の日本に必要なのは、まずは明確にヘイトクライムを犯罪化することではないかと考えざるをえない。

ヘイトクライムへの修復的司法の応用は可能か

ヘイトクライムへの修復的司法の応用については、本書でもしばしば言及されているように、深刻なリスクもある。とくに、ヘイトクライムの被害者が受ける二次被害である。関係当事者が集まるカンファレンスなどの場が、二次被害を惹き起こす場となる危険性はかなり大きいと思われる。その点を考えても、ファシリテーターの手腕に負うところは大きい。

ファシリテーターらの実践者たちだけではない。ヘイトクライムを取り扱う法執行官も、修復的司法の手続に関与する場合、従来の刑事司法のとき以上に二次被害に対する意識が必要となる可能性が高い。具体的な事象のみの関係にとどまる従来型の刑事司法に比べ、修復的司法では、関係者が被害者だけでなくコミュニティのメンバーにまで拡がることになる。修復的司法の実践の過程での二次被害についての理解は、制度設計の段階から組み込んでおくべきポイントであろう。

ところで、ヘイトクライムは故意・過失といった主観的要素（メンズ・レア）の層に属する問題だが、それだけに誠意なき謝罪や、加害者側による故意の否定などの態度に対する処方箋を準備しておく必要は大きそうである。修復的司法におけるカンファレンスなどは、さまざまな当事者が一堂に会することになるが、そうした際のメンタルなセキュリティの保障は難問である。まさに、こうした点がネックとなり、ヘイトクライムへの修復的司法の適用に二の足を踏む意見をしばしば聞く。だが本書では、たとえそうしたリスクがあろうとも、あえて対立構造を顕在化させることにより差別の地下化を避ける意義などについても指摘している。本書内で紹介されたいくつかの例では、いくぶんか対立的な関係であっても、互いの存在をそれなりに認めることができるようコミュニティの関係性が回復する可能性にも言及している。ヘイトクライムに対する修復的司法の応用を、単なる一犯罪の解決をめぐる手段の問題と捉えるだけではなく、より広く社会の差別構造自体を変化させる契機にすることを視野に入れた本書の態度は、研究を通じた社会活動という点からも優れた視点だと思われる。

文中、ヘイトクライムに至らない小さな事件をも含めた呼称として「ヘイト事象」という用語を用いた。ヘイトクライムの被害者にある程度共通するのは、ヘイトの行為が継続していた場合に、法執行官等による介入によりいったん行為をやめさせてほしい、という願いである。この場合、犯罪として立件されるか否かではなく、行為自体の中止が必要である。ヘイト事象という表現は、そうした犯罪以前の行為に対しても修復的司法の手法を用いた介入ができる可能性を示している。この場合も、従来の応報的司法を用いるには限界があるが、修復的司法を応用すればいくぶんかの状況の改善が見込める。

ヘイトクライムのような犯罪に対して、故意犯で確信を持っている加害者が多い、というイメージが先行しているる気がするが、本書で示されているのは、介入の契機が多様化すれば、状況改善の契機もそれだけ増えるのではないか、という希望である。

修復的司法に基づく手法が、専門家による介入契機を増やす方向に進むのであれば、社会の態度全体の改善を働きかけつつ、ヘイトクライムの根本的要因に肉薄できるのではないか。本書に示された内容は、現在の日本の社会のありようにとっても十分に示唆的だと思う。

本書が、日本のヘイトクライムをめぐる状況の改善の、きっかけとなることを心から願っている。

本書は、福井昌子が原文からの翻訳を担当し、寺中が監訳を行った。訳語の選定、言い回しなどについてはすべて監訳者に責任がある。

また、師岡康子氏には、ヘイトクライムをめぐる現代日本の情勢について詳細なご論考をいただいた。原稿・校正などの編集作業に関し、明石書店編集部の大野祐子氏、神野斉氏、そして小山光氏には再三にわたり大変ご迷惑をおかけした。彼らのご支援がなければ、本書は日の目を見ないままだったであろう。心より感謝を。また、ヘイトクライム研究会や全国ＲＪ交流会などでお会いした法学、社会学の研究者実務家の方々には、折に触れさまざまなご教示、ご示唆をいただいた。御礼申し上げます。

寺中　誠

(ⅰ) ニルス・クリスティ著、平松毅・寺澤比奈子訳『人が人を裁くとき——裁判員のための修復的司法入門』（有信堂高文社、二〇〇六年）。

(ⅱ) Christie, Nils (1977), 'Conflicts as Property', *The British Journal of Criminology*, Volume 17, Issue 1, 1 January 1977, pp. 1–15.

(19) 一般的な話として、修復的司法／調停はヘイトクライムへの対応として有効だとして、他の人に勧めますか？

(20) ヘイトクライム事件に修復的司法／調停を行なうことについて何かご意見があったら教えてください。

ケーションのスタイルに違いがあったなど。

(9) 会合を行なったことによって、被害者と、被害者の文化的／アイデンティティに関わる背景について加害者の理解の程度が変わったと思いますか？

(10) 賠償／調停合意書は作成されましたか？　作成された場合、どういった内容が含まれていますか？

(11) 加害者は謝罪しましたか？

(12) 参加した当事者全員がその賠償合意書に満足したと思いますか？　被害者は謝罪を受け入れましたか？　また、被害者はその謝罪が心からのものであると受け止めたと思いますか？

(13) 会合によって、被害者／当事者が経験した感情面での悪影響は軽減されたと感じますか？　もしそう感じるのであれば、どのようにして軽減されたと思いますか？

(14) ヘイトクライム事件を修復的司法で扱うことについて一般的な質問をします。その前に、この事件について質問者が知っておくべきことは他に何かありますか？

修復的司法カンファレスについての一般的な質問

(15) 修復的／調停会合中、ヘイトクライム事件に特有の課題のうち、どういったものを議論するべきだと思いますか？

(16) 対面して行なう修復的調停に適していないと考えるヘイトクライムはどういった類型のものですか？　その理由も教えてください。

(17) 被害者（参加者）が会合中に再び被害を受けるリスクに対して、修復的司法／調停の実践者はどのように対応するべきだと思いますか？

(17a) ヘイトクライム事件で被害者が再び被害を加えられる恐れはどれくらいあると思いますか？

(18) カンファレンス／調停中に、一方の当事者が人種差別的／同性愛嫌悪的／反宗教的な発言をした場合、あなたならどのように対応すると思いますか？

別表B
インタビュー項目一覧
修復的司法の実践者用

はじめに

最初に、修復的司法の実践者としての経験について話してください。どのようなトレーニングを受けましたか？

何が修復的司法対応／カンファレンス／調停手続の重要な項目だと思うかを説明してください。

（1）あなたがファシリテーター―を務めた修復的司法／調停会合／カンファレンスのうち、被害者の人種、性的指向、宗教が動機（部分的な動機）となった犯罪／事件が関わっていたものについて話してください。

（2）その事件が修復的司法／調停／カンファレンスに適していると決定された理由を知っていますか？

（3）関わった当事者に対して、修復的／調停手続とは何か、達成すべき目的はどういったものかを説明しましたか？

（4）会合／調停手続の際、何か起きましたか？　被害者および加害者（両当事者）とその支援者はその場にいましたか？

（5）被害者／申立者は犯罪／事件がどのような影響をもたらしたのかを説明することができましたか？

（6）加害者／申し立てられた当事者はなぜそのような犯罪／事件を起こしてしまったのかを説明することができましたか？

（7）会合中、人種や宗教、性的指向、障害に基づく偏見あるいはヘイトに関わる話題が取り上げられましたか？　取り上げられたという場合、被害者／加害者はそうした話題に対してどのような反応を示しましたか？

（8）参加者の背景の違いがなんらかの形で対話の妨げになったと感じましたか？　たとえば、言語の問題があった、参加者が相手の話を理解できなくなるほどコミュニ

セクション５：修復的手続の全般的な影響

(46) 全体的に見て、修復的（調停）手続はよい（よくない）経験だったと思いますか？

- □ とてもよい経験だった
- □ よい経験だった
- □ よくない経験だった
- □ まったくよくない経験だった
- □ わからない

(47) 次の文章はどれだけあなたに当てはまりますか？　当てはまるものにチェックしてください。

修復的（調停）手続の後、事件はすべて過去のことだと思えるようになった。

- □ まったくそのとおりだと思う
- □ ある程度そう思う
- □ どちらでもない
- □ そうは思わない
- □ まったくそうは思わない
- □ この質問は自分には当てはまらない

(48) 全体的に見て、修復的（調停）手続に満足している。

- □ とても満足している
- □ ある程度満足している
- □ 満足していない
- □ まったく満足していない

(49) 同じような事件に巻き込まれた人に、修復的司法（調停）を勧めますか？

- □ 勧める
- □ 勧めない
- □ わからない

(50) 修復的司法（調停）を経験して、ご意見があれば自由にお書きください。

どうもありがとうございました。

セクション４

(42) 修復的（調停）手続によって、事件に関わった他方の当事者（加害者）に対する気持ちは和らぎましたか？　それとも悪化しましたか？

- □ 和らいだ
- □ 悪化した
- □ どちらでもない

(43) 修復的（調停）手続によって、他方の当事者／加害者に対する気持ちがどのような影響を受けたのかを説明してください。

(44) もし他方の当事者／加害者に対する気持ちが変わったとしたら、次のいずれかの要素が関係していますか？

- □ 他方の当事者に会ったこと
- □ 彼らがなぜそのようなことをしたのかという説明を聞いたこと
- □ 彼らがそうした行為をもうしないと約束したこと
- □ ファシリテーターの話を聞いたこと
- □ 共通の目的を見出したこと
- □ 他方の参加者の出身地がわかったこと
- □ 彼らが私の話を聞いてくれたことがわかったこと
- □ 彼らが私の話を理解したことがわかったこと
- □ 彼らの文化的／アイデンティティに関わる背景をより理解したこと
- □ その他（説明してください）

(45) 次の文章はどれだけあなたに当てはまりますか？　１つにチェックしてください。
修復的（調停）手続を経験したおかげで、他方の当事者はあなたの文化的／個人的なアイデンティティの背景をより理解した

- □ まったくそのとおりだと思う
- □ ある程度そう思う
- □ どちらでもない
- □ そうは思わない
- □ まったくそうは思わない
- □ この質問は自分には当てはまらない

自分には当てはまらないと考える理由を説明してください。

(36) 加害者に感じた恐怖についてもう少し詳しく説明してください。また、修復的（調停）手続後、それはどのように変わりましたか？

以下のレベル1～10について、1は「程度が低い」、10は「程度が高い」ことを示します。

(37) 修復的（調停）手続の直前、他方の当事者（加害者）に対してどの程度の怒りを感じたかを記してください。1は感じなかった、10は強く感じたことを示します。(怒りを感じなかったら、当てはまらないにチェックしてください)

1　2　3　4　5　6　7　8　9　10　当てはまらない

□　□　□　□　□　□　□　□　□　□　□

感じなかった　ある程度感じた　強く感じた

(38) 修復的（調停）手続の直後、他方の当事者（加害者）に対してどの程度の怒りを感じたかを記してください。1は感じなかった、10は強く感じたことを示します。(怒りを感じなかったら、当てはまらないにチェックしてください)

1　2　3　4　5　6　7　8　9　10　当てはまらない

□　□　□　□　□　□　□　□　□　□　□

感じなかった　ある程度感じた　強く感じた

(39) 修復的（調停）手続の直前、事件／もめごとに対してどの程度の不安を感じたかを記してください。1は感じなかった、10は強く感じたことを示します。(怒りを感じなかったら、当てはまらないにチェックしてください)

1　2　3　4　5　6　7　8　9　10　当てはまらない

□　□　□　□　□　□　□　□　□　□　□

感じなかった　ある程度感じた　強く感じた

(40) 修復的（調停）手続の直後、事件／もめごとに対してどの程度の不安を感じたかを記してください。1は感じなかった、10は強く感じたことを示します。(怒りを感じなかったら、当てはまらないにチェックしてください)

1　2　3　4　5　6　7　8　9　10　当てはまらない

□　□　□　□　□　□　□　□　□　□　□

感じなかった　ある程度感じた　強く感じた

(41) 修復的（調停）手続の後、不安と怒りの感情がどのように変わったかを説明してください。

(32) 次の項目のうち、事件／もめごとが終わってから感情的に立ち直るために役に立ったものはありますか？

□ 時間の経過
□ パートナー、友人、家族の支援
□ 住宅局職員の支援
□ NGO ／慈善団体の支援
□ いずれでもない
□ この質問は自分には当てはまらない
□ その他。自由に記入してください。

次の文章で、自分に当てはまるものをチェックしてください。

(33) 修復的（調停）手続の直前から他方の当事者（加害者）が怖くなった

□ まったくそのとおりだと思う
□ ある程度そう思う
□ どちらでもない
□ そうは思わない
□ まったくそうは思わない
□ この質問は自分には当てはまらない

(34) 修復的（調停）手続の直後から他方の当事者（加害者）が怖くなった

□ まったくそのとおりだと思う
□ ある程度そう思う
□ どちらでもない
□ そうは思わない
□ まったくそうは思わない
□ この質問は自分には当てはまらない

(35) 修復的（調停）手続の後、他方の当事者（加害者）が、その事件があなたにどのような影響を与えたのかをよく理解するようになったと思いますか？

□ まったくそのとおりだと思う
□ ある程度そう思う
□ どちらでもない
□ そうは思わない
□ まったくそうは思わない
□ この質問は自分には当てはまらない

□　対等に扱われていないと感じたことはない

(28) なんらかの点で不利だと感じたことがあった場合、どのような対応を受けたのかを説明してください。

(29) 会合中あるいは会合後に加害者／他方の当事者は謝罪をしましたか？（手紙、ファシリテーターを介してメッセージを送ってきた、など）

□　謝罪した

□　謝罪しなかった

加害者／他方の当事者の謝罪を聞いてどのように感じましたか？　その謝罪は心からのものだと思いましたか？　加害者／他方の当事者は謝罪するべきだと思いましたか？

(30) 全般的に、修復的（調停）手続のおかげで感情的に立ち直ることができたと思いますか？

□　そう思う

□　そうは思わない

□　どちらでもない

どのようにして感情的に立ち直ることができたのかを説明してください。あるいは、立ち直るためには役に立たなかったと思う理由を説明してください。

(31) 修復的（調停）手続のうち、次のいずれかが感情的に立ち直るために助けになったと思いますか？

□　手続に参加したこと

□　自分がどう感じたのかを他方の当事者に説明できた（他方の当事者に自分がどう感じたのかを説明する手紙を送った）こと

□　その事件が自分の生活にどう影響したのかを説明できたこと

□　その事件に関わった他方の当事者に会ったこと

□　その事件／もめごとのせいで自分がどう感じたかを他方の当事者が理解したことがわかったこと

□　他方の当事者から謝罪を受けたこと

□　事件／もめごとが終わることが確認できたこと

□　わからない

□　上記のいずれでもない

□　その他。自由に記入してください。

(22) 修復的司法／対応（調停）会合に参加することにしたのはなぜですか？

(23) 他方の当事者と対面しましたか？　それともファシリテーターだけとの会合でしたか？

□　対面した

□　ファシリテーターだけとの間接的な調停だった

(24) 調停者／ファシリテーターは修復的司法（調停）会合の間、公正だったと思いますか？

□　公正だった

□　公正ではなかった

詳細に説明してください。

(25) そのファシリテーターは、事件があなたにどのような影響を及ぼしたのかについて説明する機会を与えてくれましたか？

□　はい

□　いいえ

詳細に説明してください。

(26) そのファシリテーターは、事件によって起きた問題を解決しようと努力してくれたと思いますか？

□　そう思う

□　そうは思わない

□　ある程度そう思う

詳細に説明してください。調停会合にはその他の機関や団体も参加していましたか？

(27) 修復的（調停）手続の間、次のいずれかを理由にして対等に扱われていないと感じたことがありましたか？

□　年齢

□　人種、民族、国籍

□　宗教上の信仰

□　性的指向

□　ジェンダー

□　言語能力

□　その他

□ 眠れなくなった
□ 悪夢を見るようになった
□ 鬱になった／気分が落ち込んだ
□ 再び攻撃されるのではないか／被害を受けるのではないかと不安になった
□ 自分を責めるようになった
□ 自信を持てなくなった
□ 自分を大事にできなくなった
□ 怒りを感じた
□ 上記のいずれでもない
□ その他（自由に説明してください）

(18) 事件／もめごとが起きてから次のいずれかを経験しましたか？（当てはまると思うものすべてにチェックを入れてください）
□ 特定の場所に出かけなくなった
□ 発言や行動に気をつかうようになった
□ 見た目／ふるまい方を変えるようにした
□ 住宅に関連した問題が起きた
□ 職場で問題が起きた
□ 言いたくない

(19) その事件があなた自身とあなたの身近な人びとにどのように影響したのかを自由に説明してください。

セクション３：修復的／調停手続について

(20) 調停者／ファシリテーターは、修復的司法（調停）会合でするべきことについて適切な情報を伝えてくれたと思いますか？
□ 伝えてくれた
□ 伝えてくれなかった
□ 覚えていない

(21) 修復的司法（調停）の手続の目的を聞きましたか？
□ 聞いた
□ 聞いていない
□ 覚えていない

□　その他（自由に記述してください）

(12)　事件に関わった当事者のことを事件前から知っていましたか？
□　知っていた
□　知らなかった

(13)　事件前から知っていた場合、その当事者は次のいずれに該当しますか？（該当するものすべてにチェックを入れてください）
□　近所の住民
□　友人
□　知り合い
□　家族
□　パートナー／配偶者
□　職場の人間
□　その他
□　知らない人

(14)　その事件／もめごとで負傷しましたか？
□　はい
□　いいえ
「はい」の場合、どのような負傷だったのかを教えてください。（治療が必要だったかどうかも記述してください）

(15)　その事件／もめごとに関連して費用の負担がありましたか？
□　はい
□　いいえ
「はい」の場合、何のための費用を負担したのかを教えてください。

(16)　その事件／もめごとによって感情的な影響を受けましたか？
□　はい　→質問 17 に進んでください。
□　いいえ　→質問 18 に進んでください。
□　言いたくない　→質問 17 に進んでください。

(17)　その事件／もめごとのために次のいずれかの感情的な、または心理的な影響を受けましたか？
□　不安になった

□　2～6カ月前
□　7～11カ月前
□　1～2年前
□　2～5年前
□　5年以上前

(8) どのようなことが起きたのかをご記入ください。
警察を呼びましたか？　呼んだ場合、警察はどのような対応をしましたか？
住宅局は関わりましたか？　関わった場合、住宅局はどのような対応をしましたか？

(9) 加害者は一人でしたか？　それともその他にも関わった人がいましたか？
他にも関わった人がいた場合、その人数を教えてください。
□　加害者は一人だった
□　加害者は二人だった
□　加害者は三人だった
□　加害者は三人以上だった
□　加害者が何人だったかわからない

(10) その事件はどのくらい続きましたか？
□　一度だけで終わった
□　一週間くらい
□　1～3週間
□　1～3カ月
□　4～6カ月
□　7～12カ月
□　1年以上前
□　現在も続いている

(11) その事件は次のいずれかの偏見が動機（部分的にでも）となって起きたものだと思いますか？（該当するものすべてにチェックを入れてください）
□　人種、民族、国籍
□　性的指向
□　宗教上の信仰
□　障害
□　わからない
□　上記のいずれでもない

別表A
インタビュー項目一覧
被害者と申し立てを行なった被害者用

このアンケートは、筆者がオックスフォード大学刑事学センターに提出する博士号論文執筆のための研究として行なうものです。本研究は、人種や宗教、性的指向などを原因として事件や犯罪に巻き込まれた人びとに対して、修復的／調停手続がどのような効果をもたらすのかを検証することが目的です。この研究にご協力いただければ、犯罪によってもたらされる被害を回復させるための刑事司法の対応が有効であるかどうかを確かめる根拠となります。このアンケート用紙に記入された内容は、今後、研究結果を印刷物にする際に使う場合がありますが、記入者の名前や住所といった個人を特定するような情報は使いません。アンケートの回答にご協力いただきたく、またその際はなるべく正直に回答くださるようお願いいたします。

セクション１：記入者について

（1）誕生日をご記入ください。

（2）ご自身のジェンダーをご記入ください。

（3）ご自身の民族をご記入ください。

（4）信仰する宗教をご記入ください。

（5）ご自身の性的指向をご記入ください。

（6）ご自身には障害があると思いますか？
□　はい
□　いいえ
□　障害があるかどうかについて答えたくない
「はい」の場合、どのような障害なのかをご記入ください。

セクション２：事件について

（7）（最初に）事件が起きたのはいつですか？
□　先月

法とは何か——応報から関係修復へ』新泉社、2003 年）
Zehr, H. and Mika, H. (1998), 'Fundamental Concepts of Restorative Justice', *Contemporary Justice Review*, 1: 47-55.

Research, Bristol: Policy Press.
Walters, M. and Hoyle, C. (2010), 'Healing Harms and Engendering Tolerance: The Promise of Restorative Justice for Hate Crime', in N. Chakraborti (ed.), *Hate Crime: Concepts, Policy, Future Directions,* Cullompton, Devon: W illan Publishing.
Walters, M. and Hoyle, C. (2012), 'Exploring the Everyday World of Hate Victimisation through Community Mediation', *International Review of Victimology,* 18(1): 7-24.
Weinstein, J. (1992), 'First Amendment Challenges to Hate Crime Legislation: Where's the Speech?', *Criminal Justice Ethitcs,*11(2): 6-20.
Weisberg, R. (2003), 'Restorative Justice and the Danger of "Community"', *Utah Law Review,* 1: 343-74.
White, R. (1994), 'Shaming and Reintegrative Strategies: Individuals, State Power and Social Interests', in C. Alder and J. Wundersitz (eds.), *Family Conferencing and Juvenile Justice: The Way Forward or Misplaced Optimism?,* Canberra: Australian Institute of Criminology.
Whitlock, K. (2001), *In a Time of Broken Bones: A Call to Dialogue on Hate Violence and the Limitations of Hate Crimes Legislation,* Philadelphia: The American Friends Service Committee, Community Relations Unit.
Wilcox, A., Hoyle, C., and Young, R. (2005), 'Are Randomised Controlled Trials Really the "Gold Standard" in Restorative Justice Research?', *British Journal of Community Justice,* 3(2): 39-49.
Williams of Mostyn, Lord (1997), *Second Reading Speech,* 16.12.97, HL Deb col.
Williams, M. L. and Robinson, A. L. (2004), 'Problems and Prospects with Policing the Lesbian, Gay and Bisexual Community in Wales', *Policing and Society,* 14(3): 213-32.
Witte, R. (1996), *Racist Violence and the State: A Comparative Analysis of Britain, France and the Netherlands,* London: Longman.
Wolfe, L. and Copeland, L. (1994), 'Violence Against Women as Bias-Motivated Hate Crime: Defining the Issues in the USA', in M. Davies (ed.), *Women and Violence,* London: Zed Books.
Wundersitz, J. and Hetzel, S. (1996), 'Family Conferencing for Young Offenders: The South Australian Experience', in J. Hudson, A. Morris, G. Maxwell, and B. Galaway (eds.), *Family Group Conferences: Perspectives on Policy and Practice,* Sydney: Federation Press and Criminal Justice Press.
Zehr, H. (1990), *Changing Lenses: A New Focus for Crime and Justice,* Scottsdale: Herald Press.（ハワード・ゼア著、西村春夫・細田洋子・高橋則夫監訳『修復的司

Umbreit, M., Coates, R., and Roberts, A. (2000), 'The Impact of Victim-Offender Mediation: A Cross-National Perspective', *Mediation Quarterly*, 17(3): 215-29.

Umbreit, M., Coates, R., and Vos, B. (2001), *Juvenile Victim Offender Mediation in Six Oregon Counties: Final Report*, Oregon: Dispute Resolutions Commission.

Umbreit, M., Coates, R., and Vos, B. (2002), *Community Peacemaking Project: Responding to Hate Crimes, Hate Incidents, Intolerance, and Violence Through Restorative Justice Dialogue*, Minnesota: Center for Restorative Justice.

Van Camp, T. and Wemmers, J-A. (2013), 'Victim Satisfaction with Restorative Justice', *International Review of Victimology*, 19(2): 117-43.

Van Stokkom, B. (2002), 'Moral Emotions in Restorative Justice Conferences: Managing Shame, Designing Empathy', *Theoretical Criminology*, 6(3): 339-60.

Victim Support (2006), *Crime & Prejudice: The Support Needs of Victims of Hate Crime: A Research Report*, London: Victim Support.

Walgrave, L. (2002), 'From Community to Dominion: In Search of Social Values for Restorative Justice', in E. Weitekamp and H. Kerner (eds.), *Restorative Justice: Theoretical Foundations*, Cullompton, Devon: Willan Publishing.

Walgrave, L. (2007), 'Integrating Criminal Justice and Restorative Justice', in G. Johnstone and D. Van Ness (eds.), *Handbook of Restorative Justice*, Cullompton, Devon: Willan Publishing.

Walklate, S. (2008), 'Changing Boundaries of the "Victim" in Restorative Justice: So Who Is the Victim Now?', in D. Sullivan and L. Tifft (eds.), *Handbook of Restorative Justice: A Global Perspective*, Abingdon: Routledge.

Walters, M. (2005), 'Hate Crimes in Australia: Introducing Punishment Enhancers', *Criminal Law Journal*, 29(4): 201-16.

Walters, M. (2011), 'A General Theories of Hate Crime? Strain, Doing Difference and Self Control', *Critical Criminology*, 19(4): 331-50.

Walters, M. (2012), 'Hate Crime in the UK: Promoting the Values of Dignity and Respect for Young Victims Through Restorative Justice', in T. Gavrielides (ed.), *Rights and Restoration Within Youth Justice*, Whitby, Ontario: de Sitter Publications.

Walters, M. (2013a), 'Conceptualising "Hostility" for Hate Crime Law: Minding "the Minutiae" when Interpreting Section 28(l)(a) of the Crime and Disorder Act 1998', *Oxford Journal of Legal Studies*, doi:10.1093/ojls/gqt021.

Walters, M. (2013b), 'Why the Rochdale Gang Should Have Been Sentenced as "Hate Crime" Offenders', *Criminal Law Review*, 2: 131-44.

Walters, M. (2014), 'Restorative Approaches to Working with Hate Crime Offenders', in N. Chakraborti and J. Garland, *Hate Crime: The Case for Connecting Policy and*

Justice', *Utah Law Review*, 15(1): 15-42.
Strang, H. and Sherman, L., with Angel, C., Woods, D., Bennett, S., Newbury-Birch, D., and Inkpen, N. (2006), 'Victim Evaluations of Face-to-Face Restorative Justice Conferences: A Quasi-Experimental Analysis', *Journal of Social Issues*, 62: 281-306.
Strang, H., Sherman, L., Woods, D., and Barnes, G. (2011), *Experiments in Restorative Policing: Final Report. Canberra Reintegrative Shaming Experiments (RISE)*, Canberra: Regulatory Institutions Network, College of Asia and the Pacific, and Australian National University.
Stubbs, J. (2007), 'Beyond Apology? Domestic Violence and Critical Questions for Restorative Justice', *Criminology and Criminal Justice*, 7(2): 169-87.
Sullivan, A. (1999), 'What's So Bad About Hate: An Unsentimental Reflection on Schoolyard Shootings, Matthew Shepard, Genocide and the Easy Consensus on Hate Crimes', *New York Times*, 26 September, ‹http://www.nytimes.com/1999/09/26/magazine/what-s-so-bad-about-hate.html?pagewanted 8› (accessed 11 September 2013).
Sullivan, D. and Tifft, L. (2001), *Restorative Justice: Healing the Foundations of Our Everyday Lives*, Monsey: Willow Tree Press.
Sullivan, D. and Tifft, L. (eds.) (2008a), *Handbook of Restorative Justice: A Global Perspective*, Abingdon: Routledge.
Sullivan, D. and Tifft, L. (2008b), 'Section III: The Needs of Victims and the Healing Process', in D. Sullivan and L. Tifft (eds.), *Handbook of Restorative Justice: A Global Perspective*, Abingdon: Routledge.
Sykes, G. and Matza, D. (1957), 'Techniques of Neutralization: A Theory of Delinquency', *American Sociological Review*, 22: 664-70.
Talbot, J. (2010), *Seen and Heard: Supporting Vulnerable Children in the Youth Justice System*, London: Prison Reform Trust.
Tangney, J. P. (1991), 'Moral Affect: The Good, the Bad, and the Ugly', *Journal of Personality and Social Psychology*, 61: 598-607.
Tomsen, S. (2009), *Violence, Prejudice and Sexuality*, London & New York: Routledge.
Triggs, S. (2005), *New Zealand Court-Referred Restorative Justice Pilot: Evaluation*, Wellington: New Zealand Ministry of Justice.
Umbreit, M. and Coates, R. (1993), 'Cross-Site Analysis of Victim-Offender Mediation in Four States', *Crime & Delinquency*, 39(4): 565-85.
Umbreit, M. and Coates, R. (2000), *Multicultural Implications of Restorative Justice: Potential Pitfalls and Dangers, Center for Restorative Justice & Peacemaking*, St. Paul, Minnesota: University of Minnesota.

Shaming Experiments (RISE), Australian Federal Police and Australian National University.

Sherman, L., Strang, H., and Woods, J. (2000), *Recidivism Patterns in the Canberra Reintegrative Shaming Experiments (RISE)*, Canberra: Centre for Restorative Justice.

Sibbitt, R. (1997), *The Perpetrators of Racial Harassment and Racial Violence*, Home Office Research Study 176, London: Home Office.

Simester, A. P. and von Hirsch, A. (2011), *Crimes, Harms and Wrongs: On the Principles of Criminalisation*, Oxford: Hart Publishing.

Smith, K. (2006), 'Dissolving the Divide: Cross-Racial Communication in the Restorative Justice Process', *Dalhousie Journal of Legal Studies*, 15: 168-203.

Smith, K., Lader, D., Hoare, J., and Lau, I. (2012), *Hate Crime, Cyber Security and the Experience of Crime Among Children: Findings From the 2010/11 British Crime Survey: Supplementary Volume 3 to Crime in England and Wales 2010/11* (Home Office).

Snow, P. C. and Sanger, D. D. (2011), 'Restorative Justice Conferencing and the Youth Offender: Exploring the Role of Oral Language Competence', *International Journal of Language & Communication Disorder*, 46(3): 324-33.

Southwark Council, Southwark Probation, and Southwark Primary Care Trust (2005), *Southwark Supporting People five year strategy 2005-2010*, London: Southwark Council, Southwark Probation, and Southwark Primary Care Trust.

Spalek, B. (2006), *Crime Victims: Theory, Policy and Practice*, Hampshire: Palgrave Macmillan.

Spalek, B. (2008), *Communities, Identities and Crime*, Bristol: The Policy Press.

Spohn, C. and Holleran, D. (2000), 'The Imprisonment Penalty Paid by Young Unemployed Black and Hispanic Male Offenders', *Criminology*, 38(1): 281-306.

Stanko, E. (2001), 'Re-conceptualising the Policing of Hatred: Confessions and Worrying Dilemmas of a Consultant', *Law and Critique*, 12: 309-29.

Stanton-Ife, J. (2013), 'Criminalising Conduct with Special Reference to Potential Offences of Stirring Up Hatred Against Disabled or Transgender Persons', Law Commission.

Strang, H. (2002), *Repair or Revenge: Victims and Restorative Justice*, Oxford: Oxford University Press.

Strang, H. and Braithwaite, B. (2002), *Restorative Justice and Family Violence*, Cambridge: Cambridge University Press.

Strang, H. and Sherman, L. (2003), 'Repairing the Harm: Victims and Restorative

Tarnished?', in M . Rowe (ed.), *Policing Beyond Macpherson*, Cullompton, Devon: Willan Publishing.

Sawin, J. and Zehr, H. (2007), 'The Ideas of Engagement and Empowerment', in G. Johnstone and D. Van Ness (eds.), *Handbook of Restorative Justice*, Cullompton, Devon: Wilian Publishing.

Scarman, Lord J. (1981), *The Brixton Disorders, 10-12th April (1981)*, London: HMSO.

Schiff, M. (2007), 'Satisfying the Needs and Interests of Stakeholders', in G. Johnstone and D. Van Ness (eds.), *Handbook of Restorative, Justice*, Cullompton, Devon: W illan Publishing.

Schweigert, F. J. (1999a), 'Learning the Common Good: Principles of Community-Based Moral Education in Restorative Justice', *Journal of Moral Education*, 28(2): 163-83.

Schweigert, F. J. (1999b), 'Moral Education in Victim Offender Conferencing', *Criminal Justice Ethics*, 18(2): 29-40.

Shapland, J., Atkinson, A., Atkinson, H., Chapman, B., Colledge, E., Dignan, J., Howes, M., Johnstone, J., Robinson, G., and Sorsby, A. (2006), *Restorative Justice in Practice: The Second Report from the Evaluation of Three Schemes*, Sheffield: The University of Sheffield Centre for Criminological Research.

Shapland, J., Atkinson, A., Atkinson, H., Chapman, B., Dignan, J., Howes, M., Johnstone, J., Robinson, G., and Sorsby, A. (2007), *Restorative Justice: The Views of Victims and Offenders: The Third Report from the Evaluation of Three Schemes*, London: Ministry of Justice Research.

Sharpe, S. (2007), 'The Idea of Reparation', in G. Johnstone and D. Van Ness (eds.), *Handbook of Restorative Justice, Cullompton*, Devon: Willan Publishing.

Sheffield, C. (1995), 'Hate Violence', in P. Rothenberg (ed.), *Race, Class and Gender in the United States*, New York: St. Martin's Press.

Shenk, A. (2001), 'Victim-Offender Mediation: The Road to Repairing Hate Crime Injustice', *Ohio State Journal on Dispute Resolution*, 17: 185-217.

Sherman, L. and Strang, H. (2007), *Restorative Justice: The Evidence*, London: The Smith Institute.

Sherman, L., Strang, H., Angel, C., Woods, D., Barnes, G., Bennet, S., and Inkpen, N. (2005), 'Effects of Face-to-Face Restorative Justice on Victims of Crime in Four Randomized Controlled Trials', *Journal of Experimental Criminology*, 1(3): 367-95.

Sherman, L., Strang, H., Barnes, G., Braithwaite, J., Inkpen, N., and Teh, M. (1998), *Experiments in Restorative Policing: A Progress Report on the Canberra Reintegrative*

Perry, B. and Alvi, S. (2012), '"We Are All Vulnerable": The In Terrorem Effects of Hate Crimes', *International Review of Victimology*, 18(1): 57-71.

Phillips, C. and Bowling, B. (2007), 'Racism, Ethnicity, Crime and Criminal Justice', in M. Maguire, R. Morgan, and R. Reiner (eds.), *Oxford Handbook of Criminology*, Oxford: Oxford University Press.

Quarmby, K. (2008), *Getting Away With Murder: Disabled People's Experiences of Hate Crime in the UK*, London: SCOPE.

Raye, B. (2004), 'How Do Culture, Class and Gender Affect the Practice of Restorative Justice? (Part 2)' in H. Zehr and B. Toews, (eds.), *Critical Issues in Restorative Justice*, Cullompton, Devon: Willan Publishing.

Raye, B. and Roberts, A. (2007), 'Restorative Processes', in G. Johnstone and D. Van Ness (eds.), *Handbook of Restorative Justice*, Cullompton, Devon: Willan Publishing.

Ray, L. and Smith, D. (2002), 'Hate crime, violence and cultures of racism', in P. Iganski (ed.), *The Hate Debate*, London: Profile Books.

Ray, L., Smith, D., and Wastell, L. (2004), 'Shame, Rage and Racist Violence', *British Journal of Criminology*, 44(3): 350-68.

Reiner, R. (2000), *The Politics of the Police*, Oxford: Oxford University Press.

Reiner, R. (2010), *The Politics of the Police*, Oxford: Oxford University Press.

Restorative Justice Council (2011), *RJC Code of Practice for Trainers and Training Organisations of Restorative Practice*, London: RJC, ‹http://www.restorativejustice.org.uk/resource/rjc code of practice for trainers and training organisations of restorative practice january 2011/› (accessed September 2011).

Retzinger, S. and Scheff, T. (1996), 'Strategy for Community Conferences: Emotions and Social Bonds', in B. Galaway and J. Hudson (eds.), *Restorative Justice: International Perspectives, Monsey*, NY: Criminal Justice Press.

Rice, S. (2003), 'Restorative Justice: A Victim's Personal Exploration Towards Acceptance' (paper presented at the Sixth International Conference on Restorative Justice June 1-4). Full text accessed at: ‹http://www.sfu.ca/restorative justice/cresources.html›.

Robinson, G. and Shapland, J. (2008), 'Reducing Recidivism: A Task for Restorative Justice?', *British Journal of Criminology*, 48(3): 337-58.

Roulstone, A., Thomas, P., and Balderson, S. (2011), 'Between Hate and Vulnerability: Unpacking the British Criminal Justice System's Construction of Disablist Hate Crime', *Disability and Society*, 26(3): 351-64.

Rowe, M. (2004), *Policing, Race and Racism, Cullompton*, Devon: Willan Publishing.

Rowe, M. and Garland, J. (2007), 'Police Diversity Training: A Silver Bullet

44(5): 677-94.

Noakes, L. and Wincup, E. (2004), *Criminological Research: Understanding Qualitative Methods*, London: Sage.

Noelle, M. (2002), 'The Ripple Effect of the Matthew Shepard Murder: Impact on the Assumptive Worlds of Members of the Targeted Group', *American Behavioral Scientist*, 46: 27-50.

Noelle, M. (2009), 'The Psychological and Social Effects of Antibisexual, Antigay, and Antilesbian Violence and Harassment', in P. Iganski (ed.), *Hate Crimes*, Volume Two, London: Praeger.

O'Brien, M. (2000), 'The Macpherson Report and Institutional Racism', in D. Green (ed.), *Institutional Racism and the Police: Fact or Fiction?*, London: Institute for the Study of Civil Society.

Office for Democratic Institutions and Human Rights (ODIHR) (2013), *Hate Crimes in the OSCE Region—Incidents and Responses—Annual Report for 2012*, Warsaw: ODIHR, OSCE.

Olsen, W. (2004), 'Triangulation in Social Research: Qualitative and Quantitative Can Really be Mixed', in M. Holborn (ed.), *Developments in Sociology*, Ormskirk: Causeway Press.

O'Mahony, D. and Deazley, R. (2000), *Juvenile Crime and Justice: Review of the Criminal Justice System in Northern Ireland*, London: HMSO.

O'Mahony, D. and Doak, J. (2004), 'Restorative Justice—Is More Better? The Experience of Police-led Restorative Cautioning Pilots in Northern Ireland', *Howard Journal of Criminal Justice*, 43(5): 484-505.

O'Mahony, D. and Doak, J. (2013), 'Restorative Justice and Police-Led Cautioning', in Johnstone, G. (ed.), *A Restorative Justice Reader*, Abingdon: Routledge.

O'Mahony, D., Chapman, T., and Doak, J. (2002), *Restorative Cautioning: A Study of Police Based Restorative Cautioning Pilots in Northern Ireland*, Northern Ireland Office Research & Statistical Series: Report No. 4, Belfast: Northern Ireland Statistics & Research Agency.

Pavlich, G. (2004), 'What Are the Dangers as Well as the Promises of Community Involvement?', in H. Zehr and B. Toews (eds.), *Critical Issues in Restorative Justice*, Cullompton, Devon: Willan Publishing.

Perry, B. (2001), *In the Name of Hate: Understanding Hate Crimes*, New York: Routledge.

Perry, B. (2003), 'Where Do We Go From Here? Researching Hate Crime', *Internet Journal of Criminology*, 1-59.

Series Paper 9: An Explanatory Evaluation of Restorative Justice Schemes, London: Home Office.

Milmo, C. and Morris, N. (2013), 'Woolwich Backlash: Ten Attacks on Mosques Since Murder of Drummer Lee Rigby', *The Independent*, 28 May.

MIND (2007), *Another Assault*, London: MIND, available at ‹http://www. independent.co.uk/news/uk/crime/woolwich-backlash-ten-attacks-on-mosques-since-murder-of-drummer-lee-rigby-8633594.html›.

Ministry of Justice (2012), *Referral Order Guidance*, London: Ministry of Justice.

Ministry of Justice (2012), *Restorative Justice Action Plan for the Criminal Justice System*, London: Ministry of Justice.

Ministry of Justice (2013), *Draft Code of Practice for Victims of Crime*, London: Ministry of Justice.

Moore, D. B. and O'Connell, T. (1994), 'Family Conferencing in Wagga Wagga: A Communitarian Model of Justice', in C. Alder and J. Wundersitz (eds.), *Family Conferencing and Juvenile Justice: The Way Forward or Misplaced Optimism?*, Canberra: Australian Institute of Criminology.

Moran, L. and Skeggs, B., with Tyrer, P. and Corteen, K. (2004a), *Sexuality and the Politics of Violence and Safety*, London: Routledge Taylor & Francis Group.

Moran, L., Paterson, S., Tor Docherty, T. (2004b), *'Count me in!': A Report on the Bexley and Greenwich Homophobic Crime Survey*, London: Bexley and Greenwich Council.

Morris, A. and Young, W. (2000), 'Reforming Criminal Justice: The Potential of Restorative Justice', in H. Strang and J. Braithwaite (eds.), *Restorative Justice: Philosophy to Practice*, Dartmouth: Ashgate Publishing.

Morrison, B. (2007), 'Schools and Restorative Justice', in G. Johnstone and D. Van Ness (eds.), *Handbook of Restorative Justice*, Cullompton, Devon: Willan Publishing.

Morsch, J. (1991), 'Problem of Motive in Hate Crimes: The Argument against Presumptions of Racial Motivation', *Journal of Criminal Law & Criminology*, 82(3): 659-89.

Netto, G. and Abazie, H. (2012), 'Racial Harassment in Social Housing: the Case for Moving Beyond Action Against Individual Perpetrators', *Urban Studies*, 50(4): 1-17.

Newburn, T., Crawford, A., Earle, R., Goldie, S., Hale, C., Hallam, A., Masters, G., Netten, A., Saunders, R., Sharpe, K., and Uglow, S. (2002), *The Introduction of Referral Orders into the Youth Justice System: Final Report*, London: Home Office.

Newburn, T., Shiner, M., and Hayman, S. (2004), 'Race, Crime and Injustice?: Strip Search and the Treatment of Suspects in Custody', *British Journal of Criminology*, to the Maximalist Model', *Contemporary Justice Review*, 3: 357-414.

McCold, P. (2004), 'What Is The Role of Community In Restorative Justice Theory And Practice?', in H. Zehr and B. Toews (eds.), *Critical Issues in Restorative Justice*, Cullompton, Devon: Willan Publishing.

McCold, P. and Wachtel, B. (1997), 'Community Is Not a Place: A New Look at Community Justice Initiatives', paper presented to the International Conference on Justice without Violence: Views from Peacemaking Criminology and Restorative Justice, Albany, New York, 5-7 June 1997.

McCold, P. and Wachtel, B. (1998), *The Bethlehem Pennsylvania Police Family Group Conferencing Project*, Pipersville: Community Service Foundation.

McConnell, S. and Swain, J. (2000), 'Victim-Offender Mediation with Adolescents Who Commit Hate Crimes' (paper presented at the Annual Conference of the American Psychological Association, Washington DC, 4-8 August).

McDevitt, J., Balboni, J., Garcia, L., and Gu, J. (2001), 'Consequences for Victims: A Comparison of Bias- and Non-bias-Motivated Assaults', *American Behavioral Scientist*, 45(4): 697-713.

McDevitt, J., Levin, J., and Bennett, S. (2002), 'Hate Crime Offenders: An Expanded Typology', *Journal of Social Issues*, 58(2): 303-17.

McGarrel, E., Olivares, K., Crawford, K., and Kroovand, N. (2000), *Returning Justice to the Community: The Indianapolis Restorative Justice Experiment*, Indianapolis: Hudson Institute.

McGhee, D. (2005), *Intolerant Britain?: Hate, Citizenship and Difference*, Maidenhead: Open University Press.

McGhee, D. (2008), *The End of Multiculturalism? Terrorism, Integration and Human Rights*, Maidenhead: Open University Press.

McGlynn, C., Westmarland, N., and Godden, N. (2012), '"I Just Wanted Him to Hear Me": Sexual Violence and the Possibilities of Restorative Justice', *Journal of Law and Society*, 39(2): 213-40.

McLagan, G. and Lowles, N. (2000), *Mr. Bad: The Secret Life of Racist Bomber and Killer David Copeland*, London: John Blake Publishing.

Merry, P. (2009), 'Youth Restorative Disposals in Norfolk' (paper given at the Association of Panel Members Annual Conference, 7 April).

Messner, S. F., Mchugh, S., and Felson, R. B. (2004), 'Distinctive Characteristics of Assaults Motivated by Bias', *Criminology*, 42: 585-618.

Miers, D., Maguire, M., Goldie, S., Sharpe, K., Hale, C., Netten, A., Uglow, S., Doolin, K., Hallam, A., Enterkin, J., and Newburn, T. (2001), *Crime Reduction Research*

Macpherson, W. (1999), *The Stephen Lawrence Inquiry*, Cm 4262-1, London: The Stationery Office.

Malik, M. (1999), '"Racist Crime": Racially Aggravated Offences in the Crime and Disorder Act 1998 Part II', *Modern Law Review*, 62: 409-24.

Maroney, T. (1998), 'The Struggle against Hate Crime: Movement at a Crossroads', *New York University Law Review*, 73: 564-620.

Marshall, T. (1999), *Restorative Justice: An Overview, Research Development and Statistics Directorate*, London: Home Office.

Maruna, S., Wright, S., Brown, J., Van Marie, F., Devlin, R., and Liddle, M. (2007), *Youth Conferencing as Shame Management: Results of a Longterm Follow-Up Study*, Belfast: Youth Conferencing Service.

Mason, G. (2005), 'Hate Crime and the Image of the Stranger', *British Journal of Criminology*, 45(6): 837-59.

Mason-Bish, H. (2010), 'Future Challenges for Hate Crime Policy: Lessons From the Past', in N. Chakraborti (ed.), *Hate Crime: Concepts, Policy, Future Directions*, Cullompton, Devon: Willan Publishing.

Matza, D. (1969), *Becoming Deviant*, Englewood Cliffs, NJ: Prentice-Hall.

Maxwell, G. (2008), 'Crossing Cultural Boundaries: Implementing Restorative Justice in International and Indigenous Contexts', *Sociology of Crime Law and Deviance*, 11: 81-95.

Maxwell, G. and Morris, A. (1993), *Families, Victims and Culture: Youth Justice in New Zealand*, Wellington: Institute of Criminology, Victoria University of Wellington and Social Policy Agency.

Maxwell, G. and Morris, A. (2002), 'The Role of Shame, Guilt, and Remorse in Restorative Justice Processes for Young People', in E. Weitekamp and H. Kerner (eds.), *Restorative Justice: Theoretical Foundations*, Cullompton, Devon: Willan Publishing.

Maxwell, G. and Morris, A. (2006), 'Youth Justice in New Zealand: Restorative Justice in Practice?', *Journal of Social Issues*, 62(2): 239-79.

Maxwell, G. Robertson, J., Kingi, V., Morris, A., and Cunningham, C., with Lash, B. (2004), *Achieving Effective Outcomes in Youth Justice: The Full Report*, Wellington: Ministry of Social Development.

McCold, P. (1996), 'Restorative Justice and the Role of Community', in B. Galoway and J. Hudson (eds.), *Restorative Justice: International Perspectives*, Monsey, NY: Criminal Justice Press.

McCold, P. (2000), 'Toward a Holistic Vision of Restorative Juvenile Justice: A Reply

(published in the Western Pacific Association of Criminal Justice Educators Conference Papers, Lake Tahoe: Nevada).

Kennedy, P. and Roudometof, V. (2004), 'Transformation in a Global Age', in R. Kennedy and V. Roudometof (eds.), *Communities Across Borders: New Immigrants and Transnational Cultures*, London: Routledge.

Kenway, P. and Palmer, G. (2007), *Poverty Among Ethnic Groups: How and Why Does It Differ?*, London: New Policy Institute.

Kurki, L. (2000), 'Restorative and Community Justice in the United States', *Crime and Justice: A Review of Research*, 27: 235-303.

Lash, S. (1994), 'Reflexivity and its Doubles: Structure, Aesthetics, Community', in U. Beck, A. Giddens, and S. Lash (eds.), *Reflexive Modernization: Politics, Tradition and Aesthetics in Modern Social Order*, Cambridge: Polity Press.

Latimer, J., Dowden, C., and Muise, D. (2005), 'The Effectiveness of Restorative Justice Practices: A Meta-Analysis', *The Prison Journal*, 85(2): 127-44.

Lawrence, F. (1999), *Publishing Hate: Bias Crimes under American Law*, London: Harvard University Press.

Lawrence, F. (2002), 'Racial Violence on a "Small Island": Bias Crime in a Multicultural Society', in P. Iganski (ed.), *The Hate Debate*, London: Profile Books.

Levin, B. (1999), 'Hate Crime: Worse by Definition', *Journal of Contemporary Justice*, 15(1): 6-21.

Levin, J. (2002), 'Hatemongers, Dabblers, Sympathizers and Spectators: A Typology of Offenders', in P. Iganski (ed.), *The Hate Debate*, London: Profile Books.

Levin, J. and McDevitt, J. (1993), *Hate Crimes: The Rising Tide of Bigotry & Bloodshed*, New York: Plenum.

Levin, J. and McDevitt, J. (2002), *Hate Crimes Revisited: America's War on Those Who Are Different*, New York: Basic Books.

Liebmann, M. (2000), 'History and Overview of Mediation in the UK', in M. Liebmann (ed.), *Mediation in Context*, London: Jessica Kingsley Publishers.

Llewellyn, J. (2007), 'Truth Commissions and Restorative Justice', in G. Johnstone and D. Van Ness (eds.), *Handbook of Restorative Justice*, Cullompton, Devon: Willan Publishing.

Lyons, T., Lurigio, A., Roque, L., and Rodriguez, P. (2013), 'Racial Disproportionality in the Criminal Justice System for Drug Offenses: A State Legislative Response to the Problem', *Race and Justice*, 3(1): 83-101.

Mackie, D. M. (1986), 'Social Identification Effects in Group Polarization', *Journal of Personality and Social Psychology*, 50(4): 720-8.

Iganski, P. (2001), 'Hate Crimes Hurt More', *American Behavioural Scientist*, 45(4): 626-38.

Iganski, P. (2002), 'Hate Crime Hurts More But Should They Be Punished More Harshly?', in P. Iganski (ed.), *The Hate Debate*, London: Profile Books.

Iganski, P. (2008), *Hate Crime and the City*, Bristol: The Policy Press.

Jackson, A. L. (2009), 'The Impact of Restorative Justice on the Development of Guilt, Shame, and Empathy Among Participants in a Victim Impact Training Program', *Victims and Offenders*, 4(1): 1-24.

Jacobs, J. and Potter, K. (1998), *Hate Crimes*, New York: Oxford University Press.

James, Z. (2007), 'Policing Marginal Spaces: Controlling Gypsies and Travellers', *Criminology and Criminal Justice*, 7(4): 367-89.

Jantzi, V. (2004), 'What Is the Role of the State in Restorative Justice?', in H. Zehr and B. Toews (eds.), *Critical Issues in Restorative Justice*, Cullompton, Devon: Willan Publishing.

Jenness, V. (2002), 'Contours of Hate Crime Politics and Law in the United States', in P. Iganski (ed.), *The Hate Debate: Should Hate Be a Crime?*, London: Jewish Policy Research.

Jenness, V. and Grattet, R. (2001), *Making Hate a Crime: From Social Movement to Law Enforcement*, New York: Russell Sage.

Jiwani, Y. (2005), 'Walking a Tightrope: The Many Faces of Violence in the Lives of Racialized Immigrant Girls and Young Women', *Violence Against Women, An International and Interdisciplinary Journal*, 11(7): 846-87.

Johnson, K., Faulkner, P., Jones, H., and Welsh, E. (2007), *Understanding Suicide and Promoting Survival in LGBT Communities*, Brighton: University of Brighton.

Johnstone, G. and Van Ness, D. (2007a), 'The Meaning of Restorative Justice', in G. Johnstone and D. Van Ness (eds.), *Handbook of Restorative Justice*, Cullompton, Devon: Willan Publishing.

Johnstone, G. and Van Ness, D. (eds.) (2007b), *Handbook of Restorative Justice*, Cullompton, Devon: Willan Publishing.

Kauffman, J. (2008), 'Restoration of the Assumptive World as an Act of Justice', in D. Sullivan and L. Tifft (eds.), *Handbook of Restorative Justice: A Global Perspective*, Abingdon: Routledge.

Kay, J. W. (2008), 'Murder Victims' Families for Reconciliation: Story-telling for Healing, as Witness and in Public Policy', in D. Sullivan and L. Tifft (eds.), *Handbook of Restorative Justice: A Global Perspective*, Abingdon: Routledge.

Kelly, T. L. (2002), 'Is Restorative Justice Appropriate in Cases of Hate Crime'

Home Office (2005a), *Improving Opportunity, Strengthening Society: The Government's Strategy to Increase Race Equality and Community Cohesion*, London: Home Office.

Home Office (2005b), *Race Equality in Public Services*, London: Home Office.

Home Office (2013), *Hate Crimes, England and Wales 2011-2012*, London: Home Office.

Home Office, Office for National Statistics and Ministry of Justice (2013), *An Overview of Hate Crime in England and Wales*, London: Home Office, Office for National Statistics and Ministry of Justice.

Hood, R. (1992), *Race and Sentencing*, Oxford: Oxford University Press.

House of Commons Home Affairs Committee (2009), *The Macpherson Report — Ten Years On*, Twelfth Report of Session 2008-09, London: House of Commons.

Hoyle, C. (2002), 'Securing Restorative Justice for the Non-Participating Victims', in C. Hoyle and R. Young (eds.), *New Visions of Crime Victims*, Oxford: Hart Publishing.

Hoyle, C. (2007), 'Policing and Restorative Justice', in G. Johnstone and D. Van Ness (eds.), *Handbook of Restorative Justice*, Cullompton, Devon: Willan Publishing.

Hoyle, C. (2012), 'Victims, Victimisation and Restorative Justice', in M. Maguire, R. Morgan, and R . Reiner (eds.), *The Oxford Handbook of Criminology*, Oxford: Oxford University Press.

Hoyle, C. and Zedner, L. (2007), 'Victims, Victimization, and Criminal Justice', in M . Maguire, R. Morgan, and R. Reiner (eds.), *Oxford Handbook of Criminology*, Oxford: Oxford University Press.

Hoyle, C., Young, R., and Hill, R. (2002), *Proceed with Caution: An Evaluation of the Thames Valley Police Initiative in Restorative Cautioning*, York: Joseph Rowntree Foundation.

Hudson, B. (1998), 'Restorative Justice: The Challenge of Sexual and Racial Violence', *Journal of Law and Society*, 25: 237-56.

Hudson, B. (2003), *Justice in the Risk Society*, London: Sage.

Hunter, C., Hodge, N., Nixon, J., Parr, S., and Willis, B. (2007), *Disabled People's Experiences of Anti-Social Behaviour and Harassment in Social Housing: A Critical Review*, London: Disability Rights Commission.

Hurd, H. (2001), 'Why Liberals Should Hate "Hate Crime Legislation"', *Law and Philosophy*, 20(2): 215-32.

Idriss Mazher, M. [2002], 'Religion and the Anti-Terrorism, Crime and Security Act 2001', *Criminal Law Review*, 890-911.

Iganski, P. (1999), 'Why Make Hate a Crime?', *Critical Social Policy*, 19(3): 386-95.

System, New York: Oxford University Press.

Hare, I. (1997), 'Legislating Against Hate: The Legal Response to Bias Crime', *Oxford Journal of Legal Studies*, 17(3): 415-39.

Harris, N. and Maruna, S. (2008), 'Shame, Shaming and Restorative Justice: A Critical Appraisal', in D. Sullivan, and L. Tifft (eds.), *Handbook of Restorative Justice: A Global Perspective*, Abingdon: Routledge.

Harris, N. Walgrave, L., and Braithwaite, B. (2004), 'Emotional Dynamics of Restorative Conferences', *Theoretical Criminology*, 8(2): 191-210.

Hayden, A. (2013), 'The Promises and Pitfalls of Restorative Justice for Intimate Partner Violence'. IJRJ, available at 4 http://www.rj4all.info/library/promises-and-pitfalls-restorative-justice-intimate-partner-violence›.

Herman, S. (2004), 'Is Restorative Justice Possible Without A Parallel System for Victims?', H. Zehr and B. Toews (eds.), *Critical Issues in Restorative Justice*, Cullompton, Devon: W illan Publishing.

Herek, G. M. (2004), 'Beyond "Homophobia": Thinking about Sexual Stigma and Prejudice in the Twenty-first Century', *Sexuality Research and Social Policy*, 1(2): 6-24.

Herek, G. M. and Berrill, K. (eds.) (1992), *Hate Crimes: Confronting Violence Against Lesbians and Gay Men*, Thousand Oaks, CA: Sage.

Herek, G. M., Cogan, J., and Gillis, J. (1999), 'Psychological Sequelae of Hate-Crime Victimization Among Lesbian, Gay, and Bisexual Adults', *Journal of Consulting and Clinical Psychology*, 67(6): 945-51.

Herek, G. M., Cogan, J., and Gillis, J. (2002), 'Victim Experiences in Hate Crimes Based on Sexual Orientation', *Journal of Social Issues*, 58(2): 319-39.

Herek, G. M., Cogan, J., Gillis, J., and Glunt, E. (1997), 'Hate Crime Victimization Among Lesbian, Gay, and Bisexual Adults: Prevalence, Psychological Correlates, and Methodological Issues', *Journal of Interpersonal Violence*, 12(2): 195-215.

Hillyard, P., Pantazis, C., Tombs, S., and Gordon, D. (eds.) (2004), *Beyond Criminology: Taking Harm Seriously*, London: Pluto Press.

Holland, B. (2011, June), *Making Restorative Approaches Inclusive for People with Special Needs*. Paper presented at Oxfordshire Restorative Justice Network, Worcester College, University of Oxford.

Holter, A., Martin, J., and Enright, D. (2007), 'Restoring Justice Through Forgiveness: The Case of Children in Northern Ireland', in G. Johnstone and D. Van Ness (eds.), *Handbook of Restorative Justice*, Cullompton, Devon: Willan Publishing.

Home Office (1981), *Racial Attacks*, London: HMSO.

Criminal Justice: An International Journal, 7(4): 347-66.
Garland, J. and Chakraborti, N. (2012), 'Divided By a Common Concept? Assessing the Implications of Different Conceptualisations of Hate Crime in the European Union', *European Journal of Criminology*, 9(1): 38-51.
Garland, J., Spalek, B., and Chakraborti, N. (2006), 'Hearing Lost Voices: Issues in Researching "Hidden" Minority Ethnic Communities', *British Journal of Criminology*, 46(3): 423-37.
Garnets, L., Herek, G., and Levey, B. (1992), 'Violence and Victimization of Lesbians and Gay Men: Mental Health Consequences', in G. Herek and K. Berrill (eds.), *Hate Crimes: Confronting Violence Against Lesbians and Gay Men*, Newbury Park: Sage.
Garofalo, J. (1997), 'Hate Crime Victimization in the United States', in R. Davies, A. Lurigio, and W. Skogan (eds.), *Victims of Crime*, Thousand Oaks, CA: Sage.
Gavrielides, T. (2007), *Restorative Justice Theory and Practice: Addressing the Discrepancy*, New York: Criminal Justice Press.
Gavrielides, T. (2012), 'Contextualising Restorative Justice for Hate Crime', *Journal of Interpersonal Violence*, 18(27): 3624-43.
Gavrielides, T., Parle, L., Salla, A., Liberatore, G., Mavadia, C., and Arjomand, G. (2008), *Restoring Relationships: Addressing Hate Crime Through Restorative Justice and Multi-agency Partnerships*, London: ROTA.
Gerstenfeld, P. (2004), *Hate Crimes Causes, Controls, and Controversies*, London: Sage.
Gordon, P. (1994), 'Racist Harassment and Violence', in E. Stanko (ed.), *Perspectives on Violence*, Howard League: London.
Gordon, P., McFalls, L., and Smith J. (2001), 'Hate Crime: An Emergent Research Agenda', *Annual Review of Sociology*, 27: 479-504.
Gordon, P., Strolovitch, D., and Wong, S. (1998), 'Defended Neighbourhoods, Integration, and Racially Motivated Crime', *American Journal of Sociology*, 104(2): 372-403.
Green, S. (2007), 'The Victims' Movement and Restorative Justice', in G. Johnstone and D. Van Ness (eds.), *Handbook of Restorative Justice*, Cullompton, Devon: Willan Publishing.
Hall, N. (2005), *Hate Crime*, Cullompton, Devon: Willan Publishing.
Hall, N. (2010), 'Law Enforcement and Hate Crime: Theoretical Perspectives on the Complexities of Policing Hatred', in N. Chakraborti (ed.), *Hate Crime: Concepts, Policy, Future Directions*, Collumpton, Devon: W illan Publishing.
Hall, N. (2013), *Hate Crime*, London: Routledge.
Haney, C. (2005), *Death by Design: Capital Punishment as a Social Psychological*

Dzur, A. (2003), 'Civic Implications of Restorative Justice Theory: Citizen Participation and Criminal Justice Policy', *Policy Sciences*, 36: 279-306.

Dzur, A. and Olson, S. (2004), 'The Value of Community Participation in Restorative Justice', *Journal of Social Philosophy*, 35(1): 91-107.

Eglash, A. (1977), 'Beyond Restitution: Creative Restitution', in J. Hudson and B. Galaway (eds.), *Restitution in Criminal Justice*, Lexington, MA: D.C. Heath.

Ehrlich, H. J. (2009), *Hate Crimes and Ethnoviolence: The History, Current Affairs, and Future of Discrimination in America*, Boulder, Colorado: Westview Press.

Ehrlich, H. J., Larcom, B., and Purvis, D. (1994), *The Traumatic Effect of Ethnoviolence*, Towson, MD: Prejudice Institute, Center for the Applied Study of Ethnoviolence.

Enright, R. and North, J. (eds.) (1998), *Exploring Forgiveness*, Wisconsin: University of Wisconsin Press.

Fattah, E. (2004), 'Gearing Justice Action to Victim Satisfaction: Contrasting Two Justice Philosophies: Retribution and Redress', in H. J. R. Kaptein and M. Malsch (eds.), *Crimes, Victims and Justice: Essays on Principles and Practice*, Aldershot: Ashgate Publishing.

Fekete, L. (2009), *A Suitable Enemy: Racism, Migration and Islamophobia in Europe*, London: Pluto Press.

Franklin, K. (2000), 'Antigay Behaviors Among Young Adults: Prevalence, Patterns, and Motivators in a Noncriminal Population', *Journal of Interpersonal Violence*, 15(4): 339-62.

Fuller, A. and Davey, G. (2010), *Equality Groups and Apprenticeship, EHRC Triennial Review: Education (Lifelong Learning)*, Southampton: University of Southampton.

Gadd, D. (2009), 'Aggravating Racism and Elusive Motivation', *British Journal of Criminology*, 49(6): 755-71.

Gadd, D., Dixon, B., and Jefferson, T. (2005), *Why Do They Do It? Racial Harassment in North Staffordshire*, Keele: Centre for Criminological Research, Keele University.

Garland, J. (2013), 'Tragedy, Prejudice and Opportunism: How the Murder of a Soldier Revitalised the English Defence League', *International Network for Hate Studies*, [blog] 3 June 2013, available at: ‹http://www.internationalhatestudies.com/tragedy-prejudice-and-opportunism-how-the-murder-of-a-soldier-revitalised-the-english-defence-league-2/› (accessed 1 September 2013).

Garland, J. and Chakraborti, N. (2006), 'Recognising and Responding to Victims of Rural Racism', *International Review of Victimology*, 13(1): 49-69.

Garland, J. and Chakraborti, N. (2007), '"Protean Times?" Exploring the Relationships Between Policing, Community and "Race" in Rural England', *Criminology and*

Cunneen, C. and Hoyle, C. (2010), *Debating Restorative Justice*, Oxford: Hart Publishing.

Daly, K. (1999), 'Restorative Justice in Diverse and Unequal Societies', *Law in Context*, 17(1): 167-90.

Daly, K. (2001), *South Australia Juvenile Justice Research on Conferencing Technical Report No. 2. Research Instruments in Year 2 (1999) and Background Notes*, Brisbane, Queensland; School of Criminology and Criminal Justice, Griffith University, ‹http://www.aic.gov.au/criminal justice system/rjustice/sajj/ /media/aic/rjustice/sajj/tech-report-2.pdf› (accessed 11 September 2011).

Daly, K. (2002a), 'Mind the Gap: Restorative Justice in Theory and Practice', in A. von Hirsh, J. Roberts, A. Bottoms, K. Roach, and M. Schiff (eds.), *Restorative Justice and Criminal Justice: Competing or Reconcilable Paradigms?*, Oxford: Hart Publishing.

Daly, K . (2002b), 'Restorative Justice: The Real Story', *Punishment & Society*, 4(1): 55-79.

Daly, K. (2002c), 'Sexual Assault and Restorative Justice', in H. Strang and J. Braithwaite (eds.), *Restorative Justice and Family Violence*, Cambridge: Cambridge University Press.

Daly, K. (2006), 'Restorative Justice and Sexual Assault: An Archival Study of Court and Conference Cases', *British Journal of Criminology*, 46(2): 334-56.

Daly, K. (2008), 'The Limits of Restorative Justice', in D. Sullivan and L. Tifft (eds.), *Handbook of Restorative Justice: A Global Perspective*, Abingdon: Routledge.

Daly, K. and Immarigeon, R. (1998), 'The Past, Present and Future of Restorative Justice: Some Critical Reflections', *Contemporary Justice Review*, 1: 21-45.

Davis, M. H. (1983), 'Measuring Individual Differences in Empathy: Evidence for a Multidimensional Approach', *Journal of Personality and Social Psychology*, 44: 113-26.

Dick, S. (2008), *Homophobic Hate Crime: The Gay British Crime Survey 2008*, London: Stonewall.

Dignan, J. (2005), *Understanding Victims & Restorative Justice, Cullompton*, Devon: Willan Publishing.

Dixon, B. and Gadd, D. (2006), 'Getting the Message? "New" Labour and the Criminalization of "Hate"', *Criminology and Criminal Justice*, 6(3): 309-28.

Dunbar, E. (2006), 'Race, Gender, and Sexual Orientation in Hate Crime Victimization: Identity Politics or Identity Risk?', *Violence and Victims*, 21: 323-37.

Dunn, P. (2009), 'Crime and Prejudice: Needs and Support of Hate Crime Victims', in P. Iganski (ed.), *Hate Crimes*, Volume Two. London: Praeger.

Christie, N. (1977), 'Conflicts as Property', *British Journal of Criminology*, 17(1): 1-15.

Christie, N. (1986), 'The Ideal Victim', in E. Fattah (ed.), *From Crime Policy to Victim Policy*, Basingstoke: Macmillan.

Coates, R. B., Umbreit, M. S., and Vos, B. (2013), 'Responding to Hate Crimes Through Restorative Justice Dialogue', G. Johnstone (ed.), *A Restorative Justice Reader*, Abingdon: Routledge.

Cohen, S, (1985), *Visions of Social Control: Crime, Punishment and Classification*, Cambridge: Polity Press.

Coker, D. (2002), 'Transformative Justice: Anti-Subordination Processes in Cases of Domestic Violence', in H. Strang and J. Braithwaite (eds.), *Restorative Justice and Family Violence*, Cambridge: Cambridge University Press.

Considine, J. (1995), *Restorative Justice: Healing the Effects of Crime*, New Zealand: Ploughshares Books.

Craig, K. (2002), 'Examining Hate-Motivated Aggression: A Review of the Social Psychological Literature on Hate Crimes as a Distinct Form of Aggression', *Aggression and Violent Behaviour*, 7(1): 85-101.

Crawford, A. (2002), 'The State, Community and Restorative Justice: Heresy, Nostalgia and Butterfly Collecting', in L. Walgrave (ed.), *Restorative Justice and the Law, Cullompton*, Devon: Willan Publishing.

Crawford, A. and Newburn, T. (2003), *Youth Offending and Restorative Justice: Implementing Reform in Youth Justice, Cullompton*, Devon: Willan Publishing.

Criminal Justice Joint Inspection (CJJI) (2012), *Facing Up Tc Offending: Use of Restorative Justice in the Criminal Justice System*, London: HMIC, HMI Probation, HMI Prisons, HMCPSI.

Criminal Justice Joint Inspection (CJJI) (2013), *Living in a Different World: Joint Review of Disability Hate Crime*, London: HMCPSI, HMIC, HMI Probation.

Crown Prosecution Service (2010), *Disability Hate Crime—Guidance on the Distinction between Vulnerability and Hostility in the Context of Crimes Committed against Disabled People*, London: CPS.

Crown Prosecution Service (2012), *Hate Crime and Crimes Against Older People Report 2010-2011*, London: CPS.

Cunneen, C. (1997), 'Community Conferencing and the Fiction of Indigenous Control', *Australian and New Zealand Journal of Criminology*, 30: 1-20.

Cunneen, C. (2003), 'Thinking Critically about Restorative Justice', in E. McLaughlin, R. Fergusson, G. Hughes, and L. Westmarland (eds.), *Restorative Justice: Critical Issues*, London: Sage.

Accounts', *Crime & Justice*, 25: 1-127.

Braithwaite, J. (2002), *Restorative Justice and Responsive Regulation*, New York: Oxford University Press.

Braithwaite, J. (2003), 'Restorative Justice and Social Justice', in E. McLaughlin, R. Fergusson, G. Hughes, and L. Westmarland (eds.), *Restorative Justice: Critical Issues*, London: Sage.

Braithwaite, J. and Braithwaite, V. (2001), 'Part I. Shame, Shame Management and Regulation', in E. Ahmed, N. Harris, J. Braithwaite, and V. Braithwaite (eds.), *Shame Management Through Reintegration*, Melbourne: Cambridge University Press.

Bridges, L. (1999), 'The Lawrence Enquiry—Incompetence, Corruption and Institutional Racism', *Journal of Law and Society*, 26 (3): 298-322.

Bruce, M., Roscigno, V., and McCall, P. (1998), 'Structure, Context and Agency in the Reproduction of Black-on-Black Violence', *Theoretical Criminology*, 2(1): 29-55.

Burke, M. (1993), *Coming out of the Blue*, London: Cassell.

Burney, E. and Rose, G. (2002), *Racist Offences: How Is the Law Working?*, London: Home Office.

Busch, R. (2002), 'Domestic Violence and Restorative Justice Initiatives: Who Pays if We get it Wrong?', in H . Strang and J. Braithwaite (eds.), *Restorative Justice and Family Violence*, Cambridge: Cambridge University Press.

Byers, B., Crider, B., and Biggers, G. (1999), 'Bias Crime Motivation: A Study of Hate Crime and Offender Neutralization Techniques Used Against the Amish', *Journal of Contemporary Criminal Justice*, 15(1): 78-96.

Chahal, K. and Julienne, L. (1999), *'We Can't All Be White!': Racist Victimisation in the UK*, York: Joseph Rowntree Foundation.

Chakraborti, N. and Garland, J. (2009), *Hate Crime: Impact, Causes and Reponses*, London: Sage.

Chakraborti, N. and Garland, J. (2012), 'Reconceptualising Hate Crime Victimization through the Lens of Vulnerability and "Difference"', *Theoretical Criminology*, 16(4): 499-514.

Chakraborti, N. and Zempi, I. (2013), 'Criminalising Oppression or Reinforcing Oppression? The Implications of Veil Ban Laws for Muslim Women in the West', *Northern Ireland Legal Quarterly*, 64(1): 63-74.

Chan, J. (1997), *Changing Police Culture: Policing in a Multicultural Society*, Cambridge: Cambridge University Press.

Cheng, W., Ickes, W., and Kenworthy, J. B. (2013), 'The Phenomenon of Hate Crimes in the United States', *Journal of Applied Social Psychology*, 43: 761-94.

Kimmel (eds.), *Psychological Perspectives on Lesbian, Gay, and Bisexual Experiences*, Chichester: Columbia University Press.

Barnes, A. and Ephross, P. (1994), 'The Impact of Hate Violence on Victims: Emotional and Behavioural Responses to Attacks', *Social Work*, 39(3): 247-51.

Barnett, R. (1977), 'Restitution: A New Paradigm of Criminal Justice', *Ethics*, 87: 279-301.

Becker, H. (1963), *Outsiders: Studies in the Sociology of Deviance*, London: Free Press.

Bell, J. (1997), 'Policing Hatred: Bias Units and the Construction of Hate Crime', *Michigan Journal of Race and Law*, 2: 421-60.

Bell, J. (2002), *Policing Hatred: Law Enforcement, Civil Rights, and Hate Crime*, New York: New York University Press.

Bibbings, L. (2004), 'Heterosexuality as Harm: Fitting In', in P. Hillyard, C. Pantazis, S. Tombs, and D. Gordon (eds.), *Beyond Criminology: Taking Harm Seriously*, London: Pluto Press.

Bottoms, A. (1995), 'The Philosophy and Politics of Punishment and Sentencing', in C. Clarkson and R. Morgan (eds.), *The Politics of Sentencing Reform*, Oxford: Clarendon Press.

Bowling, B. (1993), 'Racial Harassment and the Process of Victimization: Conceptual and Methodological Implications for the Local Crime Survey', *British Journal of Criminology*, 33(2): 231-50.

Bowling, B. (1994), 'Racial Harassment in East London', in M. Hamm (ed.), *Hate Crime: International Perspectives on Causes and Control*, Cincinnati: Anderson Publishing.

Bowling, B. (1998), *Violent Racism: Victimization, Policing, and Social Context*, Oxford: Oxford University Press.

Bowling, B. and Phillips, C. (2002), *Racism, Crime and Justice*, Harlow: Longman.

Bowling, B. and Phillips, C. (2003), 'Racist Victimization in England and Wales', in D. Hawkins (ed.), *Violent Crime, Assessing Race & Ethnic Differences*, Cambridge: Cambridge University Press.

Bowling, B. and Phillips, C. (2007), 'Disproportionate and Discriminatory: Reviewing the Evidence on Stop and Search', *Modern Law Review*, 70(6): 936-61.

Boyes-Watson, C. (2004), 'What Are the Implications of the Growing State Involvement in Restorative Justice?', in H. Zehr and B. Toews (eds.), *Critical Issues in Restorative Justice, Cullompton*, Devon: Willan Publishing.

Braithwaite, J. (1989), *Crime, Shame, and Reintegration*, Cambridge: Cambridge University Press.

Braithwaite, J. (1999), 'Restorative Justice: Assessing Optimistic and Pessimistic

文　献

Abbas, T. (2007), 'Introduction: Islamic Political Radicalism in Western Europe', in T. Abbas (ed.), *Islamic Political Radicalism: A European Perspective*, Edinburgh: Edinburgh University Press.

Ahn Lim, H. (2009), 'Beyond the Immediate Victim: Understanding Hate Crimes as Message Crimes', in P. Iganski (ed.), *Hate Crimes*, Volume Two. London: Praeger.

Albrecht, B. (2010),'Multicultural Challenges for Restorative Justice: Mediators' Experiences from Norway and Finland', *Journal of Scandinavian Studies in Criminology and Crime*, 11: 3-24.

Allport, G. (1954), *The Nature of Prejudice*, Cambridge, Mass: Addison-Wesley.

Amstutz, L. (2004), 'What Is the Relationship Between Victim Service Organizations and Restorative Justice?', in H. Zehr and B. Toews (eds.), *Critical Issues in Restorative Justice Cullompton*, Devon: Willan Publishing.

Ashworth, A. (2002), 'Responsibilities, Rights and Restorative Justice', *British Journal of Criminology*, 42: 578-95.

Ashworth, A. (2003), 'Is Restorative Justice the Way Forward for Criminal Justice?', in E. McLaughlin, R. Fergusson, G. Hughes, and L. Westmarland (eds.), *Restorative Justice: Critical Issues*, London: Sage.

Association of Chief Police Officers (ACPO) (2000), *ACPO Guide to Identifying and Combating Hate Crime*, London: ACPO.

Association of Police Chief Officers (ACPO) (2005), *Hate Crime: Delivering a Quality Service: Good Practice and Tactical Guidance*, London: ACPO.

Association of Police Chief Officers (ACPO) (2012), *Total of Recorded Hate Crime from Regional Forces in England, Wales and Northern Ireland During the Calendar Year 2011*, London: ACPO.

Attorneys General's Department (2003), *You Shouldn't Have to Hide to be Safe*, Sydney: Attorney's General's Department of New South Wales.

Ball, J (2012), 'Data Showing How Young Black Men Have Been Hit By Unemployment', *Guardian*, 9 March 2012.

Bard, M. and Sangrey, D. (1979), *The Crime Victim's Book*, Brunner: Mazel Publisher, cited in Garnets, L., Herek, G., and Levy, B. (1992), 'Violence and Victimization of Lesbians and Gay Men: Mental Health Consequences', in L. Garnets and D.

【ま】

【や～わ】

【は】

【た】

【な】

【さ】

索　引

〔著者略歴〕

Mark Austin Walters（マーク・オースティン・ウォルターズ）

サセックス大学ロースクール刑法および犯罪学教授。権利と正義研究センター、犯罪研究センター教授。国際ヘイト・スタディーズ・ネットワーク共同代表。オックスフォード大学犯罪学センターにて、ヘイトクライムと修復的司法に関する博士号取得。ヘイトクライムおよび修復的司法に関する論文・著書多数。

〔監訳者略歴〕

寺中　誠（てらなか　まこと）

東京経済大学現代法学部教員。専攻は犯罪学・刑事政策論、人権論。著書に、『裁判員と死刑制度——日本の刑事司法を考える』（新泉社、2010年）、『死刑の論点』（日本評論社、2016年）、『Q&A ヘイトスピーチ解消法』（共著、現代人文社、2016年）など。

〔訳者略歴〕

福井昌子（ふくい　しょうこ）

翻訳家。大阪経済法科大学アジア太平洋センター客員研究員。訳書に、『ライス回顧録——ホワイトハウス 激動の2920日』（共訳、集英社、2013年）、『オルガスムの科学——性的快楽と身体・脳の神秘と謎』（作品社、2014年）など。

ヘイトクライムと修復的司法
——被害からの回復にむけた理論と実践

2018年11月30日　初版第1刷発行

著　者　マーク・オースティン・ウォルターズ
監訳者　寺　中　誠
訳　者　福　井　昌　子

発行者　大　江　道　雅
発行所　株式会社 明石書店
〒101-0021　東京都千代田区外神田6-9-5
電　話　03（5818）1171
FAX　03（5818）1174
振　替　00100-7-24505
http://www.akashi.co.jp

装　丁　明石書店デザイン室
印刷・製本　モリモト印刷株式会社

（定価はカバーに表示してあります）
ISBN978-4-7503-4737-0